LEGALIZAÇÃO DE EMPRESAS

e demais Pessoas Jurídicas

Freitas Bastos Editora

Editor: Isaac D. Abulafia

Diagramação e Capa: Madalena Araújo

Apoio administrativo aos autores:
LÍVIA PEREIRA RODRIGUES
Bacharelanda em Ciências Contábeis

Dados Internacionais de Catalogação na Publicação (CIP)
de acordo com ISBD

L497 Legalização de Empresas e demais Pessoas Jurídicas / Sergio Correia Barbosa ... [et al.]. - 2. ed. - Rio de Janeiro, RJ : Freitas Bastos, 2022.
440 p. : 15,5cm x 23cm.

ISBN: 978-65-5675-168-9

1. Direito. 2. Direito empresarial. 3. Legalização de Empresas. 4. Pessoas Jurídicas. I. Barbosa, Sergio Correia. II. Silva, Viviane Santos da. III. Oliveira, João Ricardo de. IV. Bom, Rose Marie Argolo De. V. Oliveira, Elaine Cristina Brum de. VI. Souza, Flavio Luis Vieira. VII. Título.

CDD 346.07
2022-2195 CDU 347.7

Elaborado por Vagner Rodolfo da Silva - CRB-8/9410

Índice para catálogo sistemático:
1. Direito empresarial 346.07
2. Direito empresarial 347.7

Freitas Bastos Editora
atendimento@freitasbastos.com
www.freitasbastos.com

Sergio Correia Barbosa • Viviane Santos da Silva
João Ricardo de Oliveira • Rose Marie Argolo De BomElaine
Cristina Brum de Oliveira • Flavio Luis Vieira Souza

LEGALIZAÇÃO DE EMPRESAS

e demais Pessoas Jurídicas

Freitas Bastos Editora

PREFÁCIO

O Livro Legalização de Empresas e Demais Pessoas Jurídicas, de autoria dos professores Sergio Correia Barbosa, Viviane Santos da Silva, João Ricardo de Oliveira, Rose Marie Argolo De Bom e Elaine Cristina Brum de Oliveira e Flavio Luis Vieira Souza, todos profissionais de contabilidade ou do Direito, vem com esta 2ª Edição atualizar a literatura com inovações que fortalecem ainda mais o diferencial desta obra.

Esta nova edição atualiza a literatura com os seguintes temas: um capítulo inédito de Planejamento Tributário e conteúdos novos no processo de legalização com a transformação de sociedades, dissolução parcial de sociedade contratual, dissolução por morte ou perda de capacidade do titular de sociedade limitada constituída por uma única pessoa (unipessoal), dissolução e apuração de haveres, Lei Geral de Proteção de Dados – LGPD, Sociedade Anônima do Futebol – SAF.

Estas inovações tornam esta obra completa. Serve como um manual de consulta para os profissionais que se encontram no mercado de trabalho e lidam com o processo de legalização de empresas e direito empresarial. Contribui também de forma mais efetiva com o ensino nos cursos de graduação e pós-graduação nas áreas de ciências contábeis e direito empresarial, possibilitando integrar a teoria com a prática.

Trata-se de uma obra atualizada que continua preenchendo importante lacuna no ensino e no mercado de trabalho, tendo em vista que a sociedade brasileira demanda obras desta magnitude para alavancar o desenvolvimento em nosso país com a legalização de empresas e demais pessoas jurídicas que atendam a legislação na sua plenitude com uma prática de excelência.

Prof. Dr. Francisco José dos Santos Alves
Doutor em Contabilidade e Controladoria pela FEA/USP,
professor do programa de Pós-Graduação – Mestrado da FAF-UERJ.

RELAÇÃO DE SIGLAS, FIGURAS E QUADROS

LISTA DE SIGLAS

AFRMM	Adicional ao Frete para Renovação da Marinha Mercante
ANA	Agência Nacional de Águas
ANATEL	Agência Nacional de Telecomunicações
ANEEL	Agência Nacional de Energia Elétrica
ANS	Agência Nacional de Saúde Suplementar
ANTT	Agência Nacional de Transporte Terrestre
ANVISA	Agência Nacional de Vigilância Sanitária
APEX	Agência Brasileira de Promoção de Exportações e Investimentos
ATAERO	Adicional de Tarifa Aeroportuária
BCB	Banco Central do Brasil
CADE	Conselho Administrativo de Defesa Econômica CC Código Civil
CEBAS	Certificado de Entidade Beneficente de Assistência Social
CGC	Cadastro Geral de Contribuintes
CGSIM	Comitê para Gestão da Rede Nacional para a Simplificação do Registro e da Legalização de Empresas e Negócios
CGSN	Comitê Gestor do Simples Nacional
CIA	Companhia
CIDE	Contribuições de Intervenção no Domínio Econômico
CNAE	Código Nacional de Atividade Econômica
CNP	Conselho Nacional de Petróleo

CNPJ	Cadastro Nacional da Pessoa Jurídica
COFINS	Contribuição para o Financiamento da Seguridade Social
CONCLA	Comissão Nacional de Classificação
CONDECINE	Contribuição para o Desenvolvimento da Indústria Cinematográfica Nacional
CONFAZ	Conselho Nacional de Política Fazendária
COSIT	Coordenação Geral de Tributação
CPF	Cadastro de Pessoa Física
CPP	Contribuição Previdenciária Patronal
CPRB	Contribuição Previdenciária sobre a Receita Bruta
CRFB	Constituição da República Federativa do Brasil
CSLL	Contribuição Social sobre o Lucro Líquido
CTN	Código Tributário Nacional
CVM	Comissão de Valores Imobiliários
DARF	Documento de Arrecadação de Receitas Federais
DAS	Documento de Arrecadação Simplificada
DBE	Documento Básico de Entrada
DCTF	Declaração de Débitos e Créditos Tributários Federais
DIFAL	Diferencial de Alíquotas do ICMS
DNPM	Departamento Nacional de Produção Mineral
DNRC	Departamento Nacional de Registro do Comércio
DREI	Departamento Nacional de Registro Empresarial e Integração
e-SOCIAL	Sistema de Escrituração Digital das Obrigações Fiscais Previdenciárias e Trabalhistas
ECD	Escrituração Contábil Digital
ECF	Escrituração Contábil Fiscal
EFD	Escrituração Fiscal Digital das Contribuições Sociais
EI	Empresário Individual

EIRELI	Empresa Individual de Responsabilidade Limitada
EPP	Empresa de Pequeno Porte
FAP	Fator Acidentário de Prevenção
FCPJ	Ficha Cadastral da Pessoa Jurídica
FGTS	Fundo de Garantia do Tempo de Serviço
FIP	Fundo de Investimentos em Participações
FNDE	Fundo Nacional de Desenvolvimento da Educação
FPAS	Fundo de Previdência e Assistência Social
FUNRURAL	Fundo de Assistência ao Trabalhador Rural
FUNTTEL	Fundo para o Desenvolvimento Tecnológico das Telecomunicações
FUST	Fundo de Universalização dos Serviços de Telecomunicações
IBGE	Instituto Brasileiro de Geografia e Estatística
ICMS	Imposto sobre Circulação de Mercadorias e Prestação de Serviços de Transporte Interestadual e Intermunicipal e Comunicação
IE	Imposto sobre Exportação
IES	Instituições de Ensino Superior
IGF	Imposto sobre Grandes Fortunas
II	Imposto sobre Importação
IN	Instrução Normativa
INCRA	Instituto Nacional de Colonização e Reforma Agrária
IOF	Imposto sobre Operações Financeiras
IPI	Imposto sobre Produtos Industrializados
IPTU	Imposto Predial e Territorial Urbano
IPVA	Imposto sobre Propriedade de Veículos Automotores
IRPJ	Imposto sobre a Renda das Pessoas Jurídicas
ISS	Imposto sobre Serviços

ITBI	Imposto sobre Transmissão Inter Vivos de Bens e Imóveis
ITD	Transmissão Causa Mortis e Doação de Quaisquer Bens ou Direitos
ITR	Imposto sobre a Propriedade Territorial Rural
JUCESP	Junta Comercial do Estado de São Paulo
LGPD	Lei Geral de Proteção de Dados
LTDA	Limitada
ME	Microempresa
MEI	Microempreendedor Individual
MERCOSUL	Mercado Comum do Sul
MVA	Margem de Valor Agregado
NC	Notas Complementares
NCM	Nomenclatura Comum do Mercosul
NIRE	Número de Identificação do Registro de Empresas
OAB	Ordem dos Advogados do Brasil
OS	Organização Social
OSCIP	Organização da Sociedade Civil de Interesse Público
PASEP	Programa de Formação do Patrimônio do Servidor Público
PF	Polícia Federal
PGJRJ	Procuradoria-Geral de Justiça do Estado do Rio de Janeiro
PIS	Programa de Integração Social
PJ	Pessoa Jurídica
PPP	Parceria Público-Privada
QSA	Quadro de Sócios e Administradores
RAIS	Relação Anual de Informações Sociais
RAT	Risco Ambiental do Trabalho
RCPJ	Registro Civil das Pessoas Jurídicas

REDESIM	Rede Nacional para a Simplificação do Registro e da Legalização de Empresas e Negócios
REGIN	Sistema de Registro Integrado
RFB	Receita Federal do Brasil
RG	Registro Geral
RGC	Regras Gerais Complementares
RGI	Regras Gerais para Interpretação
RGPS	Regime Geral de Previdência Social
RPPS	Regime Próprio de Previdência dos Servidores Públicos
SA	Sociedade Anônima
SCM	Sociedades de Crédito ao Microempreendedor e a Empresas de Pequeno Porte
SCP	Sociedade em Conta de Participação
SEBRAE	Serviço Brasileiro de Apoio às Micro e Pequenas Empresas
SEFIP	Sistema Empresa de Recolhimento do FGTS e Informações à Previdência Social
SENAC	Serviço Nacional de Aprendizagem Comercial
SENAI	Serviço Nacional de Aprendizagem Industrial
SENAR	Serviço Nacional de Aprendizagem Rural
SENAT	Serviço Nacional de Aprendizagem do Transporte
SESC	Serviço Social do Comércio
SESCOOP	Serviço Nacional de Aprendizagem do Cooperativismo
SESI	Serviço Social da Indústria
SEST	Serviço Social do Transporte
SISCOMEX	Sistema Integrado de Comércio Exterior
SME	Serviço Móvel Especializado
SMP	Serviço Móvel Pessoal
SPE	Sociedade de Propósito Específico
SRTT	Serviços de Rede de Transporte de Telecomunicações

STFC	Serviços de Telefonia Fixa Comutada
STJ	Superior Tribunal de Justiça
SUS	Sistema Único de Saúde
SUSEP	Superintendência de Seguros Privados
TAFIC	Taxa de Fiscalização e Controle da Previdência Complementar
TCFA	Taxa de Controle e Fiscalização Ambiental
TCIF	Taxa de Controle Administrativo de Incentivos Fiscais
TFAC	Taxa de Fiscalização da Aviação Civil
TFPC	Taxa de Fiscalização de Produtos Controlados pelo Exército Brasileiro
TIPI	Tabela de Incidência do Imposto sobre Produtos Industrializados
TSA	Taxa de Serviços Administrativos

LISTA DE FIGURAS

Figura 1	Fluxo do Passo a Passo do Processo de Legalização	35
Figura 2	Tributação no Brasil	44
Figura 3	Órgão de Registro Competente Para Viabilidade do Nome de acordo com o tipo jurídico.	50
Figura 4	Informações solicitadas no processo de viabilidade do nome empresarial	50
Figura 5	Tipos de Atos Constitutivos de acordo com a natureza jurídica	52
Figura 6	Passo a passo para solicitação do DBE de inscrição no CNPJ	57
Figura 7	Órgão de registro de acordo com o tipo jurídico	59
Figura 8	Tipos de Alvará	64
Figura 9	Passo a passo para solicitação do DBE de alteração do CNPJ	74
Figura 10	Fluxo do Passo a Passo do Processo de Alteração	75
Figura 11	Fluxo do passo a passo para alteração de nome empresarial	76
Figura 12	Fluxo do passo a passo para alteração de integrantes do quadro societário ou demais cláusulas do contrato social que não envolvam a alteração de sede, atividade e/ou nome empresarial	76
Figura 13	Fluxo do processo de transformação de Empresário Individual em Sociedade Empresária Limitada	79

Figura 14	Fluxo do processo de transformação de Sociedade Simples Limitada em Sociedade Empresária Limitada	81
Figura 15	Fluxo do processo de transformação de Sociedade Empresária Limitada em Sociedade Anônima (S/A)	83
Figura 16	Fluxo Abertura de Filial	84
Figura 17	Passo a passo para solicitação do DBE de inscrição de filial	86
Figura 18	Fluxo do processo de Baixa	88
Figura 19	Passo a passo para solicitação do DBE de baixa no CNPJ	92
Figura 20	Espécie de Atividade Econômica	98
Figura 21	Atividade Intelectual	99
Figura 22	Exemplos de Atividade Econômica não empresarial	102
Figura 23	Identificação do Elemento de Empresa	104
Figura 24	Sistema Societário no Brasil	107
Figura 25	Tipos Societários: Sociedade Simples	110
Figura 26	Exemplo de Distribuição de Cotas de Capital e de Serviço	116
Figura 27	Exemplo de Operação Matemática para Distribuição do Lucro na Sociedade Simples com Sócio de Serviço	120
Figura 28	Legislação Aplicada na Constituição das Sociedades Limitadas	137
Figura 29	Exemplo de Norma Suplementar na Sociedade Limitada	151
Figura 30	Carga Tributária no Brasil: 1990 - 2020	311
Figura 31	Elementos presentes no conceito de tributo	314
Figura 32	Espécies Tributárias	315

LISTA DE QUADROS

Quadro 1 Tipos de Pessoas Jurídicas e equiparados 40

Quadro 2 Regras Para a Formação da Firma 48

Quadro 3 Regras Para a Formação da Denominação 49

Quadro 4 Elementos obrigatórios que deverão conter no Contrato Social 52

Quadro 5 Elementos obrigatórios que deverão conter no Estatuto Social 53

Quadro 6 Elementos obrigatórios que deverão conter no Requerimento de Empresário 54

Quadro 7 Documentos necessários para registro 60

Quadro 8 Obrigatoriedade de obtenção do Alvará 63

Quadro 9 Grau de Risco das Atividades 65

Quadro 10 Atividades que dependem de aprovação de órgãos e entidades governamentais 68

Quadro 11 Alterações que podem ocorrer no ato constitutivo 71

Quadro 12 Itens obrigatórios da alteração contratual de uma sociedade limitada 71

Quadro 13 Itens obrigatórios da alteração do instrumento de registro do Empresário Individual 73

Quadro 14 Elementos obrigatórios do Distrato Social da Sociedade Limitada 89

Quadro 15 Elementos obrigatórios do Instrumento de Extinção do Empresário Individual 90

Quadro 16 Situações de baixa 90

Quadro 17 Características de uma Atividade Uniprofissional e Pluriprofissional 101

Quadro 18	Identificação do Elemento de Empresa Uniprofissional e Pluriprofissional	103
Quadro 19	Qualificação dos Sócios na Sociedade Simples	111
Quadro 20	Quadro Societário com Sócio de Serviço na Sociedade Simples	113
Quadro 21	Objeto Societário na Sociedade Simples	114
Quadro 22	Nome da Sociedade Simples	114
Quadro 23	Sede e Prazo na Sociedade Simples	115
Quadro 24	Capital Social e Cotas na Sociedade Simples	115
Quadro 25	Administração na Sociedade Simples	117
Quadro 26	Distribuição dos Lucros na Sociedade Simples	119
Quadro 27	Exemplo de Distribuição de Lucros na Sociedade Simples com Sócio de Serviço	120
Quadro 28	Formas de Responsabilidade dos Sócios na Sociedade Simples	121
Quadro 29	Qualificação dos Sócios na Sociedade em Nome Coletivo	124
Quadro 30	Nome da Sociedade em Nome Coletivo	125
Quadro 31	Objeto Societário na Sociedade em Nome Coletivo	126
Quadro 32	Capital Social e Cotas naSociedade em Nome Coletivo	126
Quadro 33	Administração na Sociedade em Nome Coletivo	127
Quadro 34	Distribuição dos Lucros na Sociedade em Nome Coletivo	127
Quadro 35	Responsabilidade dos Sócios na Sociedade em Nome Coletivo	128
Quadro 36	Benefício de Ordem na Sociedade em Nome Coletivo	128
Quadro 37	Espécies de Sócios na Sociedade em Comandita Simples	129

Quadro 38	Indicação Expressa do Tipo Societário "Sociedade em Comandita Simples"	130
Quadro 39	Qualificação dos Sócios na Sociedade em Comandita Simples	130
Quadro 40	Nome da Sociedade em Comandita Simples	131
Quadro 41	Objeto Societário na Sociedade em Comandita Simples	132
Quadro 42	Capital Social e Cotas na Sociedade em Comandita Simples	132
Quadro 43	Administração na Sociedade em Comandita Simples	133
Quadro 44	Distribuição dos Lucros na Sociedade em Comandita Simples	133
Quadro 45	Cláusula de Sucessão por Morte de Sócio na Sociedade em Comandita Simples	134
Quadro 46	Qualificação dos Sócios na Sociedade Limitada	138
Quadro 47	Nome da Sociedade Limitada	141
Quadro 48	Objeto Societário na Sociedade Limitada	142
Quadro 49	Sede e Prazo na Sociedade Limitada	142
Quadro 50	Capital Social e Cotas na Sociedade Limitada	143
Quadro 51	Requisitos e Regras para a Subscrição e Integralização do Capital Social	143
Quadro 52	Administração na Sociedade Limitada	144
Quadro 53	Regras sobre Impedimento	145
Quadro 54	Distribuição dos Lucros na Sociedade Limitada	148
Quadro 55	Exercício Social na Sociedade Limitada	148
Quadro 56	Cláusula de Foro ou Juízo Arbitral na Sociedade Limitada	148
Quadro 57	Exclusão de Sócio na Sociedade Limitada	149

Quadro 58 Requisitos para Exclusão de Sócio na Sociedade Limitada 150

Quadro 59 Cessão de Cotas e Direito de Preferênciana Sociedade Limitada 150

Quadro 60 Sucessão por Morte e Partilha na Sociedade Limitada 150

Quadro 61 Norma Subsidiária 151

Quadro 62 Regras sobre a Administração na Sociedade Limitada 152

Quadro 63 Conselho Fiscal na Sociedade Limitada 152

Quadro 64 Deliberação em Assembleia ou Reunião na Sociedade Limitada 153

Quadro 65 Cálculo de Cotas na Hipótese de Dissolução Parcial na Sociedade Limitada 153

Quadro 66 Transformação na Sociedade Limitada 154

Quadro 67 Outras causas de dissolução da Sociedade Limitada 154

Quadro 68 Diferenças entre Companhia Aberta e Companhia Fechada 164

Quadro 69 Nome da Sociedade Anônima 179

Quadro 70 Sede e Prazo na Sociedade Anônima 180

Quadro 71 Objeto Societário na Sociedade Anônima 181

Quadro 72 Capital Social na Sociedade Anônima 181

Quadro 73 Realização do Capital Social por Bens ou Direitos 182

Quadro 74 Distribuição das Ações na Sociedade Anônima 183

Quadro 75 Diretoria na Sociedade Anônima 185

Quadro 76 Conselho Fiscal na Sociedade Anônima 186

Quadro 77 Exercício Fiscal na Sociedade Anônima 186

Quadro 78	Qualificação do Titular na Sociedade Individual de Advocacia	198
Quadro 79	Nome da Sociedade Individual de Advocacia	199
Quadro 80	Objeto Social da Sociedade Individual de Advocacia	199
Quadro 81	Sede da Sociedade Individual de Advocacia	199
Quadro 82	Capital Social e Cota na Sociedade Individual de Advocacia	199
Quadro 83	Distribuição do Lucro na Sociedade Individual de Advocacia	200
Quadro 84	Responsabilidade Profissional do Titular na Sociedade Individual de Advocacia	200
Quadro 85	Qualificação dos Sócios na Sociedade de Advogados	201
Quadro 86	Nome da Sociedade de Advogados	202
Quadro 87	Prazo de Duração da Sociedade de Advogados	202
Quadro 88	Objeto Social da Sociedade de Advogados	202
Quadro 89	Sede da Sociedade de Advogados	202
Quadro 90	Capital e Cota da Sociedade de Advogados	203
Quadro 91	Distribuição do Lucro na Sociedade de Advogados	203
Quadro 92	Pagamento de Cotas na Dissolução Parcial da Sociedade de Advogados	203
Quadro 93	Cláusula de Exercício Autônomo da Advocacia na Sociedade de Advogados	204
Quadro 94	Cláusula de Responsabilidade Profissional na Sociedade de Advogados	204
Quadro 95	Regras para Solução de Conflitos na Sociedade de Advogados	204
Quadro 96	Direito de Voto na Sociedade de Advogados	204

Quadro 97	Regras sobre a Alteração do Contrato Social na Sociedade de Advogados	205
Quadro 98	Regras sobre Cessão de Cotas na Sociedade de Advogados	205
Quadro 99	Administração na Sociedade de Advogados	205
Quadro 100	Nome do Empresário Individual	208
Quadro 101	Objeto do Empresário Individual	208
Quadro 102	Sede do Empresário Individual	209
Quadro 103	Capital Social do Empresário Individual	209
Quadro 104	Declaração de Desimpedimento	209
Quadro 105	Características EIRELI e Sociedade Limitada Unipessoal	216
Quadro 106	Classificação dos Impostos	315
Quadro 107	Competência para criação de Impostos no Sistema Tributário Nacional	316
Quadro 108	Contribuições Sociais existentes no STN	321
Quadro 109	Conceito de Industrialização	324
Quadro 110	Alíquotas Interestaduais ICMS	334
Quadro 111	Percentuais da receita bruta aplicáveis ao lucro presumido	362
Quadro 112	Percentuais da receita bruta aplicáveis para o cálculo das antecipações	370
Quadro 113	Percentuais a serem aplicados sobre a receita bruta conhecida	374
Quadro 114	Lucro arbitrado quando não conhecida a receita	375
Quadro 115	Anexo I Simples Nacional	389
Quadro 116	Anexo I Simples Nacional - Quadro II	392
Quadro 117	Anexo III Simples Nacional	394

Quadro 118	Projeção da Receita Bruta Acumulada e Alíquota Efetiva em 2022	405
Quadro 119	Valores a recolher Simples Nacional Exercício 2022	406
Quadro 120	Projeção dos Créditos Tributários em 2022	407
Quadro 121	Projeção das Despesas após a dedução dos Créditos Tributários	408
Quadro 122	Projeção das Despesas após a dedução dos Créditos Tributários	408
Quadro 123	Projeção dos Tributos sobre a Folha de Pagamento em 2022	409
Quadro 124	Resultado do Exercício projetado por Regime de Tributação	410
Quadro 125	Fluxo de Caixa Tributário	411
Quadro 126	Projeção da Receita Bruta Acumulada e Alíquota Efetiva em 2022	413
Quadro 127	Valores a recolher Simples Nacional Exercício 2022	415
Quadro 128	Resultado do Exercício projetado por Regime de Tributação	417
Quadro 129	Projeção da Receita Bruta Acumulada e Alíquota Efetiva em 2022	420
Quadro 130	Valores a recolher Simples Nacional Exercício 2022	421
Quadro 131	Resultado do Exercício projetado por Regime de Tributação	422

SUMÁRIO

1 INTRODUÇÃO 31

2 LEGALIZAÇÃO PASSO A PASSO 35

2.1 PROCESSO DE LEGALIZAÇÃO 35

2.1.1 Primeiro Passo - Classificação Nacional de Atividade Econômica (CNAE), Tipo de Pessoa Jurídica e Enquadramento Tributário 36

2.1.1.1 Classificação Nacional de Atividade Econômica (CNAE) 37

2.1.1.2 Tipo de Pessoa Jurídica 39

2.1.1.3 Enquadramento Tributário 43

2.1.2 Segundo Passo - Consulta Prévia 46

2.1.2.1 Consulta Prévia de Local 46

2.1.2.2 Consulta Prévia do Nome (Viabilidade) 47

2.1.3 Terceiro Passo - Elaboração do Ato Constitutivo 51

2.1.4 Quarto Passo - Documento Básico de Entrada no CNPJ (DBE) 55

2.1.4.1 Solicitação de Inscrição no CNPJ 55

2.1.5 Quinto Passo - Requerimento de Registro (REGIN) 58

2.1.5.1 Cadastro Nacional da Pessoa Jurídica - CNPJ 60

2.1.5.2 NIRE e Matrícula no RCPJ 61

2.1.5.3 Inscrição Estadual 61

2.1.5.4 Inscrição Municipal 61

2.1.6 Sexto Passo - Alvará de Licença para Estabelecimento 62

2.1.7 Sétimo Passo - Licenciamento junto aos Órgãos Licenciadores 65

2.1.7.1 Vigilância Sanitária 66

2.1.7.2 Corpo de Bombeiro 67

2.1.7.3 Meio Ambiente 67

2.1.7.4 Demais Órgãos Licenciadores 67

2.2 PROCESSO DE ALTERAÇÃO DO ATO CONSTITUTIVO 70

2.2.1 Identificação das informações a serem alteradas 71

2.2.2 Transformação da Natureza Jurídica 77

2.2.2.1 Transformação de Empresário Individual em Sociedade Empresária Limitada (Unipessoal ou Pluripessoal) 78

2.2.2.2 Transformação de Sociedade Simples Limitada em Sociedade Empresária Limitada 80

2.2.2.3 Transformação de Sociedade Limitada (LTDA.) em Sociedade Anônima (S/A) Fechada 82

2.3 PROCESSO DE ABERTURA DE FILIAL 84

2.4 PROCESSO DE BAIXA 87

3 DAS ATIVIDADES ECONÔMICAS NO BRASIL 95

3.1 ATIVIDADE ECONÔMICA EMPRESARIAL 95

3.2 ATIVIDADE ECONÔMICA NÃO EMPRESARIAL 98

4 SISTEMA SOCIETÁRIO BRASILEIRO 107

4.1 SOCIEDADE SIMPLES 108

4.1.1 Constituição da Sociedade Simples Pura 110

4.1.2 Constituição da Sociedade Simples Limitada 121

4.2 SOCIEDADE EM NOME COLETIVO 123

4.3 SOCIEDADE EM COMANDITA SIMPLES 128

4.4 SOCIEDADE LIMITADA (PLURIPESSOAL E UNIPESSOAL) 134

4.4.1 Constituição da Sociedade Limitada - Cláusulas Obrigatórias do Contrato Social 137

4.4.2 Constituição da Sociedade Limitada - Cláusulas Facultativas do Contrato Social 149

4.5 SOCIEDADE ANÔNIMA 155

4.5.1 As Principais Diferenças entre Companhia Aberta e Companhia Fechada 162

4.5.1.1 Sociedade Anônima de Futebol - SAF 164

4.5.2 Constituição por Subscrição Particular (Companhia Fechada) 167

4.5.3 Constituição por Subscrição Pública (Companhia Aberta) 170

4.5.3.1 Requisitos Preliminares para a Constituição de Companhia Aberta 171

4.5.3.2 Registro na Comissão de Valores Mobiliários (CVM) 172

4.5.3.3 Subscrição Pública das Ações 175

4.5.3.4 Assembleia de Constituição da Companhia Aberta 176

4.5.3.5 Formalidades Complementares para o Arquivamento dos Atos Constitutivos no Registro Público Mercantil 177

4.5.4 Estatuto das Sociedades Anônimas 178

4.6 SOCIEDADE EM COMANDITA POR AÇÕES 187

5 CASOS ESPECIAIS 189

5.1 ATIVIDADE UNIPROFISSIONAL E PLURIPROFISSIONAL 189

5.2 ATIVIDADE DE ADVOCACIA 197

5.2.1 Sociedade Individual de Advocacia 198

5.2.2 Sociedade de Advogados 201

5.3 EMPRESÁRIO INDIVIDUAL 207

5.4 MICROEMPREENDEDOR INDIVIDUAL (MEI) 211

5.5 EMPRESA INDIVIDUAL DE RESPONSABILIDADE LIMITADA (EIRELI) - REVOGADA CONFORME LEI Nº 14.195/2021 213

5.5.1 Empresa Individual de Responsabilidade Limitada (EIRELI) x Sociedade Limitada Unipessoal 215

5.6 SOCIEDADE EM COMUM 216

5.7 SOCIEDADE DE PROPÓSITO ESPECÍFICO 218

5.8 SOCIEDADE EM CONTA DE PARTICIPAÇÃO 221

5.9 GRUPOS DE SOCIEDADES DE FATO. COLIGADAS, CONTROLADORAS, CONTROLADAS E SUBSIDIÁRIA INTEGRAL 223

5.10 GRUPO DE SOCIEDADE DE DIREITO 227

5.11 CONSÓRCIO DE SOCIEDADES 228

5.11.1 Consórcio Simples de Sociedades - Microempresa e Empresa de Pequeno Porte 230

5.12 SOCIEDADE DE ECONOMIA MISTA E EMPRESA PÚBLICA 231

5.13 ESTABELECIMENTO NO BRASIL DE SOCIEDADE ESTRANGEIRA 233

5.14 ESTRUTURA JURÍDICA DAS COOPERATIVAS 236

5.15 DISSOLUÇÃO SOCIETÁRIA DE SOCIEDADE CONTRATUAL 241

5.15.1 Dissolução Parcial por Morte do Sócio 243

5.15.2 Dissolução Parcial pelo Exercício do Direito de Retirada (Direito de Recesso) 244

5.15.3 Dissolução Parcial pelo Exercício do Direito de Exclusão de Sócio 246

5.15.4. Liquidação dos Haveres na Dissolução Parcial de Sociedade 257

5.15.5 Dissolução por Morte ou Perda da Capacidade do Titular de Sociedade Limitada Constituída por uma Única Pessoa (Unipessoal) 265

6 TERCEIRO SETOR - ATIVIDADES SEM FINS LUCRATIVOS 271

6.1 ESTRUTURA JURÍDICA DAS ASSOCIAÇÕES 272

6.2 ESTRUTURA JURÍDICA DAS FUNDAÇÕES 275

6.3 CERTIFICADOS E QUALIFICAÇÕES: CEBAS, OSCIP E OS 278

6.4 TEMPLO RELIGIOSO 284

6.5 IMUNIDADE TRIBUTÁRIA 287

7 RISCOS E CONSEQUÊNCIAS JURÍDICAS NO ATO DE REGISTRO E DISSOLUÇÃO DE PESSOA JURÍDICA 291

7.1 ATOS DE REGISTRO E CONSEQUÊNCIAS JURÍDICAS 291

7.2 CONSTITUIÇÃO DE PESSOA JURÍDICA, AUTODECLARAÇÕES FALSAS E CONSEQUÊNCIAS CRIMINAIS 295

7.3 DISSOLUÇÃO IRREGULAR DE SOCIEDADE E RESPONSABILIDADE TRIBUTÁRIA 299

7.4 LEI GERAL DE PROTEÇÃO DE DADOS PESSOAIS - LGPD 303

8 PLANEJAMENTO E GESTÃO TRIBUTÁRIA 309

8.1 RELACIONAMENTO CONTRIBUINTE E ESTADO 309

8.2 PLANEJAMENTO TRIBUTÁRIO 310

8.3 SISTEMA TRIBUTÁRIO NACIONAL 313

8.3.1 Tributos 313
8.3.2 Impostos 315
8.3.3 Taxas 317
8.3.4 Contribuição de Melhorias 320
8.3.5 Empréstimos Compulsórios 320
8.3.6 Contribuições Sociais 321

8.4 FORMAS DE TRIBUTAÇÃO 323

8.5 TRIBUTOS SOBRE A RECEITA OU FATURAMENTO 323

8.5.1 Imposto sobre Produtos Industrializados - IPI 323

8.5.1.1 Fato Gerador 324
8.5.1.2 Contribuintes 325
8.5.1.3 Base de Cálculo 325
8.5.1.4 Alíquotas e Período de Apuração 325
8.5.1.5 Imunidades 326
8.5.1.6 Não Cumulatividade 326
8.5.1.7 Caso Prático 327

8.5.2 Imposto sobre Operações relativas à Circulação de Mercadorias e sobre Prestações de Serviços de Transporte Interestadual, Intermunicipal e de Comunicação - ICMS 329

8.5.2.1 Fato Gerador 330
8.5.2.2 Contribuintes 331
8.5.2.3 Base de Cálculo 332
8.5.2.4 Imunidades 333

8.5.2.5 Alíquotas *333*
8.5.2.6 Substituição Tributária *334*
8.5.2.7 Diferencial de Alíquota - DIFAL *336*
8.5.2.8 Não Cumulatividade *337*

8.5.3 Imposto sobre Serviços de Qualquer Natureza - ISS 338

8.5.3.1 Fato Gerador *338*
8.5.3.2 Contribuintes *338*
8.5.3.3 Base de Cálculo e Alíquotas *339*
8.5.3.4 Local de Prestação dos Serviços e Sujeito Ativo *339*

8.5.4 PIS e Cofins 340

8.5.4.1 Regime Cumulativo *340*
8.5.4.2 Regime Não Cumulativo *341*
8.5.4.3 Caso Prático *343*

8.5.5 Contribuição Previdenciária sobre a Receita Bruta - CPRB 347

8.6 TRIBUTOS E ENCARGOS SOBRE FOLHA DE PAGAMENTO **348**

8.6.1 Contribuição Patronal Previdenciária - CPP 348
8.6.2 Risco Ambiental do Trabalho - RAT 349
8.6.3 Contribuição Adicional para o Financiamento da Aposentadoria Especial 350
8.6.4 Terceiros 351
8.6.5 Contribuições Previdenciárias do Trabalhador 352

8.6.5.1 Contribuição dos Segurados Empregado, Avulso e Empregado Doméstico *353*
8.6.5.2 Contribuição dos Trabalhadores por conta própria - Contribuinte Individual *354*

8.6.6 Tributação da Remuneração dos Sócios 356
8.6.7 Fundo de Garantia do Tempo de Serviço - FGTS 357
8.6.8 PIS sobre a Folha de Pagamento 359

8.7 TRIBUTOS SOBRE O LUCRO **359**

8.7.1 Fato Gerador 360
8.7.2 Momento da Opção pelo Regime de Tributação 361
8.7.3 Lucro Presumido 361

8.7.3.1 Base de Cálculo *362*
8.7.3.2 Alíquota e Adicional do IRPJ *363*
8.7.3.3 Caso Prático *364*

8.7.4 Lucro Real 366

8.7.4.1 Base de Cálculo 367

8.7.4.2 Opção pelo Pagamento por Estimativa 369

8.7.5 Lucro Arbitrado 373

8.8 TRIBUTAÇÃO DO MICROEMPREENDEDOR INDIVIDUAL E DAS MICRO E PEQUENAS EMPRESAS 375

8.8.1 Microempreendedor Individual 376

8.8.2 Simples Nacional 378

8.8.2.1 Limites 379

8.8.2.2 Vedações ao Ingresso 380

8.8.2.3 Base de Cálculo 383

8.8.2.4 Tributos Abrangidos 384

8.8.2.5 Metodologia de Cálculo 385

8.8.2.6 Casos Práticos 388

8.9 TRIBUTAÇÃO DAS ENTIDADES SEM FINS LUCRATIVOS 396

8.10 PLANEJAMENTO TRIBUTÁRIO NA PRÁTICA 403

8.10.1 Empresa Industrial 403

8.10.2 Empresa Comercial 412

8.10.3 Empresa Prestadora de Serviços 419

9 MODELOS DE INSTRUMENTOS 425

9.1 ESTATUTOS 425

9.1.1 Estatuto Social Sociedade Anônima 425

9.1.2 Estatuto Social Cooperativa 425

9.1.3 Estatuto Social Associação 426

9.1.4 Estatuto Social Templo Religioso 426

9.2 CONTRATO SOCIAL 426

9.2.1 Contrato Social Sociedade Empresária Limitada 426

9.2.2 Contrato Social Sociedade Simples Limitada 427

9.2.3 Contrato Social Sociedade Unipessoal Limitada 427

9.3 ALTERAÇÃO 427

9.3.1 Alteração Contratual Sociedade Limitada 427

9.3.2 Alteração Contratual da Sociedade Limitada para Sociedade Unipessoal Limitada 428

9.3.3 Alteração de Empresário Individual para Sociedade Limitada 428

9.4 ATA **428**

9.4.1 Ata de Constituição de Cooperativa 428

9.4.2 Ata de Constituição de Associação 429

9.4.3 Ata de Constituição de Templo Religioso 429

9.5 EDITAL DE CONVOCAÇÃO PARA CONSTITUIÇÃO DE TEMPLO RELIGIOSO **429**

9.6 DISTRATO SOCIAL **430**

9.7 REQUERIMENTO DE EMPRESÁRIO **430**

10 REFERÊNCIAS **431**

1 INTRODUÇÃO

O processo de constituição e legalização de entidades empresariais ou sem finalidade de lucro é um dos motores de alavancagem da economia. Esta atividade deve ser executada por um profissional qualificado e capacitado para produzir um instrumento correto e absolutamente indispensável para a adequada gestão da entidade.

O alcance deste objetivo se inicia com uma perfeita integração entre o contador e o advogado. É este o propósito desta obra: se valer da experiência dos profissionais destas duas áreas para apresentar uma visão conceitual, prática e objetiva sobre a constituição e legalização de qualquer tipo de entidade.

A demanda por este assunto é imperiosa. O mercado e as Instituições de Ensino Superior – IES necessitam urgentemente de um guia orientativo e de qualidade nesta área. Portanto, esta obra proporcionará condições ao profissional que já está atuando no mercado e aos alunos de cursos de graduação e pós-graduação terem um trabalho completo e atualizado, demonstrando como devem ser feitos os processos de legalização, alteração, baixa e transformação de sociedade em qualquer unidade federativa do Brasil como uma base conceitual jurídica para aprofundamento de cada tipo de Pessoa Jurídica – PJ.

Em decorrência, este livro aborda os seguintes tipos de Pessoas Jurídicas – PJ:

1. MEI – Microempreendedor Individual
2. EI – Empresário Individual
3. LTDA. – Sociedade Limitada
4. S.A. – Sociedade Anônima Aberta
5. S.A. – Sociedade Anônima Fechada
6. Sociedade em Nome Coletivo
7. Sociedade em Comandita Simples
8. Sociedade em Comandita por Ações
9. Consórcio de Sociedades
10. Consórcio Simples

11. Grupo de Sociedades
12. Sociedade de Economia Mista
13. Sociedade Anônima do Futebol
14. Empresa Pública
15. Estabelecimento no Brasil de Sociedade Estrangeira
16. Associações
17. Fundações
18. Templos Religiosos
19. Cooperativas

Outro aspecto relevante e inovador é a apresentação de forma didática do passo a passo dos processos de legalização, alteração e baixa de qualquer tipo de PJ, possibilitando maior segurança nos procedimentos a serem observados.

O livro é enriquecido com modelos práticos de atos constitutivos para facilitar o dia a dia do profissional e dar maior praticidade ao processo de ensino e aprendizagem dos alunos que se encontram em processo de formação nas IES. O passo a passo, que é objeto de referência desta obra, detalha: Escolha do Código Nacional Atividade Econômica – CNAE; Tipos de Pessoa Jurídica – PJ; Enquadramento Tributário (Simples Nacional, Lucro Presumido e Lucro Real); Consulta Prévia de local e nome da PJ; Elaboração dos Atos Constitutivos; Requerimento de Registro (REGIN) para obtenção do NIRE, RCPJ, CNPJ e Inscrições Estadual e Municipal; Obtenção do Alvará de Licença para Estabelecimento junto à Prefeitura da localidade sede da entidade e Licenciamento.

As consequências jurídicas do arquivamento equivocado de um ato constitutivo e as precauções que o profissional deve ter antes de definir em qual órgão devem arquivar o ato constitutivo constam em um capítulo específico desta obra, sendo ainda enriquecido com jurisprudências sobre a matéria. Trata-se de um conhecimento imperioso para que no futuro, em qualquer litígio, este assunto não seja objeto de questionamento. Para completar, apresentam-se as consequências criminais na constituição de sociedades. É um alerta para o profissional, possibilitando uma visão jurídica preventiva.

Esta nova edição atualiza a literatura com os seguintes temas: um capítulo inédito de Planejamento e Gestão Tributária, e conteúdos novos no processo de legalização com a transformação de sociedades, dissolução parcial de sociedade contratual, dissolução por morte ou perda de capacidade do titular de sociedade limitada constituída por uma única pessoa (unipessoal), dissolução e apuração de haveres, Lei Geral de Proteção de Dados – LGPD, Sociedade Anônima do Futebol – SAF.

Tudo isto desenvolvido por profissionais que atuam na área e que se esforçaram para demonstrar o conhecimento alicerçado em dois pilares: a teoria e prática. A conjugação destes dois fatores é imprescindível para que qualquer profissional tenha êxito no desempenho de suas atividades profissionais. Para as IES, utilizando esta obra, apresentarão para o mercado alunos capacitados com uma visão integradora de teoria e prática.

Por fim, os autores orientam para que os empreendedores busquem uma assessoria técnica para elaborarem um Plano de Negócio para estudar a viabilidade econômica do negócio, antes de iniciar o processo de legalização. Além disto, procure uma capacitação para a gestão.

2 LEGALIZAÇÃO PASSO A PASSO

2.1 PROCESSO DE LEGALIZAÇÃO

O processo de legalização de uma entidade, seja ela com ou sem finalidade de lucros, requer conhecimento da legislação e do passo a passo a ser seguido durante a realização do processo.

Com o objetivo de facilitar a visualização de todas as etapas que envolvem a legalização, elaboramos um fluxo detalhado, conforme a figura 1.

Figura 1 - Fluxo do Passo a Passo do Processo de Legalização

1º Passo

Escolha da Classificação Nacional de Atividade Econômica - CNAE (cnae.ibge.gov. br), Tipo de Pessoa Jurídica - PJ (Ver Quadro Resumo dos Tipos de PJ no item 2.1) e Enquadramento Tributário (Simples Nacional, Lucro Presumido e Lucro Real)

2º Passo

Consulta Prévia

- Local (Consultar site do Município da localidade Sede da Entidade)
- Nome PJ (Dependendo do tipo de sociedade: Consultar site da Junta Comercial ou RCPJ da localidade sede da Entidade).

3º Passo

Elaboração do Ato Constitutivo conforme Tipo de PJ escolhida - Anexo II (Modelos de Atos Constitutivos)

- Contrato Social
- Estatuto
- Requerimento de Empresário

4º Passo

Requerer o Documento Básico de Entrada no CNPJ (DBE) junto à Receita Federal

5º Passo

Requerimento de Registro (REGIN) para obtenção do NIRE, RCPJ, CNPJ e Inscrições Estadual e Municipal

- Junta Comercial do Estado da localidade Sede da Entidade
- Registro Civil de Pessoa Jurídica - RCPJ da localidade Sede da Entidade
- Ordem dos Advogados do Brasil - OAB da localidade Sede da Entidade

6º Passo

Obtenção do Alvará de Licença para Estabelecimento junto à Prefeitura da localidade sede da entidade após cumpridos todos os passos anteriores.

7º Passo

Licenciamento junto aos Órgãos Licenciadores:

- Vigilância Sanitária;
- Corpo de Bombeiros;
- Controle Ambiental;
- Demais órgãos licenciadores.

Fonte: Elaborado pelos Autores

O fluxo acima irá proporcionar ao profissional responsável pelo processo de legalização uma ferramenta de acompanhamento, bem como a sequência correta que deverá seguir ao proceder com a legalização de uma entidade.

2.1.1 Primeiro Passo - Classificação Nacional de Atividade Econômica (CNAE), Tipo de Pessoa Jurídica e Enquadramento Tributário

O primeiro passo da legalização de uma entidade é definir a(s) atividade(s) econômica(s), o tipo jurídico e a tributação, uma vez que essas informações serão exigidas ao longo do processo.

2.1.1.1 Classificação Nacional de Atividade Econômica (CNAE)

A definição da atividade econômica correta é primordial no processo de legalização de uma entidade, uma vez que essa informação irá impactar na autorização do local pela prefeitura e na escolha da melhor forma de tributação. Assim, o responsável pelo processo de legalização deverá relacionar todas as atividades a serem exercidas pela entidade, bem como a sua Classificação Nacional de Atividade Econômica – CNAE.

A Classificação Nacional de Atividade Econômica determina a área de atuação da atividade empresarial, ou seja, é um código que atribui um conjunto de atividades desempenhadas pelo empresário. Todos os tipos de atividades econômicas possuem seu código CNAE, desde empresas públicas ou privadas e até mesmo atividades sem fins lucrativos ou de pessoas físicas que exercem atividades autônomas (REDESIM, 2020).

O IBGE é o órgão gestor da Classificação Nacional de Atividades Econômicas, sendo o responsável por sua estrutura, manutenção, revisão e eventuais alterações, respeitados os acordos internacionais sobre o sistema (RESOLUÇÃO CONCLA 01, 2014).

A entidade poderá possuir uma atividade principal e até 15 (quinze) atividades secundárias, onde todas deverão estar definidas no ato constitutivo. Para identificar a CNAE correta a ser utilizada, deve-se realizar uma consulta à tabela disponibilizada pelo site do IBGE – Instituto Brasileiro de Geografia e Estatística:

Consultar CNAE: www.cnae.ibge.gov.br

O sistema de busca do IBGE permite a consulta detalhada da atividade escolhida, onde será apresentada a hierarquia, o desdobramento e as notas explicativas de seu conteúdo.

Exemplo: Atividade de Contabilidade

Hierarquia

Seção:	M	ATIVIDADES PROFISSIONAIS, CIENTÍFICAS E TÉCNICAS
Divisão:		69 ATIVIDADES JURÍDICAS, DE CONTABILIDADE E DE AUDITORIA

Grupo:		69.2 Atividades de contabilidade, consultoria e auditoria contábil e tributária
Classe:		69.20-6 Atividades de contabilidade, consultoria e auditoria contábil e tributária
Subclasse:		**6920-6/01 Atividades de contabilidade**

Notas Explicativas:

Esta subclasse compreende:

- O registro contábil das transações comerciais de empresas e de outras entidades
- A elaboração do balanço anual de empresas
- A preparação de declarações de imposto de renda de pessoas físicas e jurídicas
- As atividades de assessoria e representação (não-jurídicas) exercidas ante a administração tributária em nome de seus clientes

Esta subclasse não compreende:

- As atividades de tratamento de dados (6311-9/00)
- As atividades de auditoria e consultoria atuarial (6621-5/02)
- As atividades de consultoria e auditoria contábil e tributária (6920-6/02)
- A definição de métodos e procedimentos de contabilidade (7020-4/00)
- As atividades de cobranças e informações cadastrais (8291-1/00)

Fonte: CONCLA IBGE, 2020.

O relatório referente à consulta da(s) atividade(s) emitido pelo site do IBGE, conforme demonstrado anteriormente, deve ser encaminhado ao responsável pela entidade para validação, uma vez que apresentará as subclasses de atividades que compreendem àquele CNAE e as que não compreendem. Essa validação é de suma importância para que a Classificação Nacional de Atividade Econômica reflita exatamente o objeto da entidade.

> **DICA!**
>
> **Para uma maior segurança ao profissional responsável pelo processo de legalização, orienta-se gerar um relatório do CONCLA com a(s) atividade(s) e enviar para validação do cliente, uma vez que ele conhece o negócio e poderá informar se a(s) respectiva(s) classificações (CNAE) atendem ao objetivo da entidade.**

2.1.1.2 Tipo de Pessoa Jurídica

Após a seleção das atividades, o empresário deverá definir o tipo jurídico do negócio, uma vez que essa opção irá resultar nas normas jurídicas a serem seguidas pelo(s) sócio(s).

De acordo com o IBGE, os códigos de natureza jurídica têm por objetivo a identificação da constituição jurídico-institucional das entidades públicas e privadas nos cadastros da administração pública do País.

A tabela de natureza jurídica organiza estes códigos segundo cinco grandes categorias: administração pública; entidades empresariais; entidades sem fins lucrativos; pessoas físicas e organizações internacionais; e outras instituições extraterritoriais.

O Anexo V da IN RFB nº 1.863, de 27 de dezembro de 2018, relaciona todas as naturezas jurídicas disponíveis. A Resolução nº 1 de 19 de novembro de 2018 do IBGE também apresenta a tabela de natureza jurídica atualizada.

O quadro 1 apresenta os principais tipos de pessoas jurídicas adotados no Brasil.

Quadro 1 - Tipos de Pessoas Jurídicas e equiparados

MEI **Microempreendedor Individual**	O MEI - Microempreendedor Individual - é aquele pequeno empresário que trabalha por conta própria, com faturamento anual até R$ 81.000,00 e exerce umas das mais de 400 modalidades permitidas de serviços, comércio ou indústria. Esse empreendedor não pode participar do quadro societário de outra empresa e somente poderá contratar até um funcionário, cujo salário não poderá ultrapassar o salário-mínimo nacional ou o piso da categoria profissional. Para conhecimento detalhado da legislação ler item 5.4 do livro.
EI **Empresário Individual**	Empresário Individual (EI) é o empresário pessoa física que exerce profissionalmente uma atividade econômica, organizada para a produção ou circulação de bens ou de serviços, sem a participação de qualquer sócio. Não se considera empresário quem exerce profissão intelectual, de natureza científica, literária ou artística, ainda com o concurso de auxiliares ou colaboradores, salvo se o exercício da profissão constituir elemento de empresa. Para conhecimento detalhado da legislação ler item 5.3 do livro.
LTDA. **Sociedade Limitada (Pluripessoal e Unipessoal)**	A sociedade limitada consiste num tipo societário que estabelece normas com base no valor investido por cada sócio. A responsabilidade de cada sócio é restrita, "limitada", ao valor de suas quotas, mas todos respondem solidariamente pela integralização do capital social. O capital social divide-se em quotas, iguais ou desiguais, cabendo uma ou diversas a cada sócio. De acordo com a Lei de Liberdade Econômica nº 13.874 de setembro de 2019, a sociedade limitada pode ser constituída por 1 (uma) ou mais pessoas. Para conhecimento detalhado da legislação ler item 4.4 do livro.
S.A. **Sociedade Anônima Aberta**	Compreende as entidades dotadas de personalidade jurídica de direito privado, de natureza empresária, cujos valores mobiliários de sua emissão estão admitidos à negociação no mercado de valores mobiliários, estando sob a fiscalização da Comissão de Valores Mobiliários (CVM). Para conhecimento detalhado da legislação ler item 4.5 do livro.
S.A. **Sociedade Anônima Fechada**	Compreende as entidades dotadas de personalidade jurídica de direito privado, de natureza mercantil, as quais, ao invés das companhias abertas, não contam com a admissão dos valores mobiliários de sua emissão à negociação no mercado de valores mobiliários, não estando sujeitas, portanto, à fiscalização da Comissão de Valores Mobiliários (CVM). Para conhecimento detalhado da legislação ler item 4.5 do livro.

Sociedade em Nome Coletivo	Refere-se às entidades dotadas de personalidade jurídica de direito privado, de natureza empresária, em que todos os sócios, pessoas físicas, respondem solidária e ilimitadamente pelas obrigações sociais. Todavia, sem prejuízo da responsabilidade perante terceiros, podem os sócios, no ato constitutivo, ou por unânime convenção posterior, limitar entre si a responsabilidade de cada um. Para conhecimento detalhado da legislação ler item 4.2 do livro.
Sociedade em Comandita Simples	Compreende as entidades dotadas de personalidade jurídica de direito privado, de natureza empresária, com o capital dividido em quotas subscritas por dois tipos de sócios: os sócios comanditados, pessoas físicas, que respondem solidária e ilimitadamente pelas obrigações sociais e os sócios comanditários, obrigados somente pelo valor de sua quota. Para conhecimento detalhado da legislação ler item 4.3 do livro.
Sociedade em Comandita por Ações	Compreende as entidades dotadas de personalidade jurídica de direito privado, de natureza empresária, com o capital dividido em ações, regidas pelas normas relativas às companhias ou sociedades anônimas, com as alterações previstas nos artigos 1.090 a 1.092 do CC/2002, com dois tipos de sócios: os sócios comanditados com responsabilidade ilimitada, solidária e subsidiária pelas obrigações sociais (sócios diretores ou gerentes) e os sócios comanditários, com responsabilidade limitada e que só se obrigam a realizar as ações subscritas ou adquiridas. Para conhecimento detalhado da legislação ler item 4.6 do livro.
Consórcio de Sociedades	Compreende os consórcios constituídos por companhias ou quaisquer outras sociedades, sob o mesmo controle ou não, para a execução de determinado empreendimento, observado o disposto nos artigos 278 e 279 da Lei nº 6.404, de 1976. Os consórcios não têm personalidade jurídica própria (as empresas que o constituem, sim). Para conhecimento detalhado da legislação ler item 5.11 do livro.
Consórcio Simples	Refere-se ao tipo de Consórcio descrito no artigo 56 da Lei Complementar nº 123, de 14/12/2006. O Consórcio Simples será composto exclusivamente por microempresas e empresas de pequeno porte optantes pelo Simples Nacional, destinando-se ao aumento de competitividade e a sua inserção em novos mercados internos e externos, por meio de ganhos de escala, redução de custos, gestão estratégica, maior capacitação, acesso a crédito e a novas tecnologias. Para conhecimento detalhado da legislação ler item 5.11.1 do livro.

Grupo de Sociedades	Compreende as sociedades que se encontram sob controle comum, a partir de ato formal de constituição (grupo de direito) ou não (grupo de fato), às quais são reservadas as designações "grupo de sociedades" ou "grupo". Do grupo apenas participam a controladora e as sociedades que estejam sob seu controle direto ou indireto. Para conhecimento detalhado da legislação ler item 5.9 e 5.10 do livro.
Sociedade de Economia Mista	Compreende as entidades dotadas de personalidade jurídica de direito privado, cuja criação é autorizada por lei para a exploração de atividade econômica, sob a forma de sociedade anônima, cujas ações, com direito a voto, pertençam em sua maioria à União, aos Estados, ao Distrito Federal ou aos Municípios, sujeitando-se ao regime jurídico inerente ao das empresas privadas. Para conhecimento detalhado da legislação ler item 5.12 do livro.
Sociedade Anônima Do Futebol - SAF	Compreende as sociedades cuja atividade principal consiste na prática do futebol, feminino e masculino, em competição profissional, constituídas pela transformação do clube ou pessoa jurídica original, pela cisão do departamento de futebol e transferência do seu patrimônio relacionado à atividade futebol ou pela iniciativa de pessoa natural ou jurídica ou de fundo de investimento. Para conhecimento detalhado da legislação ler item 4.5.1.1 do livro.
Empresa Pública	Compreende as entidades dotadas de personalidade jurídica de direito privado, com patrimônio próprio e capital inteiramente público, pertencente à União, aos Estados, ao Distrito Federal ou aos Municípios, cuja criação é autorizada por lei para a exploração de atividade econômica, podendo revestir-se de qualquer das formas admitidas em direito, desde que compatíveis com sua especial natureza, podendo ser uni ou pluripessoal. Para conhecimento detalhado da legislação ler item 5.12 do livro.
Estabelecimento no Brasil de Sociedade Estrangeira	As filiais, sucursais, agências ou outros tipos de estabelecimentos subordinados de sociedades estrangeiras, empresárias ou simples autorizadas pelo Governo Federal a funcionar no Brasil, devidamente registradas no órgão competente. Funcionam no território brasileiro com a mesma denominação que têm no país de origem, podendo, entretanto, acrescentar as palavras "do Brasil" ou "para o Brasil". Para conhecimento detalhado da legislação ler item 5.13 do livro.

Associações	Constituem-se as associações pela união de pessoas que se organizem para fins não econômicos. Não há, entre os associados, direitos e obrigações recíprocos. Os associados devem ter iguais direitos, mas o estatuto poderá instituir categorias com vantagens especiais. A qualidade de associado é intransmissível, se o estatuto não dispuser o contrário. Para conhecimento detalhado da legislação ler item 6 do livro.
Fundações	Para criar uma fundação, o seu instituidor fará, por escritura pública ou testamento, dotação especial de bens livres, especificando o fim a que se destina, e declarando, se quiser, a maneira de administrá-la. A fundação somente poderá constituir-se para os fins elencados nos incisos I ao IX, parágrafo primeiro, do artigo 62 do Código Civil. Para conhecimento detalhado da legislação ler item 6 do livro.
Templos Religiosos	São livres a criação, a organização, a estruturação interna e o funcionamento das organizações religiosas, sendo vedado ao poder público negar-lhes reconhecimento ou registro dos atos constitutivos e necessários ao seu funcionamento. Para conhecimento detalhado da legislação ler item 6 do livro.
Cooperativas	Refere-se às sociedades de pessoas que se obrigam, através da celebração de contratos de sociedades cooperativas, a contribuir, com bens ou serviços, para o exercício de uma atividade econômica, de proveito comum, sem objetivo de lucro, podendo ter por objeto qualquer gênero de serviço, operação ou atividade. Para conhecimento detalhado da legislação ler item 5.14 do livro.

Fonte: Adaptado do Redesim (2020)

O tipo jurídico deverá ser definido no primeiro passo, tendo em vista que a prefeitura, no processo de consulta prévia de local, solicita o "tipo jurídico" e a atividade a ser exercida.

2.1.1.3 Enquadramento Tributário

A opção tributária é realizada formalmente após a conclusão de todo o processo, mas optamos por incluir essa etapa no início do fluxo tendo em vista o impacto dessa informação ao longo de todo o processo de legalização. Essas informações são preliminares para se ter uma visão abrangente das opções tributárias. Para conhecimento mais aprofundado, esta edição apresenta no item 8, um capítulo inédito de Planejamento e Gestão Tributária com toda legislação e exemplos práticos para simulação e identificação da melhor opção para enquadramento tributário.

Assim, após a definição da atividade econômica e do tipo jurídico, faz-se a escolha pela tributação a ser utilizada pela entidade. A figura 2 apresenta as opções tributárias adotadas no Brasil:

Figura 2 - Tributação no Brasil

Simples Nacional

Lucro Presumido

Lucro Real

Fonte: Elaborado pelos autores.

Uma entidade que irá adotar a tributação do Simples Nacional – Regime Especial Unificado de Arrecadação de Tributos e Contribuições devidos pelas Microempresas e Empresas de Pequeno Porte, por exemplo, deverá ser enquadrada durante o processo de legalização como uma Microempresa (ME) ou uma Empresa de Pequeno Porte (EPP), para que possa realizar a opção tributária junto à Receita Federal.

De acordo com a Lei Complementar nº 123, de 14 de dezembro de 2006, consideram-se microempresas ou empresas de pequeno porte, a sociedade empresária, a sociedade simples, a empresa individual de responsabilidade limitada e o empresário individual, devidamente registrados no Registro de Empresas Mercantis ou no Registro Civil de Pessoas Jurídicas, desde que:

I. No caso de microempresa, a receita bruta, em cada ano-calendário, não ultrapasse o montante de R$ 360.000,00 (trezentos e sessenta mil reais); e

II. No caso de empresa de pequeno porte, a receita bruta, em cada ano-calendário, seja superior a R$ 360.000,00

(trezentos e sessenta mil reais) e igual ou inferior a R$ 4.800.000,00 (quatro milhões e oitocentos mil reais).

De acordo com a Resolução CGSN nº 140, de 22 de maio de 2018, alterada pela Resolução CGSN nº 150, de 3 de dezembro de 2019, depois de efetuar a inscrição no CNPJ, a ME ou a EPP deverá, para formalizar a opção pelo Simples Nacional, observar o prazo de até 30 (trinta) dias, contado do último deferimento de inscrição, seja ela a municipal ou, caso exigível, a estadual, desde que não ultrapasse 60 (sessenta) dias da data de abertura constante do CNPJ.

Em razão da pandemia da Covid-19, o prazo de 60 (sessenta) dias da data de abertura do CNPJ foi alterado para 180 (cento e oitenta) dias. Assim, as empresas que realizaram sua formalização durante o ano de 2020 deverão observar o prazo de até 30 (trinta) dias, contado do último deferimento de inscrição, seja ela a municipal ou, caso exigível, a estadual, desde que não ultrapasse 180 (cento e oitenta) dias da data de abertura constante do CNPJ, conforme, Resolução CGSN nº 155, de 15 de maio de 2020.

Na hipótese de a opção pelo Simples Nacional não observar os prazos descritos acima, a solicitação só poderá ser realizada no primeiro mês do ano-calendário seguinte, produzindo efeitos a partir do primeiro dia de janeiro do respectivo ano-calendário e não da data de abertura do CNPJ.

Exemplo 1: A empresa X possui data de abertura no CNPJ em 01/04/2020. Prestadora de serviços sujeitos ao ISS teve deferida sua inscrição municipal em 05/05/2020. Então, ela tem até o dia 04/06/2020 (30 dias contados da inscrição municipal) para fazer a opção pelo Simples Nacional, apesar de nesse dia ainda não ter esgotado o prazo de 180 dias da abertura no CNPJ.

Exemplo 2: A empresa Y possui data de abertura no CNPJ em 02/01/2020. Prestadora de serviços sujeitos ao ISS teve deferida sua inscrição municipal em 19/06/2020. Então, ela tem até o dia 30/06/2020 (180 dias contados da abertura no CNPJ) para fazer a opção pelo Simples Nacional, apesar de nesse dia ainda não ter esgotado o prazo de 30 dias da inscrição municipal.

Exemplo 3: A empresa Z possui data de abertura no CNPJ em 14/05/2020. Varejista, teve deferida sua inscrição municipal em 20/05/2020 e a estadual em 01/06/2020. Então, ela tem até o dia 01/07/2020 (30 dias contados da inscrição estadual, que foi a última deferida) para fazer a opção pelo Simples Nacional, apesar de ainda não ter esgotado o prazo de 180 dias da abertura no CNPJ.

Fonte: Secretaria Executiva do Comitê Gestor do Simples Nacional, 2020.

Quanto à opção oficial pela tributação do Lucro Presumido ou Lucro Real, será realizada no primeiro recolhimento do tributo, por meio da escolha do código do Documento de Arrecadação da Receita Federal (DARF) corresponde à respectiva tributação, sendo considerada definitiva para todo o ano-calendário. A opção tributária também será informada nas primeiras declarações mensais a serem transmitidas ao fisco.

2.1.2 Segundo Passo - Consulta Prévia

O segundo passo do processo de legalização é a realização da Consulta Prévia (de local e de nome). Essa etapa deve ser realizada junto ao órgão de registro que irá verificar a possibilidade de exercício da atividade no local e o nome da Pessoa Jurídica.

2.1.2.1 Consulta Prévia de Local

A Consulta Prévia de Local deverá ser realizada junto à prefeitura e irá verificar a possibilidade de exercício da(s) atividade(s) econômica(s) a ser(em) desenvolvida(s) pela Pessoa Jurídica no endereço escolhido. Essa consulta é primordial para a obtenção do Alvará de Licença para Estabelecimento. Logo, não se deve comprar ou alugar o imóvel desejado para instalação da(s) atividade(s) sem antes obter a aprovação da Prefeitura (REDESIM, 2020).

Ao realizar a consulta de local, a Prefeitura irá exigir as seguintes informações:

- Dados do Endereço: deverá ser apresentado o endereço completo. Dependendo do tipo de atividade, o endereço pode ser de natureza residencial ou comercial.
- Dados do Estabelecimento: o requerente deverá informar o tipo de solicitante de Alvará: Profissional Liberal/Autônomo; Pessoa Jurídica; MEI – Microempreendedor Individual. Deverá informar se a atividade será exercida no local ou o endereço será apenas um ponto de referência.
- Dados da Atividade: deverão ser informadas todas as atividades que serão desenvolvidas no estabelecimento.

O requerente deverá verificar junto à prefeitura de interesse se a consulta prévia de local será realizada em seu respectivo site ou diretamente pelo REGIN – Registro Integrado de Cadastro.

Vale ressaltar que algumas prefeituras não exigem a Consulta Prévia de Local. Assim, o responsável pelo processo de legalização deverá dar continuidade, seguindo para a próxima etapa: viabilidade do nome.

DICA!

Pesquisar as exigências para obtenção do alvará de licença para estabelecimento junto à prefeitura que a entidade será legalizada.

2.1.2.2 Consulta Prévia do Nome (Viabilidade)

A Lei nº 10.406 de 2002, Código Civil, artigos 1.155 a 1.168 dispõe sobre o "Nome Empresarial". A Instrução Normativa nº 81 de 10 de junho de 2020 do DREI – Departamento Nacional de Registro Empresarial e Integração regula a criação do nome empresarial e sua proteção.

De acordo com o artigo 18 da Instrução Normativa nº 81, o nome empresarial atenderá aos princípios da veracidade e da novidade e identificará, quando assim exigir a lei, o tipo jurídico adotado. Por força do princípio da novidade, não poderão coexistir, na mesma unidade federativa, dois nomes empresariais idênticos ou semelhantes.

O nome empresarial é o nome escolhido para o exercício da atividade econômica e será composto pela firma ou denominação. Conforme os parágrafos segundo e terceiro do art. 18 da IN nº 81 do DREI, a firma é composta pelo nome civil, de forma completa ou abreviada da pessoa natural que exerce a atividade econômica. A denominação é formada com quaisquer palavras da língua nacional ou estrangeira.

A firma é o nome empresarial utilizado pelo empresário individual e pela sociedade que tenha sócio de responsabilidade ilimitada. A formação da firma deve respeitar algumas regras, que variam conforme o tipo jurídico (REDESIM, 2020). O quadro a seguir demonstra as regras para formação da firma.

Quadro 2 - Regras Para a Formação da Firma

Tipo societário	Regras
Sociedade em Nome Coletivo	Se não individualizar todos os sócios, deverá conter o nome de pelo menos um deles, acrescido do aditivo "e companhia", por extenso ou abreviado.
Sociedade em Comandita Simples	Deverá conter o nome de pelo menos um dos sócios comanditados, com o aditivo "e companhia", por extenso ou abreviado.
Sociedade em Comandita por Ações	Só poderá conter o nome de um ou mais sócios diretores ou gerentes, com o aditivo "e companhia", por extenso ou abreviado, acrescida da expressão "comandita por ações", por extenso ou abreviada.
Sociedade Limitada	Deve conter os nomes dos sócios de forma completa ou abreviada e os prenomes podem ser suprimidos. A firma pode ainda contar o nome de apenas um dos sócios, mas nesse caso, deve ser acompanhado da expressão "e companhia" ou "e cia." ou variações como "e filhos" ou "e irmãos". Mas SEMPRE deve constar a palavra "limitada", por extenso ou abreviada "Ltda." ao final da firma.
Empresário Individual - EI	Só podem adotar como firma o próprio nome do titular, de forma completa ou com o(s) prenome(s) abreviado(s). Além do nome, pode conter expressão que indique sua atividade ou que, apesar de não ser seu sobrenome, melhor identifique o titular, como "Filho", "Júnior", "Neto" etc.

Fonte: Adaptado do Redesim.

Diferente da firma, a denominação é formada com palavras de uso comum ou vulgar na língua nacional ou estrangeira e/ou com expressões de fantasia, com a indicação do objeto da sociedade. É o nome empresarial utilizado pela sociedade anônima e por cooperativa e formado por qualquer palavra ou expressão. A sociedade limitada e em comandita por ações também podem optar pela utilização da denominação (REDESIM, 2020). O quadro a seguir demonstra as regras para a formação da denominação.

Quadro 3 - Regras Para a Formação da Denominação

Tipo societário	Regras
Sociedade Limitada[1]	Deverá ter a palavra "limitada" ou a sua abreviatura "Ltda." ao final da sua denominação.
Sociedade Anônima	A sociedade anônima opera sob denominação designativa do objeto social, integrada pelas expressões "sociedade anônima" ou "companhia", por extenso ou abreviadamente.
Sociedade em Comandita por Ações	A sociedade em comandita por ações pode, em lugar de firma, adotar denominação designativa do objeto social, aditada da expressão "comandita por ações".
Sociedade Anônima do Futebol (SAF)	A denominação da sociedade anônima do futebol deverá conter a expressão "Sociedade Anônima do Futebol" ou a abreviatura "SAF".
Cooperativas	Funciona sob denominação integrada pelo vocábulo "cooperativa".

Fonte: Adaptado Redesim. A Consulta do Nome Empresarial deverá ser realizada no órgão de registro competente: Junta Comercial, Registro Civil de Pessoas Jurídicas ou Ordem dos Advogados do Brasil.

A Resolução CGSIM nº 61 de 12 de agosto de 2020, destaca que a pesquisa prévia de nome empresarial será dispensada na hipótese de a pessoa jurídica optar por utilizar o número do Cadastro Nacional da Pessoa Jurídica – CNPJ como nome empresarial, seguido da partícula identificadora do tipo societário.

A lei 14.195/2021, alterou o art. 35-A, da Lei 8.934/94, autorizando a sociedade anônima utilizar o CNPJ como nome empresarial.

A Instrução Normativa nº 81, editada pelo Departamento Nacional de Registro Empresarial e Integração, regula da seguinte forma a utilização do CNPJ como nome empresarial:

1. Para a utilização do número do CNPJ como nome empresarial, deve ser levado em conta apenas o número raiz, ou seja, os oito primeiros dígitos do CNPJ (NN.NNN.NNN + S.A.).
2. Em se tratando de constituição ou alteração, o(s) sócio(s) deverá(ão) indicar no instrumento que irá(ão) utilizar o

1 De acordo com o artigo 1.158 do Código Civil (2002), a Sociedade Limitada pode adotar firma ou denominação, integradas pela palavra final "limitada" ou sua abreviatura "Ltda.".

número do CNPJ como nome empresarial. O nome empresarial será gerado no deferimento do pedido.

A figura a seguir apresenta o órgão de registro que deverá ser realizada a viabilidade do nome empresarial de acordo com o tipo jurídico.

Figura 3 - Órgão de Registro Competente Para Viabilidade do Nome de acordo com o tipo jurídico.

JUNTA COMERCIAL	RCPJ	OAB
• Sociedades empresariais • Sociedades anônimas • Cooperativas	• Sociedade simples • Associações • Fundações • Templos religiosos	• Sociedade de advogados • Sociedade individual de advocacia

Fonte: Elaborado pelos autores.

O nome empresarial não pode ser objeto de alienação. A inscrição do empresário, ou dos atos constitutivos das pessoas jurídicas, ou as respectivas averbações, no registro próprio, asseguram o uso exclusivo do nome nos limites temporais do órgão de registro.

O uso previsto do nome empresarial poderá estender-se a todo território nacional, caso se registre na forma da lei especial (Lei nº 10.406/2002).

No processo de solicitação da viabilidade, serão solicitadas algumas informações pelo órgão de registro conforme figura nº 4.

Figura 4 - Informações solicitadas no processo de viabilidade do nome empresarial

- Número do Protocolo da Consulta Prévia de Local
- CPF dos Sócios
- Descrição das atividades a serem exercidas
- Nome Empresarial Solicitado

Fonte: Elaborado pelos autores.

Vale ressaltar que o número do protocolo da Consulta Prévia de Local será obrigatório quando a prefeitura exigir a sua realização, pois em alguns municípios do Brasil não há essa obrigatoriedade. Assim, essa etapa do processo, na maioria das vezes, somente poderá ser realizada após o deferimento da consulta de local.

Após o deferimento da viabilidade, o próximo passo é a elaboração do ato constitutivo. Vale ressaltar que a proteção do nome empresarial somente ocorrerá com o arquivamento dos atos constitutivos de firma individual e de sociedades, conforme destaca o artigo 33 da Lei nº 8.934, de 18 de novembro de 1994.

DICA!

Praticamente todos os Estados já estão integrados ao REDESIM, o que facilita a realização do pedido de viabilidade do nome empresarial. O requerente irá selecionar o órgão de registro competente e dar entrada no pedido de viabilidade.

2.1.3 Terceiro Passo - Elaboração do Ato Constitutivo

A existência legal de uma pessoa jurídica é formalizada a partir do registro de seu ato constitutivo. Neste documento formal será instrumentalizada a estrutura jurídica da pessoa registrada para o exercício regular da atividade econômica.

A elaboração do ato constitutivo deverá ser realizada após o deferimento do local pela prefeitura e do nome empresarial pelo órgão competente, uma vez que essas informações deverão constar, de forma obrigatória, no instrumento legal, conforme determina o Código Civil.

Figura 5 - Tipos de Atos Constitutivos de acordo com a natureza jurídica

CONTRATO SOCIAL
(Sociedades Limitadas, Sociedades Simples, Sociedades em Nome Coletivo, Sociedade em Comandita Simples)

ESTATUTO SOCIAL
(Sociedades Anônimas, Sociedade em Comandita por Ações, Associações, Instituições Religiosas, Fundações)

REQUERIMENTO DE EMPRESÁRIO
(Empresário Individual)

Fonte: Elaborado pelos autores.

O quadro 4 apresenta as informações específicas que deverão conter no Contrato Social, de acordo com o Anexo IV da Instrução Normativa do DREI nº 81.

Quadro 4 - Elementos obrigatórios que deverão conter no Contrato Social

CONTRATO SOCIAL
I. Título[2] (Contrato Social). II. Preâmbulo: a. Informações do sócio pessoa física (brasileiro ou estrangeiro) residente no País ou no Exterior[3]: nome civil, por extenso; nacionalidade; estado civil (indicar, se for o caso, a união estável); data de nascimento; profissão; identificação civil; CPF; e endereço completo. III. Corpo do Contrato Social: a. Cláusulas obrigatórias (nome empresarial; endereço completo da sede; objeto social; capital da sociedade expresso em moeda corrente, a quota de cada sócio, a forma e o prazo de integralização; prazo de duração da sociedade; data de encerramento do exercício social, quando não coincidente com o ano civil; b. Cláusulas facultativas, se houver. IV. Fecho.

Fonte: Elaborado pelos autores.

2 No Ato Constitutivo da Empresa Individual de Responsabilidade Limitada, o título do ato deverá constar "Ato Constitutivo de EIRELI".

3 O Anexo IV da Instrução Normativa do DREI nº 81 de julho de 2010, também apresenta os elementos obrigatórios que deverão conter no Contrato Social caso o sócio seja uma pessoa jurídica com sede no País, sócio pessoa jurídica com sede no exterior e sócio Fundo de Investimento em Participações - FIP.

O capítulo 4 do livro apresenta de forma detalhada as cláusulas obrigatórias e facultativas de um contrato social.

Após a elaboração do contrato social, o sócio único (sociedade unipessoal) ou os sócios (sociedade pluripessoal) deverão rubricar todas as páginas e assinar a última que deverá ter o reconhecimento de firma de cada assinatura, podendo ser substituído pela assinatura eletrônica ou meio equivalente que comprove sua autenticidade.

O quadro 5 apresenta as informações específicas que deverão conter Estatuto Social, de acordo com o Anexo V da Instrução Normativa do DREI nº 81/2020.

Quadro 5 - Elementos obrigatórios que deverão conter no Estatuto Social

ESTATUTO SOCIAL
I. Denominação social. II. Prazo de duração. III. Sede (endereço completo). IV. Objeto Social. V. Capital Social (em caso de sociedade anônima). VI. Ações (em caso de sociedade anônima). VII. Diretores. VIII. Conselho fiscal. IX. Término do exercício social. X. Ações preferenciais (em caso de sociedade anônima). XI. Aumento do "quórum" de deliberações. XII. Conselho de administração[4].

Fonte: Elaborado pelos autores.

O Anexo V da IN RFB nº 81/2020, ainda apresenta os dispositivos que não poderão conter no Estatuto Social das Sociedades Anônimas, tais como: informações contrárias à lei, à ordem pública e aos bons costumes; privem o acionista dos direitos essenciais; atribuam voto plural a qualquer classe de ação; e deleguem a outro órgão as atribuições e poderes conferidos pela lei aos órgãos da administração.

O quadro 6 apresenta as informações específicas que deverão conter no Instrumento de Inscrição do Empresário Individual, de acordo com o Anexo II da Instrução Normativa do DREI nº 81/2020.

4 As companhias abertas, as de capital autorizado e as de economia mista terão, obrigatoriamente, conselho de administração (arts. 138 e 239 da Lei nº 6.404, de 1976).

Quadro 6 - Elementos obrigatórios que deverão conter no Requerimento de Empresário

REQUERIMENTO DE EMPRESÁRIO
I. Nome civil, por extenso. II. Nacionalidade. III. Estado civil (indicar união estável, se for o caso). IV. Regime de bens, se casado. V. Data de nascimento. VI. Identificação civil e CPF. VII. Endereço Completo.

Fonte: Elaborado pelos autores.

O tópico 5.3 do livro apresenta as informações específicas sobre as características jurídicas do empresário individual.

Os atos constitutivos deverão ser apresentados para registro no órgão competente dentro do prazo de 30 (trinta) dias contados da assinatura, cujo efeito do arquivamento será retroativo a respectiva data de assinatura do documento. Fora desse prazo, o arquivamento só terá eficácia a partir do despacho que o conceder (Código Civil, art. 1.151).

O ato constitutivo de sociedade empresária e de cooperativa somente poderá ser arquivado se visado por advogado, com a indicação do nome e número de inscrição na respectiva seccional da Ordem dos Advogados do Brasil (Decreto 10.173 de 2019, artigo 36). Fica dispensado o visto de advogado no instrumento de constituição da empresa enquadrada como Microempresa – ME ou Empresa de Pequeno Porte – EPP.

DICA!

O ideal é que o Contrato Social ou Estatuto sejam elaborados por um advogado, tendo em vista que este é o profissional mais qualificado para a elaboração do documento. Os modelos disponibilizados pelos órgãos de registro preveem apenas as cláusulas obrigatórias, não contemplando cláusulas facultativas.

2.1.4 Quarto Passo - Documento Básico de Entrada no CNPJ (DBE)

O Documento Básico de Entrada – DBE é o documento utilizado para a prática de qualquer ato cadastral perante o CNPJ, e será solicitado por meio do aplicativo Coletor Nacional da Redesim, disponível no Portal Nacional da Redesim, no endereço http://www.redesim.gov.br/ (IN RFB nº 1.863, 2018).

2.1.4.1 Solicitação de Inscrição no CNPJ

O CNPJ compreende as informações cadastrais das entidades de interesse das administrações tributárias da União, dos estados, do Distrito Federal e dos municípios (IN RFB nº 1.863, 2018).

De acordo com o artigo 3º da Instrução Normativa nº 1.863 de 2018, estão obrigadas a inscrição no CNPJ todas as entidades domiciliadas no Brasil, inclusive as pessoas jurídicas equiparadas pela legislação do Imposto sobre a Renda e cada um de seus estabelecimentos localizados no Brasil ou no exterior, antes do início de suas atividades.

Para solicitar a inscrição no CNPJ o requerente deverá possuir o número do protocolo de viabilidade para dar entrada no DBE. O número do protocolo de viabilidade é obtido no segundo passo do processo de legalização junto ao órgão de registro.

Além do preenchimento do número de viabilidade, o requerente deverá preencher as seguintes informações para a geração do DBE:

EVENTOS:
Inscrição de primeiro estabelecimento

IDENTIFICAÇÃO DA PESSOA JURÍDICA:
Nome Empresarial; Natureza Jurídica; Capital Social; Informar o Órgão de Registro

ATIVIDADE ECONÔMICA:
Código CNAE Principal; Código CNAE Secundária (caso exista)

OBJETO SOCIAL:
Descrição do Objeto Social

DADOS PARA CONTATO:
Telefone e e-mail da entidade

IDENTIFICAÇÃO DO REPRESENTANTE DA PESSOA JURÍDICA:
Nome do Representante da Pessoa Jurídica, CPF, Qualificação do Representante

QSA - QUADRO DE SÓCIOS E ADMINISTRADORES:
Identificação do Sócio/Administrador: Nome Completo, CPF, Endereço, Telefone e e-mail, Valor da Participação no Capital Social

As informações da identificação da pessoa jurídica, atividade econômica e objeto social serão importados do protocolo de viabilidade.

A figura 6 apresenta o passo a passo para obtenção do DBE:

Figura 6 - Passo a passo para solicitação do DBE de inscrição no CNPJ

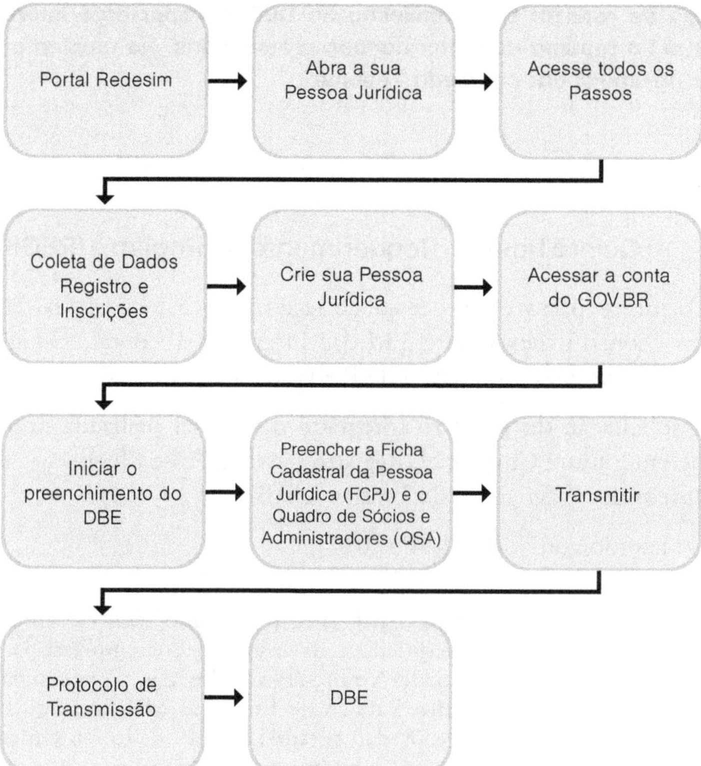

Fonte: Elaborado pelos autores.

Após o preenchimento de todos os dados solicitados, o requerente deverá realizar o envio das informações e, automaticamente, será disponibilizado o Protocolo de Transmissão. Conforme destaca o artigo 15 da IN RFB nº 1.863/2018, se não houver incompatibilidade nos documentos eletrônicos transmitidos, será disponibilizado o Documento Básico de Entrada (DBE).

O documento ficará disponível no sítio da Receita Federal do Brasil, Portal Redesim, pelo prazo de 90 (noventa) dias para impressão e encaminhamento ao órgão competente. A solicitação do ato cadastral no CNPJ será cancelada automaticamente no caso de descumprimento do prazo mencionado (IN RFB nº 1.863, 2018).

DICA!

Antes de realizar a transmissão do DBE, é importante imprimir (salvar) o resumo das informações preenchidas. No ambiente do DBE há uma opção chamada "resumo".

2.1.5 Quinto Passo - Requerimento de Registro (REGIN)

O quinto passo do processo de legalização é requerer o registro do Ato Constitutivo e obtenção das inscrições (Federal, Estadual e Municipal), através do Sistema de Registro Integrado – REGIN.

A solicitação do Registro Integrado deverá ser realizada no órgão competente: Junta Comercial, Registro Civil da Pessoa Jurídica – RCPJ ou Ordem dos Advogados do Brasil – OAB.

De acordo com a JUCESP (2017):

> Código Civil (Lei nº 10.406/2002) estabelece a obrigatoriedade da inscrição dos empresários e das sociedades empresárias, além das Cooperativas, no Registro Público de Empresas Mercantis, cuja finalidade, é dar garantia, publicidade, autenticidade, segurança e eficácia aos atos jurídicos das empresas mercantis, submetidos ao registro na forma da lei (art. 1º, Decreto nº 1.800/1996). Compete às Juntas Comerciais, por sua vez, efetuar o arquivamento dos atos relativos à constituição, alteração, dissolução e extinção de empresas mercantis, de cooperativas, submetidos ao registro na forma da lei.

A figura abaixo demonstra o órgão de registro (Junta Comercial ou RCPJ) de cada tipo societário, de acordo com o Código Civil.

Figura 7 - Órgão de registro de acordo com o tipo jurídico

SOCIEDADE
Fins Econômicos
(Art. 981)

REGISTRO na Junta Comercial (Art. 1.150)

EMPRESÁRIA (Art. 982.983)

- Sociedade Limitada (Art. 1052 a 1087)
- Sociedade Anônima (Art. 1088 a 1089)
- Sociedade em Nome Coletivo (Art. 1039 a 1044)
- Sociedade em Comandita Simples (Art. 1045 a 1051)
- Sociedade em Comandita por Ações (Art. 1090 a 1092)
- Empresário Individual (Art. 966)
- Sociedade Cooperativas (Art. 1093 a 1096)

REGISTRO no RCPJ (Art. 1.150)

SIMPLES (Art. 982.983)

- Sociedade Limitada (art. 1052 a 1087)
- Sociedade Simples (Simples Pura - Art. 997 a 1038)
- Sociedade em Nome Coletivo (art. 1039 a 1044)
- Sociedade em Comandita Simples (Art. 1045 a 1051)
- ASSOCIAÇÕES - Fins não Econômicos
- FUNDAÇÕES - Fins morais, culturais ou de assistência

Fonte: Adaptado do RCPJ

As cooperativas, apesar de serem equiparadas às Sociedades Simples pelo Código Civil, devem registrar seus atos na Junta Comercial. As sociedades de advogados devem registrar seus atos na Ordem dos Advogados do Brasil – OAB.

De acordo com a Instrução Normativa do DREI nº 81 de 2020, o arquivamento de ato constitutivo de empresário individual e sociedade limitada, exceto empresas públicas, bem como constituição de cooperativa será deferido de forma automática quando:

- **I.** Tenham sido concluídas as consultas prévias da viabilidade de nome empresarial e de localização, quando for o caso;
- **II.** O instrumento contiver apenas as cláusulas padronizadas, conforme Anexos da Instrução Normativa; e
- **III.** Apresente, de forma física ou digital, os documentos obrigatórios para instrução do pedido de arquivamento.

Para protocolar o requerimento de registro o requerente deverá apresentar os seguintes documentos:

Quadro 7 - Documentos necessários para registro

- Ato Constitutivo assinado com reconhecimento de firma (ou assinatura digital)
- Documento dos sócios (RG e CPF)
- DBE - Documento Básico de Entrada
- Requerimento (Capa do processo)
- Pagamento da taxa de registro

Fonte: Elaborado pelos autores.

Além dos documentos acima, os atos sujeitos ao assentimento prévio do Conselho de Defesa Nacional (serviços em faixa de fronteira de radiodifusão de som e de sons e imagens; mineração: pesquisa, lavra, exploração e aproveitamento de recursos minerais; colonização e loteamentos rurais; participação a qualquer título, de estrangeiro, pessoa natural ou jurídica, em pessoa jurídica que seja titular de direito real sobre imóvel rural) deverão apresentar o documento de assentimento no ato do registro (IN DREI nº 81, 2020).

As taxas serão cobradas de acordo com os órgãos de registro, exceto para o registro dos atos do Microempreendedor Individual, cuja taxa é reduzida a 0 (zero), conforme a Lei Complementar nº 147, de 7 de agosto de 2014.

O registro dos atos constitutivos referentes a empresários e pessoas jurídicas em qualquer órgão dos 3 (três) âmbitos de governo ocorrerá independentemente da regularidade de obrigações tributárias, previdenciárias ou trabalhistas, principais ou acessórias, do empresário, da sociedade, dos sócios, dos administradores ou de empresas de que participem (art. 9º da Lei Complementar nº 147 de 2014).

2.1.5.1 Cadastro Nacional da Pessoa Jurídica - CNPJ

O número que identifica a pessoa jurídica e outros tipos de arranjo jurídico sem personalidade jurídica, como o Empresário Individual junto à Receita Federal Brasileira (órgão do Ministério da Fazenda), o CNPJ compreende as informações cadastrais das entidades de interesse das administrações tributárias da União, dos Estados, do Distrito Federal e dos Municípios (IN RFB nº 1.863, 2018).

Por meio de convênio firmado entre a Receita Federal do Brasil com as Juntas Comerciais e RCPJ, a inscrição no cadastro nacional da pessoa jurídica é protocolado e analisado concomitantemente com o Número de Identificação do Registro de Empresas – NIRE, ou a matrícula no RCPJ, através do REGIN, por isso o DBE (Documento Básico de Entrada no CNPJ) é apresentado com os demais documentos de registro ao órgão competente.

Com o registro do ato constitutivo deferido, o requerente poderá acessar o site da Receita Federal e realizar a emissão do Cartão de Inscrição no CNPJ.

2.1.5.2 NIRE e Matrícula no RCPJ

NIRE é o número atribuído a todo ato constitutivo de empresa mercantil e de cooperativa registrados na Junta Comercial.

A Matrícula no RCPJ é o número atribuído a todo ato constitutivo de sociedade simples, associações, instituições religiosas e fundações registrados no Registro Civil de Pessoas Jurídicas.

2.1.5.3 Inscrição Estadual

A Inscrição Estadual representa o registro formal junto à Secretaria de Fazenda Estadual de uma empresa para fins de cobrança do ICMS – Imposto sobre Circulação de Mercadorias. Sem a Inscrição Estadual não é possível à comercialização de produtos em território nacional de forma regularizada (JUCESP, 2017).

Atualmente, a maioria das Juntas Comerciais e Secretarias de Fazenda possuem seu sistema integrado ao REGIN. Assim, após o registro do ato constitutivo, a Inscrição Estadual estará disponível, bastando o requerente acessar o site do Estado e realizar a emissão do documento de inscrição.

2.1.5.4 Inscrição Municipal

A Inscrição Municipal representa o registro formal junto à prefeitura em que a entidade será instalada. Essa inscrição é obrigatória para todas as pessoas jurídicas, uma vez que será necessária para realizar a solicitação do Alvará de Licença para Estabelecimento, emissão de notas fiscais e opção pelo Simples Nacional.

A inscrição municipal deverá ser solicitada logo após o registro do Ato Constitutivo e obtenção do CNPJ. Algumas prefeituras possuem o seu sistema integrado ao REGIN, facilitando a troca de informações entre os órgãos e obtenção da inscrição.

2.1.6 Sexto Passo - Alvará de Licença para Estabelecimento

O alvará de licença para estabelecimento, ou simplesmente alvará, é uma licença concedida pela Coordenadoria de Licenciamento e Fiscalização permitindo a localização e o funcionamento de estabelecimentos comerciais, industriais, agrícolas, prestadores de serviços, bem como de sociedades, instituições, e associações de qualquer natureza, vinculadas a pessoas físicas ou jurídicas (Decreto nº 41.827 de 2016).

O alvará é o documento que permite o funcionamento da atividade. Sem esse documento o estabelecimento não poderá funcionar, estando sujeito a penalidades (multa) em caso de descumprimento.

A concessão de licença inicial para estabelecimento deverá obedecer ao regulamento de cada prefeitura e será efetivada mediante pagamento de uma taxa. Vale ressaltar que algumas prefeituras cobram a taxa de licença anualmente, outras apenas no momento do registro ou caso haja alguma alteração nas informações que contenha no respectivo documento.

De acordo com o art. 11 do Decreto nº 41.827 de 2016 da Prefeitura do Rio, os alvarás conterão, entre outras, as seguintes informações:

I. Nome da pessoa física ou jurídica;
II. Endereço do estabelecimento;
III. Relação das atividades licenciadas;
IV. Número da inscrição municipal;
V. Número do processo de concessão ou de alteração;
VI. Restrições.

A licença para o funcionamento da entidade é de competência do município, assim o responsável pelo processo de legalização deverá analisar a legislação municipal para verificar as exigências para a obtenção do alvará.

Quadro 8 - Obrigatoriedade de obtenção do Alvará

Quem deve possuir	Quem está dispensado
• Estabelecimentos comerciais, atacadistas ou varejistas; • Estabelecimentos industriais; • Estabelecimentos agrícolas; • Estabelecimentos prestadores de serviços; • Profissionais liberais e profissionais autônomos, localizados em unidades não residenciais ou na própria residência; • Pessoas físicas ou jurídicas no exercício de atividades por tempo determinado; • Microempreendedores individuais.	• Os estabelecimentos da União, dos Estados, do Município • E do Distrito Federal, bem como suas autarquias e fundações; • As sedes de partidos políticos; • As missões diplomáticas; • Organismos internacionais reconhecidos pelo governo brasileiro; • As associações de moradores; • Os templos religiosos.

Fonte: Prefeitura do Rio (https://www.rio.rj.gov.br)

Atualmente várias prefeituras possuem seu sistema integrado ao REGIN, o que facilita a troca de informações entre os órgãos de registro e promove celeridade ao processo de legalização. Assim, após o registro do ato constitutivo, o órgão competente (Junta Comercial, RCPJ, OAB) enviará para a prefeitura as informações pertinentes, bastando ao requerente acessar o ambiente digital da respectiva prefeitura e emitir a taxa para pagamento do alvará. Após a compensação bancária, o documento estará disponível para impressão.

Tratando-se de uma prefeitura que não possui ambiente digital integrado ao REGIN, caberá ao responsável pela legalização comparecer ao órgão municipal e solicitar o registro da empresa, bem como a emis são da taxa do alvará para pagamento.

O alvará será substituído sempre que ocorrer qualquer alteração de suas características: alteração do local de funcionamento e/ou alteração/ inclusão de atividades; alteração do nome empresarial.

Além do alvará de licença para estabelecimento, e dependendo das características das atividades e do local, existem outros tipos de alvará. A prefeitura do Rio de Janeiro, por exemplo, relaciona os seguintes tipos:

Figura 8 - Tipos de Alvará

- Alvará de Autorização de Eventos
- Alvará de Autorização Especial
- Alvará de Autorização Transitória
- Alvará de Autorização de Bancas de Jornais
- Autorização de Uso de Mesas e Cadeiras

Fonte: Elaborado pelos autores.

O alvará deverá ser afixado em local visível ao público, exceto se o endereço for um simples ponto de referência. O funcionamento em desacordo com as atividades licenciadas no alvará implicará multas e, dependendo da gravidade, a cassação da licença (Decreto nº 41.827, 2016).

A concessão do alvará obedece a dois princípios: o bem-estar da coletividade e o respeito à livre iniciativa. As cidades grandes apresentam conflitos entre os vários usos – moradia, trabalho, lazer e circulação – que os habitantes fazem dos locais públicos e privados. Cabe ao Poder Público regular esses conflitos e garantir o ordenamento econômico e urbanístico, mediante um conjunto de normas legais. Ficam protegidos, assim, tanto os interesses gerais e particulares quanto a liberdade dos agentes econômicos.[5]

5 https://www.rio.rj.gov.br/web/smf/exibeconteudo?id=6672333 - Acesso em 26/11/2020.

2.1.7 Sétimo Passo - Licenciamento junto aos Órgãos Licenciadores

O licenciamento é o procedimento administrativo em que o órgão regulador avalia e verifica o preenchimento dos requisitos de segurança sanitária, controle ambiental, prevenção contra incêndios e demais exigências previstas na legislação que autorizam o funcionamento do empresário individual, sociedade empresária ou de sociedade simples, excepcionado o procedimento vinculado à concessão de uso de espaço público (JUCESP, 2017).

De acordo com o portal Redesim (2020), após a entrega de documentos e a obtenção dos registros nos órgãos de registro e das inscrições tributárias, a última etapa para a legalização da Pessoa Jurídica é o licenciamento, procedimento administrativo em que o órgão regulador avalia e verifica o preenchimento dos requisitos de segurança sanitária, controle ambiental, prevenção contra incêndios e pânico e demais exigências previstas na legislação, que autorizam o funcionamento da pessoa jurídica.

O portal ainda destaca que cada órgão licenciador define a classificação de risco da atividade econômica, bem como a necessidade da coleta de dados ou informações através de perguntas ou questionários complementares, associados a cada atividade econômica, como critério para classificação do risco.

A classificação do grau de risco de uma atividade representa o nível de perigo potencial de ocorrência de danos à integridade física e à saúde humana, ao meio ambiente ou ao patrimônio, em decorrência de exercício de atividade econômica, constituindo um dos aspectos mais importantes do processo de licenciamento (PORTAL REDESIM, 2020).

Quadro 9 - Grau de Risco das Atividades

Baixo Risco	Toda atividade que receberá tratamento diferenciado e favorecido, dispensada de procedimentos de natureza presencial, substituindo requerimentos, documentos e vistorias prévias por declarações do titular ou responsável. Dessa maneira, o processo será simplificado, executado e concluído inteiramente pela internet. Mas a Pessoa Jurídica não estará isenta de receber fiscalização futura, após início de operação. O órgão licenciador estadual ou municipal tem o dever de fiscalizar o exercício da atividade e, de outro lado, o cidadão tem o dever de cumprir o que foi declarado por si, no sistema, sob pena de ser responsabilizado pela não veracidade das informações prestadas.

Alto Risco	Toda atividade que será tratada como exceção, indicando a obrigatoriedade de procedimento de natureza presencial, podendo ser necessária a apresentação de documentos e vistorias prévias. Nesse caso, o estabelecimento deverá cumprir exigências junto ao órgão, sendo que o sistema dará a devida orientação.

Fonte: Adaptado Redesim.

O Redesim (2020) destaca que após o deferimento da solicitação por todos os órgãos e entidades licenciadores da administração direta e indireta do estado e pelos municípios integrados ao sistema, serão produzidos todos os efeitos legais próprios das licenças de funcionamento expedidas por esses órgãos envolvidos, premissa para a Pessoa Jurídica iniciar as suas atividades.

De acordo com a Lei nº 13.874 de 2019 (Lei de Liberdade Econômica), o Poder Executivo Federal disporá sobre a classificação de atividades de baixo risco caso não exista uma legislação estadual, distrital ou municipal específica. A Resolução CGSIM nº 51, de 11 de junho de 2019 versa sobre a definição de baixo risco para fins da Lei de Liberdade Econômica.

2.1.7.1 Vigilância Sanitária

Como parte do Sistema Único de Saúde (SUS), cabe a Vigilância Sanitária desempenhar um conjunto de ações capazes de eliminar ou diminuir riscos à saúde mediante o controle da produção e circulação de bens e da prestação de serviços de saúde. O controle do risco almejado pela Vigilância Sanitária se alcança de várias formas e o licenciamento sanitário é uma das mais importantes (REDESIM, 2020).

A concessão da licença de funcionamento é o final de um procedimento administrativo no qual a autoridade sanitária permite que uma atividade econômica de interesse da saúde funcione mediante conhecimento prévio da sua adequação às normas e regulamentos sanitários existentes. Para que esse procedimento seja eficaz no controle dos riscos à saúde e não represente empecilho ao desenvolvimento econômico, é preciso que o empreendedor conheça as normas sanitárias que se aplicam à atividade que pretende desenvolver (REDESIM, 2020).

Compreendendo e valorizando o papel do licenciamento sanitário, ganha o empreendedor com o processo integrado e facilitado pela classificação de risco, sem incorrer em infrações de natureza sanitária e o cidadão, que consumirá produtos e serviços mais seguros e saudáveis (REDESIM, 2020).

2.1.7.2 Corpo de Bombeiro

Os objetivos do licenciamento são: proporcionar um nível adequado de segurança aos ocupantes de uma edificação em casos de incêndio, possibilitando a saída das pessoas em condições de segurança; minimizar as probabilidades de propagação do fogo e riscos ao meio ambiente; facilitar as ações de socorro público (REDESIM, 2020).

Ciente da necessidade de agilizar o processo de abertura das empresas, para obtenção dos respectivos direitos de funcionamento, o Corpo de Bombeiros também se compromete em diminuir a burocracia e facilitar a vida dos cidadãos e das empresas, definindo a classificação de risco das atividades econômicas, sendo uma simplificação e tradução de suas legislações, e a disponibilização de sistemas próprios para agilizar também os processos de alto risco classificados (REDESIM, 2020).

2.1.7.3 Meio Ambiente

Toda pessoa jurídica que for atuar, ou que já está instalada, que produz impacto ambiental de pequeno, médio ou grande porte é obrigada a retirar o licenciamento ambiental no respectivo órgão responsável (federal, estadual e municipal). As Pessoas Jurídicas precisam estar tecnicamente adaptadas aos padrões de emissão de efluentes lançados no meio ambiente, seja para o ar, para o solo ou outras formas de poluição. A Licença é concedida, a fim de resguardar o direito coletivo ao meio ambiente ecologicamente equilibrado, sendo necessária a sua renovação, bem como poderá ser revogada caso a Pessoa Jurídica deixe de cumprir as normas legais (REDESIM, 2020).

2.1.7.4 Demais Órgãos Licenciadores

O Anexo II da Instrução Normativa do DREI nº 81 (2020), apresenta os atos sujeitos a aprovação de órgãos e entidades governamentais. As atividades elencadas no quadro abaixo não são passíveis de exigências quando da análise do registro pelas Juntas Comerciais, conforme parágrafo único do art. 35 da Lei nº 8.934, de 1994. Contudo, dependem de aprovação prévia para seu funcionamento.

Quadro 10 - Atividades que dependem de aprovação de órgãos e entidades governamentais

Órgão Licenciador	CNAE/Objeto
Banco Central do Brasil - BCB	Bancos Múltiplos; Bancos Comerciais; Caixas Econômicas; Bancos de Desenvolvimento; Bancos de Investimento; Bancos de Câmbio; Sociedades de Crédito, Financiamento e Investimento; Sociedades de Crédito Imobiliário; Sociedades de Arrendamento Mercantil; Agências de Fomento; Companhias Hipotecárias; Sociedades Corretoras de Câmbio e de Títulos e Valores Mobiliários; Sociedades Corretoras de Câmbio; Sociedades Distribuidoras de Títulos e Valores Mobiliários; Associações de Poupança e Empréstimo; Sociedades de Crédito ao Microempreendedor e a Empresas de Pequeno Porte - SCM. Cooperativas de Crédito. Sociedades Administradoras de Consórcios.
Agência Nacional de Saúde Suplementar - ANS	Operadoras de Planos Privados de Assistência à Saúde: 6550-2/00 - Planos de saúde; e 6520-1/00 - Sociedade seguradora de seguros saúde.
Superintendência de Seguros Privados - SUSEP	Tipos de sociedades: Sociedades Seguradoras, Sociedades de Capitalização, Entidades Abertas de Previdência Complementar e Resseguradores Locais. Tipo de Sociedade: Corretora de resseguros. Tipo de sociedade: Escritório de Representação de Resseguradores Admitidos. Tipo de sociedade: Corretora de Seguros
Polícia Federal - PF	80.11.1-01 - Vigilância Patrimonial; 80.12.9-00 - Transporte de Valores; 52.29.0-99 - Escolta Armada; 80.20.0-00 - Monitoramento eletrônico; - Segurança Pessoal Privada; e - Cursos de Formação e reciclagem de Vigilante ou cursos profissionais de segurança privada (85.99.6-99 - Outras atividades de ensino não especificadas anteriormente)

Agência Nacional de Telecomunicações - ANATEL	Serviços de telefonia fixa comutada (STFC), prestados sob o regime público e privado. Serviços de rede de transporte de telecomunicações - SRTT. Serviços de comunicação multimídia (SCM). Serviços de comunicação por fio não especificados anteriormente. Serviço Móvel Celular (Serviço Móvel Pessoal - SMP). Serviço Móvel Especializado - SME. Serviços de comunicação sem fio não especificados anteriormente. Telecomunicações por satélite. Operadoras de televisão por assinatura por cabo. Operadora de televisão por assinatura por micro-ondas. Operadoras de televisão por satélite.
Agência Nacional de Energia Elétrica - ANEEL	Agentes Prestadores de serviços de energia elétrica (Concessionárias do serviço público de energia elétrica de uso do bem público).
Agência Nacional de Transporte Terrestre - ANTT	Concessionárias ou autorizatárias de transporte regular de passageiros (rodoviário e ferroviário interestadual ou internacional).
Conselho de Defesa Nacional	Serviços em faixa de fronteira de: - Radiodifusão de som e de sons e imagens; Mineração (pesquisa, lavra, exploração e aproveitamento de recursos minerais); Colonização e Loteamentos rurais; Participação a qualquer título, de estrangeiro, pessoa natural ou jurídica, em pessoa jurídica que seja titular de direito real sobre imóvel rural.

Fonte: Adaptado Anexo II IN DREI nº 81 de 2020.

Além dos órgãos mencionados, acrescenta-se a Autorização de Funcionamento da ANVISA – Agência Nacional de Vigilância Sanitária. A Lei nº 9.782, de 26 de janeiro de 1999, define o Sistema Nacional de Vigilância Sanitária e cria a ANVISA que terá como incumbência a regulamentação, controle e fiscalização dos produtos e serviços que envolvam a saúde pública, tais como:

1. Medicamentos de uso humano, suas substâncias ativas e demais insumos, processos e tecnologias;
2. Alimentos, inclusive bebidas, águas envasadas, seus insumos, suas embalagens, aditivos alimentares, limites de contaminantes orgânicos, resíduos de agrotóxicos e de medicamentos veterinários;
3. Cosméticos, produtos de higiene pessoal e perfumes;

4. Saneantes destinados à higienização, desinfecção ou desinfestação em ambientes domiciliares, hospitalares e coletivos;
5. Conjuntos, reagentes e insumos destinados a diagnóstico;
6. Equipamentos e materiais médico-hospitalares, odontológicos e hemoterápicos e de diagnóstico laboratorial e por imagem;
7. Imunobiológicos e suas substâncias ativas, sangue e hemoderivados;
8. Órgãos, tecidos humanos e veterinários para uso em transplantes ou reconstituições;
9. Radioisótopos para uso diagnóstico *in vivo* e radiofármacos e produtos radioativos utilizados em diagnóstico e terapia;
10. Cigarros, cigarrilhas, charutos e qualquer outro produto fumígero, derivado ou não do tabaco;
11. Quaisquer produtos que envolvam a possibilidade de risco à saúde, obtidos por engenharia genética, por outro procedimento ou ainda submetidos a fontes de radiação.

O responsável pelo processo de legalização deverá observar todas as exigências dos órgãos licenciadores para que a entidade atue de forma segura e regular.

2.2 PROCESSO DE ALTERAÇÃO DO ATO CONSTITUTIVO

A alteração contratual é o processo que envolve algum tipo de mudança no ato constitutivo da entidade. Dependendo da informação a ser alterada, o passo a passo será muito semelhante ao da legalização.

O registro das alterações do ato constitutivo referente a empresários e pessoas jurídicas não dependerá de apresentação de certidão negativa de débitos. O registro da alteração correrá independentemente da regularidade de obrigações tributárias, previdenciárias ou trabalhistas, principais ou acessórias (Lei Complementar nº 147 de 2014).

2.2.1 Identificação das informações a serem alteradas

O quadro 11 apresenta algumas mudanças que podem ocorrer no ato constitutivo:

Quadro 11 - Alterações que podem ocorrer no ato constitutivo

- Alteração do endereço da entidade.
- Alteração do nome empresarial.
- Alteração do objeto (atividade econômica).
- Alteração do quadro societário.
- Alteração de demais cláusulas contratuais.

Fonte: Elaborado pelos autores.

De acordo com a IN DREI nº 81 de 2020, a alteração contratual da sociedade limitada deverá conter, no mínimo, os seguintes elementos:

Quadro 12 - Itens obrigatórios da alteração contratual de uma sociedade limitada

SOCIEDADE LIMITADA
I. Título do documento (Alteração Contratual), recomendando-se indicar o número de sequência da alteração; II. Preâmbulo: a. Nome e qualificação completa dos sócios que a assinam; b. Qualificação da sociedade (nome empresarial, CNPJ, endereço, número de inscrição na Junta Comercial/RCPJ/OAB); e c. A resolução de promover a alteração contratual; III. Corpo da alteração: a. Nova redação das cláusulas alteradas, expressando as modificações introduzidas ; b. Indicação das cláusulas suprimidas; e c. Consolidação opcional, exceto em caso de reativação, transferência de sede para outra unidade da federação, cessão de quotas realizadas em instrumento diverso e conversão da sociedade simples ou associação do cartório de registro de pessoas jurídicas para a Junta Comercial, casos em que a consolidação se torna obrigatória; IV. Fecho.

Fonte: IN DREI nº 81 de 2020.

O Empresário Individual também pode promover alterações em seu instrumento de inscrição, conforme destaca a IN DREI nº 81 de 2020:

- **Nome Empresarial**: o empresário individual pode modificar sua firma em função da alteração do nome civil; em função do desenquadramento da condição de MEI.
- **Objeto**: alteração do objeto, devendo constar o novo objeto em sua totalidade e não apenas as partes alteradas.
- **Falecimento de Empresário**: o falecimento do empresário gera a extinção da empresa ressalvada a hipótese de sua continuidade por autorização judicial ou sucessão por escritura pública de partilha de bens.
- **Emancipação de menor autorizado judicialmente a continuar a empresa**: A prova (ato judicial) da emancipação de menor autorizado judicialmente a continuar a empresa será arquivada em anexo ao instrumento de empresário ou em ato separado.
- **Transferência de sede para outra unidade da federação**: Para transferir a sede do empresário para outra unidade da federação, são necessárias providências na Junta Comercial da unidade da federação de origem e na Junta Comercial da unidade da federação para onde será transferida.

O quadro a seguir apresenta os itens mínimos obrigatórios que deverão constar na alteração do instrumento de inscrição do Empresário Individual:

Quadro 13 - Itens obrigatórios da alteração do instrumento de registro do Empresário Individual

EMPRESÁRIO INDIVIDUAL
I. Título do documento (alteração do instrumento de inscrição), recomendando-se indicar o nº de sequência da alteração;
II. Preâmbulo:
a. Nome e qualificação pessoal do empresário;
b. Qualificação do empresário individual (nome empresarial, endereço e CNPJ); e
c. A resolução de promover a alteração do instrumento de inscrição;
III. Corpo da alteração:
a. Nova redação das cláusulas alteradas, expressando as modificações introduzidas ;
b. Redação das cláusulas incluídas;
c. Indicação das cláusulas suprimidas; e
d. Consolidação opcional, exceto em caso de reativação e transferência de sede para outra unidade da federação, casos em que a consolidação se torna obrigatória;
IV. Fecho.

Fonte: IN DREI nº 81 de 2020.

O responsável pelo processo de alteração do ato constitutivo deverá observar os prazos estabelecidos pelos órgãos de registro. Na Receita Federal do Brasil, por exemplo, a entidade está obrigada a atualizar no CNPJ qualquer alteração referente aos seus dados cadastrais até o último dia útil do mês subsequente ao de sua ocorrência, com as seguintes observações, conforme art. 24 da Instrução Normativa nº 1.863 de 2018:

- No caso de alteração sujeita a registro, o prazo é contado a partir da data do registro da alteração no órgão competente.
- A alteração de dados cadastrais de entidade domiciliada no exterior inscrita no CNPJ está condicionada à indicação do seu representante.
- Cabe ao representante legal nomeado atualizar no CNPJ as ocorrências relativas às seguintes situações especiais: I – liquidação judicial ou extrajudicial; II – falência; III – recuperação judicial; IV – intervenção; ou V – inventário do empresário (individual) ou do titular da empresa individual imobiliária ou de responsabilidade limitada.

A figura 9 apresenta o passo a passo para obtenção do DBE de Alteração:

Figura 9 - Passo a passo para solicitação do DBE de alteração do CNPJ

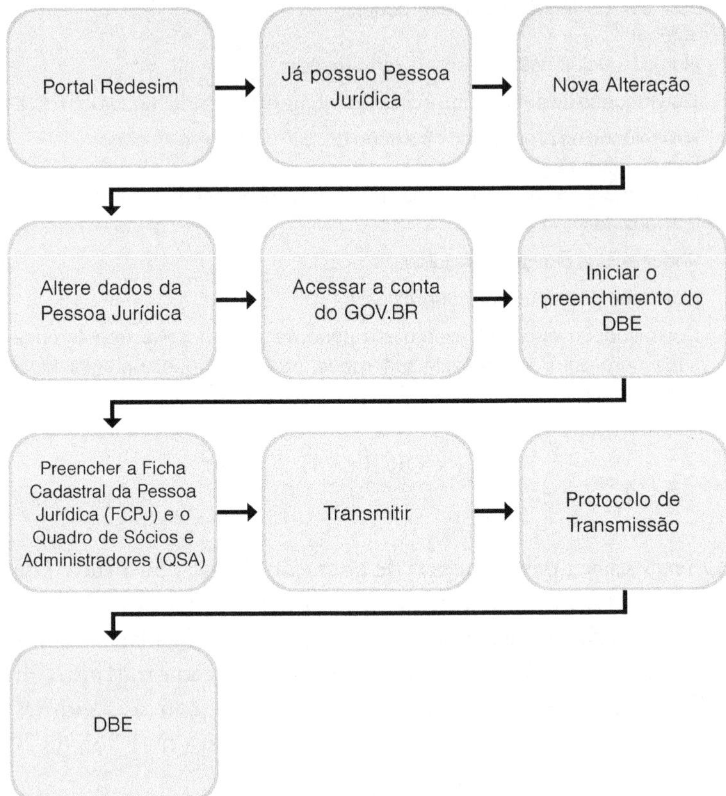

Fonte: Elaborado pelos autores.

A entidade que irá promover a alteração do endereço e/ou atividade econômica deverá realizar uma nova consulta prévia de local e seguirá, praticamente, todos os demais passos do processo de legalização, uma vez que essas informações precisam ser alteradas em todos os documentos como: ato constitutivo, CNPJ, inscrição estadual, inscrição municipal e alvará, conforme demonstra o quadro a seguir.

Figura 10 - Fluxo do Passo a Passo do Processo de Alteração

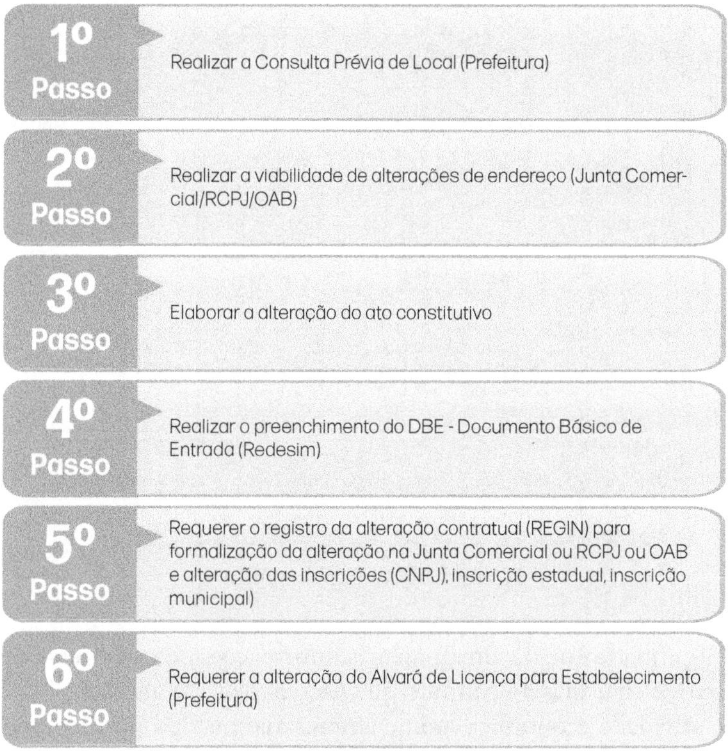

Fonte: Elaborado pelos autores.

A entidade, que irá promover apenas a alteração do nome empresarial, iniciará o processo a partir da viabilidade do novo nome empresarial, não sendo necessária a realização da consulta prévia de local, uma vez que o endereço permanecerá o mesmo. Os demais passos serão seguidos, pois o novo nome empresarial deverá ser alterado em todos os órgãos de registro: Junta Comercial/RCPJ/OAB, Receita Federal, Estado e Município.

Esse passo a passo também será seguido pelas entidades que irão promover a alteração do tipo jurídico, em caso de transformação.

Figura 11 - Fluxo do passo a passo para alteração de nome empresarial

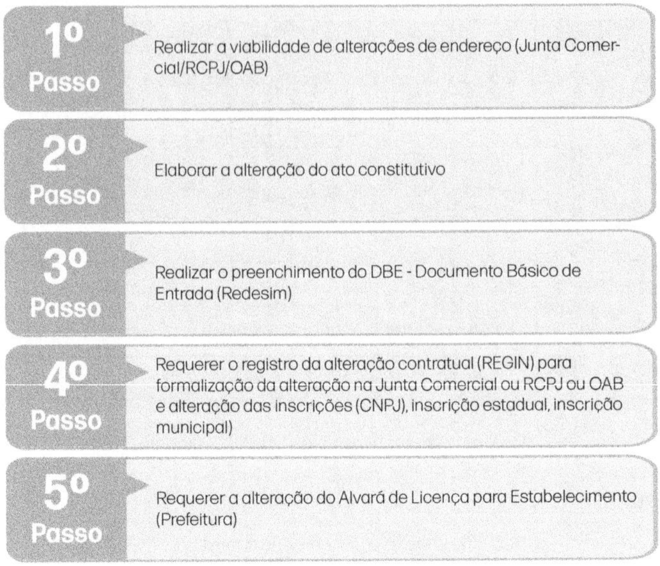

Fonte: Elaborado pelos autores

A entidade que irá alterar apenas informações do quadro societário ou demais cláusulas do contrato que não envolvam a alteração de endereço, atividade econômica, nome empresarial ou tipo jurídico, seguirá o passo a passo a seguir.

Figura 12 - Fluxo do passo a passo para alteração de integrantes do quadro societário ou demais cláusulas do contrato social que não envolvam a alteração de sede, atividade e/ou nome empresarial

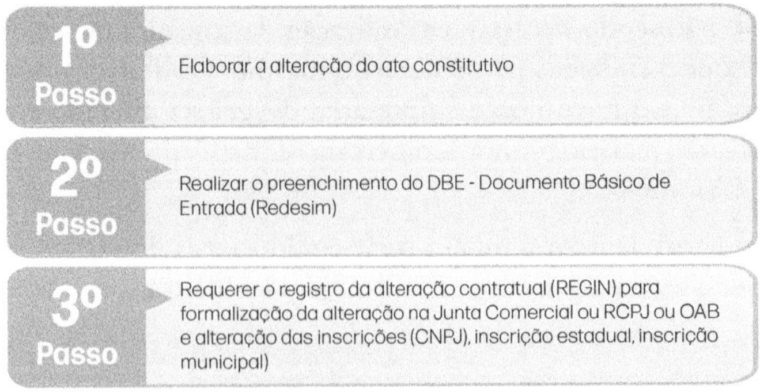

Fonte: Elaborado pelos autores.

Como podemos observar, o passo a passo do processo de alteração sofrerá mudanças em função da informação a ser alterada.

2.2.2 Transformação da Natureza Jurídica

As demandas de transformação de sociedade é frequente e acompanha a dinâmica da economia. Os empreendedores com suas estratégias de negócios buscam novas naturezas jurídicas para ajustá-las à sua realidade.

De acordo com o art. 1.113 do Código Civil, o ato de transformação independe de dissolução ou liquidação da sociedade, e obedecerá aos preceitos reguladores da constituição e inscrição próprios do tipo em que vai converter-se. O artigo 1.114 do Código Civil destaca que a transformação depende do consentimento de todos os sócios, salvo se prevista no ato constitutivo, caso em que o dissidente poderá retirar-se da sociedade.

A Instrução Normativa DREI nº 81, de 10 de junho de 2020, em seu art. 62 parágrafo primeiro, destaca as possibilidades de transformação, que poderá ser por uma questão Societária ou de Registro:

I. Societária, nos termos dos arts. 1.113 do Código Civil e 220 da Lei nº 6.404, de 1976, quando ocorrer entre sociedades; e

II. De registro, nos termos dos arts. 968, § 3º e 1.033, parágrafo único, ambos do Código Civil.

A transformação de sociedades contratuais em qualquer outro tipo de sociedade deverá ser formalizada por meio de alteração contratual, na qual será aprovado o estatuto ou contrato social, que poderá ser transcrito na própria alteração ou em instrumento separado (ART. 66 IN DREI 81, 2020).

Os registros de empresário individual, EIRELI e sociedade empresária poderão transformar-se entre si, mediante ato de transformação, conforme destaca o art. 68 da Instrução Normativa DREI nº 81. Destacamos que a EIRELI foi extinta tacitamente pela Lei nº 14.195, de 26 de agosto de 2021. Assim, as empresas existentes com a natureza jurídica de Empresa Individual de Responsabilidade Limitada serão transformadas em Sociedade Limitada Unipessoal.

Neste sentido, apresentamos alguns exemplos de transformação de natureza jurídica para ilustração.

2.2.2.1 Transformação de Empresário Individual em Sociedade Empresária Limitada (Unipessoal ou Pluripessoal)

A natureza jurídica de Empresário Individual, código 213-5, refere-se ao empresário pessoa física que exerce profissionalmente a atividade econômica organizada para a produção ou circulação de bens ou de serviços, sem a participação de qualquer sócio (Art. 966, Lei nº 10.406). Vale ressaltar que o Microempreendedor Individual (MEI) também se enquadra nesta natureza jurídica.

O Empresário Individual pode transformar-se em Sociedade Empresária Limitada em função da inclusão de sócio na pessoa jurídica, ou pelo objetivo de alterar a responsabilidade "ilimitada", característica da natureza 213-5, para responsabilidade "limitada", neste caso, alterando sua natureza jurídica para Sociedade Empresária Limitada Unipessoal, código 206.

Assim, apresentaremos o procedimento prático a ser realizado no processo de transformação da natureza jurídica de Empresário Individual (MEI ou não) para a nova natureza jurídica, Sociedade Empresária Ltda. (Unipessoal ou Pluripessoal).

Figura 13 - Fluxo do processo de transformação de Empresário Individual em Sociedade Empresária Limitada

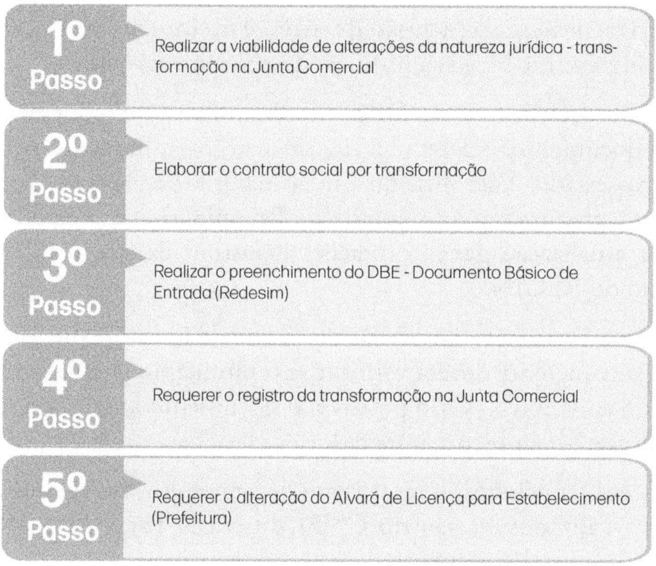

Fonte: Elaborado pelos autores

A figura 13 demonstra que o primeiro passo é realizar a viabilidade de alteração da natureza jurídica, transformação, na Junta Comercial. No preenchimento da viabilidade, deverá selecionar a nova natureza jurídica: Sociedade Empresária Limitada. Nesta etapa, deverá apresentar o novo nome empresarial com o termo "LTDA." ao final da razão social.

Após o deferimento da viabilidade, o próximo passo é realizar a elaboração do contrato social por transformação, conforme modelo apresentado no capítulo 9.

O passo seguinte à elaboração do contrato social é realizar o preenchimento do DBE no portal Redesim. Ao iniciar o requerimento, o ambiente solicitará o preenchimento do Município, UF, natureza jurídica e protocolo de viabilidade. Neste momento inicial, a natureza jurídica a ser preenchida ainda será a atual, pois o processo de transformação está em fase de solicitação. Ao importar os dados da viabilidade, a razão social e a nova natureza jurídica já serão informadas à Receita Federal. Em caso de alteração do capital social, o requerente deverá marcar o evento 247 (Alteração de Capital Social) e marcar o item QSA – Quadro de Sócios e Administradores – para que o campo seja habilitado para atualização. Tratando-se da inclusão de sócio, é no campo QSA que a nova pessoa, ingressante à pessoa jurídica, deverá ser informada.

Após o deferimento do DBE, o próximo passo é requerer o registro dos documentos referente a transformação na Junta Comercial do respectivo estado. Vale ressaltar que a maioria das Juntas Comerciais possui integração com a Secretaria de Fazenda, o que possibilitará requerer a atualização das informações cadastrais da Inscrição Estadual por meio do REGIN.

Sobre a atualização dos dados do Alvará de Licença para estabelecimento, o requerente deverá verificar se o município possui seu sistema integrado ao REGIN. Caso positivo, o documento atualizado será disponibilizado no ambiente integrado.

Processo concluído, o requerente deverá emitir os seguintes documentos atualizados: cartão do CNPJ, Inscrição Estadual e Alvará de Licença para Estabelecimento.

2.2.2.2 Transformação de Sociedade Simples Limitada em Sociedade Empresária Limitada

A transformação da natureza jurídica Sociedade Simples Limitada, código 224-0, em Sociedade Empresária Limitada, código 206-2, ocorrerá quando a atividade econômica apresentar o "elemento de empresa". No capítulo 3, abordamos de forma detalhada a diferença entre as atividades econômicas de natureza empresarial e não empresarial, cujo objetivo é orientar o profissional responsável pelo processo a realizar o correto registro da natureza jurídica.

A título de exemplo, seguem algumas situações que podem identificar o "elemento de empresa" numa sociedade: contratação de profissional para o exercício da atividade-fim da sociedade simples; quadro societário composto por pessoa sem a qualificação profissional regulada pelo art. 966, parágrafo único, do Código Civil; objeto social contemplando atividade econômica sem natureza personalíssima, que autoriza qualquer pessoa o seu exercício.

Para apresentar o procedimento prático a ser realizado, elaboramos o Fluxo do processo de transformação de Sociedade Simples Limitada em Sociedade Empresária Limitada, conforme figura 14.

Figura 14 - Fluxo do processo de transformação de Sociedade Simples Limitada em Sociedade Empresária Limitada

Fonte: Elaborado pelos autores.

A elaboração do instrumento alterador é o primeiro passo a ser realizado no processo de transformação de uma Sociedade Simples Limitada em uma Sociedade Empresária Limitada. A alteração contratual deverá descrever o motivo da alteração de natureza jurídica, destacando o artigo 966 da Lei nº 10.406 de 10 de janeiro de 2002 (Código Civil).

O segundo passo do processo é requerer o registro da alteração contratual no cartório de Registro Civil das Pessoas Jurídicas, órgão responsável pela averbação dos instrumentos legais das Sociedades Simples.

O terceiro passo é realizar a viabilidade de transformação na Junta Comercial. Em seguida, após o deferimento da viabilidade, o quarto passo será o preenchimento do DBE no site Redesim.

Viabilidade e DBE deferidos, o próximo passo é a solicitação do registro da Alteração Contratual, instrumento já registrado no cartório de Registro Civil das Pessoas Jurídicas, na Junta Comercial. Assim, a alteração contratual terá a chancela da junta e do cartório.

Sobre a atualização dos dados do Alvará de Licença para estabelecimento, o requerente deverá verificar se o município possui seu sistema integrado ao REGIN. Caso positivo, o documento atualizado será disponibilizado no ambiente integrado.

2.2.2.3 Transformação de Sociedade Limitada (LTDA.) em Sociedade Anônima (S/A) Fechada

A Sociedade Empresária Limitada (LTDA.) poderá alterar sua natureza jurídica para Sociedade Anônima (S/A) mediante requerimento de transformação na Junta Comercial. De acordo com o art. 221 da Lei nº 6.404/76, que dispõe sobre as Sociedades por Ações, a transformação exige o consentimento unânime dos sócios, salvo se prevista no contrato social, caso em que o sócio dissidente terá o direito de retirar-se da sociedade.

Assim, apresentaremos o procedimento prático a ser realizado no processo de transformação da natureza jurídica de Sociedade Empresária Limitada (LTDA.) em Sociedade Anônima (S/A) Fechada.

Figura 15 - Fluxo do processo de transformação de Sociedade Empresária Limitada em Sociedade Anônima (S/A)

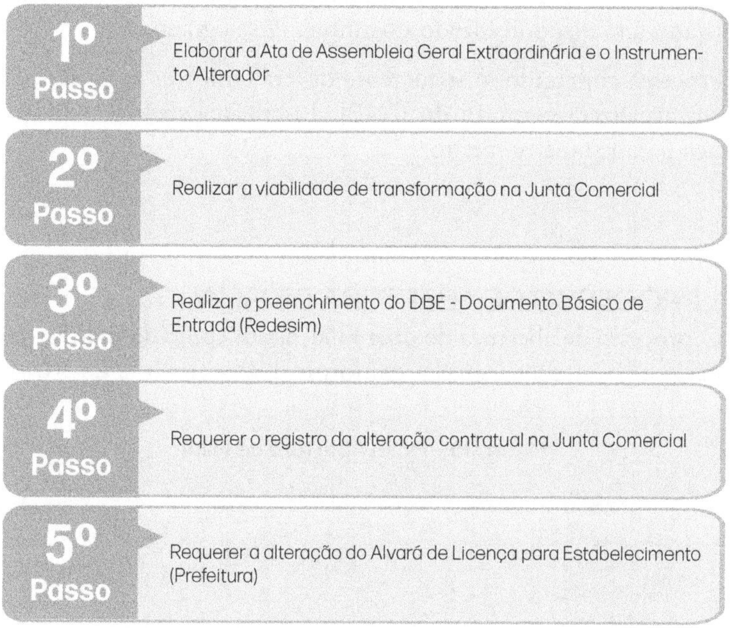

Fonte: Elaborado pelos autores.

O primeiro passo a ser realizado neste tipo de transformação será a realização da Assembleia Geral Extraordinária que autorizará a transformação da Sociedade LTDA. em S/A. A assembleia deverá designar a forma para constituição da Sociedade Anônima que poderá ser por assembleia geral ou por escritura pública. No capítulo 4, tópico 4.5.2 deste livro, abordamos os aspectos legais de constituição de uma Sociedade Anônima de capital fechado.

Procedidos os atos de constituição, os primeiros administradores serão responsáveis pelo arquivamento dos atos constitutivos da S/A. Logo, deve-se realizar a viabilidade de transformação na Junta Comercial. Em seguida, o DBE de transformação deverá ser providenciado no ambiente Redesim.

Viabilidade e DBE deferidos, o próximo passo é requerer o registro dos atos constitutivos na Junta Comercial. Registro realizado, a atualização dos dados do Alvará de Licença para estabelecimento deverá ser providenciada. O requerente deverá verificar se o município possui seu sistema integrado ao REGIN. Caso positivo, o documento atualizado será disponibilizado no ambiente integrado.

Processo concluído, o requerente deverá emitir os seguintes documentos atualizados: cartão do CNPJ, Inscrição Estadual e Alvará de Licença para Estabelecimento.

2.3 PROCESSO DE ABERTURA DE FILIAL

O processo de abertura de uma filial, assim como da matriz, requer um passo a passo a ser seguido, conforme demonstra a figura 16.

Figura 16 - Fluxo Abertura de Filial

- **1º Passo** — Realizar a Consulta Prévia de Local do endereço da filial
- **2º Passo** — Realizar o Pedido de Viabilidade de Inscrição da Filial
- **3º Passo** — Elaborar a alteração do ato constitutivo da matriz para inclusão da filial
- **4º Passo** — Realizar o preenchimento do DBE - Documento Básico de Entrada no CNPJ (Redesim)
- **5º Passo** — Requerer o registro do Ato de Alteração com a inclusão dos dados da filial para formalização na Junta Comercial ou RCPJ ou OAB e a inclusão das inscrições (CNPJ, inscrição estadual, inscrição municipal)
- **6º Passo** — Requerer o Alvará de Licença para Estabelecimento da filial
- **7º Passo** — Licenciamento junto aos órgãos licenciadores

O fluxo acima apresenta a sequência que o profissional responsável pela legalização da filial deverá seguir para que possa concluir o processo com eficiência.

O primeiro passo é verificar a exigência, ou não, de realização da Consulta Prévia de Local junto à prefeitura a qual a filial será estabelecida. Em caso de obrigatoriedade, o responsável pelo processo deverá realizar a consulta prévia de local. Após o deferimento do endereço pela prefeitura, dar-se-á a continuidade ao processo por meio do pedido de viabilidade junto ao órgão de registro.

O segundo passo do processo de abertura de uma filial é solicitar a viabilidade de abertura junto ao órgão competente: Junta Comercial ou Registro Civil de Pessoas Jurídicas ou OAB. A solicitação do pedido de viabilidade pode ser realizada diretamente no Portal Redesim (http:// www.redesim.gov.br/):

1º Abra sua pessoa jurídica → Serviços → Selecione o estado

2º Selecione o município de interesse e o órgão de registro

3º Selecione a inscrição dos demais estabelecimentos (filial)

O requerente deverá preencher todas as informações solicitadas pelo órgão de registro, tais como: endereço da filial, atividade(s) econômica(s), informações ao corpo de bombeiros. No pedido de Viabilidade o requerente também poderá solicitar a Inscrição Estadual, caso a atividade econômica exija a respectiva inscrição.

De acordo com o art. 4º da Instrução Normativa 1.863 de 27 de dezembro de 2018, as filiais também são obrigadas a se inscreverem no Cadastro Nacional das Pessoas Jurídicas (CNPJ). Assim, após o deferimento do Pedido de Viabilidade, o requerente poderá solicitar a inscrição no CNPJ para a filial, conforme o passo a passo a seguir:

Figura 17 - Passo a passo para solicitação do DBE de inscrição de filial

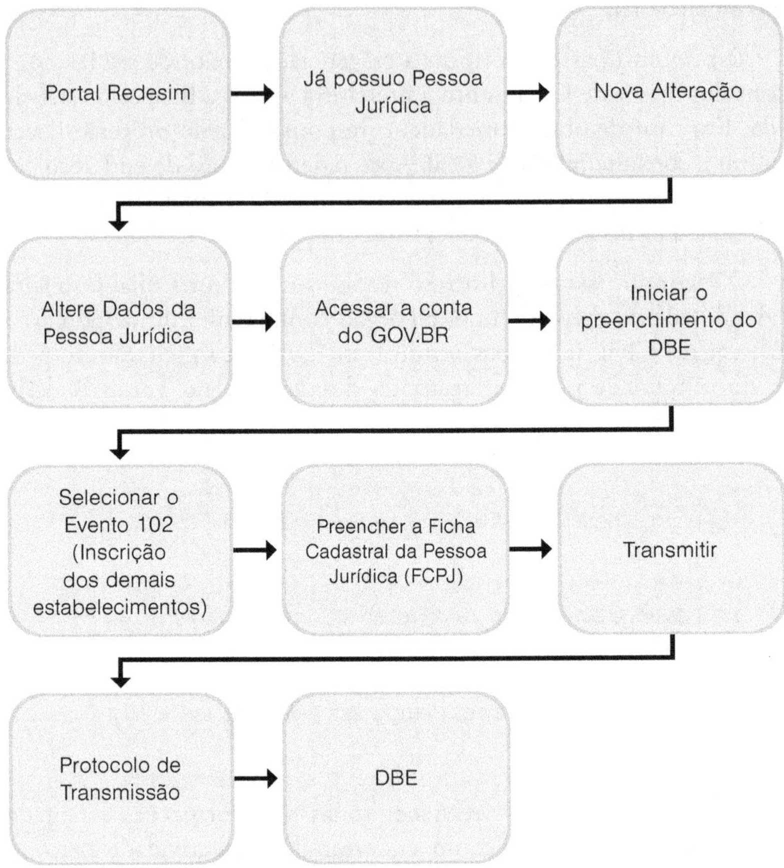

Fonte: elaborado pelos autores.

Após a emissão do DBE, o requerente deverá solicitar o registro do Ato Alterador junto ao órgão de registro.

A filial não terá um contrato social específico. Sua constituição será informada no Contrato Social da Matriz. Por isso, é necessário realizar a alteração contratual da matriz, uma vez que os dados de abertura da filial serão informados no respectivo documento.

Os artigos 969 e 1.000 do Código Civil destacam a obrigatoriedade do registro da filial junto ao órgão de registro. Assim, após a elaboração do ato alterador, o requerente deverá solicitar o seu registro no órgão competente: Junta Comercial, Registro Civil de Pessoas Jurídicas ou OAB.

Documentos necessários para protocolar o registro de abertura da filial:

- Alteração Contratual (com a informação de abertura da filial)
- DBE – Documento Básico de Entrada
- Requerimento (Capa do processo)
- Pagamento da taxa de registro

Após o registro do ato alterador, o próximo passo é solicitar o alvará de licença para estabelecimento da filial. A filial, assim como a matriz, somente poderá funcionar com o alvará de licença para estabelecimento, que deverá ser solicitado junto à prefeitura. O processo de obtenção da respectiva licença é exatamente como o realizado pela matriz.

O último passo do processo de legalização da filial é realizar a solicitação das licenças exigidas pelo município e pelo estado, tais como vigilância sanitária, corpo de bombeiros, certificado do meio ambiente, dentre outros.

2.4 PROCESSO DE BAIXA

De acordo com o art. 1.033 do Código Civil, a sociedade dissolve-se quando ocorre um dos seguintes fatores:

I. O vencimento do prazo de duração, salvo se, vencido este e sem oposição de sócio, não entrar a sociedade em liquidação, caso em que se prorrogará por tempo indeterminado;
II. O consenso unânime dos sócios;
III. a deliberação dos sócios, por maioria absoluta, na sociedade de prazo indeterminado;
IV. A falta de pluralidade de sócios, não reconstituída no prazo de cento e oitenta dias;
V. A extinção, na forma da lei, de autorização para funcionar.

O Código Civil (2002), em seu parágrafo único do art. 1.033 destaca que não se aplica o disposto no inciso IV caso o sócio remanescente, inclusive na hipótese de concentração de todas as cotas da sociedade sob sua titularidade, requeira, no Registro Público de Empresas Mercantis, a transformação do registro da sociedade para empresário individual ou para sociedade limitada constituída por uma pessoa (unipessoal).

Tratando-se de sociedade limitada, a partir da vigência da Lei nº 13.874 de setembro de 2019, que alterou o parágrafo primeiro do art. 1.052, para autorizar a sociedade limitada unipessoal, não se exige a transformação societária, bem como não se dissolve a sociedade por falta de pluralidade de sócio.

Assim como o processo de legalização e alteração, a baixa também terá o seu fluxo do passo a passo a ser seguido, conforme demonstra a figura a seguir.

Figura 18 - Fluxo do processo de Baixa

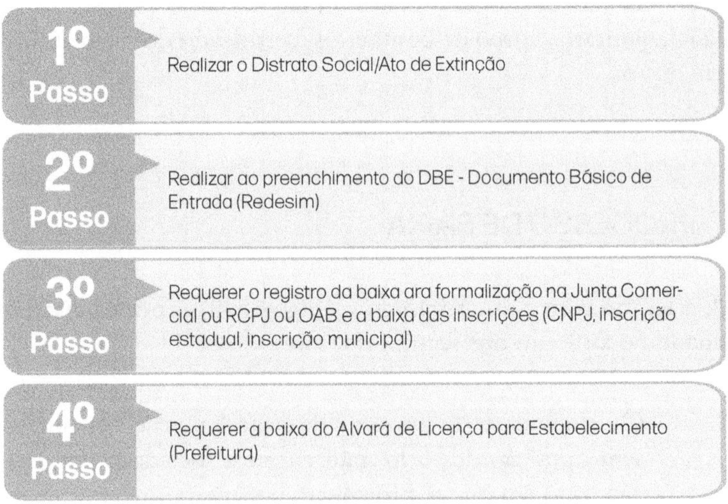

Fonte: Elaborado pelos autores.

A entidade procederá com a baixa da empresa independentemente da regularidade de obrigações tributárias, previdenciárias ou trabalhistas, principais ou acessórias.

Segundo a Lei Complementar nº 147 de 2014, a baixa do empresário ou da pessoa jurídica não impede que, posteriormente, sejam lançados ou cobrados tributos, contribuições e respectivas penalidades, decorrentes da falta do cumprimento de obrigações ou da prática comprovada e apurada em processo administrativo ou judicial de outras irregularidades praticadas pelos empresários, pelas pessoas jurídicas ou por seus titulares, sócios ou administradores.

A Lei ainda destaca que a solicitação de baixa do empresário individual ou da pessoa jurídica importa responsabilidade solidária dos empresários, dos titulares, dos sócios e dos administradores no período da ocorrência dos respectivos fatos geradores.

O distrato social é elaborado no caso de extinção em que as fases de dissolução e liquidação (com seu encerramento) sejam praticadas em um único Instrumento, e poderá ser efetivado por escritura pública ou instrumento particular (IN DREI nº 81 de 2020).

O distrato social de uma Sociedade Limitada deverá conter, no mínimo, os seguintes elementos:

Quadro 14 - Elementos obrigatórios do Distrato Social da Sociedade Limitada

Elementos do Distrato Social - SOCIEDADE LIMITADA
I. Título (Distrato Social); II. Preâmbulo: a. Qualificação completa de todos os sócios e/ou representante legal; b. Qualificação completa da sociedade (citar nome empresarial, endereço e CNPJ); e c. A resolução de promover o distrato social; III. Conteúdo do distrato: a. Cláusulas obrigatórias (informar a importância repartida entre os sócios, se for o caso; referência à pessoa ou pessoas que assumirem o ativo ou passivo remanescentes, se houver; e a indicação do responsável pela guarda dos livros); e b. Cláusulas facultativas, se houver; IV. Fecho.

Fonte: Instrução Normativa DREI nº 81 de 2020.

O instrumento de extinção de um empresário individual deverá conter, no mínimo, os seguintes elementos:

Quadro 15 - Elementos obrigatórios do Instrumento de Extinção do Empresário Individual

Elementos do Ato de Extinção - EMPRESÁRIO INDIVIDUAL
I. Título (Extinção); II. Preâmbulo: a. Qualificação completa do empresário; b. Qualificação completa do empresário individual (citar nome empresarial, endereço e CNPJ); e c. Resolução de promover o encerramento da empresa; III. Fecho, seguido da assinatura.

Fonte: Instrução Normativa DREI nº 81 de 2020.

A baixa da inscrição no CNPJ da entidade ou do estabelecimento da filial deve ser solicitada até o 5º (quinto) dia útil do 2º (segundo) mês subsequente ao da ocorrência de sua extinção, nas seguintes situações:

Quadro 16 - Situações de baixa

SITUAÇÕES DE BAIXA
• Encerramento da liquidação voluntária, judicial ou extrajudicial; • Incorporação; • Fusão; • Cisão total; • Encerramento do processo de falência, com extinção das obrigações do falido; ou • Transformação em estabelecimento matriz de órgão público inscrito como estabelecimento filial, e vice-versa.

Fonte: Instrução Normativa RFB nº 1.863 de 2018

A baixa da inscrição do estabelecimento matriz no CNPJ implica baixa de todas as inscrições dos estabelecimentos filiais da entidade, conforme destaca o parágrafo segundo do artigo 27 da Instrução Normativa RFB nº 1.863 de 2018.

O requerente deverá preencher as seguintes informações para a geração do DBE referente ao pedido de baixa:

EVENTOS
Pedido de Baixa

MOTIVO DE BAIXA
Preencher uma das situações de baixa, conforme demonstra o quadro X

IDENTIFICAÇÃO DA PESSOA JURÍDICA
CNPJ, Natureza Jurídica, Dados do Órgão de Registro

IDENTIFICAÇÃO DO REPRESENTANTE DA PESSOA JURÍDICA
Nome do Representante da Pessoa Jurídica, CPF, Qualificações do Representante

QSA - QUADRO DE SÓCIOS E ADMINISTRADORES
Identificação do(s) Sócio(s)/Administrador(es)

A figura 19 apresenta o passo a passo para obtenção do DBE referente ao pedido de baixa da entidade:

Figura 19 - Passo a passo para solicitação do DBE de baixa no CNPJ

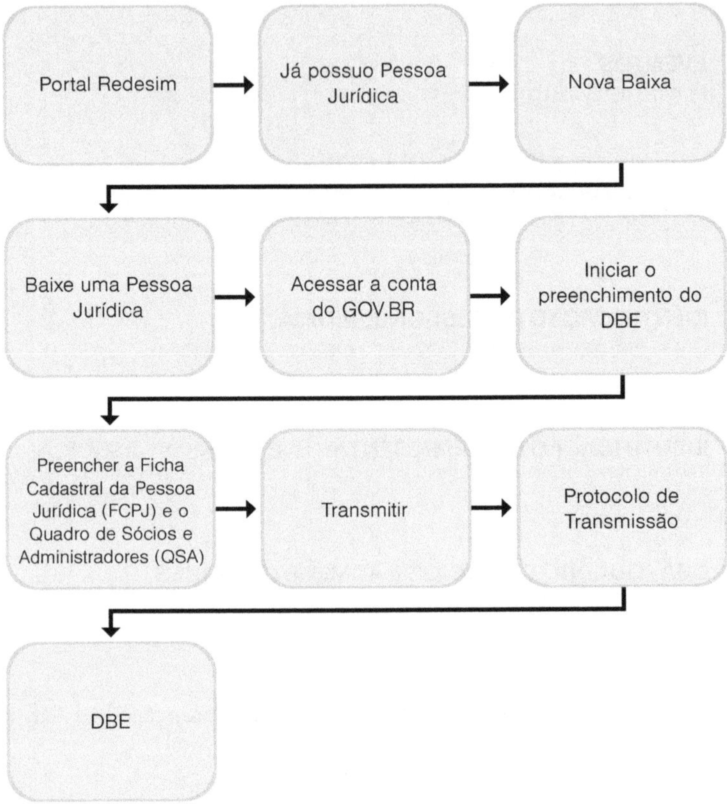

Fonte: Elaborado pelos autores.

Após a elaboração do Instrumento de Baixa e obtenção do Documento Básico de Entrada (DBE), o requerente deverá protocolar a solicitação de "Requerimento de Baixa" junto ao órgão de registro competente: Junta Comercial, RCPJ ou OAB.

A baixa da inscrição estadual deverá ser realizada junto à sua unidade de cadastro, mediante o preenchimento dos documentos exigidos. O responsável pela realização do processo de baixa da entidade deverá verificar as exigências da Secretaria Estadual de Fazenda e verificar se o procedimento será presencial ou virtual.

Após a efetivação do registro de baixa do instrumento legal, CNPJ e inscrição estadual, o requerente providenciará a baixa da inscrição municipal e Alvará junto a Prefeitura.

3 DAS ATIVIDADES ECONÔMICAS NO BRASIL

Antes de escolher o tipo societário que regulará a atividade econômica empreendida, as pessoas que compõem o quadro societário têm que, obrigatoriamente, analisar o objeto social para compreender a sua espécie e consequentemente a respectiva natureza: empresarial ou não empresarial. A primeira regra que a pessoa que deseja empreender precisa observar é justamente a natureza da atividade econômica que pretende explorar, pois não necessariamente toda atividade econômica é empresarial.

Logo, o empreendedor tem que responder a seguinte pergunta:

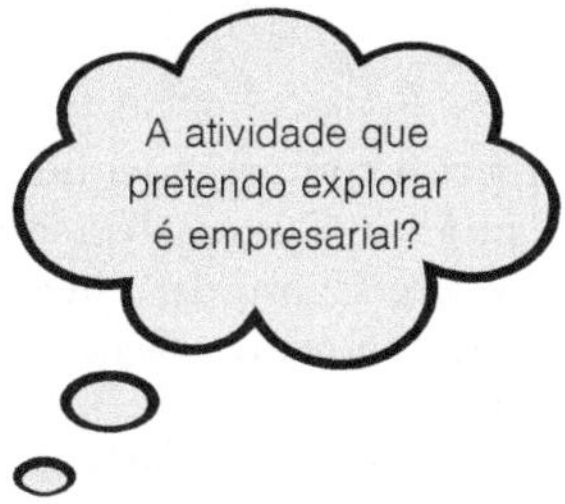

A resposta correta à pergunta acima é de suma importância para o desenvolvimento regular da atividade econômica, pois impactará no órgão de registro, no regime de insolvência e até mesmo na forma de tributação.

3.1 ATIVIDADE ECONÔMICA EMPRESARIAL

Para não restarem dúvidas quanto à diferença entre atividade econômica empresarial e atividade econômica não empresarial, exige-se uma abordagem inicial quanto à definição do "elemento de empresa", disposto pelo art. 966, *caput* e parágrafo único, Código Civil[6].

6 BRASIL. Lei 10.406/02 (Código Civil): art. 966. Considera-se empresário quem exerce profissionalmente atividade econômica organizada para a produção ou a circulação de

O Direito brasileiro adota a teoria da empresa, que se caracteriza na atividade econômica profissional e habitual para a circulação de bens e serviços, sempre com o escopo de lucro. Empresa não é a pessoa jurídica, nem tampouco o empresário individual ou sociedade. Empresa é a fonte de produção necessária para a busca do resultado pretendido por aquele que assume o risco de empreender profissionalmente. Trata-se de um elemento abstrato[7], sem personalidade jurídica, constituído a partir da conjugação dos fatores de produção (capital, trabalho e tecnologia). Empresa é objeto de direito e não sujeito de direito.

Assim, ao definir como condição para o exercício de uma atividade econômica empresarial a existência do "elemento de empresa", o legislador deixa claro que toda e qualquer pessoa que exerce atividade econômica organizada (fatores de produção) de forma habitual e profissional para a circulação de bens e serviços, com o fim de lucro, será considerada empresária, salvo as atividades ressalvadas pela lei.

Para Rubens Requião[8]

> É preciso compreender que a empresa, como entidade jurídica, é uma abstração. A muitos tal afirmativa parecerá absurda e incompreensível, dado aquele condicionamento de que a empresa é uma entidade material e visível. Brunetti, professor italiano de alto conceito, chegou à conclusão da abstratividade da empresa, observando que "a empresa", se do lado político-econômico é uma realidade, do jurídico é *um' astrazione*, porque, reconhecendo-se como organização de trabalho formada das pessoas e dos bens componentes da *azienda*, a relação entre a pessoa e os meios de exercício não pode conduzir senão a uma *entidade abstrata*, devendo-se na verdade ligar à pessoa do titular, isto é, ao empresário.

bens ou de serviços. - Parágrafo único. Não se considera empresário quem exerce profissão intelectual, de natureza científica, literária ou artística, ainda com o concurso de auxiliares ou colaboradores, salvo se o exercício da profissão constituir elemento de empresa.

7 COELHO, Fábio Ulhoa. *Curso de direito comercial.*, 28ª. Ed., p. 59, São Paulo: Revista dos Tribunais, 2016, v. 1, p. 59.

8 REQUIÃO, Rubens. Curso de Direito Comercial. 28ª Edição, rev. E atual., por Rubens Edmundo Requião, São Paulo: Saraiva, 2009, v. 1, p. 59.

Empresa é objeto de direito, exercida por pessoa física, na figura do empresário individual; ou pessoa jurídica, na pessoa de uma sociedade empresarial. A empresa não se confunde com o empresário, sendo este a pessoa, física ou jurídica, que empreenderá, que a exercerá, a explorará com a finalidade precípua de atingir sua função social: circular riqueza, gerar relações jurídicas contratuais, gerar relações jurídicas trabalhistas, gerar relações jurídicas fiscais etc.

Para Marcelo M. Bertoldi e Marcia Carla Pereira Ribeiro[9]

> Cada vez mais se sedimenta o entendimento de que a empresa nada mais é senão a atividade desenvolvida pelo empresário, sujeito de direito. É a materialização da iniciativa criadora do empresário, da projeção patrimonial de seu trabalho de organização dos distintos fatores produtivos. Repita-se, empresa é a atividade desenvolvida pelo empresário.

Em obra sobre direito de empresa, Sérgio Campinho[10] não deixa margem para dúvidas ao afirmar que

> a empresa, como precisamente propõe Rubens Requião, apresenta-se como um elemento abstrato, sendo fruto da ação intencional do seu titular, o empresário, em promover o exercício da atividade econômica de forma organizada.
>
> Manifesta-se como uma organização técnico-econômica, ordenando o emprego de capital e trabalho para a exploração, com fins lucrativos, de uma atividade produtiva.
>
> Nasce a empresa a partir do início da atividade economicamente organizada, sob o comando do empresário. Ela será exercida através do fundo de empresa (estabelecimento).
>
> A empresa, portanto, não é detentora de personalidade jurídica. Não concebe o Direito brasileiro a personificação da empresa, sendo, pois, objeto de direito. O empresário, titular da empresa, é quem ostenta a condição de sujeito de direito.

9 BERTOLDI, Marcelo M, RIBEIRO, Marcia Carla Pereira. Curso Avançado de Direito Comercial. 9ª Edição, rev., atual. e ampliada, São Paulo: Editora Revista dos Tribunais, 2015, p. 56.

10 CAMPINHO, Sérgio. O direito de empresa à Luz do código civil - 18ª edição. Revista e atualizada, São Paulo: Saraiva Educação, 2020, p. 11.

Portanto, a regra geral no direito brasileiro é o exercício da empresa, pautado no empreendimento de uma atividade econômica organizada pelo empresário para a circulação de bens e serviços (objeto), com a finalidade de gerar o resultado positivo, caracterizado no lucro a ser distribuído às pessoas que investiram na constituição do negócio empresarial.

Contudo, de acordo com a legislação brasileira, nem toda atividade econômica possui natureza empresarial, sendo atribuída às atividades econômicas intelectual, rural e aquela exercida por meio de cooperativa, natureza não empresarial.

3.2 ATIVIDADE ECONÔMICA NÃO EMPRESARIAL

Nem toda atividade econômica exerce a empresa, existindo àquelas cujo objeto a lei exclui a natureza empresarial. No direito brasileiro existem as atividades econômicas empresariais e as atividades econômicas não empresariais:

Figura 20 - Espécie de Atividade Econômica

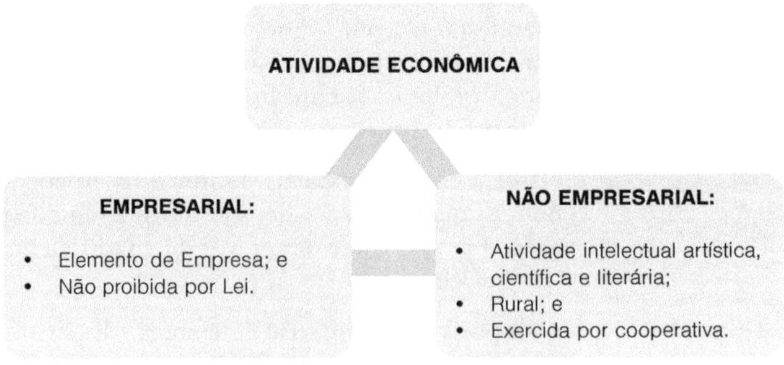

Fonte: Elaborado pelos autores.

Dessa forma, toda atividade econômica exercida com habitualidade e por meio da organização dos fatores de produção (capital, trabalho e tecnologia) detém natureza empresarial, salvo se a Lei não lhe contemplar a natureza empresarial (exemplo: atividade de advocacia).

Por atividade econômica não empresarial entende-se àquelas que o legislador expressamente afastou a natureza empresarial, considerando, a partir do seu objeto, atividade econômica civil, ou seja, não empresarial: i) atividade econômica intelectual artística, científica ou literária (uniprofissionais ou pluriprofissionais); ii) atividade econômica exercida por cooperativa; e iii) atividade econômica rural.

Por atividade econômica uniprofissional ou pluriprofissional os artigos 966, parágrafo único[11], e 982, Código Civil[12], regulam da seguinte forma:

Figura 21 - Atividade Intelectual

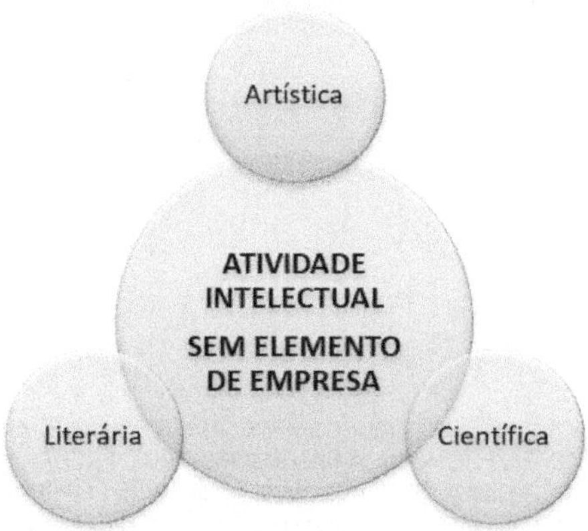

Fonte: Elaborado pelos autores.

11 BRASIL. Lei 10.406/02 (Código Civil): Art. 966. Considera-se empresário quem exerce profissionalmente atividade econômica organizada para a produção ou a circulação de bens ou de serviços.
Parágrafo único. Não se considera empresário quem exerce profissão intelectual, de natureza científica, literária ou artística, ainda com o concurso de auxiliares ou colaboradores, salvo se o exercício da profissão constituir elemento de empresa.

12 BRASIL. Lei 10.406/02 (Código Civil): Art. 982. Salvo as exceções expressas, considera-se empresária a sociedade que tem por objeto o exercício de atividade própria de empresário sujeito a registro (art. 967); e, simples, as demais.

Considera-se atividade uniprofissional ou pluriprofissional toda a atividade econômica personalíssima, sem elemento de empresa, cujo objeto reveste-se em uma profissão intelectual artística, científica ou literária, exercida por conta e risco do profissional liberal ou profissionais que compõem quadro societário.[13]

Não se trata de uma escolha do profissional ou dos sócios, mas de uma análise objetiva da atividade desenvolvida pela sociedade. Assim, a título de exemplo: independentemente de eventual equívoco do registro na junta comercial – não era para acontecer, mas acontece – se o objeto da sociedade for composto por atividade intelectual científica, artística ou literária, sem elemento de empresa, a natureza da sociedade é não empresarial, devendo, no exemplo, o registro ser regularizado (transferido) para o órgão com atribuição para o registro das sociedades simples: registro civil de pessoa jurídica.

Nesse sentido e para afastar qualquer dúvida, elencam-se as principais características que, em regra, as atividades econômicas uniprofissionais ou pluriprofissionais apresentam:

13 STJ - RECURSO ESPECIAL. SOCIEDADES EMPRESÁRIAS E SIMPLES. SOCIEDADES DE ADVOGADOS. ATIVIDADE ECONÔMICA NÃO EMPRESARIAL. PRESTAÇÃO DE SERVIÇOS INTELECTUAIS. IMPOSSIBILIDADE DE ASSUMIREM CARÁTER EMPRESARIAL. LEI Nº 8.906/1994. ESTATUTO DA OAB. ALEGAÇÃO DE C OMISSÃO DO ACÓRDÃO RECORRIDO AFASTADA. IMPOSSIBILIDADE DE ANÁLISE DE CLÁUSULAS CONTRATUAIS. SÚMULAS 5 E 7 DO STJ. 1. Não há falar em omissão ou contradição no acórdão recorrido quando embora rejeitados os embargos de declaração, a matéria em exame tiver sido devidamente enfrentada pelo Tribunal de origem, com pronunciamento fundamentado, ainda que em sentido contrário à pretensão da parte recorrente. 2. De acordo com o Código Civil, as sociedades podem ser de duas categorias: simples e empresárias. Ambas exploram atividade econômica e objetivam o lucro. A diferença entre elas reside no fato de a sociedade simples explorar atividade não empresarial, tais como as atividades intelectuais, enquanto a sociedade empresária explora atividade econômica empresarial, marcada pela organização dos fatores de produção (art. 982, CC). 3. A sociedade simples é formada por pessoas que exercem profissão do gênero intelectual, tendo como espécie a natureza científica, literária ou artística, e mesmo que conte com a colaboração de auxiliares, o exercício da profissão não constituirá elemento de empresa (III Jornada de Direito Civil, Enunciados nº 193, 194 e 195). 4. STJ - REsp: 1227240 SP 2010/0230258-0, Relator: Ministro LUIS FELIPE SALOMÃO, Data de Julgamento: 26/05/2015, T4 - QUARTA TURMA, Data de Publicação: DJe 18/06/2015.

Quadro 17 - Características de uma Atividade Uniprofissional e Pluriprofissional

CARACTERÍSTICAS DE UMA ATIVIDADE ECONÔMICA UNIPROFISSIONAL OU PLURIPROFISSIONAL
1. Atividade econômica profissional personalíssima
2. Atividade econômica sem elemento de empresa
3. Atividade econômica exercida pelos sócios que exploram as profissões elencadas pela Lei, sob a veste de uma pessoa jurídica
4. Atividade econômica desenvolvida por conta e risco dos sócios, que respondem em caráter pessoal pelos serviços prestados
5. Vedado sócio pessoa jurídica
6. Vedado o desenvolvimento da atividade-fim por profissional não contemplado no quadro societário
7. Permite-se sócio de serviço

Fonte: Elaborado pelos autores.

Exemplos de profissão que, exercidas sem elemento de empresa, não detêm natureza empresarial: médicos, arquitetos, engenheiros, químicos, farmacêuticos, escritores, músicos, fotógrafos, profissional de educação física, dentistas etc.

Com relação à atividade de advocacia, exige-se uma observação especial. Por força dos artigos 15 e 16, Lei 8.906/94[14], a profissão de advocacia detém a natureza não empresarial, independente da sua organização. Logo, a condição resolutiva regulada pela parte final do art. 966, parágrafo único, Código Civil, que atribui às atividades uniprofissionais ou pluriprofissionais a mudança da natureza da atividade econômica desenvolvida de não empresarial para empresarial, quando apresentarem "elemento de empresa", não se aplica às sociedades de advogados.

14 BRASIL. Lei 8.906/94: art. 15. Os advogados podem reunir-se em sociedade simples de prestação de serviços de advocacia ou constituir sociedade unipessoal de advocacia, na forma disciplinada nesta Lei e no regulamento geral; art. 16. Não são admitidas a registro nem podem funcionar todas as espécies de sociedades de advogados que apresentem forma ou características de sociedade empresária, que adotem denominação de fantasia, que realizem atividades estranhas à advocacia, que incluam como sócio ou titular de sociedade unipessoal de advocacia pessoa não inscrita como advogado ou totalmente proibida de advogar.

Para tornar mais clara a explicação, seguem três exemplos de atividade econômica não empresarial:

Figura 22 - Exemplos de Atividade Econômica não empresarial

Beta da Silva e Alfa de Oliveira, profissionais da medicina, especialistas em pediatria, ginecologia e obstetrícia, decidem constituir uma sociedade para explorar economicamente a profissão intelectual, científica de medicina, em suas respectivas áreas. Para tanto, formam uma sociedade para distribuição de custos e resultados, contratam uma secretária e alugam um espaço. Beta atende toda segunda, terça e quarta-feira; Alfa atende quinta e sexta-feira.

Trata-se de uma sociedade simples porque o seu objeto está inserido no rol regulado pelo art. 966, parágrafo único, do Código Civil, e a atividade não apresenta elemento

Beta da Silva, profissional contábil, e Alfa de Oliveira, advogado, decidem constituir uma sociedade cujo objeto é o exercício de uma atividade econômica por meio da profissão intelectual de cada sócio.

Trata-se de uma consultoria jurídica e contábil. O objeto da sociedade será exercido por conta e risco dos sócios.

Trata-se de uma sociedade simples porque o seu objeto está inserido no rol regulado pelo art. 966, parágrafo único, do Código Civil, e a atividade não apresenta elemento de empresa.

Beta da Silva e Alfa de Oliveira, advogados, decidem constituir uma sociedade para o exercício da atividade intelectual de advocacia.

Trata-se de uma sociedade simples porque o seu objeto está inserido no rol regulado pelo art. 966, parágrafo único, do Código Civil, e art. 15, Lei 8.906/94.

Fonte: Elaborado pelos autores.

A contratação de auxiliares (secretária, contínuo etc.), como colaboradores para o exercício da atividade econômica não descaracteriza a natureza não empresarial das sociedades simples. Contudo, na hipótese de a atividade apresentar "elemento de empresa", a natureza não empresarial da sociedade sofre uma mutação automática para a natureza empresarial.

Em razão de o "elemento de empresa" não apresentar uma definição objetiva, mas abstrata, situações fáticas podem fazer com que a natureza não empresarial seja descaracterizada para uma atividade empresarial, em especial as citadas abaixo:

Quadro 18 - Identificação do Elemento de Empresa Uniprofissional e Pluriprofissional

Situações Caracterizadoras do Elemento de Empresa
1. A contratação de profissional para o exercício da atividade-fim da sociedade simples.
2. Quadro societário composto por pessoa sem a qualificação profissional regulada pelo art. 966, parágrafo único, Código Civil.
3. Cláusula de sucessão hereditária de cotas sociais no contrato social sem condição resolutiva exigindo que os herdeiros apresentem a mesma qualificação que o sócio falecido.
4. Objeto contemplando atividade econômica sem natureza personalíssima, que autoriza qualquer pessoa o seu exercício, independente de qualificação de profissão intelectual.

Fonte: Elaborado pelos autores.

Ao assessorar o registro de profissional que exerce atividade intelectual ou a constituição de uma sociedade simples, cabe ao profissional a responsabilidade sobre a análise fática e jurídica do *status* da atividade econômica desenvolvida pelo seu cliente, com o fim de verificar a natureza do objeto que pretende empreender, sob pena de consequências jurídicas fiscais e de regularidade do registro.

Dessa forma, ao exercer os atos de legalização de uma atividade intelectual, o profissional tem que ter em mente as respostas aos questionamentos abaixo:

Figura 23 - Identificação do Elemento de Empresa

1. A atividade desenvolvida pelo cliente está regulada pelo art. 966, parágrafo único, Código Civil?
2. O objeto da sociedade caracteriza-se em uma atividade profissional personalíssima, regulamentada por lei?
3. O quadro societário da sociedade é formado por pessoas com qualificação profissional elencada pelo art. 966, parágrafo único, Código Civil?
4. Os sócios respondem pessoalmente pelos serviços prestados?
5. A sociedade contrata profissionais para o exercício da atividade-fim?
6. No objeto da sociedade há atividade não inserida ao contexto da profissão intelectual desempenhada pelo sócio, capaz de ser exercida por qualquer pessoa?

Fonte: Elaborado pelos autores.

Para que haja segurança no ato de registro, as respostas terão que respeitar a seguinte sequência: a) questões 1 a 4 as respostas têm que ser positivas; e b) questões 5 e 6, as respostas têm que ser negativas. Caso as respostas apresentadas aos questionamentos acima sejam diversas, a sociedade possui "elemento de empresa":

> A caracterização do exercício de profissão intelectual como "elemento de empresa" ocorre quando a aludida atividade integra um objeto mais complexo, próprio da atividade empresarial. Há, ainda, caracterização de "elemento de empresa" quando o serviço é prestado sem caráter personalíssimo, vale dizer, quando não exige atuação pessoal de um profissional habilitado a desempenhar uma atividade qualificada dirigida a uma clientela individualizada[15].

15 STJ. Resp. nº 1.028.086 - RO (2007/0185621-3). Julgado em 20 de outubro de 2011 pelo Superior Tribunal de Justiça, relatoria do Ministro Teori Albino Zavascki.

Identificar a natureza da atividade econômica exercida pelo cliente faz parte do serviço oferecido pelo profissional contábil, já que, somente a partir desta análise, será possível concluir qual o órgão para registro; a forma de tributação; e até mesmo a responsabilidade dos sócios pelos riscos sociais.

Com relação à pessoa que exerce atividade rural, a lei regula objetivamente a possibilidade de mudança da natureza não empresarial para empresarial[16]. Assim, entendendo que a natureza empresarial lhe traz maiores vantagens ao exercício do negócio, o ruralista tomará as medidas cabíveis para registrar ou transferir o registro da sociedade para a junta comercial, adquirindo a natureza empresarial a partir da sua inscrição junto ao órgão mercantil.

Por fim, independente do objeto e sem possibilidade de escolha do órgão de registro, as cooperativas detêm a natureza não empresarial por força da lei[17], ou seja, equipara-se às sociedades simples. Contudo, exige-se uma pequena observação: também por imposição legal, as cooperativas não são registradas no Registro Civil de Pessoa Jurídica, mas na Junta Comercial correspondente ao estado da sede declarada no estatuto a ser registrado, artigo 18, Lei 5.764/71[18].

---

16 BRASIL. Lei 10.406/02: Art. 984. A sociedade que tenha por objeto o exercício de atividade própria de empresário rural e seja constituída, ou transformada, de acordo com um dos tipos de sociedade empresária, pode, com as formalidades do art. 968, requerer inscrição no Registro Público de Empresas Mercantis da sua sede, caso em que, depois de inscrita, ficará equiparada, para todos os efeitos, à sociedade empresária.

17 BRASIL. Lei 10.406/02 (Código Civil): art. 982. Salvo as exceções expressas, considera-se empresária a sociedade que tem por objeto o exercício de atividade própria de empresário sujeito a registro (art. 967); e, simples, as demais.
Parágrafo único. Independentemente de seu objeto, considera-se empresária a sociedade por ações; e, simples, a cooperativa

18 BRASIL. Lei 5.764/71: art. 18. Verificada, no prazo máximo de 60 (sessenta) dias, a contar da data de entrada em seu protocolo, pelo respectivo órgão executivo federal de controle ou órgão local para isso credenciado, a existência de condições de funcionamento da cooperativa em constituição, bem como a regularidade da documentação apresentada, o órgão controlador devolverá, devidamente autenticadas, 2 (duas) vias à cooperativa, acompanhadas de documento dirigido à Junta Comercial do Estado, onde a entidade estiver sediada, comunicando a aprovação do ato constitutivo da requerente.

4 SISTEMA SOCIETÁRIO BRASILEIRO

O sistema jurídico societário brasileiro organiza-se com o fim de regular as atividades econômicas, empresariais e não empresariais, definindo regras, princípios e normas que estabelecem os parâmetros legais aplicados às empresas, sociedades empresariais e sociedades simples.

Para o direito brasileiro, a sociedade caracteriza-se a partir da conjugação de esforços de duas ou mais pessoas (há exceção quanto à sociedade unipessoal autorizada à sociedade limitada, que trabalharemos mais a frente) que se obrigam reciprocamente a participar do capital social – na sociedade não empresarial autoriza-se o sócio de serviço – com o fim de exercer uma atividade econômica e partilhar os resultados (positivo e negativo)[19].

Dessa forma, o Código Civil distribui juridicamente as sociedades da seguinte forma:

Figura 24 - Sistema Societário no Brasil

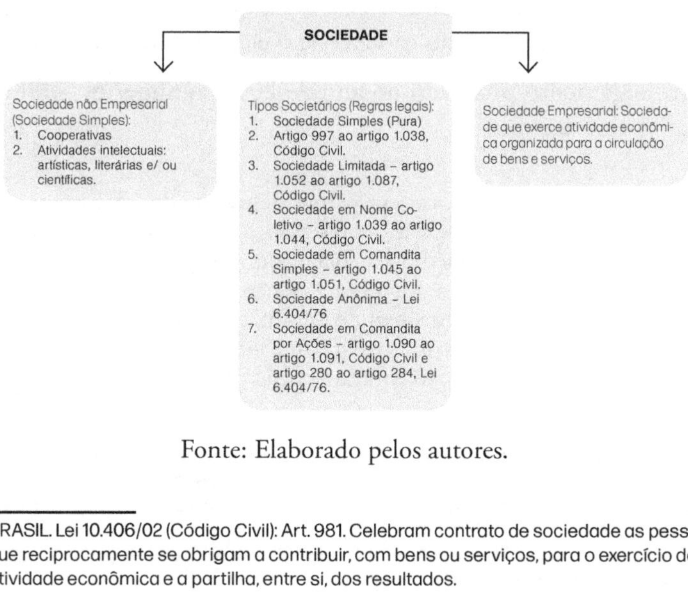

Fonte: Elaborado pelos autores.

19 BRASIL. Lei 10.406/02 (Código Civil): Art. 981. Celebram contrato de sociedade as pessoas que reciprocamente se obrigam a contribuir, com bens ou serviços, para o exercício de atividade econômica e a partilha, entre si, dos resultados.

4.1 SOCIEDADE SIMPLES

Para a constituição de uma sociedade simples, o profissional contábil tem que se atentar para a redação do artigo 983, Código Civil[20], que autoriza a composição societária por meio de um dos tipos societários acima, excluindo os que são incompatíveis com a natureza das sociedades não empresariais – sociedade anônima e sociedade em comandita por ações – ou por meio de seu capítulo próprio, regulado entre o artigo 997 e o artigo 1.038, da legislação civil.

A sociedade simples constituída a partir de seu capítulo próprio é comumente denominada de "sociedade simples pura"; já a sociedade simples regulada por um dos tipos societários atribuídos às sociedades empresárias será reconhecida pelas regras jurídicas que optar para a sua regulação. Em regra, os sócios em uma sociedade simples constituem-na por meio de seu capítulo próprio; quando decidem optar por outro tipo societário, escolhem o capítulo das sociedades limitadas.

Ponto importante a ser destacado é o fato de que a escolha de um tipo societário diverso do capítulo próprio que regula as normas aplicadas às sociedades "sociedade simples pura" – exemplo: sociedade simples limitada – por si só não tem o poder jurídico de transformar a natureza da atividade econômica não empresarial para atividade empresarial, desde que seja mantida a característica pessoal da prestação de serviço por seus sócios e não caracterize o elemento de empresa.

Em julgamento proferido no ano de 2018, o Superior Tribunal de Justiça[21] assim decidiu:

> No caso em pauta, denota-se dos documentos acostados que a prestação de serviço, ainda que por intermédio da sociedade, é feita pelos próprios sócios em caráter pessoal, e não empresarial, ambos os sócios profissionais de mesma categoria, habilitados ao exercício da atividade que faz objeto da sociedade (cláusula 2ª do contrato social de fls. 17/20). Assinala-se que

20 BRASIL. Lei 10.406/02 (Código Civil): art. 983. A sociedade empresária deve constituir-se segundo um dos tipos regulados nos arts. 1.039 a 1.092; a sociedade simples pode constituir-se de conformidade com um desses tipos, e, não o fazendo, subordina-se às normas que lhe são próprias.

21 STJ - AgInt no Recurso Especial Nº 1.400.942 - RS (2013/0302969-2). Julgado em 18 de setembro de 2018, relatoria do Ministro Gurgel de Faria.

> o fato de a sociedade se constituir formalmente como sociedade comercial não obsta o reconhecimento da sociedade como uniprofissional para efeito de tratamento tributário.
>
> (...)
>
> Daí justificar-se a sujeição à tributação, pelo ISS, na forma privilegiada, afastando, destarte, o interesse de o fisco municipal em cobrar o tributo com base de cálculo igual a das demais empresas de cunho eminentemente comercial.
>
> Do que se observa, o entendimento externado pelo acórdão recorrido está em conformidade com a orientação da Primeira Turma acerca do tema, de que o fato de a parte recorrida ser uma sociedade limitada, por si só, não interfere na pessoalidade do serviço prestado, a ensejar alteração da natureza de sua atividade econômica para empresarial.

Para Rubens Requião[22]

> Se considerarmos a natureza do objeto social como item fundamental para definir a natureza da sociedade, e como a lei autoriza que a sociedade simples adote o formato de um dos tipos permitidos de sociedades empresariais, é de se concluir que, em razão de tal opção, não deixa de ser sociedade simples. E o será por força de seu objeto.

Assim, uma sociedade simples pode ser constituída da seguinte forma:

22 REQUIÃO, Rubens. Curso de Direito Comercial. 1º Volume, 28ª Edição, rev. E atual., por Rubens Edmundo Requião, São Paulo: Saraiva, 2009, p. 439.

Figura 25 - Tipos Societários: Sociedade Simples

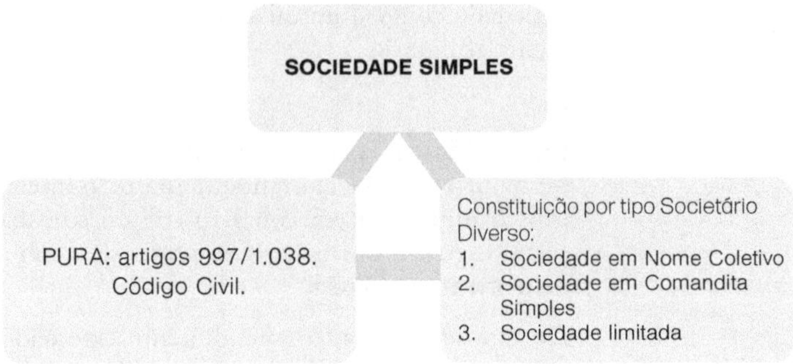

Fonte: Elaborado pelos autores.

Com relação à atividade de advocacia, há regulação especial. Os artigos 15 e 16 da Lei 8.906/94[23], expressamente regulam a forma de constituição das sociedades de advogados, proibindo a formação societária por meio de qualquer tipo societário empresarial, ou seja, afastando a aplicação do art. 983, do Código Civil. Assim, por ter regulação própria, uma sociedade de advogados não pode ser constituída por meio do tipo societário "sociedade limitada", mas através das normas que regulam as sociedades simples puras: capítulo I, subtítulo II, Livro II, artigos 997 até 1.038, do Código Civil.

4.1.1 Constituição da Sociedade Simples Pura

O contrato social é fonte de direito societário da sociedade simples, devendo todas as regras jurídicas determinadas e autorizadas por lei constarem de forma expressa e clara em seu instrumento. Eventual pacto em separado entre os sócios, em desacordo ao contrato social, não poderá ser oposto a terceiros[24].

---

23 BRASIL. Lei 8.906/94: art. 15. Os advogados podem reunir-se em sociedade simples de prestação de serviços de advocacia ou constituir sociedade unipessoal de advocacia, na forma disciplinada nesta Lei e no regulamento geral; art. 16. Não são admitidas a registro nem podem funcionar todas as espécies de sociedades de advogados que apresentem forma ou características de sociedade empresária, que adotem denominação, que realizem atividades estranhas à advocacia, que incluam como sócio ou titular de sociedade unipessoal de advocacia pessoa não inscrita como advogado ou totalmente proibida de advogar.

24 REQUIÃO, Rubens. Curso de Direito Comercial. 1º Volume, 28ª Edição, rev. E atual., por Rubens Edmundo Requião, São Paulo: Saraiva, 2009, p. 438.

A sociedade simples pura é constituída por meio de um contrato social, que pode ser exteriorizado através de um instrumento público (escritura pública) ou particular, devendo constar as seguintes cláusulas obrigatórias, reguladas pelo artigo 997, do Código Civil[25]:

Quadro 19 - Qualificação dos Sócios na Sociedade Simples

QUALIFICAÇÃO DOS SÓCIOS
1. O quadro societário de uma sociedade simples é composto somente por pessoa física.
2. Qualificação: nome completo, nacionalidade, estado civil, profissão, documento de identidade, inscrição junto ao CPF, endereço completo.
3. Atenção aos estatutos profissionais, em especial aos que não autorizam o profissional ser sócio de mais de uma sociedade (Estatuto da Advocacia - Art. 15, § 4º, Lei 8.906/94).
4. A formação da sociedade pode apresentar sócio de capital (que participa do capital social) e sócio de serviço.
5. Qualificação profissional compatível com o objeto societário.

Fonte: Elaborado pelos autores.

O sócio tem que apresentar capacidade civil. Por se tratar de uma sociedade *intuitu persona,* em que a participação do sócio é de suma importância para o desenvolvimento do seu objeto, não é possível a inclusão no quadro societário de pessoa incapaz.

Outro ponto importante para a constituição de uma sociedade simples são as regras que regulam o impedimento.

O impedimento não se confunde com capacidade. Considera-se impedimento a situação fática ou jurídica suspensiva do direito de

25 BRASIL. Lei 10.406/02 (Código Civil): art. 997. A sociedade constitui-se mediante contrato escrito, particular ou público, que, além de cláusulas estipuladas pelas partes, mencionará: I - nome, nacionalidade, estado civil, profissão e residência dos sócios, se pessoas naturais, e a firma ou a denominação, nacionalidade e sede dos sócios, se jurídicas; II - denominação, objeto, sede e prazo da sociedade; III - capital da sociedade, expresso em moeda corrente, podendo compreender qualquer espécie de bens, suscetíveis de avaliação pecuniária; IV - a quota de cada sócio no capital social, e o modo de realizá-la; V - as prestações a que se obriga o sócio, cuja contribuição consista em serviços; VI - as pessoas naturais incumbidas da administração da sociedade, e seus poderes e atribuições; VII - a participação de cada sócio nos lucros e nas perdas; VIII - se os sócios respondem, ou não, subsidiariamente, pelas obrigações sociais.

associação ou do exercício de administração da pessoa jurídica. A pessoa possui capacidade, mas impedida, por lei, para ser sócia ou exercer a administração.

Assim, encontra-se impedido para o exercício de atividade econômica por meio de sociedade simples, a pessoa que se encontra nas situações jurídicas abaixo:

1. A pessoa declarada falida não poderá ser sócia.
2. Os cônjuges casados em regime de comunhão universal de bens ou de separação obrigatória não podem contratar sociedade, entre si.
3. Pessoa que não possui a qualificação exigida de um profissional intelectual artístico, científico ou literário.

O impedimento em âmbito federal é regulado pela Lei 8.112/90[26], que autoriza os servidores públicos civis da União, das autarquias e das fundações públicas federais a titularidade de cotas ou ações, vedando de forma expressa a participação na gerência ou administração da sociedade. Logo, o servidor público federal, não regulado por norma especial, pode participar do quadro societário de uma sociedade simples, mas não pode exercer atos de gestão.

Outrossim, os sócios terão que declarar expressamente no contrato social não existir qualquer impedimento legal para que se torne sócio da sociedade simples. Eventual declaração falsa pode caracterizar o crime de falsidade ideológica em documento particular.

Com relação ao sócio de serviço, participará do quadro societário da sociedade, mas não integrará o capital social por meio de dinheiro, direitos, bens ou crédito. Sua participação na sociedade será por meio da prestação dos serviços especificados pelo contrato social[27]. O sócio

26 BRASIL. Lei 8.112/90: Art. 117. Ao servidor é proibido: X - participar de gerência ou administração de sociedade privada, personificada ou não personificada, exercer o comércio, exceto na qualidade de acionista, cotista ou comanditário;

27 BRASIL. Lei 10.406/02 (Código Civil): art. 981. Celebram contrato de sociedade as pessoas que reciprocamente se obrigam a contribuir, com bens ou serviços, para o exercício de atividade econômica e a partilha, entre si, dos resultados. Art. 997. A sociedade constitui-se mediante contrato escrito, particular ou público, que, além de cláusulas estipuladas pelas partes, mencionará: (...)V - as prestações a que se obriga o sócio, cuja contribuição consista em serviços. Art. 1.006. O sócio, cuja contribuição consista em serviços, não pode, salvo convenção em contrário, empregar-se em atividade estranha à sociedade, sob pena de ser

de serviço não pode empregar-se em atividade estranha à sociedade, sob pena de perda do direito ao lucro e exclusão.

Destarte, o quadro societário apresentaria a seguinte distribuição:

Quadro 20 - Quadro Societário com Sócio de Serviço na Sociedade Simples

SÓCIOS	COTAS DE CAPITAL	VALOR R$	COTAS DE SERVIÇO	PARTICIPAÇÃO
Beta de Oliveira	35.000	R$ 35.000,00		35%
Vegano da Silva	35.000	R$ 35.000,00		35%
Natureza da Silveira			15.000	15%
Tico da Silva			15.000	15%

Fonte: Elaborado pelos autores.

privado de seus lucros e dela excluído.

Quadro 21 - Objeto Societário na Sociedade Simples

OBJETO
1. O objeto define a natureza da sociedade simples. 2. O objeto só pode contemplar a atividade principal e as atividades secundárias que o sócio (profissional intelectual) exercerá pessoalmente, por força da sua qualificação profissional. 3. O objeto tem que constar a(s) atividade(s) personalíssima(s) executada(s) pelos sócios. Se constar atividade estranha, ou que qualquer outra pessoa possa exercê-la, descaracteriza-se a natureza não empresarial da sociedade. 4. O objeto é o parâmetro para a atuação da sociedade em seus negócios privados e nas relações junto à administração pública (alvará, tributação). 5. O Objeto será composto pela atividade econômica proveniente do exercício da profissão intelectual, sendo vedada atividade estranha à qualificação profissional. 6. O Objeto será composto pela atividade econômica proveniente da atividade rural, sendo vedada atividade estranha à qualificação profissional.

Fonte: Elaborado pelos autores.

Quadro 22 - Nome da Sociedade Simples

NOME DA SOCIEDADE
1. Constituído por denominação (neologismo, palavras de outro idioma), acrescida da definição do objeto ao final (Princípio da Veracidade). 2. Equipara-se ao nome empresarial para os efeitos legais. 3. Não pode haver mais de um nome registrado no RCPJ correspondente à sede da sociedade (Princípio da Novidade).

Fonte: Elaborado pelos autores.

Quadro 23 - Sede e Prazo na Sociedade Simples

SEDE E PRAZO DE DURAÇÃO
1. Endereço escolhido pelos sócios de onde partirão as decisões administrativas sobre a atividade econômica profissional desenvolvida. 2. Define a circunscrição do registro civil de pessoa jurídica em que o contrato social será levado a registro. 3. Define a competência processual para as ações que a sociedade simples for ré, salvo previsão contratual diversa. (art. 53, inciso III, alínea "a", Código de Processo Civil).

Fonte: Elaborado pelos autores.

Quadro 24 - Capital Social e Cotas na Sociedade Simples

O CAPITAL SOCIAL E FORMAS DE INTEGRALIZAÇÃO DAS COTAS
1. Valor expresso em moeda corrente, constituído por bens, direitos, crédito ou dinheiro, obrigatório e necessário para o exercício da atividade econômica. 2. Autoriza sócio de serviço. 3. O sócio de serviço não integraliza o capital por meio de parcela econômica. A participação na sociedade será por meio dos serviços descritos no capital social. 4. A integralização pode ser à vista, a prazo ou em data certa (diferida). 5. A integralização por meio de transferência de bens exige que o bem (móvel, imóvel corpóreo e incorpóreo) tenha correspondência ao objeto da sociedade (que possibilite o exercício da atividade econômica). 6. O sócio que integraliza o capital por meio de bem responde pela perda deste em processo judicial ou decisão da administração pública correspondente ao período em que detinha a propriedade ou titularidade sobre a coisa ou o direito. (artigo 1.005, Código Civil) 7. O sócio que integraliza o capital por meio de crédito (Exemplo: transferência de um crédito por meio de um título de crédito - nota promissória, duplicata, letra de câmbio), responde pela solvência do devedor. (artigo 1.005, Código Civil).

Fonte: Elaborado pelos autores.

Exemplo de cláusula de capital social e participação societária com sócio de serviço:

Figura 26 - Exemplo de Distribuição de Cotas de Capital e de Serviço

CLÁUSULA QUINTA - DO CAPITAL SOCIAL

O capital social é de R$ 100.000,00 (cem mil reais), dividido em 70.000 (setenta mil) quotas de capital no valor nominal de R$ 1,00 (um real) cada, totalizando R$ 70.000,00 (setenta mil reais), e 30.000 (trinta mil) cotas de serviço, subscritas da seguinte forma:

1. 35.000 cotas de capital no valor nominal de R$ 1,00 (um real) cada, totalizando R$ 35.000,00 (trinta e cinco mil reais), subscritas e integralizadas pelo sócio Beta de Oliveira.
2. 35.000 cotas de capital no valor nominal de R$ 1,00 (um real) cada, totalizando R$ 35.000,00 (trinta e cinco mil reais), subscritas e integralizadas, pelo sócio Vegano da Silva.
3. 15.000 cotas de serviço de titularidade do sócio de serviço Natureza da Silveira.
4. 15.000 cotas de serviço de titularidade do sócio de serviço Ticio da Silva.

Fonte: Elaborado pelos autores.

Quadro 25 - Administração na Sociedade Simples

AS PESSOAS NATURAIS INCUMBIDAS DA ADMINISTRAÇÃO DA SOCIEDADE, SEUS PODERES E ATRIBUIÇÕES
1. Somente pessoas naturais podem ser administradores da sociedade. 2. Se o contrato social não dispuser em contrário, a administração caberá separadamente aos sócios, ou seja, cada sócio poderá realizar qualquer ato em nome da sociedade. 3. Autoriza-se a administração por pessoa não sócia. 4. O contrato social pode regular atos de administração de competência conjunta, individual ou concorrente. 5. No silêncio do contrato social, os administradores podem praticar todos os atos pertinentes à gestão da atividade econômica profissional, salvo a oneração ou a venda de bens imóveis de propriedade da sociedade, que dependerá de deliberação dos sócios. 6. A administração poderá ser concedida em instrumento em separado, que deverá ser arquivado no órgão de registro antes de qualquer ato de gestão, sob pena de responsabilidade solidária e ilimitada do administrador. 7. Os atos de gestão estão limitados aos poderes outorgados pelo contrato social ou pelo instrumento em separado, bem como pelo objeto da sociedade. 8. Ao administrador é vedado substituir-se no exercício da administração. Todavia, pode outorgar poderes (mandato - procuração) para prática de atos específicos. 9. Os administradores respondem solidariamente perante a sociedade e terceiros, por culpa (negligência, imperícia ou imprudência) no desempenho de suas funções.

Fonte: Elaborado pelos autores.

Para o exercício dos poderes de administração a pessoa, sócio ou não sócio, não pode estar impedida. Assim, não podem exercer a administração de uma sociedade simples:

1. A pessoa declarada falida.
2. As pessoas impedidas por lei especial (pessoa que exerce cargo público).
3. Os condenados à pena que vede, ainda que temporariamente, o acesso a cargos públicos.
4. Os condenados pelos seguintes crimes, enquanto perdurarem os efeitos da condenação: falimentar, de prevaricação, peita ou suborno, concussão, peculato, contra a economia popular, contra o sistema financeiro nacional, contra as

> normas de defesa da concorrência, contra as relações de consumo, a fé pública ou a propriedade.

Ponto importante na elaboração da cláusula de administração é a remuneração do sócio administrador.

Não há no ordenamento jurídico brasileiro regra expressa determinando a obrigatoriedade de remuneração dos sócios na sociedade simples mediante pró-labore. Contudo, a Receita Federal do Brasil[28] entende ser ilícita a remuneração de sócio administrador tão-somente pela rubrica da retirada de lucro, entendendo que, nas sociedades simples, o pagamento do pró-labore é a regra, sendo excepcional a sua não incidência.

De acordo com o entendimento da RFB, a sociedade terá que discriminar em sua contabilidade a remuneração paga a título de trabalho e a remuneração paga a título de capital, sob pena de todo o montante recebido pelo sócio administrador ser considerado como pró-labore e, consequentemente, incidir os tributos devidos.

Assim, para evitar qualquer tipo de discussão jurídica-tributária e eventuais prejuízos à sociedade, o mais seguro seria o contrato social regular o pró-labore em favor do administrador, que pode ser fixado em um salário-mínimo ou valor que a sociedade entender razoável.

Com relação ao administrador não sócio, a discussão deixa de existir, já que a Constituição da República Federativa do Brasil[29] veda qualquer trabalho sem remuneração. Assim, ao exercer a função de administrador, a pessoa não sócia será devidamente remunerada por meio de salário ou pró-labore, a depender da natureza da relação jurídica de prestação de serviço.

---

28 BRASIL. Receita Federal do BRASIL: Solução de Consulta nº 120 - Cosit - 17/08/2016: http://normas.receita.fazenda.gov.br/sijut2consulta/link.action?visao=anotado&idA- to=76675

29 BRASIL. Constituição da República Federativa do BRASIL. Art. 7º, inciso IV.

Quadro 26 - Distribuição dos Lucros na Sociedade Simples

A PARTICIPAÇÃO DE CADA SÓCIO NOS LUCROS E NAS PERDAS
1. Regras sobre a participação de cada sócio na distribuição dos lucros.
2. Caso o contrato social não regule de forma diversa, o lucro do sócio de capital corresponderá à participação de cada sócio no capital social.
3. Caso o contrato social não regule de forma diversa, o lucro de titularidade do sócio de serviço será calculado proporcionalmente à média entre o capital social e a totalidade de sócios.
4. É nula qualquer cláusula que reduza ou exclua a participação do sócio no resultado da sociedade.
5. Para a retirada mensal a título de lucro exige-se cláusula expressa.
6. É vedada a distribuição de lucro futuro, fictício ou ilícitos.
7. A distribuição de lucro futuro, fictício ou ilícito acarreta a responsabilidade solidária do administrador que realizou e do sócio que recebeu, conhecendo ou devendo conhecer a distribuição ilegal.
8. A distribuição do lucro está vinculada ao resultado contabilizado.

Fonte: Elaborado pelos autores.

Por força da regra jurídica aplicada ao pró-labore, os sócios têm de agir com a máxima cautela ao fixar a cláusula que regulará a retirada a título de lucro mensal, trimestral, semestral ou anual.

O contrato social tem de fixar de forma clara a retirada a título de pró-labore e a retirada a título de lucro, por força das implicações tributárias que incidem sobre os valores retirados. Conforme o demonstrado na cláusula de administração, a Receita Federal do Brasil entende que não é possível a retirada mensal a título de lucro do valor que corresponderia ao pró-labore, considerando que, nas hipóteses, estar-se-ia diante de uma retirada integral a título de pró-labore, o que obrigaria o sócio e a sociedade ao pagamento dos tributos que incidem sobre a parcela econômica.

A lei autoriza o contrato social regular o pagamento do lucro[30] ao sócio de capital e ao sócio de serviço. Contudo, caso não haja cláusula

30 BRASIL. Lei 10.406/02 (Código Civil): art. 1.007. Salvo estipulação em contrário, o sócio participa dos lucros e das perdas, na proporção das respectivas quotas, mas aquele, cuja contribuição consiste em serviços, somente participa dos lucros na proporção da média do valor das quotas.

específica a respeito, o sócio de serviço participará dos lucros na proporção da média do valor da totalidade das cotas.

Exemplo – Considerando a distribuição do capital social exemplificada pela cláusula capital social, e hipoteticamente um lucro capita lizado de R$ 20.000,00 (vinte mil reais), o cálculo para o pagamento dos sócios de serviço respeitaria o seguinte critério:

Quadro 27 - Exemplo de Distribuição de Lucros na Sociedade Simples com Sócio de Serviço

Sócios	Participação no capital social	Capital social	Participação no lucro	Lucro
Beta de Oliveira	35%	35.000,00		R$ 7.500,00
Vegano da Silva	35%	35.000,00		R$ 7.500,00
Natureza da Silveira	15%	15.000,00	12,25%	R$ 2.500,00
Ticio da Silva	15%	15.000,00	12,25%	R$ 2.500,00
Total	**100%**			

Fonte: Elaborado pelos autores.

Figura 27 - Exemplo de Operação Matemática para Distribuição do Lucro na Sociedade Simples com Sócio de Serviço

Operação de cálculo para o pagamento do lucro

Lucro Contabilizado: R$ 20.000,00 (vinte mil reais):

1. Capital Social (100.000) /4 (Sócios) = 25.000 (média de cotas) = 25%
2. O resultado da operação será distribuído entre os sócios de serviços = 12,25% para cada sócio = R$ 2.500,00.
3. O que sobra (75%), será distribuído para cada sócio de capital = 37,5% para cada = R$ 7.500,00.

Fonte: Elaborado pelos autores.

Quadro 28 - Formas de Responsabilidade dos Sócios na Sociedade Simples

RESPONSABILIDADE DOS SÓCIOS
1. Se os sócios respondem subsidiariamente, ou não, pelas obrigações sociais (aluguel, tributos, contratos de trabalho, demais contratos e relações jurídicas). 2. Havendo responsabilidade subsidiária, aplica-se o chamado benefício de ordem (executa primeiro o patrimônio da sociedade para posterior exigir o cumprimento da obrigação dos sócios). 3. A cláusula de responsabilidade subsidiária pode limitar a responsabilidade de cada sócio. 4. O contrato pode autorizar a responsabilidade solidária dos sócios pelas obrigações sociais. 5. Os sócios respondem solidária e ilimitadamente pelo serviço prestado, por força da pessoalidade inerente à sua natureza, independente da cláusula de responsabilidade subsidiária. 6. A responsabilidade pela prestação de serviço é regulada pelos estatutos profissionais. 7. A responsabilidade por eventuais danos no exercício da profissão pode ser regulada em cláusula separada, mas não se estende a terceiros. 8. O contrato pode regular ação de regresso de sócio contra aquele que, no exercício da profissão, provocou danos a terceiros.

Fonte: Elaborado pelos autores.

Elaborado o contrato social, a sociedade simples pura, por deter natureza não empresarial, será registrada no Registro Civil de Pessoa Jurídica correspondente ao endereço da sede da sociedade.

4.1.2 Constituição da Sociedade Simples Limitada

O fato de a sociedade simples não deter natureza empresarial não lhe retira a possibilidade de seus sócios optarem por exercer a atividade econômica uniprofissional ou pluriprofissional por meio de regras jurídicas diversas das atribuídas por seu capítulo próprio, podendo, assim, optarem por um dos tipos societários a seguir: sociedade em nome coletivo, sociedade em comandita simples ou sociedade limitada[31].

31 BRASIL. Lei 10.406/02 (Código Civil): art. 983. A sociedade empresária deve constituir-se

Na hipótese de a sociedade não empresarial optar por um tipo societário diverso do capítulo próprio das sociedades simples, estar-se-á diante de uma sociedade simples regulada pelas normas aplicadas ao tipo societário escolhido, ou seja, uma sociedade simples que não será considerada "pura", cabendo sua constituição observar as regras jurídicas escolhidas que, em regra, perfaz-se na sociedade limitada.

Ponto importante é o esclarecimento sobre o fato de que a opção pelas normas jurídicas que regulam às sociedades limitadas não tem o condão de retirar a natureza não empresarial atribuída à respectiva sociedade uniprofissional ou pluriprofissional[32]. A sociedade não empresarial manterá sua respectiva natureza até que adquira o elemento de empresa[33], nas hipóteses do exercício de atividade econômica uniprofissional ou pluriprofissional; ou, caso seja registrada na junta comercial, na hipótese de atividade rural.

Assim, uma sociedade formada por profissional que exerce profissão intelectual pode optar pelas normas atribuídas às sociedades limitadas sem que a opção represente a perda da natureza não empresarial.

Para melhor compreensão sobre a constituição de uma sociedade não empresarial limitada (sociedade simples limitada), remete-se o leitor ao item 4.4, onde trabalhamos especificamente a formação da sociedade limitada.

Por fim, a constituição de uma atividade não empresarial por meio de uma sociedade limitada, comandita simples ou até sociedade em nome coletivo, não altera o órgão de registro. Por se tratar de uma atividade não empresarial, o órgão de registro será o registro civil de pessoa jurídica com atribuição para o endereço da sede da sociedade.

---

segundo um dos tipos regulados nos arts. 1.039 a 1.092; a sociedade simples pode constituir-se de conformidade com um desses tipos, e, não o fazendo, subordina-se às normas que lhe são próprias.

32 BRASIL. Lei 10.406/02 (Código Civil): art. 966. Considera-se empresário quem exerce profissionalmente atividade econômica organizada para a produção ou a circulação de bens ou de serviços.
Parágrafo único. Não se considera empresário quem exerce profissão intelectual, de natureza científica, literária ou artística, ainda com o concurso de auxiliares ou colaboradores, salvo se o exercício da profissão constituir elemento de empresa. Art. 982. Salvo as exceções expressas, considera-se empresária a sociedade que tem por objeto o exercício de atividade própria de empresário sujeito a registro (art. 967); e, simples, as demais.

33 REQUIÃO, Rubens. Curso de Direito Comercial. 1º Volume, 28ª Edição, rev. e atual., por Rubens Edmundo Requião, São Paulo: Saraiva, 2009, p. 438.

4.2 SOCIEDADE EM NOME COLETIVO

A sociedade em nome coletivo encontra-se regulada pelo Código Civil, artigo 1.039 ao 1.044, Código Civil, e subsidiariamente pelas normas que regulam as sociedades simples, artigo 1.040 c/c artigo 997 ao artigo 1.038, Código Civil.

Trata-se de um tipo societário em que somente pessoa física pode figurar no quadro social da sociedade, respondendo todos de forma solidária e ilimitada, respeitado o benefício de ordem, ou seja, somente após esgotada a tentativa de cumprimento da obrigação sobre o patrimônio da sociedade será possível atingir o patrimônio dos sócios na sociedade em nome coletivo.

De acordo com Sérgio Campinho[34]

> A sociedade em nome coletivo caracteriza-se como o único tipo societário no Direito brasileiro em que todos os sócios respondem solidária e ilimitadamente pelas dívidas da sociedade. Nessa medida, os sócios – que necessariamente serão pessoas físicas – responderão, pelas obrigações sociais, de forma pessoal (com patrimônio próprio), subsidiária (a responsabilidade do sócio é sempre em grau subsidiário nas sociedades personalizadas), solidária (os credores podem exigir a integralidade do valor de seus créditos de quaisquer sócios) e ilimitada (respondem com todas as forças do patrimônio pessoal).

Para Fran Martins[35]

> Caracteriza-se a sociedade em nome coletivo a responsabilidade solidária e ilimitada de todos os seus sócios pelas obrigações sociais. Trata-se de uma sociedade de pessoas ou contratual, na qual se considera a pessoa do sócio pela responsabilidade assumida. Visível a necessidade da capacidade do sócio para

---

34 CAMPINHO, Sérgio. O direito de empresa à Luz do código civil - 12ª edição revista e atualizada, Rio de Janeiro: Renovar, 2011, p. 295.

35 MARTINS, Fran. Curso de Direito Comercial: empresa comercial, empresários individuais, microempresas, sociedades empresárias, fundo de comércio - 35ª ed. Ver. Atual. e ampl. - Rio de Janeiro: Forense, 2012, p. 197.

> contratar, nos termos da lei civil. A morte ou a incapacidade do sócio poderá ensejar sua dissolução, ou levar à modificação. A Entrada de qualquer sócio exige o consentimento de todos, eis que a sociedade tem origem num acordo de vontades.

A sociedade em nome coletivo é a sociedade mais primitiva dentre os tipos societários regulados pelo Código Civil, em especial quanto à estrutura societária que não atribui proteção ao patrimônio pessoal dos sócios. Por esta razão é de suma importância que ao ser registrada uma sociedade o contrato social expresse de forma clara o tipo societário escolhido, pois, na hipótese de omissão, o registro será efetuado sob a veste da sociedade em nome coletivo.[36]

Por se tratar de uma sociedade contratual, cuja natureza é de pessoas, este tipo societário é constituído por meio de um contrato social, que deverá prever as cláusulas obrigatórias reguladas pelo art. 997, Código Civil, respeitadas as características próprias ínsitas ao capítulo próprio da sociedade em nome coletivo.

Assim, de acordo com os artigos 1.039 a 1.044, Código Civil, essas seriam as cláusulas específicas de um contrato social de uma sociedade em nome coletivo:

Quadro 29 - Qualificação dos Sócios na Sociedade em Nome Coletivo

QUALIFICAÇÃO DOS SÓCIOS
1. Qualificação da pessoa física: nome completo, nacionalidade, estado civil, profissão, documento de identidade, inscrição junto ao CPF, endereço completo.
2. Não cabe sócio incapaz.
3. Atenção às regras de impedimento.
4. Não cabe sócio pessoa jurídica.

Fonte: Elaborado pelos autores.

36 TOMAZETTE, Marlon. Curso de Direito Empresarial - Teoria geral e direito socie- tário, volume 1. 11ª Edição, São Paulo: Saraiva Educação, 2020, p. 372.

Quadro 30 - Nome da Sociedade em Nome Coletivo

NOME EMPRESARIAL
1. Constituído sob firma coletiva: o nome de todos os sócios poderá figurar no nome empresarial.
2. Não pode haver mais de um nome registrado no RCPJ ou Junta Comercial correspondente à sede da sociedade (Princípio da Novidade).
3. A sociedade pode optar por utilizar o CNPJ como nome empresarial.

Fonte: Elaborado pelos autores.

O nome empresarial identifica a sociedade em nome coletivo, sendo obrigatória a firma coletiva para este tipo societário.

Por firma coletiva entende-se o nome empresarial constituído a partir do nome da pessoa natural que compõem o quadro societário, por extenso ou abreviado. Pelo fato de o tipo societário "sociedade em nome coletivo" atribuir aos sócios a responsabilidade solidária e ilimitada pelas obrigações sociais, todos podem constituir o nome empresarial, ou somente um com a expressão "e cia." ou "e companhia" ao final[37].

As formas abreviadas e por extenso de elaboração do nome empresarial por meio de firma coletiva são reguladas pela Instrução Normativa nº 81, Departamento Nacional de Registro Empresarial e Integração.

A lei 14.195/2021, alterou o art. 35-A, da Lei 8.934/94, autorizando a sociedade anônima utilizar o CNPJ como nome empresarial.

A Instrução Normativa nº 81, editada pelo Departamento Nacional de Registro Empresarial e Integração, regula da seguinte forma a utilização do CNPJ como nome empresarial:

1. Para a utilização do número do CNPJ como nome empresarial, deve ser levado em conta apenas o número raiz, ou seja, os oito primeiros dígitos do CNPJ (NN.NNN.NNN + S.A.).

---

37 BRASIL. Lei 10.406/02 (Código Civil): art. 1.157: A sociedade em que houver sócios de responsabilidade ilimitada operará sob firma, na qual somente os nomes daqueles poderão figurar, bastando para formá-la aditar ao nome de um deles a expressão "e companhia" ou sua abreviatura.
Parágrafo único. Ficam solidária e ilimitadamente responsáveis pelas obrigações contraídas sob a firma social aqueles que, por seus nomes, figurarem na firma da sociedade de que trata este artigo.

2. Em se tratando de constituição ou alteração, o(s) sócio(s) deverá(ão) indicar no instrumento que irá(ão) utilizar o número do CNPJ como nome empresarial. O nome empresarial será gerado no deferimento do pedido.

Quadro 31 - Objeto Societário na Sociedade em Nome Coletivo

OBJETO SOCIAL	
1.	O objeto tem que ser lícito, possível e determinado.
2.	No objeto serão contempladas a atividade principal e as atividades secundárias.
3.	O objeto limita as ações da sociedade, dos sócios e dos administradores.
4.	O objeto é o parâmetro para a atuação da sociedade em seus negócios privados e nas relações junto à administração pública (alvará, tributação).
5.	O objeto poderá conter atividade empresarial: atividade principal e secundárias definidas pela sociedade.
6.	O objeto poderá conter atividade não empresarial: atividade intelectual cientifica, literária ou artística exercida pelos sócios; ou atividade rural.

Fonte: Elaborado pelos autores.

Quadro 32 - Capital Social e Cotas naSociedade em Nome Coletivo

O CAPITAL SOCIAL E FORMAS DE INTEGRALIZAÇÃO DAS COTAS	
1.	Valor expresso em moeda corrente, constituído por bens, crédito ou dinheiro, obrigatório e necessário para o exercício da atividade econômica.
2.	Os sócios estão obrigados à subscrição e integralização do capital social.
3.	A integralização pode ser à vista, a prazo e em data certa (diferida).
4.	A integralização por meio de transferência de bens exige que o bem (móvel, imóvel corpóreo e incorpóreo) tenha correspondência ao objeto da sociedade (que possibilite o exercício da atividade econômica).
5.	O sócio que integraliza o capital por meio de bem responde pela perda deste em processo judicial ou decisão da administração pública correspondente ao período em que detinha a propriedade ou titularidade sobre a coisa ou o direito.
6.	O sócio que integraliza o capital por meio de crédito (Exemplo: transferência de um crédito por meio de um título de crédito - nota promissória, duplicata, letra de câmbio), responde pela solvência do devedor.

Fonte: Elaborado pelos autores.

Quadro 33 - Administração na Sociedade em Nome Coletivo

AS PESSOAS NATURAIS INCUMBIDAS DA ADMINISTRAÇÃO DA SOCIEDADE, E SEUS PODERES E ATRIBUIÇÕES
1. Somente os sócios podem exercer a administração da sociedade.
2. O contrato pode regular as regras e responsabilidade pela administração da sociedade.
3. Atenção às regras sobre pró-labore abordadas no item sobre sociedade simples pura, bem como sobre o impedimento.

Fonte: Elaborado pelos autores.

Para o exercício dos poderes de administração o sócio administrador não pode estar impedido. Assim, não podem exercer a administração de uma sociedade em nome coletivo:

1. A pessoa declarada falida.
2. As pessoas impedidas por lei especial (pessoa que exerce cargo público).
3. Os condenados à pena que vede, ainda que temporariamente, o acesso a cargos públicos.
4. Os condenados ou por crime falimentar, de prevaricação, peita ou suborno, concussão, peculato; ou contra a economia popular, contra o sistema financeiro nacional, contra as normas de defesa da concorrência, contra as relações de consumo, a fé pública ou a propriedade, enquanto perdurarem os efeitos da condenação.

Quadro 34 - Distribuição dos Lucros na Sociedade em Nome Coletivo

A PARTICIPAÇÃO DE CADA SÓCIO NOS LUCROS E NAS PERDAS
1. Regras sobre a participação de cada sócio na distribuição dos lucros.
2. Caso o contrato social não regule de forma diversa, o lucro corresponderá à participação de cada sócio no capital social.
3. Atenção à regra sobre a distribuição de lucro abordada no item sobre sociedade simples pura.

Fonte: Elaborado pelos autores.

Quadro 35 - Responsabilidade dos Sócios na Sociedade em Nome Coletivo

RESPONSABILIDADE DOS SÓCIOS
Os sócios podem definir entre si cláusula de limitação de responsabilidade, não estendida a terceiros.

Fonte: Elaborado pelos autores.

Quadro 36 - Benefício de Ordem na Sociedade em Nome Coletivo

CLÁUSULA EXPRESSA DO BENEFÍCIO DE ORDEM
Os sócios podem ratificar a regra do benefício de ordem prevista pelo art. 1.024, Código Civil.

Fonte: Elaborado pelos autores.

Com relação ao órgão de registro há de se atentar para o fato de a sociedade em nome coletivo ser um tipo societário apto a regular as regras jurídicas de uma atividade econômica empresarial ou de uma atividade econômica não empresarial.

Caso o objeto seja uma atividade econômica não empresarial, o órgão de registro será no Registro Civil de Pessoa Jurídica correspondente à sede da sociedade. Entretanto, se o objeto for uma atividade econômica empresarial, o registro será realizado na Junta Comercial do estado correspondente à sede da sociedade.

4.3 SOCIEDADE EM COMANDITA SIMPLES

A sociedade em comandita simples encontra-se regulada pelo Código Civil, artigo 1.045 ao artigo 1.051, e subsidiariamente pelas normas que regulam as sociedades em nome coletivo, artigo 1.046 c/c artigos 1.039 ao 1.044, Código Civil; e normas que regem as sociedades simples, artigo 1.040 c/c artigo 997 ao 1.038, Código Civil.

Trata-se de um tipo societário híbrido, pois conjuga características das sociedades com responsabilidade limitada e aspectos das sociedades com responsabilidade ilimitada.

O quadro societário da sociedade em comandita simples caracteriza-se pela existência de duas categorias de sócios:

Quadro 37 - Espécies de Sócios na Sociedade em Comandita Simples

1. **Sócio comanditado** - pessoa física que participa do capital social administra a sociedade e responde de forma solidária e ilimitada pelas obrigações sociais, respeitado o benefício de ordem, ou seja, somente após esgotada a tentativa de cumprimento da obrigação sobre o patrimônio da sociedade será possível atingir o seu patrimônio.
2. **Sócio comanditário** - pessoa física ou jurídica que participa do capital social, mas sua responsabilidade limita-se ao valor das cotas subscritas e integralizadas.

Fonte: Elaborado pelos autores.

Para Marlon Tomazette[38]

> A sociedade em comandita simples é tida como a mais antiga forma de sociedade e se caracteriza pela existência de dois tipos de sócios, que exercem papéis diferentes para a vida da sociedade. Sem a presença dos dois tipos de sócios, não se justifica a sociedade em comandita simples, tanto que a ausência de um dos tipos de sócio por mais de 180 dias, apesar da subsistência da pluralidade de sócios da outra categoria, gera a dissolução da sociedade.

Por se tratar de uma sociedade contratual cuja natureza é de pessoas, este tipo societário é constituído por meio de um contrato social, que deverá prever as cláusulas obrigatórias reguladas pelo artigo 997, Código Civil, respeitadas as características próprias ínsitas ao tipo societário.

38 TOMAZETTE, Marlon. Curso de Direito Empresarial - Teoria geral e direito societário, volume 1. 11ª Edição, São Paulo: Saraiva Educação, 2020, p. 375.

Assim, considerando as regras elencadas pelo artigo 997, Código Civil, já analisadas pelo presente trabalho, o tópico referente às sociedades em comandita simples abordará apenas as cláusulas especiais aplicadas a este tipo societário.

De acordo com os artigos 1.045 a 1.051, Código Civil, essas seriam as cláusulas específicas de um contrato social de uma sociedade em comandita simples:

Quadro 38 - Indicação Expressa do Tipo Societário "Sociedade em Comandita Simples"

INDICAÇÃO EXPRESSA NO CONTRATO SOCIAL SOBRE A OPÇÃO PELO TIPO SOCIEDADE EM COMANDITA SIMPLES
Por se tratar de um tipo societário específico e com características próprias - responsabilidade solidária e ilimitada do sócio comanditado - a indicação no contrato social do tipo societário "comandita simples" afasta eventual insegurança jurídica quanto aos direitos e obrigações advindos do exercício da atividade econômica por meio do respectivo tipo societário.

Fonte: Elaborado pelos autores.

Quadro 39 - Qualificação dos Sócios na Sociedade em Comandita Simples

QUALIFICAÇÃO DOS SÓCIOS
1. Pelo fato de haver duas categorias de sócios, ao qualificá-los o contrato social demonstrará de forma clara quais pertencem à categoria dos comanditados e quais pertencem à categoria dos comanditários. 2. O sócio comanditado tem que apresentar capacidade civil. Contudo, o incapaz pode figurar na categoria de sócio comanditário, desde que assistido ou representado. 3. Atenção às regras de impedimento.

Fonte: Elaborado pelos autores.

Quadro 40 - Nome da Sociedade em Comandita Simples

NOME EMPRESARIAL
1. A sociedade em comandita simples opera-se sob firma coletiva e somente o nome dos sócios comanditados pode figurar no nome empresarial.
2. O sócio comanditário cujo nome constar da firma coletiva responde solidária e ilimitadamente pelas obrigações sociais.
3. A sociedade pode optar por utilizar o CNPJ como nome empresarial.

Fonte: Elaborado pelos autores.

O nome empresarial identifica a sociedade em comandita simples, sendo obrigatória a firma coletiva para este tipo societário.

Por firma coletiva, entende-se o nome empresarial constituído a partir do nome da pessoa natural que compõem o quadro societário, por extenso ou abreviado. Pelo fato de o tipo societário "sociedade em comandita simples" atribuir ao sócio comanditado responsabilidade solidária e ilimitada pelas obrigações sociais, somente estes poderão constituir o nome empresarial deste tipo societário, da seguinte forma: o nome de todos os sócios comanditados; ou somente o nome de um sócio, inserida a expressão "e cia." ou "e companhia" ao final[39].

As formas abreviadas e por extenso de elaboração do nome empresarial por meio de firma coletiva são reguladas pela Instrução Normativa nº 81, Departamento Nacional de Registro Empresarial e Integração.

A lei 14.195/2021, alterou o art. 35-A, da Lei 8.934/94, autorizando a sociedade anônima utilizar o CNPJ como nome empresarial.

A Instrução Normativa nº 81, editada pelo Departamento Nacional de Registro Empresarial e Integração, regula da seguinte forma a utilização do CNPJ como nome empresarial:

1. Para a utilização do número do CNPJ como nome empresarial, deve ser levado em conta apenas o número raiz, ou seja, os oito primeiros dígitos do CNPJ (NN.NNN.NNN + S.A.).

39 BRASIL. Lei 10.406/02 (Código Civil): art. 1.157: A sociedade em que houver sócios de responsabilidade ilimitada operará sob firma, na qual somente os nomes daqueles poderão figurar, bastando para formá-la aditar ao nome de um deles a expressão "e companhia" ou sua abreviatura.
Parágrafo único. Ficam solidária e ilimitadamente responsáveis pelas obrigações contraídas sob a firma social aqueles que, por seus nomes, figurarem na firma da sociedade de que trata este artigo.

2. Em se tratando de constituição ou alteração, o(s) sócio(s) deverá(ão) indicar no instrumento que irá(ão) utilizar o número do CNPJ como nome empresarial. O nome empresarial será gerado no deferimento do pedido.

Quadro 41 - Objeto Societário na Sociedade em Comandita Simples

OBJETO SOCIAL
1. O objeto tem que ser lícito, possível e determinado.
2. No objeto serão contempladas a atividade principal e as atividades secundárias.
3. O objeto limita as ações da sociedade, dos sócios e dos administradores.
4. O objeto é o parâmetro para a atuação da sociedade em seus negócios privados e nas relações junto à administração pública (alvará, tributação).
5. O objeto poderá conter atividade empresarial: atividade principal e secundárias definidas pela sociedade.
6. O objeto poderá conter atividade não empresarial: atividade intelectual cientifica, literária ou artística exercida pelos sócios; ou atividade rural.

Fonte: Elaborado pelos autores.

Quadro 42 - Capital Social e Cotas na Sociedade em Comandita Simples

O CAPITAL SOCIAL E FORMAS DE INTEGRALIZAÇÃO DAS COTAS
1. Valor expressa em moeda corrente, constituído por bens, crédito ou dinheiro, obrigatório e necessário para o exercício da atividade econômica.
2. As duas categorias de sócio estão obrigadas à subscrição e integralização do capital social.
3. A integralização pode ser à vista, a prazo e em data certa (diferida).
4. A integralização por meio de transferência de bens exige que o bem (móvel, imóvel corpóreo e incorpóreo) tenha correspondência ao objeto da sociedade (que possibilite o exercício da atividade econômica).
5. O sócio que integraliza o capital por meio de bem responde pela perda deste em processo judicial ou decisão da administração pública correspondente ao período em que detinha a propriedade ou titularidade sobre a coisa ou o direito. (artigo 1.005, Código Civil).
6. O sócio que integraliza o capital por meio de crédito (Exemplo: transferência de um crédito por meio de um título de crédito - nota promissória, duplicata, letra de câmbio), responde pela solvência do devedor. (artigo 1.005, Código Civil).

Fonte: Elaborado pelos autores.

Quadro 43 - Administração na Sociedade em Comandita Simples

PESSOAS NATURAIS INCUMBIDAS DA ADMINISTRAÇÃO DA SOCIEDADE, SEUS PODERES E ATRIBUIÇÕES
1. Somente os sócios comanditados podem exercer a administração da sociedade. 2. Caso o sócio comanditário pratique qualquer ato de gestão se sujeitará às responsabilidades de sócio comanditado. 3. Atenção às regras sobre pró-labore abordadas no item sobre sociedade simples pura, bem como sobre o impedimento.

Fonte: Elaborado pelos autores.

Para o exercício dos poderes de administração o sócio administrador não pode estar impedido. Assim, não podem exercer a administração de uma sociedade em comandita simples:

1. A pessoa declarada falida.
2. As pessoas impedidas por lei especial (pessoa que exerce cargo público).
3. Os condenados à pena que vede, ainda que temporariamente, o acesso a cargos públicos.
4. Os condenados ou por crime falimentar, de prevaricação, peita ou suborno, concussão, peculato; ou contra a economia popular, contra o sistema financeiro nacional, contra as normas de defesa da concorrência, contra as relações de consumo, a fé pública ou a propriedade, enquanto perdurarem os efeitos da condenação.

Quadro 44 - Distribuição dos Lucros na Sociedade em Comandita Simples

A PARTICIPAÇÃO DE CADA SÓCIO NOS LUCROS E NAS PERDAS
1. Regras sobre a participação de cada sócio na distribuição dos lucros. 2. Caso o contrato social não regule de forma diversa, o lucro do sócio de capital corresponderá à participação de cada sócio no capital social. 3. O sócio comanditário não está obrigado à reposição de lucros recebidos de boa-fé e de acordo com o balanço. 4. Atenção à regra sobre a distribuição de lucro abordada no item sobre sociedade simples pura.

Fonte: Elaborado pelos autores.

Quadro 45 - Cláusula de Sucessão por Morte de Sócio na Sociedade em Comandita Simples

CLÁUSULA DE SUCESSÃO POR MORTE DE SÓCIO
5. No caso de morte do sócio comanditário, o contrato social pode regular regra expressa quanto aos herdeiros e meeiros.
6. Caso não haja regra expressa, a lei autoriza o ingresso de herdeiros e meeiros em sucessão ao sócio comanditário falecido.
7. No caso de morte do sócio comanditado, a sociedade terá que regularizar a inclusão de um novo sócio em até 180 dias, sob pena de dissolução.

Fonte: Elaborado pelos autores.

Com relação ao órgão de registro há de se atentar para o fato de a sociedade em nome coletivo ser um tipo societário apto a regular as regras jurídicas de uma atividade econômica empresarial e não econômica.

Caso o objeto seja uma atividade econômica não empresarial o órgão de registro será no Registro Civil de Pessoa Jurídica correspondente à sede da sociedade. Entretanto, se o objeto for uma atividade econômica empresarial, o registro será realizado na Junta Comercial do estado correspondente à sede da sociedade.

4.4 SOCIEDADE LIMITADA (PLURIPESSOAL E UNIPESSOAL)

A sociedade limitada encontra-se regulada pelo Código Civil, artigos 1.052 a 1.087, bem como pelo anexo IV, da Instrução Normativa 81/2020, editada pelo Departamento Nacional de Registro Empresarial e Integração.

Trata-se de um tipo societário cuja principal característica é a proteção patrimonial dos sócios a partir da integralização do capital social.

De acordo com Sérgio Campinho

> Em face da sociedade, cada sócio-cotista é obrigado a entrar apenas com o valor de sua cota. Integralizado este valor, nada mais deve a sociedade. Perante

> terceiros, todavia, todos os sócios responderão solidariamente pela parte que faltar para preencher o pagamento das cotas não inteiramente liberadas, isto é, não inteiramente integralizadas[40].

Para Fran Martins

> Sociedades limitadas são aquelas formadas por duas ou mais pessoas, cuja responsabilidade é identificada pelo valor de suas quotas, porém todos se obrigam solidariamente em razão da integralização do capital social. Há uma responsabilidade solidária pelo total do capital social[41].

Trata-se de tipo societário que pode ser constituído pela união de duas ou mais pessoas – física e/ou jurídica – ou apenas por uma única pessoa – física ou jurídica – respondendo todos perante terceiros pela integralização do capital social. Integralizada a totalidade das quotas, o(s) sócio(s) responde(m) de forma limitada, ou seja, o seu patrimônio pessoal não estará obrigado pelos riscos sociais.

Por força da alteração legislativa promovida pela Lei 13.874/2019, autoriza-se a constituição de sociedade limitada por uma única pessoa, física ou jurídica. A natureza unipessoal atribuída às sociedades limitadas não se estende aos demais tipos societários contratuais, que se sujeitam à regra regulada pelo art. 981, Código Civil[42].

O fato de o art. 1.052, § 1º, do Código Civil, autorizar a constituição de uma sociedade limitada com apenas uma pessoa, física ou jurídica, não constituiu o surgimento de um novo tipo societário, nem tampouco obrigou a inclusão da expressão "unipessoal" ao nome empresarial da sociedade limitada. Trata-se de uma sociedade limitada constituída por uma única pessoa (unipessoal), cujas regras jurídicas continuam sendo reguladas por capítulo próprio, respeitado, é claro, o

40 CAMPINHO, Sérgio. O direito de empresa à Luz do código civil - 12ª edição revista e atualizada, Rio de Janeiro: Renovar, 2011, p. 142.

41 MARTINS, Fran. Curso de Direito Comercial: empresa comercial, empresários individuais, microempresas, sociedades empresárias, fundo de comércio - 35ª ed. Atual. e ampl. - Rio de Janeiro: Forense, 2012, p. 213.

42 BRASIL. Departamento Nacional de Registro Empresarial e Integração: chrome-extension://efaidnbmnnnibpcajpcglclefindmkaj/https://www.gov.br/economia/pt-br/assuntos/drei/legislacao/arquivos/oficios-circulares-drei/2022/oficio-circular-sei-no-893-2022-me.pdf

fato de as cláusulas do contrato social terem que observar a existência de uma única pessoa no quadro societário.

Por meio do OFÍCIO CIRCULAR SEI nº 893/2022/ME1, o Departamento Nacional de Registro Empresarial e Integração já se posicionou sobre o tema:

> Assim, observa-se que não há qualquer comando para o acréscimo da informação "unipessoal" aos atos de sociedade limitada, tampouco, em seu nome empresarial, sendo essa uma exigência equivocada e sem fundamentação legal. Repisamos que o único tipo societário existente é Sociedade Limitada, não há sociedade limitada unipessoal.

Por forças de suas características, as sociedades limitadas, em regra, detêm a natureza de sociedade de pessoas, pautada na *affectio societatis*: caracterizada pelo vínculo intersubjetivo entre os sócios; a confiança necessária para a formação e constituição da sociedade; e o desejo de cooperação entre os sócios para realizar a empresa e buscar o objetivo comum, traduzido no resultado.[43]

Para o doutrinador Fábio Ulhoa Coelho

> As sociedades de pessoas são aquelas em que a realização do objeto social depende mais dos atributos individuais dos sócios que da contribuição material que eles dão. As de capital são as sociedades em que essa contribuição material é mais importante que as características subjetivas dos sócios. A natureza da sociedade importa diferenças no tocante à alienação da participação societária (quotas ou ações), à sua penhorabilidade por dívida particular do sócio e à questão da sucessão por morte.[44]

43 TOMAZETTE, Marlon. Curso de Direito Empresarial - Teoria geral e direito societário, volume 1. 11ª Edição, São Paulo: Saraiva Educação, 2020, p. 385.

44 BRASIL. Lei 10.406/02: art. 1.053. A sociedade limitada rege-se, nas omissões deste Capítulo, pelas normas da sociedade simples. Parágrafo único. O contrato social poderá prever a regência supletiva da sociedade limitada pelas normas da sociedade anônima.

4.4.1 Constituição da Sociedade Limitada - Cláusulas Obrigatórias do Contrato Social

A sociedade limitada é constituída por meio de um contrato social, que pode ser elaborado através de um instrumento público ou particular. A lei regula as cláusulas obrigatórias que têm que constar em todos os contratos sociais, sob pena de não constituição da sociedade.

Para a constituição de uma sociedade limitada aplica-se a seguinte legislação:

Figura 28 - Legislação Aplicada na Constituição das Sociedades Limitadas

1. Art. 1.052, § 1º, Código Civil.
2. Art. 1.054, Código Civil.
3. Art. 997, incisos, Código Civil.
4. Art. 35, III, Lei 8.934/1994.
5. Art. 53, Decreto 1.800/96.
6. Instrução Normativa 81, anexo IV/2020, editada pelo Departamento Nacional de Registro Empresarial e Integração.

Fonte: Elaborado pelos autores.

O fato de a Lei 13.874/19 ter autorizado a constituição de sociedade limitada por meio de uma pessoa, jurídica ou física, a estrutura do contrato social, que na hipótese passará a ser um estatuto, por força da ausência da pluralidade de sócios, não sofre qualquer modificação, conforme a redação do art. 1.052, § 1º, Código Civil[45]. Assim, caberá ao profissional contábil ou advogado adequar as cláusulas aplicadas à sociedade pluripessoal à sociedade unipessoal.

A título de exemplo, as cláusulas obrigatórias de distribuição de cotas, administração e participação nos lucros sofrerão as adaptações necessárias à sociedade limitada unipessoal; da mesma forma, não teria cabimento as cláusulas facultativas sobre exclusão de sócio e regras para deliberação social.

45 BRASIL. Lei 10.406/02 (Código Civil): art. 1.052 (...), § 2º Se for unipessoal, aplicar-se-ão ao documento de constituição do sócio único, no que couber, as disposições sobre o contrato social.

Assim, passa-se à análise das principais cláusulas que obrigatoriamente têm que constar em um contrato social de uma sociedade limitada:

Quadro 46 - Qualificação dos Sócios na Sociedade Limitada

QUALIFICAÇÃO DOS SÓCIOS
1. O quadro societário de uma sociedade limitada pode ser composto por pessoa física ou jurídica, nacional ou estrangeira.
2. Sócio maior de dezoito anos, brasileiro(a) ou estrangeiro(a), que estiverem em pleno gozo da capacidade civil.
3. Sócio menor emancipado.
4. Sócio relativamente incapaz, desde que assistido.
5. Sócio menor de dezesseis anos (absolutamente incapazes de exercer pessoalmente os atos da vida civil) desde que representado.
6. Sócio Fundo de Investimento em Participações (FIP), desde que devidamente representado por seu administrador.
7. Qualificação da pessoa física: nome completo, nacionalidade, estado civil, profissão, documento de identidade, inscrição junto ao CPF, endereço completo.
8. Qualificação da pessoa jurídica: nome empresarial, nacionalidade, inscrição no CNPJ, sede, representante legal com poderes para assinar o contrato social.
9. A sociedade pode ser constituída por apenas um sócio, pessoa física ou jurídica.
10. Não cabe sócio de serviço.

Fonte: Elaborado pelos autores.

A lei não restringe a natureza de sócio à pessoa com capacidade civil. A legislação garante a isonomia ao incapaz, permitindo-lhe figurar no quadro societário deste tipo societário[46], desde que: 1) o sócio incapaz não exerça a administração da sociedade; 2) o capital social tenha sido totalmente integralizado; e 3) o sócio incapaz esteja devidamente representado ou assistido.

46 BRASIL. Lei 10.406/02 (Código BRASIL): art. 974 (...) § 3º O Registro Público de Empresas Mercantis a cargo das Juntas Comerciais deverá registrar contratos ou alterações contratuais de sociedade que envolva sócio incapaz, desde que atendidos, de forma conjunta, os seguintes pressupostos: I - o sócio incapaz não pode exercer a administração da sociedade; II - o capital social deve ser totalmente integralizado; III - o sócio relativamente incapaz deve ser assistido e o absolutamente incapaz deve ser representado por seus representantes legais.

A lei considera absolutamente incapaz os menores de 16 anos. Com relação ao relativamente incapaz, considera:[47] i) os maiores de dezesseis e menores de dezoito anos; os ébrios habituais; os viciados em tóxicos; os que, por deficiência mental, tenham discernimento reduzido; os excepcionais, sem desenvolvimento mental completo; aqueles que, por causa transitória ou permanente, não puderem exprimir sua vontade; e os pródigos.

Observação:

1. A capacidade dos indígenas é regulada pela Lei 6.001/73;
2. Para os menores, a incapacidade:
   I. Pela concessão dos pais, ou de um deles na falta do outro, mediante instrumento público, independentemente de homologação judicial, ou por sentença do juiz, ouvido o tutor, se o menor tiver dezesseis anos completos;
   II. Pelo casamento;
   III. Pelo exercício de emprego público efetivo;
   IV. Pela colação de grau em curso de ensino superior;
   V. Pelo estabelecimento civil ou comercial, ou pela existência de relação de emprego, desde que, em função deles, o menor com dezesseis anos completos tenha economia própria.
3. A perda da capacidade não pode ser presumida, exigindo-se decisão judicial. Assim, para que o incapaz seja sócio é necessária a juntada da prova da sua condição civil: certidão de nascimento ou decisão judicial.

Outro ponto importante para a constituição de uma sociedade limitada são as regras que regulam o impedimento.

47 Lei 10.406/02: Art. 3º São absolutamente incapazes de exercer pessoalmente os atos da vida civil os menores de 16 (dezesseis) anos.
Art. 4º São incapazes, relativamente a certos atos ou à maneira de os exercer:
I - os maiores de dezesseis e menores de dezoito anos; II - os ébrios habituais e os viciados em tóxico; III - aqueles que, por causa transitória ou permanente, não puderem exprimir sua vontade; e IV - os pródigos.

Impedimento não se confunde com capacidade. Considera-se impedimento situação fática ou jurídica suspensiva do direito de associação ou do exercício da administração. A pessoa pode possuir capacidade para os atos da vida civil, mas ser impedida para ser sócia ou exercer a administração de uma sociedade limitada.

Assim, a legislação impede que qualquer pessoa nas situações jurídicas abaixo faça parte de uma sociedade limitada:

1. A pessoa declarada falida não poderá ser sócia.
2. Por força do exercício de determinados cargos públicos, tanto a legislação federal quanto as estaduais e municipais não autorizam o ingresso do servidor público em quadro societário de sociedade limitada. Para uma resposta segura juridicamente quanto à autorização ou proibição é importante uma análise do estatuto legal que regula o cargo público.
3. Os cônjuges casados em regime de comunhão universal de bens ou de separação obrigatória, não podem contratar sociedade, entre si.

O impedimento em âmbito federal é regulado pela Lei 8.112/90[48], que autoriza os servidores públicos civis da União, das autarquias e das fundações públicas federais a titularidade de cotas ou ações, vedando, de forma expressa, a participação na gerência ou administração da sociedade. Logo, o servidor público federal, não regulado por norma especial, pode participar do quadro societário de uma sociedade limitada, sem, contudo, exercer atos de gestão.

Os sócios terão que declarar expressamente no contrato social não existir qualquer impedimento legal para que se torne sócio da sociedade limitada. Eventual declaração falsa pode caracterizar o crime de falsidade ideológica em documento particular.

48 BRASIL. Lei 8.112/90: art. 117. Ao servidor é proibido: X - participar de gerência ou administração de sociedade privada, personificada ou não personificada, exercer o comércio, exceto na qualidade de acionista, cotista ou comanditário;

Quadro 47 - Nome da Sociedade Limitada

NOME EMPRESARIAL	
1.	Pode ser formado por meio de firma (nome dos sócios) ou denominação (neologismo, palavras de outro idioma), acrescida da definição do objeto ao final (Princípio da Veracidade).
2.	Não pode haver mais de um nome registrado na junta comercial correspondente à sede da sociedade (Princípio da Novidade).
3.	Ao final da firma ou denominação acresce-se a expressão "Limitada" ou "Ltda."
4.	Não existe a obrigação legal para inserir a expressão "unipessoal" ao nome empresarial.
5.	A sociedade pode optar por utilizar o CNPJ como nome empresarial.

Fonte: Elaborado pelos autores.

A lei 14.195/2021, alterou o art. 35-A, da Lei 8.934/94, autorizando a sociedade anônima utilizar o CNPJ como nome empresarial.

A Instrução Normativa nº 81, editada pelo Departamento Nacional de Registro Empresarial e Integração, regula da seguinte forma a utilização do CNPJ como nome empresarial:

1. Para a utilização do número do CNPJ como nome empresarial, deve ser levado em conta apenas o número raiz, ou seja, os oito primeiros dígitos do CNPJ (NN.NNN.NNN + S.A.).
2. Em se tratando de constituição ou alteração, o(s) sócio(s) deverá(ão) indicar no instrumento que irá(ão) utilizar o número do CNPJ como nome empresarial. O nome empresarial será gerado no deferimento do pedido.

O nome empresarial identifica a sociedade limitada, podendo ser formado por firma coletiva ou denominação.

A constituição do nome empresarial das sociedades limitadas encontra-se regulada pela Instrução Normativa nº 81, Departamento Nacional de Registro Empresarial e Integração.

Quadro 48 - Objeto Societário na Sociedade Limitada

OBJETO
1. O objeto tem que ser lícito, possível e determinado.
2. No objeto serão contempladas a atividade principal e as atividades secundárias.
3. O objeto limita as ações da sociedade, dos sócios e dos administradores.
4. O objeto é o parâmetro para a atuação da sociedade em seus negócios privados e nas relações junto à administração pública (alvará, tributação).
5. O objeto contemplará as atividades econômicas empresariais.
6. Caso a natureza seja uma sociedade simples limitada, o objeto contemplará a atividade econômica não empresarial explorada: atividade intelectual ou rural.

Fonte: Elaborado pelos autores.

O objeto está diretamente ligado ao princípio da livre iniciativa, que garante à sociedade plena liberdade para o exercício da atividade que entender possível para atingir o seu principal objetivo que é o resultado positivo.

Entretanto, caberá ao profissional contábil ou jurídico atentar-se para os objetos que exigem o cumprimento de obrigações formais como condição de legalidade do exercício da atividade econômica empresarial, em especial as que exigem autorização/licença de ordem federal, estadual ou municipal.

Quadro 49 - Sede e Prazo na Sociedade Limitada

SEDE E PRAZO DA SOCIEDADE
1. Endereço social da sociedade. A sede define a competência comercial da sociedade e a competência processual.
2. Define a circunscrição do órgão de registro que o contrato social será levado a registro.
3. Define a competência processual para as ações que a sociedade simples for ré, salvo previsão contratual diversa. (art. 53, inciso III, alínea "a", Código de Pro cesso Civil).
4. A sociedade pode ser por prazo determinado ou indeterminado. A finalidade da sociedade definirá a natureza do seu prazo.

Fonte: Elaborado pelos autores.

Quadro 50 - Capital Social e Cotas na Sociedade Limitada

O CAPITAL SOCIAL E FORMAS DE INTEGRALIZAÇÃO DAS COTAS
1. Valor expresso em moeda corrente.
2. A distribuição do capital por meio de cotas subscritas pelos sócios.
3. A forma pactuada para a integralização do capital social: à vista, a prazo ou em data certa (diferida).
4. Integralização do capital social por meio de dinheiro, bens, direitos ou crédito.
5. Não cabe sócio de serviço.

Fonte: Elaborado pelos autores.

Sendo o capital social o primeiro patrimônio da sociedade, formado a partir da participação de cada sócio, a subscrição e integralização tem que observar as seguintes regras jurídicas:

Quadro 51 - Requisitos e Regras para a Subscrição e Integralização do Capital Social

1.	A impossibilidade de o capital social ser integralizado por meio de lucro futuro.
2.	Havendo sócio menor, exige-se integralização total do capital social.
3.	Na hipótese de não integralização podem os sócios alterar as condições contratualmente estipuladas (prazo, forma de integralização etc.), promovendo, assim, a alteração do contrato social. Podem também reduzir o capital social para o montante já integralizado, procedendo com a alteração do contrato social.
4.	Os sócios respondem solidária e ilimitadamente pela formação do capital social (todos os sócios são responsáveis pela quota parte de todos os sócios até a integralização total do capital social).
5.	O sócio casado, salvo sob o regime de separação absoluta, tem que apresentar a outorga conjugal para integralizar o capital por meio de bens imóveis.
6.	A integralização do capital social por meio de bens ou direitos de propriedade ou titularidade de um incapaz exige autorização judicial.
7.	O sócio pode integralizar o capital social por meio de bens ou direitos de terceiros, desde que faça referência à titularidade ou propriedade do bem aportado.
8.	A integralização do capital por meio de bens ou direitos não presume a transferência da propriedade ou titularidade para a sociedade, mas apenas o seu uso e gozo para os fins determinados pelo objeto social. Entretanto, se a sociedade limitada for regulada supletivamente pela Lei 6.404/76, aplica-se a regra prevista pelo art. 9º, que transfere a propriedade do bem para a sociedade na hipótese de não haver disposição em contrário.

9.	O sócio que integraliza o capital por meio de bem ou direito, responde pela perda do bem ou direito em processo judicial ou decisão da administração pública (evicção).
10.	A integralização do capital por meio de bens ou direitos não presume a transferência da propriedade ou titularidade para a sociedade, mas apenas o seu uso e gozo para os fins determinados pelo objeto social.
11.	A integralização por meio de transferência de bens ou direitos exige que o bem (móvel, imóvel, corpóreo e incorpóreo) tenha correspondência ao objeto da sociedade (que possibilite o exercício da atividade econômica).
12.	O sócio que integraliza o capital por meio de crédito (transferência de um crédito por meio de um título de crédito - nota promissória, duplicata, letra de câmbio), responde pela solvência do devedor.

Fonte: Manual de Registro de Sociedade Limitada – Departamento Nacional de Registro Empresarial e Integração.

Quadro 52 - Administração na Sociedade Limitada

AS PESSOAS NATURAIS INCUMBIDAS DA ADMINISTRAÇÃO DA SOCIEDADE E SEUS PODERES E ATRIBUIÇÕES	
1.	Somente pessoas naturais podem ser administradores da sociedade.
2.	Se o contrato social não dispuser em contrário, a administração caberá separadamente aos sócios, ou seja, cada sócio poderá realizar qualquer ato em nome da sociedade.
3.	O contrato social pode regular atos de administração de competência conjunta, individual ou concorrente.
4.	No silêncio do contrato social, os administradores podem praticar todos os atos pertinentes à gestão da atividade econômica profissional, salvo a oneração ou a venda de bens imóveis de propriedade da sociedade, que dependerá de deliberação dos sócios.
5.	A administração poderá ser concedida em instrumento em separado, que deverá ser arquivado no órgão de registro antes de qualquer ato de gestão, sob pena de responsabilidade solidária e ilimitada do administrador.
6.	Os atos de gestão estão limitados aos poderes outorgados pelo contrato social ou pelo instrumento em separado, bem como pelo objeto da sociedade.
7.	Ao administrador é vedado substituir-se no exercício da administração. Todavia, pode outorgar poderes (mandato - procuração) para prática de atos específicos.
8.	O uso do nome empresarial é privativo do administrador.
9.	Os administradores respondem solidariamente perante a sociedade e terceiros, por culpa (negligência, imperícia ou imprudência) no desempenho de suas funções.
10.	O contrato social ou assembleia regulará a forma de remuneração do administrador.

Fonte: Elaborado pelos autores.

Para o exercício dos poderes de administração a pessoa, sócio ou não sócio, não pode estar impedida. Assim, não podem exercer a administração de uma sociedade limitada[49]:

Quadro 53 - Regras sobre Impedimento

1. Menor de dezesseis anos e/ou relativamente incapaz (art. 974 do Código Civil).
2. Pessoa Jurídica (art. 997, inciso VI e art. 1.053 do Código Civil).
3. Pessoa condenada a pena que vede, ainda que temporariamente, o acesso a cargos públicos; ou por crime falimentar, de prevaricação, peita ou suborno, concussão, peculato; ou contra a economia popular, contra o sistema financeiro nacional, contra as normas de defesa da concorrência, contra relações de consumo, a fé pública ou a propriedade, enquanto perdurarem os efeitos da condenação (art. 1.011, § 1º, do Código Civil).
4. Pessoa impedida por norma constitucional ou por lei especial, com destaque para: a. Brasileiro naturalizado há menos de dez anos, em empresa jornalística e de radiodifusão sonora e radiodifusão de sons e imagens; b. Imigrante: ▪ Em empresa jornalística de qualquer espécie, de radiodifusão sonora e de sons e imagens (art. 222, § 1º, da CF e art. 2º da Lei nº 10.610, de 20 de dezembro de 2002); ▪ Em pessoa jurídica que seja titular de direito real sobre imóvel rural na Faixa de Fronteira (150 km de largura ao longo das fronteiras terrestres), salvo com assentimento prévio do órgão competente; e português, ainda que no gozo dos direitos e obrigações previstos no Estatuto da Igualdade, comprovado mediante Portaria do Ministério da Justiça na hipótese de empresa jornalística e de radiodifusão sonora e de sons e imagens.
5. Os cônsules, nos seus distritos, salvo os não remunerados (art. 22, parágrafo único, do Decreto nº 24.239, de 1934; art. 48 do Decreto nº 24.113, de 12 de abril de 1934, e art. 42 do Decreto nº 3.259, de 11 de abril de 1899).
6. Os servidores públicos civis da ativa, federais, inclusive Ministros de Estado e ocupantes de cargos públicos comissionados em geral (art. 117, inciso X, da Lei nº 8.112, de 11 de dezembro de 1990 e Portaria Normativa MPOG nº 6, de 15 de junho de 2018, art. 5º). Em relação aos servidores estaduais e municipais observar a legislação respectiva.
7. Os servidores militares da ativa das Forças Armadas e das Polícias Militares (art. 29 da Lei nº 6.880, de 9 de dezembro de 1980).
8. O magistrado (art. 36, inciso I, da Lei Complementar nº 35, de 14 de março de 1979).

49 BRASIL. Instrução Normativa nº 81 - Ministério da Economia Secretaria Especial de Desburocratização, Gestão e Governo Digital Secretaria de Governo Digital, Departamento Nacional de Registro Empresarial e Integração - MANUAL DE REGISTRO DE SOCIEDADE LIMITADA, p. 32/33.

9.	Os membros do Ministério Público da União (art. 36, inciso I, da Lei Complementar nº 35, de 1979).
10.	Os membros do Ministério Público dos Estados, conforme a Constituição respectiva.
11.	O falido, enquanto não for legalmente reabilitado (art. 102, 181, da Lei nº 11.101, de 9 de fevereiro de 2005).
12.	O leiloeiro.

Fonte: Manual de Registro de Sociedade Limitada – Departamento Nacional de Registro Empresarial e Integração.

O Administrador declarará expressamente no contrato social, ou documento apartado, não existir qualquer impedimento legal para que exerça a administração da sociedade limitada. Eventual declaração falsa pode caracterizar o crime de falsidade ideológica em documento particular.

Ponto importante na elaboração da cláusula de administração é a remuneração do sócio administrador.

Não há no ordenamento jurídico brasileiro regra expressa determinando a obrigatoriedade de remuneração dos sócios na sociedade limitada mediante pró-labore. Contudo, a Receita Federal do Brasil[50], em conclusão à Consulta nº 120 – COSIT (objeto: administração de uma sociedade simples – que possui natureza de pessoas assim como a sociedade limitada) concluiu ser ilícita a remuneração de sócio administrador tão-somente pela rubrica da retirada de lucro, entendendo que, nas sociedades de pessoas, o pagamento do pró-labore é regra, sendo excepcional a sua não incidência.

De acordo com o entendimento da RFB, a sociedade terá que discriminar em sua contabilidade a remuneração paga a título de trabalho e a remuneração paga a título de capital, sob pena de todo o montante recebido pelo sócio administrador ser considerado como pró-labore e, consequentemente, incidir os tributos devidos.

Sérgio Campinho[51] entende que

50 BRASIL. Receita Federal do BRASIL: Solução de Consulta nº 120 - Cosit - 17/08/2016: http://normas.receita.fazenda.gov.br/sijut2consulta/link.action?visao=anotado&i- dAto=76675

51 CAMPINHO, Sérgio. O direito de empresa à Luz do código civil - 18ª edição. Revista e atualizada, São Paulo: Saraiva Educação, 2020, p. 244.

> A função de administrador, no âmbito do direito societário, poderia ou não ser remunerada. Necessariamente o será quando o gestor for estranho ao corpo social. Mas, sendo a administração privativa do sócio, poder-se-ia dispensar a sociedade de pagar-lhe *pro labore*. Todavia, em razão de norma de natureza fiscal (art. 9º, V, *h*, c/c art. 35 do Regulamento da Organização e do Custeio da Seguridade Social, aprovado pelo Decreto nº 3.048/99), ainda que sócio o diretor, deverá haver dito pagamento, mesmo que no valor de um salário mínimo. O Contrato social poderá dispor sobre a forma de remuneração. Em caso de omissão, nada impede seja a retribuição definida, a qualquer tempo, por deliberação majoritária do capital (art. 1.076, II c/c art. 1.071, IV).

Assim, para evitar qualquer tipo de discussão jurídica tributária e eventuais prejuízos à sociedade, o mais seguro seria o contrato social regular o pró-labore em favor do administrador, que pode ser fixado em um salário-mínimo ou valor que a sociedade entender razoável.

Com relação ao administrador não sócio a discussão deixa de existir, já que a Constituição da República Federativa do Brasil[52] veda qualquer trabalho sem remuneração. Assim, ao exercer a função de administrador, a pessoa não sócia será devidamente remunerada por meio de salário ou pró-labore.

52 BRASIL. Constituição da República Federativa do BRASIL. Art. 7º, inciso IV.

Quadro 54 - Distribuição dos Lucros na Sociedade Limitada

A PARTICIPAÇÃO DE CADA SÓCIO NOS LUCROS E NAS PERDAS
1. Regras sobre a participação de cada sócio na distribuição dos lucros. 2. Caso o contrato social não regule de forma diversa, o lucro do sócio de capital corresponderá a participação de cada sócio no capital social. 3. É nula qualquer cláusula que reduza ou exclua a participação do sócio no resultado da sociedade. 4. Para a retirada mensal a título de lucro exige-se uma cláusula expressa. 5. É vedada a distribuição de lucro futuro, fictício ou ilícito. 6. A distribuição de lucro futuro, fictício ou ilícito acarreta a responsabilidade solidária do administrador que realizou e a do sócio que o recebeu, conhecendo ou devendo conhecer a distribuição ilegal. A distribuição do lucro está vinculada ao resultado contabilizado.

Fonte: Elaborado pelos autores.

Quadro 55 - Exercício Social na Sociedade Limitada

A DATA DE ENCERRAMENTO DO EXERCÍCIO SOCIAL, QUANDO NÃO COINCIDENTE COM O ANO CIVIL
1. A regra é que o exercício social seja de 1º de janeiro até 31 de dezembro do ano correspondente. 2. Contudo, a sociedade pode definir como exercício social período iniciando e finalizando em dia e mês diferente.

Fonte: Elaborado pelos autores.

Quadro 56 - Cláusula de Foro ou Juízo Arbitral na Sociedade Limitada

FORO OU CLÁUSULA ARBITRAL
1. A sociedade irá definir o foro (competência territorial judicial) para que dirimir eventuais litígios societários. 2. A sociedade pode regular cláusula compromissória atribuindo à arbitragem a solução de eventuais litígios societários. Para que esta cláusula tenha eficácia e segurança jurídica é importante que seja clara e transparente quanto ao seu objeto.

Fonte: Elaborado pelos autores.

A ausência ou inexatidão de qualquer cláusula obrigatória impede o arquivamento do contrato social, sendo hipótese de exigência perante o órgão de registro, conforme redação do artigo 53, Decreto 1.800/1996, que regula a Lei de Registro Público de Empresas Mercantis.

4.4.2 Constituição da Sociedade Limitada - Cláusulas Facultativas do Contrato Social

Além das cláusulas obrigatórias, o Código Civil autoriza a previsão no contrato social de algumas cláusulas facultativas, transferindo aos sócios a oportunidade de regular o exercício da empresa com mais segurança jurídica e observância à função social da atividade econômica explorada.

Assim, sendo o contrato social uma fonte de direito, a sociedade e seus sócios podem regular expressamente as regras jurídicas abaixo:

Quadro 57 - Exclusão de Sócio na Sociedade Limitada

EXCLUSÃO DE SÓCIO - (ART. 1.085, CÓDIGO CIVIL)
1. Autorização expressa para a exclusão de sócio que pratique ato de inegável gravidade, que ponha em risco a continuidade da empresa. 2. Definir o que a sociedade considera como ato de inegável gravidade: **Exemplo:** **a) prática de crime comum ou empresarial, independente da pena; b) prática de concorrência desleal; c) violação ao contrato social; d) não observância aos limites atribuídos pelos poderes de administração e/ou pelo objeto social; e) retirada de lucro sem observância às diretrizes reguladas pelo contrato social e/ou pela legislação; f) prática de confusão patrimonial.**

Fonte: Elaborado pelos autores.

A exclusão de sócio na forma do art. 1.085, Código Civil só poderá ocorrer se preenchidos os seguintes requisitos legais:

Quadro 58 - Requisitos para Exclusão de Sócio na Sociedade Limitada

1.	Reunião ou Assembleia cuja ordem do dia seja especificamente a deliberação sobre atos de inegável gravidade e a consequente exclusão do sócio.
2.	Direito à ampla defesa e contraditório do sócio acusado, exercido na respectiva Assembleia.
3.	Reunião ou Assembleia cuja ordem do dia seja especificamente a deliberação sobre atos de inegável gravidade e a consequente exclusão do sócio.
4.	Quórum para a aprovação da exclusão: maioria dos sócios presentes à Assembleia, representativa de mais da metade do capital social.

Fonte: Elaborado pelos autores.

Quadro 59 - Cessão de Cotas e Direito de Preferênciana Sociedade Limitada

CESSÃO DE QUOTAS E DIREITO DE PREFERÊNCIA (ART. 1.057, CÓDIGO CIVIL E ART. 1.081, § 2º, CÓDIGO CIVIL)
1. A sociedade possui a liberdade para regular expressamente no contrato social a cessão de cotas, podendo autorizar a liberdade de negociação, restringir a negociação ou regular quórum diverso. 2. A sociedade possui a liberdade para regular expressamente no contrato social a cessão do direito de preferência sobre novas cotas, podendo autorizar a liberdade de negociação, restringir a negociação ou regular quórum diverso. 3. Caso o contrato social não regule expressamente a cessão sobre o direito de cotas, aplica-se a regra regulada pelo art. 1.057, Código Civil: a. Para quem seja sócio não se exige anuência dos demais sócios. b. Para terceiros exige a não oposição de mais de ¼ do capital social.

Fonte: Elaborado pelos autores.

Quadro 60 - Sucessão por Morte e Partilha na Sociedade Limitada

SUCESSÃO POR MORTE E PARTILHA DE BENS NA DISSOLUÇÃO DE UNIÃO ESTÁVEL OU CASAMENTO (ART. 1.057, CÓDIGO CIVIL)
O contrato social pode vedar o ingresso de herdeiros ou meeiros no quadro societário, regulando as regras para o pagamento das cotas de sua titularidade.

Fonte: Elaborado pelos autores.

Quadro 61 - Norma Subsidiária

REGRAS SOBRE NORMA SUBSIDIÁRIA (ART. 1.053, PARÁGRAFO ÚNICO, CÓDIGO CIVIL)
A Lei atribui como norma subsidiária aplicada às sociedades limitadas o capítulo próprio aplicado às sociedades simples. Entretanto, o contrato social pode regular de forma expressa a Lei 6.404/76 como normal supletiva para as hipóteses de omissão do capítulo próprio que regula as sociedades limitadas.

Fonte: Elaborado pelos autores.

Norma subsidiária é aquela aplicada ao tipo societário quando em seu capítulo próprio não há regulação expressa sobre a matéria. Para sua aplicação, exige-se respeito à natureza do tipo societário, no caso sociedade limitada; ou seja, a norma de regência não pode ser aplicada de forma indiscriminada, mas apenas as que não conflitarem com a natureza do tipo societário que regulará de forma suplementar.

Figura 29 - Exemplo de Norma Suplementar na Sociedade Limitada

Exemplo:

Norma de regência Sociedade Simples - Não se aplica a regra regulada pelo art. 997, inciso VIII, Código Civil, pois na sociedade limitada os sócios não respondem com seu patrimônio próprio a partir da integralização do capital social.

Norma de regência Lei 6.404/76 - Não se aplica a regra do art. 1º, pois o capital social da sociedade limitada não é divido em ações, mas cotas sociais, e todos os sócios respondem de forma ilimitada e solidária pela integralização do capital social.

Fonte: Elaborado pelos autores.

Quadro 62 - Regras sobre a Administração na Sociedade Limitada

REGRAS SOBRE ADMINISTRAÇÃO DA SOCIEDADE (ART. 1.015, CÓDIGO CIVIL, ART. 1.060, *CAPUT* E PARÁGRAFO ÚNICO, CÓDIGO CIVIL)
1. A sociedade pode regular expressamente no contrato social os poderes outorgados ao administrador, sócio ou não sócio. 2. Na hipótese de o quadro societário possuir dois ou mais sócios, a sociedade pode distribuir para cada sócio administrador atos de administração específicos. Contudo, pode também atribuir-lhes tão-somente os poderes de administrar, hipótese em que todos estarão autorizados a realizar qualquer ato de administração em nome da sociedade. 3. Os poderes de administração podem ser outorgados em instrumento apartado.

Fonte: Elaborado pelos autores.

Quadro 63 - Conselho Fiscal na Sociedade Limitada

REGRAS SOBRE CONSELHO FISCAL (ART. 1.066, CÓDIGO CIVIL)
1. De acordo com os interesses da sociedade limitada o contrato social pode regular o Conselho Fiscal. 2. Não podem fazer parte do conselho fiscal: I. As pessoas impedidas por lei especial; II. Os condenados à pena que vede, ainda que temporariamente, o acesso a cargos públicos, enquanto perdurarem os efeitos da condenação; III. Os condenados à pena por crime falimentar, de prevaricação, peita ou suborno, concussão, peculato, enquanto perdurarem os efeitos da condenação; IV. Os condenados à pena por crime contra a economia popular, contra o sistema financeiro nacional, contra as normas de defesa da concorrência, contra as relações de consumo, a fé pública ou a propriedade, enquanto perdurarem os efeitos da condenação; V. Os membros dos demais órgãos da sociedade ou de outra por ela controlada; VI. Os empregados de quaisquer delas ou dos respectivos administradores; e VII. O cônjuge ou parente destes até o terceiro grau.

Fonte: Elaborado pelos autores.

Quadro 64 - Deliberação em Assembleia ou Reunião na Sociedade Limitada

FORMA DE DELIBERAÇÃO E MATÉRIA PARA DELIBERAÇÃO (ART. 1.071, CÓDIGO CIVIL, 1.072, *CAPUT* E § 1º, CÓDIGO CIVIL E ART. 1.079, CÓDIGO CIVIL)
1. Para as sociedades limitadas com até 10 sócios, as deliberações podem ser realizadas por reunião, desde que autorizada pelo contrato social. 2. O contrato social pode regular os requisitos formais para a realização da reunião. 3. Respeitadas as matérias indicadas por lei, o contrato social pode regular outras que dependam de deliberação. 4. Respeitados os quóruns previstos em lei, o contrato social pode regular outros que entenda necessário para a deliberação das matérias que regula expressamente. 5. O contrato social pode regular as regras de convocação da assembleia ou reunião atribuídas ao administrador.

Fonte: Elaborado pelos autores.

A diferença entre reunião e assembleia encontra-se, principalmente, na formalidade dos atos para convocação, constituição, realização e aprovação das matérias deliberadas, conforme regra prevista pelo artigo 1.152, § 3º, artigo 1.074, artigo 1.075 e artigo 1.076, todos do Código Civil.

Quadro 65 - Cálculo de Cotas na Hipótese de Dissolução Parcial na Sociedade Limitada

CÁLCULOS DAS COTAS NA HIPÓTESE DE DISSOLUÇÃO PARCIAL DA SOCIEDADE (ART. 1.031, CÓDIGO CIVIL):
1. Na hipótese de dissolução parcial pelo exercício do direito de retirada, morte ou exclusão, o contrato social pode regular regra própria para o cálculo das cotas que serão indenizadas. **Exemplo: cláusula autorizando o pagamento das cotas com base no valor nominal integralizado, independentemente de balanço patrimonial específico.** 2. Não havendo regra expressa, aplica-se o art. 1.031, Código Civil.

Fonte: Elaborado pelos autores.

Quadro 66 - Transformação na Sociedade Limitada

REGRA PARA A TRANSFORMAÇÃO SOCIETÁRIA (ART. 1.114, CÓDIGO CIVIL)
O contrato social pode autorizar a transformação societária sem o consentimento de todos os sócios, regulando quórum diverso.

Fonte: Elaborado pelos autores.

Quadro 67 - Outras causas de dissolução da Sociedade Limitada

OUTRAS CAUSAS DE DISSOLUÇÃO DA SOCIEDADE (ART. 1.035, CÓDIGO CIVIL):
Além das causas de dissolução reguladas pelo art. 1.033, Código Civil, o contrato social tem a liberdade para regular outras de interesse da sociedade.

Fonte: Elaborado pelos autores.

Por não haver obrigatoriedade formal de elaboração das cláusulas facultativas, caso o profissional elabore um contrato social simplificado, contendo apenas cláusulas obrigatórias, não haverá prejuízo para o registro da sociedade limitada.

Entretanto, não se trata apenas de uma simples regra formal, mas da possibilidade de o contrato social verdadeiramente representar uma fonte de direito e obrigações para a sociedade, sócios e terceiros, garantindo a todos regras transparentes e com o mínimo de controvérsia sobre as demandas societárias e empresariais que surgirem a partir do exercício da atividade econômica.

A elaboração de um contrato social completo, contendo cláusulas obrigatórias e não obrigatórias, garante à sociedade um equilíbrio jurídico no exercício da empresa, afastando eventuais divergências de interpretação e decisões subjetivas por falta de regulação contratual.

4.5 SOCIEDADE ANÔNIMA

A sociedade anônima é um tipo societário, por natureza, empresarial, com capital social dividido em ações e responsabilidade dos acionistas limitada ao preço de emissão das ações subscritas ou adquiridas[53], apresentando as seguintes características:

I. Sociedade de Capital:

Por natureza, as sociedades anônimas têm como principal objetivo a captação de investimento para o desenvolvimento do seu objeto, por meio de emissão de ações e/ou outros títulos.

Para José Edwaldo Tavares Borba[54]

> A Associação é, na verdade, de capitais, pois estes é que são fundamentais para a existência e continuidade da sociedade. Esses capitais têm, evidentemente, titulares, mas esses titulares poderão variar constantemente, até diariamente, sem que a sociedade seja em nada afetada.

Para as sociedades anônimas, o objetivo central é aquisição de recursos para a formação do capital social, independente da qualificação pessoal do acionista e o quanto contribuiria pessoalmente para o desenvolvimento do objeto social.

Em que pese a sociedade limitada também apresentar a necessidade econômica e jurídica de constituição do capital social, pois a partir da subscrição e integralização das cotas tem-se a formação do quadro societário[55], neste tipo societário a figura dos sócios é representativa para o exercício da empresa, ou seja, para os sócios a sociedade é muito mais que um investimento.

---

53 CAMPINHO, Sérgio. Curso de Direito Comercial. Sociedade Anônima - 3ª edição revista e atualizada, São Paulo: Saraiva Jur, 2018, p. 30.

54 BORBA, José Edwaldo Tavares. Direito Societário. 11ª edição, São Paulo: Renovar, 2008, p. 158.

55 BRASIL. Lei 10.406/02: art. 981. Celebram contrato de sociedade as pessoas que reciprocamente se obrigam a contribuir, com bens ou serviços, para o exercício de atividade econômica e a partilha, entre si, dos resultados.

As sociedades limitadas possuem *affectio societatis*, princípio básico das sociedades contratuais e de natureza de pessoas, caracterizada na confiança recíproca entre os sócios e no desejo intersubjetivo de se associarem, com o fim de possibilitar o exercício de uma atividade econômica, assumindo o risco dos resultados inerentes à empresa.

Nas sociedades limitadas a *affectio societatis* encontra-se presente, dentre outros dispositivos, na regra de cessão de cotas regulada pelo artigo 1.057[56], Código Civil; no direito de retirada regulado pelo artigo 1.029[57], Código Civil; na regra aplicada ao sócio remisso, regulada pelo artigo 1.004, *caput* e parágrafo único[58], Código Civil, e artigo 1.085[59], Código Civil. Em todas as regras jurídicas citadas o legislador atribui aos sócios a melhor decisão sobre fato societário que exige maior cautela de regulação para a manutenção da confiança recíproca que pauta a relação intersubjetiva necessária para a formação e manutenção do quadro societário.

Na esteira do raciocínio de Natalie Carvalho Witte[60],

> Para efeito de comparação, como a sociedade limitada tem como pilar a *affectio societatis* entre os seus sócios, basta a declaração dos sócios, diretamente no contrato social de quanto cada um disponibilizará (ou disponibilizou) de capital ou bens para compor o capital social da sociedade, independentemente deste

---

56 BRASIL. Lei 10.406/02: art. 1.057. Na omissão do contrato, o sócio pode ceder sua quota, total ou parcialmente, a quem seja sócio, independentemente de audiência dos outros, ou a estranho, se não houver oposição de titulares de mais de um quarto do capital social.

57 BRASIL. Lei 10.406/02: art. 1.029. Além dos casos previstos na lei ou no contrato, qualquer sócio pode retirar-se da sociedade; se de prazo indeterminado, mediante notificação aos demais sócios, com antecedência mínima de sessenta dias; se de prazo determinado, provando judicialmente justa causa.

58 BRASIL. Lei 10.406/02: art. 1.004. Os sócios são obrigados, na forma e prazo previstos, às contribuições estabelecidas no contrato social, e aquele que deixar de fazê-lo, nos trinta dias seguintes ao da notificação pela sociedade, responderá perante esta pelo dano emergente da mora.
Parágrafo único. Verificada a mora, poderá a maioria dos demais sócios preferir, à indenização, a exclusão do sócio remisso, ou reduzir-lhe a quota ao montante já realizado, aplicando-se, em ambos os casos, o disposto no § 1º do art. 1.031.

59 BRASIL. Lei 10.406/02: art. 1.085. Ressalvado o disposto no art. 1.030, quando a maioria dos sócios, representativa de mais da metade do capital social, entender que um ou mais sócios estão pondo em risco a continuidade da empresa, em virtude de atos de inegável gravidade, poderá excluí-los da sociedade, mediante alteração do contrato social, desde que prevista neste a exclusão por justa causa.

60 WITTE, Natalie Carvalho. Direito das Startups. In: JÚDICE, Lucas Pimenta (Coord.). Volume II. Curitiba: Juruá Editora, 2017. p. 73.

> dinheiro já ter sido depositado ou não conta bancária da pessoa jurídica, a chamada "integralização".

Diferente das sociedades anônimas que

> é exigida a comprovação da integralização de no mínimo 10% (dez por cento) do capital social declarado pelos acionistas, em moeda corrente, mediante o seu depósito em uma instituição bancária definida pelo poder público, e a descrição da forma e prazo de integralização do saldo no boletim de subscrição de cada um dos acionistas. (WITTE, 2017, p. 74)[61]

Em regra, as sociedades anônimas detêm a natureza de capital, pautando-se na busca do investimento como o meio mais eficaz para o exercício da empresa e a consequente produção do resultado a ser distribuído entre os acionistas.

Contudo, é comum no cenário empresarial o exercício da empresa por sociedade anônima fechada constituída *cum intuitu personae*, ou seja, pautada na *affectio societatis*. São exemplos as sociedades anônimas fechadas de cunho familiar, cujos títulos circulam de forma particular e nos limites das pessoas que pertencem ao grupo familiar que forma o quadro societário[62].

II. Capital Divido em Ações:

O capital social das sociedades anônimas é dividido em ações cuja característica principal traduz-se na liberdade de circulação (cessão onerosa ou gratuita) que as quotas sociais não possuem.

> A ação constitui um título de participação no capital social da sociedade anônima emissora, que confere ao seu titular o *status socii*, ou seja, o direito de participar da sociedade, como acionista. Representa os direitos e as obrigações que o acionista adquire, na qualidade de sócio da companhia, em função de sua participação

61 WITTE, Natalie Carvalho. Direito das Startups. In: JÚDICE, Lucas Pimenta (Coord.). Volume II. Curitiba: Juruá Editora, 2017

62 CAMPINHO, Sérgio. Curso de Direito Comercial. Sociedade Anônima - 3ª edição revista e atualizada, São Paulo: Saraiva Jur, 2018, p. 56.

> no capital social (EIZIRIK; GAAL; PARENTE; HENRIQUES, 2008, p. 57)[63]

Por ser um título representativo do capital social, que atribui ao investidor a natureza de acionista, a ação garante ao seu titular os seguintes direitos essenciais: i) participar nos lucros sociais; ii) participar do acervo da companhia, em caso de liquidação; iii) fiscalizar, na forma prevista na Lei 6.404/76, a gestão dos negócios sociais; iv) exercer o direito de preferência para subscrição de ações, parte beneficiárias conversíveis em ações, debêntures conversíveis em ações e bônus de subscrição.

As ações detêm liberdade de circulação – alienação – tanto nas sociedades anônimas fechadas quanto nas sociedades anônimas abertas.

Nas sociedades anônimas abertas, as ações só podem ser negociadas após integralização de valor correspondente a 30% do preço de emissão, sendo a única condição para a circulação do título[64]. Após a realização mínima do capital social, o subscritor passa a ter plena liberdade para negociar as ações de sua titularidade, incluindo as não integralizadas. Entretanto, ao negociar ações ainda não integralizadas, o acionista passa a ser responsável solidário pela obrigação de integralizar transferida ao adquirente[65].

Com relação às sociedades anônimas fechadas, o estatuto da companhia pode impor limitações à circulação das ações nominativas, desde que as regras sejam transparentes e a limitação do direito seja regulada de forma minuciosa, sendo proibida a supressão do direito à circulação da ação, bem como a sujeição do acionista ao arbítrio dos órgãos da administração ou do bloco de controle[66].

Por força das características dos tipos societários, em especial ao fato das sociedades contratuais pautarem-se pela *affectio societatis*, nas sociedades limitadas as quotas sociais, em regra, não possuem livre

63 EIZIRIK, Nelson; GAAL, Ariádna B.; PARENTE, Flávia; HENRIQUES, Marcus de Freitas. Mercado de Capitais - regime jurídico. 2. Ed. Revisada e atualizada - Rio de Janeiro: Renovar. 2008.

64 BRASIL. Lei 6.404/76: art. 29. As ações da companhia aberta somente poderão ser negociadas depois de realizados 30% (trinta por cento) do preço de emissão.

65 BRASIL. Lei 6.404/76: art. 108. Ainda quando negociadas as ações, os alienantes continuarão responsáveis, solidariamente com os adquirentes, pelo pagamento das prestações que faltarem para integralizar as ações transferidas.

66 BRASIL. Lei 6.404/76: art. 36. estatuto da companhia fechada pode impor limitações à circulação das ações nominativas, contanto que regule minuciosamente tais limitações e não impeça a negociação, nem sujeite o acionista ao arbítrio dos órgãos de administração da companhia ou da maioria dos acionistas.

negociabilidade. Em que pese ninguém estar obrigado a se manter sócio, neste tipo societário o contrato social detém a liberdade para regular as regras de alienação das participações societárias, podendo, inclusive, proibir a cessão, onerosa ou gratuita, a quem não pertencer ao quadro social da sociedade.

Na hipótese de o contrato social não regular as regras de alienação das cotas sociais, às sociedades limitadas aplica-se a regra regulada pelo artigo 1.057, Código Civil, cuja redação não deixa margem para dúvidas quanto à proteção legislativa à *affectio societatis*, já que exige quórum qualificado como condição para a cessão das cotas para terceiros, em percentual correspondente a 75% do capital social[67].

O sócio da sociedade limitada que não lograr êxito no quórum exigido pela Lei ou pelo contrato social para a alienação das cotas de sua titularidade para terceiros, e não havendo interesse de negociar com o remanescente, pode exercer o direito de retirada, que para a sociedade de pessoas não se exige autorização legal, sendo um direito potestativo exercido a qualquer tempo[68].

Em razão da natureza de capital, nas sociedades anônimas o direito de retirada não possui a mesma liberdade atribuída pelo Código Civil. Ao revés, nas sociedades anônimas o direito de retirada só pode ser exercido nas hipóteses previstas pela Lei 6.404/76, dentre elas: artigo 137; artigo 221; artigo 136-A; artigo 223, §§ 3º e 4º; artigo 252, §§ 1º e 2º; e artigo 256, § 2º.

Observa-se que o direito de retirada nas sociedades anônimas é restrito às hipóteses previstas em lei, pois, em razão da natureza de capital e do princípio da livre negociabilidade acionária, o titular de uma ação possui o direito irrenunciável de negociar a participação societária de sua titularidade com acionistas ou terceiros.

67 BRASIL. Lei 10.406/02: art. 1.057. Na omissão do contrato, o sócio pode ceder sua quota, total ou parcialmente, a quem seja sócio, independentemente de audiência dos outros, ou a estranho, se não houver oposição de titulares de mais de um quarto do capital social.

68 BRASIL. Lei 10.406/02: art. 1.029. Além dos casos previstos na lei ou no contrato, qualquer sócio pode retirar-se da sociedade; se de prazo indeterminado, mediante notificação aos demais sócios, com antecedência mínima de sessenta dias; se de prazo determinado, provando judicialmente justa causa.

III. Natureza Empresarial:

As sociedades anônimas exercem típica atividade econômica empresarial. Independente da natureza do objeto escolhido para o exercício da empresa, a partir do registro, a companhia detém natureza empresarial[69].

> A adoção da forma anônima imprime cunho empresarial à sociedade, qualquer que seja o seu objeto de exploração econômica ou fim lucrativo. A sociedade anônima é sociedade da espécie empresária pela forma, independente do tipo de atividade econômica em que se constitui o seu objeto. (CAMPINHO, 2018, p. 8/9)[70]

A sociedade anônima também difere da sociedade limitada neste ponto, já que esta pode ser constituída para o exercício de uma atividade econômica de natureza não empresarial (atividade intelectual artística, científica ou literária; ou atividade rural). Assim, não necessariamente uma sociedade limitada possui a natureza empresarial, pois, a depender de seu objeto, pode possuir natureza não empresarial. Diferente das sociedades anônimas que, independente do objeto, sempre exercerá uma atividade empresarial.

A análise quanto à natureza da atividade econômica é importante para a aplicação do direito cabível, pois, sendo de natureza empresarial, tal qual a sociedade anônima, aplica-se a legislação empresarial (Exemplo: Lei 11.101/05 – Lei de Falências, Recuperação Judicial e Recuperação Extrajudicial); sendo de natureza não empresarial, aplica-se a legislação de natureza civil.

IV. Responsabilidade Limitada dos Acionistas:

Assim como nas sociedades limitadas, a responsabilidade das pessoas que pertencem ao quadro societário de uma sociedade anônima é limitada. Contudo, diferente da regra jurídica aplicada pelo Código Civil, nas sociedades anônimas os acionistas não respondem pela obrigação assumida pelos demais subscritores.

---

69 BRASIL. Lei 6.404/76: art. 2º. Pode ser objeto da companhia qualquer empresa de fim lucrativo, não contrário à lei, à ordem pública e aos bons costumes

70 CAMPINHO, Sérgio. Curso de Direito Comercial. Sociedade Anônima - 15ª edição revista e atualizada, São Paulo: Saraiva Jur, 2018.

Na sociedade limitada os sócios respondem de forma limitada, porém, todos respondem de forma solidária e ilimitada, perante terceiros, pela integralização do capital social.

As sociedades limitadas pautam-se pela *affectio societatis*, caracterizada pela confiança recíproca e intersubjetiva entre os sócios. Desta forma, a partir do momento que os sócios subscrevem suas respectivas participações societárias, todos têm plena ciência de que responderão pela integralização do capital social de responsabilidade dos demais sócios. Assim, a eficácia integral da responsabilidade limitada dos sócios neste tipo societário está condicionada à integralização do capital social. Na hipótese de qualquer sócio deixar de cumprir a subscrição, todos respondem pela cota parte não integralizada[71].

Nas sociedades anônimas não há responsabilidade pela integralização do capital social[72]. Neste tipo societário, o acionista responde de forma limitada a partir da subscrição, ou seja, ao subscrever determinado número de ações detém plena ciência de que será responsável apenas pelo preço de emissão das ações subscritas ou adquiridas.

O acionista não responde pela mora de outro acionista, mas apenas pelas consequências da não integralização das ações de sua responsabilidade. Caso um ou mais subscritor deixe de cumprir a subscrição, a legislação atribui às sociedades anônimas meios para constituir o capital social, sem, todavia, responsabilizar os demais acionistas[73].

---

71 BRASIL. Lei 10.406/02: art. 1.052. Na sociedade limitada, a responsabilidade de cada sócio é restrita ao valor de suas quotas, mas todos respondem solidariamente pela integralização do capital social.

72 BRASIL. Lei 6.404/76: art. 1º. A companhia ou sociedade anônima terá o capital dividido em ações, e a responsabilidade dos sócios ou acionistas será limitada ao preço de emissão das ações subscritas ou adquiridas.

73 BRASIL. Lei 6.404/76: art. 107. Verificada a mora do acionista, a companhia pode, à sua escolha:
- promover contra o acionista, e os que com ele forem solidariamente responsáveis (artigo 108), processo de execução para cobrar as importâncias devidas, servindo o boletim de subscrição e o aviso de chamada como título extrajudicial nos termos do Código de Processo Civil; ou
- mandar vender as ações em bolsa de valores, por conta e risco do acionista.
§ 1º Será havida como não escrita, relativamente à companhia, qualquer estipulação do estatuto ou do boletim de subscrição que exclua ou limite o exercício da opção prevista neste artigo, mas o subscritor de boa-fé terá ação, contra os responsáveis pela estipulação, para haver perdas e danos sofridos, sem prejuízo da responsabilidade penal que no caso couber. § 2º A venda será feita em leilão especial na bolsa de valores do lugar da sede social, ou, se não houver, na mais próxima, depois de publicado aviso, por 3 (três) vezes, com antecedência mínima de 3 (três) dias. Do produto da venda serão deduzidas as despesas com a operação e, se previstos no estatuto, os juros, correção monetária e multa, ficando o saldo

4.5.1 As Principais Diferenças entre Companhia Aberta e Companhia Fechada

Diferente das sociedades limitadas, a legislação que regula a sociedade anônima divide-a em dois tipos: sociedade anônima aberta e sociedade anônima fechada. A análise quanto ao tipo a ser escolhido para o exercício da empresa parte da necessidade de investimento que a companhia necessitará para desenvolver a atividade econômica, bem como da potencialidade do objeto para despertar interesse de terceiros para investir em seu capital social.

As companhias aberta e fechada possuem características diferentes, sendo reguladas por regras próprias, em que pese haver normas comuns aplicadas aos tipos de sociedade anônima.

Por companhia aberta, entende-se a sociedade anônima que possui registro na Comissão de Valores Mobiliários (CVM) para negociar seus títulos (ações, debêntures e outros) junto à bolsa de valores e ao marcado de balcão, organizado e não organizado. O registro na CVM detém natureza constitutiva, pois, constitui-se no ato jurídico necessário para a instituição de uma sociedade anônima aberta[74] [75] [76].

à disposição do ex-acionista, na sede da sociedade. § 3º É facultado à companhia, mesmo após iniciada a cobrança judicial, mandar vender a ação em bolsa de valores; a companhia poderá também promover a cobrança judicial se as ações oferecidas em bolsa não encontrarem tomador, ou se o preço apurado não bastar para pagar os débitos do acionista. § 4º Se a companhia não conseguir, por qualquer dos meios previstos neste artigo, a integralização das ações, poderá declará-las caducas e fazer suas as entradas realizadas, integralizando-as com lucros ou reservas, exceto a legal; se não tiver lucros e reservas suficientes, terá o prazo de 1 (um) ano para colocar as ações caídas em comisso, findo o qual, não tendo sido encontrado comprador, a assembleia-geral deliberará sobre a redução do capital em importância correspondente.

74 BRASIL. Lei 6.404/76: art. 4º. Para os efeitos desta Lei, a companhia é aberta ou fechada conforme os valores mobiliários de sua emissão estejam ou não admitidos à negociação no mercado de valores mobiliários.

75 BRASIL. Lei 6.385/76: art. 22 - Considera-se aberta a companhia cujos valores mobiliários estejam admitidos à negociação na bolsa ou no mercado de balcão

76 BRASIL. Lei 6.404/76: art. 82 - A constituição de companhia por subscrição pública depende do prévio registro da emissão na Comissão de Valores Mobiliários, e a subscrição somente poderá ser efetuada com a intermediação de instituição financeira.

A partir da aquisição da natureza de companhia aberta, a sociedade sujeita-se não só a Lei 6.404/76, mas também à Lei 6.385/76 e às Instruções Normativas atribuídas pela legislação à CVM[77].

> Resumidamente, poder-se-ia afirmar que a companhia aberta se encontra sujeita a normas mais rígidas, a publicidade mais acentuada e a constante fiscalização da Comissão de Valores Mobiliários – CVM (BORBA, 2008, p. 163)[78]

Já a sociedade anônima fechada, por exclusão, é aquela não negocia seus títulos pelo mercado de valor mobiliário, não estando sujeita às atribuições legais da Comissão de Valores Mobiliários.

Por títulos, entende-se os "papéis" emitidos pela companhia fechada para a captação de investimento. Por não realizar captação pública de recursos, a sociedade anônima fechada negocia suas ações, debêntures, partes beneficiárias, bônus de subscrição em âmbito particular.

Assim, a sociedade anônima fechada não se submete à Lei 6.385/76, nem tampouco às instruções normativas editadas pela CVM, sendo regulada pela Lei 6.404/76, com atenção às normas que lhe são próprias e às regras comuns aos dois tipos de sociedade anônima.

---

77 BRASIL. Lei 6.385/76: art. 22, § 1º - Compete à Comissão de Valores Mobiliários expedir normas aplicáveis às companhias abertas sobre:
I - a natureza das informações que devam divulgar e a periodicidade da divulgação;
II - relatório da administração e demonstrações financeiras;
III - a compra de ações emitidas pela própria companhia e a alienação das ações em tesouraria;
IV - padrões de contabilidade, relatórios e pareceres de auditores independentes;
V - informações que devam ser prestadas por administradores, membros do conselho fiscal, acionistas controladores e minoritários, relativas à compra, permuta ou venda de valores mobiliários emitidos pela companhia e por sociedades controladas ou controladoras;
VI - a divulgação de deliberações da assembleia-geral e dos órgãos de administração da companhia, ou de fatos relevantes ocorridos nos seus negócios, que possam influir, de modo ponderável, na decisão dos investidores do mercado, de vender ou comprar valores mobiliários emitidos pela companhia;
VII- a realização, pelas companhias abertas com ações admitidas à negociação em bolsa ou no mercado de balcão organizado, de reuniões anuais com seus acionistas e agentes do mercado de valores mobiliários, no local de maior negociação dos títulos da companhia no ano anterior, para a divulgação de informações quanto à respectiva situação econômico-financeira, projeções de resultados e resposta aos esclarecimentos que lhes forem solicitados;
VII- as demais matérias previstas em lei.

78 BORBA, José Edwaldo Tavares. Direito Societário. 11ª edição, São Paulo: Renovar, 2008.

Por força das particularidades apresentadas pelas sociedades anônimas aberta e fechada, nem toda regra jurídica é comum aos dois tipos de sociedade anônima, existindo aquela aplicável apenas à Cia. aberta e outras aplicáveis tão-somente à companhia fechada, podendo exemplificar:

Quadro 68 - Diferenças entre Companhia Aberta e Companhia Fechada

Companhia Aberta	Companhia Fechada
Exigência de Autorização da CVM para captação pública de recursos, por meio de valores mobiliários. (bolsa de valores e mercado de balcão). Artigo 82, Lei 6.404/76	Captação privada de recursos. Artigo 88, Lei 6.404/76.
Negociabilidade de ações condicionada à integralização de pelo menos 30% do preço de emissão. Artigos 29 e 108, Lei 6.404/76	O estatuto pode regular regras de circulação (negociação) das ações, sem suprimir o direito dos acionistas. Artigo 36, Lei 6.404/76
Não pode emitir Partes Beneficiárias. Artigo 47, parágrafo único, Lei 6.404/76.	Pode emitir Partes Beneficiárias. Artigo 46 e 47, parágrafo único, Lei 6.404/76.
Constituição complexa da CIA. Artigo 80 ao artigo 87 e artigo 89 ao artigo 99, Lei 6.404/76.	Constituição mais simplificada da CIA. Artigo 88 e artigo 89 ao artigo 99, Lei 6.404/76.
Constituição do Conselho de Administração obrigatória. Artigo 138, § 2º, Lei 6.404/76	Conselho de Administração facultativo. Artigo 138, § 2º, Lei 6.404/76.

Fonte: Elaborado pelos autores.

4.5.1.1 Sociedade Anônima de Futebol - SAF

A Lei 14.193/2021 disciplina a sociedade anônima do futebol, pessoa jurídica com objeto específico, sujeita subsidiariamente à Lei 6.404/76 (Lei das Sociedades Anônimas) e à Lei 9.615/1998 (Lei sobre o Desporto no Brasil).

A sociedade anônima do futebol pode ser constituída das seguintes formas jurídicas:

I. Pela transformação do clube ou pessoa jurídica original em Sociedade Anônima do Futebol;
II. Pela cisão do departamento de futebol do clube ou pessoa jurídica original e transferência do seu patrimônio relacionado à atividade futebol;
III. Pela iniciativa de pessoa natural ou jurídica ou de fundo de investimento.

Seja qual a forma de constituição da sociedade, a Sociedade Anônima do Futebol obrigatoriamente terá que possuir, no mínimo, dois acionistas subscrevendo a totalidade das ações em que se divide o capital social.

O capital social poderá ser composto por ações ordinárias e ações preferenciais, estas limitadas a 50% do total das ações emitidas pela sociedade. A "SAF" obrigatoriamente emitirá ações ordinárias da classe A para subscrição exclusiva pelo clube ou pessoa jurídica original que a constituiu, em percentual não inferior a 10% (dez por cento) do capital votante ou do capital social total.

O capital mínimo de titularidade do clube ou pessoa jurídica original que constituiu a "SAF", garante o voto afirmativo em assembleia geral sobre os seguintes temas: i) alienação, oneração, cessão, conferência, doação ou disposição de qualquer bem imobiliário ou de direito de propriedade intelectual conferido pelo clube ou pessoa jurídica original para formação do capital social; ii) qualquer ato de reorganização societária ou empresarial, como fusão, cisão, incorporação de ações, incorporação de outra sociedade ou trespasse; iii) dissolução, liquidação e extinção; e iv) participação em competição desportiva sobre a qual dispõe o art. 20 da Lei nº 9.615, de 24 de março de 1998.

A forma de constituição da sociedade anônima do futebol dependerá da sua natureza, ou seja, se companhia aberta ou companhia fechada. Aplica-se à constituição da Sociedade Anônima do Futebol as regras jurídicas trabalhadas nos itens anteriores, 4.5.2 e 4.5.3.

A denominação da sociedade deverá conter a expressão "Sociedade Anônima do Futebol" ou a abreviatura "SAF", no início, meio ou no fim do nome empresarial, de acordo com a regra subsidiária regulada pelo art. 3º, da Lei 6.404/76. Ao nome empresarial da Sociedade Anônima do Futebol não pode ser acrescida a expressão companhia ou a abreviatura "CIA".

O objeto societário da SAF está diretamente ligado à realização do futebol profissional, feminino e masculino, compreendendo as seguintes atividades econômicas:

I. O fomento e o desenvolvimento de atividades relacionadas com a prática do futebol, obrigatoriamente nas suas modalidades feminino e masculino;
II. A formação de atleta profissional de futebol, nas modalidades feminino e masculino, e a obtenção de receitas decorrentes da transação dos seus direitos desportivos;
III. A exploração, sob qualquer forma, dos direitos de propriedade intelectual de sua titularidade ou dos quais seja cessionária, incluídos os cedidos pelo clube ou pessoa jurídica original que a constituiu;
IV. A exploração de direitos de propriedade intelectual de terceiros, relacionados ao futebol;
V. A exploração econômica de ativos, inclusive imobiliários, sobre os quais detenha direitos;
VI. Quaisquer outras atividades conexas ao futebol e ao patrimônio da Sociedade Anônima do Futebol, incluída a organização de espetáculos esportivos, sociais ou culturais;
VII. A participação em outra sociedade, como sócio ou acionista, no território nacional, cujo objeto seja uma ou mais das atividades mencionadas nos incisos deste parágrafo, com exceção do inciso II.

Ponto importante na Lei 14.193/2021 são as regras expressas que visam evitar conflitos de interesses entre participantes do capital social em mais de uma Sociedade Anônima do Futebol. Pelo fato de o futebol profissional despertar múltiplos interesses econômicos, que envolve a transmissão, os patrocinadores das emissoras, os patrocinadores da "SAF", atividades de apostas desportivas, FIFA, confederações, federações, jogadores, profissionais do futebol, o legislador entendeu por bem regular condições para a participação no capital social ou na administração em mais de uma "SAF".

Assim, o acionista controlador, individual ou por meio de acordo de acionista, não poderá deter participação, direta ou indiretamente, no capital social de outra Sociedade Anônima do Futebol, nem tampouco participar da sua administração.

O acionista minoritário, aquele que não possui poder de controle, também sofre restrições em seu direito à livre iniciativa de participar de outra "SAF". Dessa forma, na hipótese de o acionista minoritário, titular de 10% (dez por cento) ou mais do capital votante ou do total da Sociedade Anônima do Futebol, a lei autoriza a titularidade de ações em outra "SAF", sem, contudo, possuir o direito de participar ou votar nas assembleias gerais e/ou participar da administração das companhias, diretamente ou por pessoa por ele indicada.

4.5.2 Constituição por Subscrição Particular (Companhia Fechada)

A constituição da cia. fechada é mais simples, se comparada à companhia aberta, pois, por não haver captação pública de recursos, os atos restringem-se aos praticados pelos acionistas.

Para a constituição de uma sociedade anônima fechada a legislação exige os seguintes requisitos preliminares:

1. Subscrição, pelo menos por duas pessoas, de todas as ações em que se divide o capital social fixado no estatuto.
2. Realização, como entrada de 10% (dez por cento), no mínimo, do preço de emissão das ações subscritas em dinheiro.
3. Depósito da entrada em qualquer instituição financeira.

O depósito de entrada será realizado pelos fundadores em até 05 (cinco) dias contados da data do recebimento dos valores pelos subscritores; a garantia do capital social será depositada em nome dos subscritores e em favor da sociedade em constituição. Adquirida personalidade jurídica, o montante será transferido para conta corrente de titularidade da sociedade anônima constituída.

Na hipótese de a sociedade não se constituir em até 06 (seis) meses, a contar da data do depósito, o banco restituirá o valor, devidamente aos subscritores, devidamente atualizado.

Após os requisitos preliminares, a constituição da sociedade anônima fechada será realizada por meio de assembleia geral ou por escritura pública, sendo considerado como fundadores todos os acionistas.

Caso a constituição da sociedade anônima fechada seja realizada por assembleia geral, os fundadores:

1. Deliberarão e votarão sobre a avaliação dos bens, se for o caso (artigo 8º, Lei 6.404/76).
2. Deliberarão e votarão a constituição da sociedade.
3. Realizarão a leitura do recibo de depósito de que trata o inciso III, artigo 80, Lei 6.404/76.
4. Deliberarão e votarão o Projeto de Estatuto. Qualquer alteração só poderá ser realizada mediante votação unanime dos subscritores.
5. Deliberarão e votarão sobre dos primeiros administradores e fiscais.

A assembleia respeitará os seguintes quóruns:

1. Cada ação, independente da espécie ou classe, dá direito a um voto.
2. Instalação: em primeira convocação, com a presença de subscritores que representem, no mínimo, metade do capital social; e, em segunda convocação, com qualquer número.
3. Quórum de aprovação: metade do capital social.

Na hipótese de a sociedade anônima fechada constituir-se por meio de escritura pública, o documento, lavrado por tabelião público e assinado por todos os acionistas, conterá:

1. Qualificação dos subscritores.
2. O estatuto da companhia.
3. A relação das ações tomadas pelos subscritores e a importância das entradas pagas.
4. Transcrição do recibo do depósito das entradas.
5. Transcrição do laudo de avaliação dos peritos, na hipótese de subscrição do capital em bens.

6. Nomeação dos primeiros administradores e, quando for o caso, dos fiscais.

Diferente das sociedades contratuais, as sociedades anônimas não podem exercer a empresa sem registro na junta comercial. Assim, procedidos os atos de constituição, os primeiros administradores serão os responsáveis pelo arquivamento dos atos constitutivos que, após deferimento, concederá personalidade jurídica à companhia em constituição, constituindo-a em uma sociedade anônima.

Na hipótese de constituição da companhia fechada por assembleia, deverão ser arquivados na junta comercial os seguintes documentos[79]:

1. Um exemplar do estatuto social, assinado por todos os subscritores.
2. A relação completa, autenticada pelos fundadores ou pelo presidente da assembleia, dos subscritores do capital social, com a qualificação, número das ações e o total da entrada de cada subscritor.
3. O recibo do depósito de entrada mínima de 10% do preço de emissão das ações exigida pelo inciso III, artigo 80, Lei 6.404/76.
4. Duplicata das atas das assembleias realizadas para a avaliação de bens quando for o caso.
5. Duplicata da ata da assembleia-geral dos subscritores que tiverem deliberado a constituição da companhia.

Agora, caso a companhia fechada seja constituída por escritura pública, basta o arquivamento da certidão do instrumento de constituição na junta comercial.

Deferido o arquivamento dos atos constitutivos, os administradores providenciarão, nos 30 dias subsequentes, a publicação, em órgão oficial do local da sede, dos documentos de constituição da companhia e da certidão de arquivamento na junta comercial. Após averbarão cópia da publicação na junta comercial[80].

79 BRASIL. Lei 6.404/76: art. 95.
80 BRASIL. Lei 6.404/76: art. 98.

Na hipótese de o arquivamento ser negado pela junta comercial, por inobservância de prescrição ou irregularidade na constituição da companhia, incluindo do estatuto, os primeiros administradores convocarão assembleia para deliberar sobre os vícios e irregularidades, respeitadas as regras previstas pelo artigo 87, Lei 6.404/76[81].

4.5.3 Constituição por Subscrição Pública (Companhia Aberta)

A constituição de uma companhia aberta realiza-se pela modalidade sucessiva, ou seja, através dos seguintes atos complexos:

1. Requisitos Preliminares – artigo 80, incisos I a III, e artigo 81, Lei 6.404/76.
2. Contratação de uma instituição Financeira registrada na CVM – artigo 82, Lei 6.404/76.
3. Elaboração do prospecto, estudo de viabilidade econômica e projeto de estatuto – artigo 82, § 1º, alíneas "a", "b" e "c", Lei 6.404/76.
4. Registro na Comissão de Valores Mobiliários (CVM) – artigo 82, Lei 6.404/76, artigo 19, Lei 6.385/76, e Instrução Normativa nº 202/1993, CVM.
5. Subscrição pública das ações: subscrição integral do capital social.
6. Assembleia de constituição para deliberar sobre a constituição da companhia e promover a avaliação dos bens oferecidos à integralização de parte do capital social.
7. Formalidades complementares: registro na junta comercial e transferência dos bens em cumprimento à subscrição do capital social (integralização).

A companhia só existirá para o mundo do direito após o seu arquivamento na junta comercial. O descumprimento de qualquer ato exigido pela Lei 6.404/76 encerra a constituição da sociedade anônima. Até o arquivamento dos atos constitutivos no Registro Público Mercantil – Junta Comercial – a companhia será considerada uma sociedade anônima em constituição.

81 BRASIL. Lei 6.404/76: art. 97, § 1º.

4.5.3.1 Requisitos Preliminares para a Constituição de Companhia Aberta

Para a constituição de uma sociedade anônima aberta, a legislação exige os seguintes requisitos preliminares:

1. Subscrição, por pelo menos três pessoas, de todas as ações em que se divide o capital social fixado no estatuto.
2. Realização como entrada, de 10% (dez por cento), no mínimo, do preço de emissão das ações subscritas em dinheiro.
3. Depósito da entrada em qualquer instituição financeira autorizada pela CVM.

A subscrição inicial é realizada pelos fundadores e não atingirá a totalidade do capital social, pois há o interesse societário, por força da capacidade econômica do empreendimento, da formação do capital social por subscrição pública. Assim, na fase preliminar, o capital social de uma companhia aberta em constituição será subscrito parcialmente por seus fundadores, em número não inferior a três pessoas, por força da obrigatoriedade de a sociedade anônima aberta possuir conselho de administração[82].

O depósito de entrada será realizado pelos fundadores em até 05 (cinco) dias contados da data do recebimento dos valores pelos subscritores; a garantia do capital social será depositada em nome dos subscritores e em favor da sociedade em constituição. Adquirida personalidade jurídica, o montante será transferido para conta corrente de titularidade da sociedade anônima constituída.

Na hipótese de a sociedade não se constituir em até 06 (seis) meses a contar da data do depósito, o banco restituirá os valores diretamente aos subscritores.

82 BRASIL. Lei 6.404/76: art. 138, § 2º: Art. 138. A administração da companhia competirá, conforme dispuser o estatuto, ao conselho de administração e à diretoria, ou somente à diretoria. § 1º O conselho de administração é órgão de deliberação colegiada, sendo a representação da companhia privativa dos diretores. § 2º As companhias abertas e as de capital autorizado terão, obrigatoriamente, conselho de administração.

4.5.3.2 Registro na Comissão de Valores Mobiliários (CVM)

A sociedade anônima aberta em constituição tem como escopo a formação do capital social por subscrição pública, ou seja, por meio de captação pública de recursos, o que, por força do interesse público, exige-se autorização da Comissão de Valores Mobiliário (CVM) para negociar seus títulos junto ao mercado de valor mobiliário[83] [84].

A CVM é uma autarquia federal com atribuição de autorizar, normatizar e fiscalizar as relações jurídicas realizadas junto ao mercado de valor mobiliário.

Para a realização do pedido de registro junto à CVM, os fundadores terão que cumprir as seguintes regras legais:

1. Contratar uma instituição financeira (autorizada pela CVM) para intermediar a subscrição das ações no mercado de valor mobiliário.
2. Instruir o pedido com o estudo de viabilidade econômica, projeto de estatuto e prospecto.
3. Requerer registro na CVM e autorização para subscrição pública de ações.

A contratação da instituição financeira intermediária cabe exclusivamente aos fundadores, exigindo-se apenas que tenha autorização da CVM para intermediar a subscrição de ações no mercado de valor mobiliário. Assim, contrata-se aquela com mais poder de negociação, que proponha o melhor preço pela prestação de serviço, que detenha a confiança dos fundadores e subscritores, bem como credibilidade no mercado. Trata-se de uma relação de fidúcia entre os fundadores e a instituição financeira.

O estudo de viabilidade econômica e financeira do empreendimento é obrigatório na oferta que tenha por objeto a constituição da emissora; que a emissora esteja em fase pré-operacional; ou quando

83 BRASIL. Lei 6.404/76: art. 82. A constituição de companhia por subscrição pública depende do prévio registro da emissão na Comissão de Valores Mobiliários, e a subscrição somente poderá ser efetuada com a intermediação de instituição financeira.

84 BRASIL. Lei 6.385/76: art. 19. Nenhuma emissão pública de valores mobiliários será distribuída no mercado sem prévio registro na Comissão.

os recursos captados na oferta sejam preponderantemente destinados a investimentos em atividades ainda não desenvolvidas pela emissora[85].

Já o prospecto, é um documento formal com função informativa e necessário para o pedido de registro à Comissão de Valores Mobiliários, em que a companhia em constituição divulgará a estrutura societária, bem como esclarecerá, fundamentalmente, aos investidores, os aspectos técnicos do empreendimento[86], a expectativa do negócio e os riscos que o empreendimento oferece. (CAMPINHO, 2015, p. 114). Para tanto, deverá mencionar com clareza e precisão[87]:

1. As bases da companhia e os motivos que justifiquem a expectativa de bom êxito do empreendimento, e em especial; o valor do capital social a ser subscrito; ii) o modo de sua realização, iii) e a existência ou não de autorização para aumento futuro.
2. A parte do capital a ser formada com bens, a discriminação desses bens e o valor a eles atribuídos pelos fundadores.
3. O número, as espécies e classes de ações em que se dividirá o capital, o valor nominal das ações, e o preço da emissão das ações.
4. A importância que será integralizada no ato da subscrição.
5. As obrigações assumidas pelos fundadores, os contratos assinados no interesse da futura companhia e as quantias já despendidas e por despender; as vantagens particulares, a que terão direito os fundadores ou terceiros, e o dispositivo do projeto do estatuto que as regula.
6. A autorização governamental para constituir a companhia, caso necessária.
7. As datas de início e término da subscrição e as instituições autorizadas a receber as entradas.
8. A solução prevista para o caso de excesso de subscrição.
9. O prazo dentro do qual deverá realizar-se a assembleia de constituição da companhia, ou a preliminar para avaliação dos bens, se for o caso.
10. O nome, nacionalidade, estado civil, profissão e residência dos fundadores, ou, se pessoa jurídica, a firma ou

85 BRASIL. Art. 32, IN 400/03, CVM.

86 CAMPINHO, Sérgio. Curso de Sociedade Anônima. Rio de Janeiro: Renovar, 2015.

87 BRASIL. Lei 6.404/76, art. 84.

denominação, nacionalidade e sede, bem como o número e espécie de ações que cada um houver subscrito.

11. A instituição financeira intermediária do lançamento, em cujo poder ficarão depositados os originais do prospecto e do projeto de estatuto, com os documentos a que fizerem menção, para exame de qualquer interessado.

O prospecto será organizado e assinado pelos fundadores e pela instituição financeira contratada como intermediária para a distribuição das ações no mercado de valor mobiliário.

O projeto de estatuto corresponderá à disciplina interna que a companhia adotará em seu funcionamento, definindo sua estrutura societária e jurídica, bem como a relação entre sociedade e acionistas. Não detém a natureza contratual, mas institucional, contendo cláusulas obrigatórias e facultativas.

Para Sérgio Campinho

> Comumente vem apelidado de lei interna da companhia, pois irá disciplinar o seu funcionamento e a sua estrutura (regras institucionais), além das relações entre os acionistas e entre eles e a própria sociedade. Mas deverá sempre estar conformado com a lei formal e seus regulamentos. Assim é que não privar os acionistas do gozo de direitos que são por lei assegurados, como o de participar dos lucros e do acervo da companhia em caso de liquidação (artigo 109), por exemplo. Outrossim, não lhe é permitido alterar disposições legais cogentes, tais como aquelas que disciplinam as competências privativas dos órgãos sociais. (CAMPINHO, 2015, p. 114)[88]

A estrutura formal do estatuto social das sociedades anônimas será abordada no item 4.5.4, ao qual remetemos o leitor.

Assim, elaborado o estudo de viabilidade econômica e financeira, o prospecto e o projeto de estatuto, a companhia em constituição procederá com o pedido de registro e subscrição pública de ações na Comissão de Valores Mobiliários.

88 CAMPINHO, Sérgio. Curso de Sociedade Anônima. Rio de Janeiro: Renovar, 2015.

Para o registro e autorização de subscrição pública no mercado primário, a sociedade deverá observar as normas editadas pela CVM, em especial as reguladas pelas seguintes Instruções Normativas:

- IN nº 400/03 – Dispõe sobre as ofertas públicas de distribuição de valores mobiliários, nos mercados primário ou secundário; e
- IN nº 480/09 – Dispõe sobre o registro de emissores de valores mobiliários admitidos à negociação em mercados regulamentados de valores mobiliários.

Na hipótese de indeferimento do pedido de registro pela CVM, a constituição da companhia aberta será encerrada.

Deferido o pedido, passa-se à subscrição das ações no mercado primário.

4.5.3.3 Subscrição Pública das Ações

A fase de subscrição compreende a captação pública de investidores interessados na aquisição das ações da companhia em constituição. A subscrição pública é da responsabilidade da instituição financeira contratada pelos fundadores, que observará os preceitos de lei, as normas editadas pela CVM e as regras reguladas pelo prospecto. Ao receber a proposta para a aquisição das ações, os investidores terão à disposição o estudo de viabilidade econômica e financeira, o projeto de estatuto e o prospecto.

A instituição financeira e os fundadores que participarem da constituição da companhia responderão, nos limites de suas atribuições, pelos prejuízos resultantes da inobservância às regras legais[89].

Para a realização da assembleia de constituição da companhia, exige-se a subscrição integral do capital social. O subscritor que se obriga a integralizar as ações em dinheiro tem que realizar uma entrada correspondente a 10%, no mínimo, sobre o preço de emissão, em depósito a ser realizado em instituição financeira autorizada pela CVM, em nome do subscritor e em favor da sociedade em constituição93.

Na hipótese de não haver a subscrição integral do capital social, a constituição da companhia será encerrada.

89 BRASIL. Lei 6.404/76, art. 81.

Subscrito integralmente o capital social, passa-se ao próximo ato de constituição da companhia aberta.

4.5.3.4 Assembleia de Constituição da Companhia Aberta

A assembleia de constituição será convocada pelos subscritores, com o fim de[90]:

1. Deliberar e votar sobre a avaliação dos bens, se for o caso (artigo 8º, Lei 6.404/76).
2. Deliberar e votar a constituição da sociedade.
3. Realizar a leitura do recibo de depósito de que trata o inciso III, artigo 80, Lei 6.404/76.
4. Deliberar e votar o projeto de estatuto.
5. Deliberar e votar sobre os primeiros administradores e fiscais.

A assembleia respeitará os seguintes quóruns:

1. Cada ação, independente da espécie ou classe, dá direito a um voto.
2. Instalação: em primeira convocação, com a presença de subscritores que representem, no mínimo, metade do capital social; e, em segunda convocação, com qualquer número.
3. Quórum de aprovação: metade do capital social.
4. Quórum para qualquer alteração do projeto de estatuto: votação unânime dos subscritores.

A ata da reunião será lida e aprovada pela assembleia, sendo assinada por todos os subscritores presentes, ou por quantos bastem à validade das deliberações, mantendo-se uma via em poder da companhia e outra destinada à instrução do registro na junta comercial.

90 BRASIL. Lei 6.404/76, art. 86 e 87.

4.5.3.5 Formalidades Complementares para o Arquivamento dos Atos Constitutivos no Registro Público Mercantil

Diferente das sociedades contratuais, as sociedades anônimas não podem exercer a empresa sem registro na junta comercial. Assim, procedidos os atos de constituição, os primeiros administradores serão os responsáveis pelo arquivamento dos atos constitutivos na junta comercial correspondente à sede da Cia. Após deferimento, a sociedade anônima adquire personalidade jurídica.

Para o registro na junta comercial e aquisição da personalidade jurídica, os seguintes documentos deverão ser arquivados[91]:

1. Originais do estatuto e do prospecto, assinados pelos fundadores, bem como do jornal em que tiverem sido publicados.
2. Relação completa, autenticada pelos fundadores ou pelo presidente da assembleia, dos subscritores do capital social, com a qualificação, número das ações e o total da entrada de cada subscritor.
3. Recibo do depósito de entrada mínima de 10% do preço de emissão das ações exigida pelo inciso III, artigo 80, Lei 6.404/76.
4. Duplicata das atas das assembleias realizadas para a avaliação de bens quando for o caso.
5. Duplicata da ata da assembleia-geral dos subscritores que houver deliberado a constituição da companhia.

Deferido o arquivamento dos atos constitutivos, os administradores providenciarão, nos 30 dias subsequentes, a publicação em órgão oficial do local da sede dos documentos de constituição da companhia e da certidão de arquivamento na junta comercial. Após, averbarão cópia da publicação na junta comercial[92].

Na hipótese de o arquivamento ser negado pela junta comercial, por inobservância de prescrição ou irregularidade na constituição da companhia, incluindo do estatuto, os primeiros administradores convocarão assembleia para deliberar sobre os vícios e irregularidades, respeitadas as regras previstas pelo artigo 87, Lei 6.404/76[93].

91 BRASIL. Lei 6.404/76: art. 95

92 BRASIL. Lei 6.404/76: art. 98.

93 BRASIL. Lei 6.404/76: art. 97, § 1º.

4.5.4 Estatuto das Sociedades Anônimas

O estatuto social é o instrumento formal, aprovado pelos fundadores e registrado na junta comercial, que regulará as normas estruturantes da companhia, estabelecendo regras cogentes para o exercício da empresa; as relações entre acionistas e sociedade; as relações entre os acionistas; as relações entre sociedade e terceiros; e as relações entre acionistas e terceiros.

Para Sérgio Campinho

> Comumente vem apelidado de lei interna da companhia, pois irá disciplinar o seu funcionamento e a sua estrutura (regras institucionais), além das relações entre os acionistas e entre eles e a própria sociedade. Mas deverá sempre estar conformado com a lei formal e seus regulamentos. Assim é que não privar os acionistas do gozo de direitos que são por lei assegurados, como o de participar dos lucros e do acervo da companhia em caso de liquidação (artigo 109), por exemplo. Outrossim, não lhe é permitido alterar disposições legais cogentes, tais como aquelas que disciplinam as competências privativas dos órgãos sociais. (CAMPINHO, 2015, p. 114)[94]

O Estatuto não pode regular cláusulas contrárias à lei, à ordem pública e aos bons costumes, satisfazendo todos os requisitos exigidos para os contratos de sociedade em geral e os peculiares às sociedades anônimas. Contemplará as diretrizes atribuídas pela Lei 6.404/76, bem como as definidas e aprovadas pela assembleia de constituição, podendo ser alterado por meio de assembleia geral [95] [96].

Assim, são cláusulas obrigatórias:

94 CAMPINHO, Sérgio. Curso de Sociedade Anônima. Rio de Janeiro: Renovar, 2015.
95 BRASIL. Lei 6.404/76: art. 122.
96 BRASIL. Lei 6.404/76: art. 87

Quadro 69 - Nome da Sociedade Anônima

NOME EMPRESARIAL	
1.	A sociedade será designada por denominação acompanhada das expressões "companhia" ou "sociedade anônima", expressas por extenso ou abreviadamente, mas vedada a utilização da primeira ao final.
2.	A denominação da sociedade anônima do futebol deverá conter a expressão "Sociedade Anônima do Futebol" ou a abreviatura "SAF".
3.	Não pode haver mais de um nome registrado na junta comercial correspondente à sede da sociedade (Princípio da Novidade).
4.	O nome do fundador, acionista, ou pessoa que por qualquer outro modo tenha concorrido para o êxito da empresa, poderá figurar na denominação.
5.	A sociedade pode optar por utilizar o CNPJ como nome empresarial.

Fonte: Elaborado pelos autores.

O nome empresarial da sociedade anônima só pode ser elaborado por meio de denominação, não sendo admitida firma coletiva. A denominação consistirá em palavras na língua nacional ou estrangeira, acompanhada das expressões "companhia" ou "sociedade anônima", expressas por extenso ou de forma abreviada, sendo vedada a expressão "companhia" ao final.

Admite-se que o nome do fundador, acionista ou pessoa que tenha contribuído para o sucesso e o bom êxito da companhia, figure na denominação do nome empresarial da sociedade anônima, sem que tal regra, descaracterize a natureza para firma coletiva.

A denominação da sociedade anônima do futebol deverá conter a expressão "Sociedade Anônima do Futebol" ou a abreviatura "SAF".

De acordo com o artigo 1.160, Código Civil[97], a denominação da sociedade anônima tem que constar expressão designativa de seu objeto social. Em regra, designa-se expressão correspondente à principal atividade desenvolvida pela companhia.

A lei 14.195/2021, alterou o art. 35-A, da Lei 8.934/94, autorizando a sociedade anônima utilizar o CNPJ como nome empresarial.

O item 15.1.1, anexo V, da Instrução Normativa nº 81, editada pelo Departamento Nacional de Registro Empresarial e Integração, regula da seguinte forma a possibilidade de a sociedade anônima utilizar o CNPJ como nome empresarial:

97 BRASIL. Lei 10.406/02: art. 1.060. A sociedade anônima opera sob denominação designativa do objeto social, integrada pelas expressões "sociedade anônima" ou "companhia", por extenso ou abreviadamente.

1. Para a utilização do número do CNPJ como nome empresarial, deve ser levado em conta apenas o número raiz, ou seja, os oito primeiros dígitos do CNPJ (NN.NNN.NNN + S.A.).
2. Em se tratando de constituição ou alteração, os acionistas deverão indicar no instrumento que irão utilizar o número do CNPJ como nome empresarial.
3. O nome empresarial será gerado no deferimento do pedido.

Quadro 70 - Sede e Prazo na Sociedade Anônima

CLÁUSULA REGULANDO O PRAZO DE DURAÇÃO E SEDE NA SOCIEDADE ANÔNIMA
1. Em regra, a sociedade anônima possui prazo indeterminado. Entretanto, é possível a constituição de uma companhia por prazo determinado, podendo exemplificar a constituição de uma sociedade por propósito específico.
2. Endereço social da sociedade. A sede define a competência comercial da sociedade e a competência processual.
3. Define a circunscrição do órgão de registro que o contrato social será levado a registro.
4. Define a competência processual para as ações que a sociedade for ré, salvo previsão contratual diversa. (art. 53, inciso III, alínea "a", Código de Processo Civil).

Fonte: Elaborado pelos autores.

Quando no estatuto social constar apenas o município da sede, o endereço completo deverá constar no corpo da ata de constituição ou na escritura pública.

Quadro 71 - Objeto Societário na Sociedade Anônima

OBJETO
1. O objeto tem que ser lícito, possível e determinado. 2. No objeto serão contempladas a atividade principal e as atividades secundárias. 3. O objeto limita as ações da sociedade, dos controladores e administradores. 4. O objeto é o parâmetro para a atuação da sociedade em seus negócios privados e nas relações junto à administração pública (alvará, tributação). 5. O objeto da sociedade anônima é tipicamente empresarial.

Fonte: Elaborado pelos autores.

O legislador não impõe limites[98], cabendo aos acionistas fundadores e, posteriormente, à assembleia geral, definir as atividades principal e secundárias que entenderem pertinentes ao exercício da empresa.

Quadro 72 - Capital Social na Sociedade Anônima

O CAPITAL SOCIAL
1. Valor expresso em moeda corrente. 2. O capital social somente poderá ser modificado com observância às regras legais e do estatuto social (artigos 166 a 174, Lei 6.404/76). 3. O capital social poderá ser formado por meio de contribuições em dinheiro ou em qualquer espécie de bens suscetíveis de avaliação pecuniária.

Fonte: Elaborado pelos autores.

O Estatuto fixará o montante do capital social expresso em moeda corrente, podendo regular as regras (prazo, montante) para a integralização.

A integralização do capital social poderá ser realizada por meio de contribuição em dinheiro ou qualquer espécie de bens suscetíveis de avaliação em dinheiro.

98 BRASIL. Lei 6.404/76: art. 2º. Pode ser objeto da companhia qualquer empresa de fim lucrativo, não contrário à lei, à ordem pública e aos bons costumes. § 1º Qualquer que seja o objeto, a companhia é mercantil e se rege pelas leis e usos do comércio. § 2º O estatuto social definirá o objeto de modo preciso e completo.

Assim, o capital social pode ser integralizado por meio de transferência de propriedade ou uso de um bem imóvel; transferência de propriedade ou uso de um bem móvel; transferência de titularidade ou uso de um bem imaterial: marca, patente, modelo de utilidade, desenho industrial.

Na hipótese do capital ser integralizado por meio de bens, a Lei 6.404/76 regula expressamente o procedimento para a avaliação, exigindo[99]:

Quadro 73 - Realização do Capital Social por Bens ou Direitos

1.	A realização por três peritos ou sociedade especializada, nomeados em assembleia geral dos subscritores, convocada pela imprensa e presidida por um dos fundadores.
2.	Que os peritos ou a sociedade especializada apresentem laudo fundamentado, com a indicação dos critérios de avaliação e dos elementos de comparação adotados e instruído com os documentos relativos aos bens avaliados.
3.	A presença dos peritos à assembleia, a fim de prestarem as informações que lhes forem solicitadas.

Fonte: Elaborado pelos autores.

Na hipótese de o subscritor aceitar o valor aprovado em assembleia, os bens serão incorporados ao patrimônio da companhia, cabendo aos primeiros diretores cumprir as formalidades legais para dar eficácia à transmissão do uso ou propriedade.

Caso não haja previsão expressa em contrário, entende-se que houve transferência da propriedade ou titularidade sobre o bem objeto de integralização. Assim, não havendo interesse em transferir a propriedade ou titularidade sobre o bem, mas apenas o uso, caberá ao subscritor e à sociedade regularem de forma expressa as condições que autorizarão a sua utilização pela companhia.

Pelo fato de o capital social ser o montante econômico necessário ao exercício da empresa, sendo o primeiro patrimônio da sociedade anônima, o bem transferido a título de integralização deve guardar relação direita ou indireta com o objeto fixado pelo estatuto da companhia[100]. (CAMPINHO, 2015, p. 74)

---

99 BRASIL. Lei 6.404/76: art. 8º *caput* e § 1º.

100 CAMPINHO, Sérgio. Curso de Sociedade Anônima. Rio de Janeiro: Renovar, 2015.

Por fim, o bem tem que estar livre e desembaraçado de qualquer ônus, respondendo o subscritor pela evicção[101].

Os avaliadores e subscritores respondem pelos prejuízos que causarem a terceiros e à sociedade na hipótese de avaliação fraudulenta, sem prejuízo da responsabilidade criminal que a prática do fato incorrer[102].

O capital social também pode ser integralizado por meio de endosso de um título de crédito ou cessão de direitos sobre um crédito, respondendo o subscritor pela solvência do título[103].

Quadro 74 - Distribuição das Ações na Sociedade Anônima

DISTRIBUIÇÃO DO CAPITAL SOCIAL: AÇÕES
1. O estatuto fixará o número das ações em que se divide o capital social e estabelecerá se as ações terão, ou não, valor nominal.
2. Na companhia com ações sem valor nominal, o estatuto poderá criar uma ou mais classes de ações preferenciais com valor nominal.
3. As ações, conforme a natureza dos direitos ou vantagens que confiram a seus titulares, são ordinárias, preferenciais, ou de fruição.

Fonte: Elaborado pelos autores.

O Estatuto regulará o número de ações em que se divide o capital social e se terão ou não valor nominal.

Da mesma forma, regulará as ações conforme sua natureza: ações ordinárias, ações preferenciais ou de fruição. Assim, considerando as ações emitidas pela companhia, o Estatuto contemplará os direitos, obrigações e vantagens de titularidade dos acionistas.

Com o fim de diversificar os direitos e obrigações dos acionistas, o estatuto pode regulá-los por meio de classes. As companhias abertas somente podem atribuir classes às ações preferenciais. As companhias fechadas podem criar classes tanto para as ações ordinárias quanto para as ações preferenciais[104].

São ações ordinárias os títulos representativos do capital social que atribuem aos acionistas todos os direitos inerentes à sua natureza:

101 BRASIL. Lei 6.404/76: art. 10.
102 BRASIL. Lei 6.404/76: art. 9º.
103 BRASIL. Lei 6.404/76: art. 10, parágrafo único.
104 BRASIL. Lei 6.404/76: art. 15, § 1º.

participação nos lucros sociais; participação do acervo da companhia, em caso de liquidação; fiscalizar, na forma prevista em Lei, a gestão dos negócios sociais; preferência para a subscrição de ações, partes beneficiárias conversíveis em ações, debêntures conversíveis em ações e bônus de subscrição, observado o disposto nos artigos 171 e 172, da Lei 6.404/76; retirar-se da sociedade nos casos previstos na Lei 6.404/76; direito de voto em assembleia[105].

Nas palavras de Sérgio Campinho[106]

> As Ações ordinárias são tradicionalmente identificadas como aquelas que conferem aos seus respectivos titulares os direitos ordinários de sócio. Gafadas, pois, por atribuírem direitos comuns de acionista, sem restrições ou acréscimos. São ações normais ao capital, cuja criação é obrigatória em toda companhia. (CAMPINHO, 2015, p. 133)

Já as ações preferenciais são títulos representativos do capital social com disponibilidade de um ou mais direitos inerentes à qualidade de sócio, incluindo o direito de voto[107].

Este tipo de ação garante ao seu titular preferências e/ou vantagens econômicas em contrapartida à suspenção ou restrição ao direito inerente à participação acionária:

> I – em prioridade na distribuição de dividendo, fixo ou mínimo; II – em prioridade no reembolso do capital, com prêmio ou sem ele; ou III – na acumulação das preferências e vantagens de que tratam os itens anteriores[108].
>
> Como o próprio nome diz, as ações preferenciais são dotadas de alguns privilégios de ordem patrimonial, normalmente como uma compensação pela perda ou limitação do direito de voto. Tais preferências são indicadas pela própria lei e têm natureza patrimonial, tendo em vista que não se admitem, a princípio, as preferências de caráter político em nossa legislação,

105 BRASIL. Lei 6.404/76: art. 109 e 110.
106 CAMPINHO, Sérgio. Curso de Sociedade Anônima. Rio de Janeiro: Renovar, 2015.
107 BRASIL. Lei 6.404/76: art. 111.
108 BRASIL. Lei 6.404/76: art. 17.

> como suficientes para caracterizar uma ação preferencial. (TOMAZETE, 2020, p. 493)

O número de ações preferenciais sem direito a voto, ou com restrições a esse direito, limita-se a 50% do total das ações emitidas pela sociedade anônima[109].

As ações de fruição são títulos que podem ser emitidos aos acionistas em substituição às ações integralmente amortizadas. A amortização consiste na distribuição ao acionista, a título de antecipação e sem redução do capital, de quantia que lhe caberiam caso a companhia fosse liquidada[110].

Quadro 75 - Diretoria na Sociedade Anônima

CLÁUSULA REGULANDO A DIRETORIA
A diretoria será composta por dois ou mais diretores, eleitos e destituídos pelo conselho de administração.

Fonte: Elaborado pelos autores.

Cabe ao estatuto regular: I – o número de diretores, ou o máximo e o mínimo permitidos; II – o modo de sua substituição; III – o prazo de gestão, que não será superior a 3 (três) anos, permitida a reeleição; IV – as atribuições e poderes de cada diretor[111].

O estatuto pode atribuir à reunião da diretoria determinados atos e decisões[112].

A companhia aberta obrigatoriamente terá o conselho de administração, composto por três membros, eleitos pela assembleia geral e por ela destituível a qualquer tempo, devendo o estatuto prever: I – o número de conselheiros, ou o máximo e mínimo permitidos, e o processo de escolha e substituição do presidente do conselho, pela assembleia ou pelo próprio conselho; II – o modo de substituição dos conselheiros;

109 BRASIL. Lei 6.404/76: art. 17, § 2º.
110 BRASIL. Lei 6.404/76: art. 44, §§ 2º e 5º.
111 BRASIL. Lei 6.404/76: art. 143, incisos I a IV.
112 BRASIL. Lei 6.404/76: art. 143, § 2º

III – o prazo de gestão, que não poderá ser superior a 3 (três) anos, permitida a reeleição; IV – as normas sobre convocação, instalação e funcionamento do conselho, que deliberará por maioria de votos, podendo o estatuto estabelecer quórum qualificado para certas deliberações, desde que especifique as matérias[113].

O conselho de administração é um elo entre a assembleia-geral e os diretores, sendo um eficiente instrumento de racionalização do funcionamento das sociedades anônimas. O conselho de administração é um órgão colegiado, de deliberação, cujas atribuições podem ser classificadas em: (a) programáticas (ex.: fixação de diretrizes); (b) de fiscalização ou controle (ex.: supervisão da diretoria); e (c) propriamente administrativas (ex.: eleição dos diretores).

Quadro 76 - Conselho Fiscal na Sociedade Anônima

CLÁUSULA REGULANDO O CONSELHO FISCAL
O estatuto regulará o funcionamento do conselho fiscal, definindo se será permanente ou não, com a indicação do número de seus membros: mínimo de três e máximo de cinco membros efetivos e suplentes em igual número. Nas sociedades de economia mista o conselho fiscal será permanente.

Fonte: Elaborado pelos autores.

Quadro 77 - Exercício Fiscal na Sociedade Anônima

O TÉRMINO DO EXERCÍCIO SOCIAL, FIXANDO A DATA
O estatuto definirá a data do término do exercício social, cuja duração é de um ano.

Fonte: Elaborado pelos autores.

Por fim, o estatuto social não pode privar os acionistas dos direitos essenciais; ou delegar a outro órgão as atribuições e poderes conferidos pela lei aos órgãos de administração.

113 BRASIL. Lei 6.404/76: art. 140, incisos I a IV.

4.6 SOCIEDADE EM COMANDITA POR AÇÕES

A sociedade em comandita por ações encontra-se regulada pelos artigos 280 a 284, da Lei 6.404/76, e rege-se pelas normas que regulam as sociedades anônimas.

Trata-se de um tipo societário híbrido, pois conjuga características das sociedades com responsabilidade limitada e aspectos das sociedades com responsabilidade ilimitada.

A sociedade em comandita por ações detém uma particularidade quanto à responsabilidade dos acionistas. Enquanto nas sociedades anônimas todos os acionistas respondem nos limites do preço de emissão das ações subscritas ou adquiridas, nas sociedades em comandita por ações os acionistas diretores ou gerentes respondem de forma ilimitada, subsidiária com relação à sociedade, e solidária entre si, pelas obrigações sociais.

Por força da responsabilidade ilimitada atribuída a este tipo societário, somente acionistas podem ser diretores ou gerentes.

Aplica-se à sociedade em comandita por ações as regras de constituição das sociedades anônimas, respeitada sua natureza e particularidades.

5 CASOS ESPECIAIS

Neste capítulo abordaremos as situações particulares sobre as atividades econômicas não empresariais intelectuais, uniprofissionais ou pluriprofissionais, com ênfase nas interpretações a respeito da descaracterização para a natureza empresarial; bem como sobre a constituição de sociedade individual de advocacia e sociedade de advogados.

Abordaremos também a figura do Empresário Individual, o Microempreendedor Individual (MEI), a Empresa Individual de Responsabilidade Limitada (EIRELI), Sociedade em Comum, Sociedade de Propósito Específico, Sociedade em Conta de Participação, Grupos de Sociedades, Consórcio de Sociedades, Sociedade de Economia Mista e Empresa Pública.

5.1 ATIVIDADE UNIPROFISSIONAL E PLURIPROFISSIONAL

Considera-se atividade uniprofissional ou pluriprofissional toda atividade econômica personalíssima, sem elemento de empresa, cujo objeto reveste-se em uma profissão intelectual artística, científica ou literária, exercida por conta e risco do profissional liberal ou profissionais que compõem quadro societário, respondendo estes com o patrimônio pessoal pelo exercício do objeto social[114].

114 STJ. RECURSO ESPECIAL. SOCIEDADES EMPRESÁRIAS E SIMPLES. SOCIEDADES DE ADVOGADOS. ATIVIDADE ECONÔMICA NÃO EMPRESARIAL. PRESTAÇÃO DE SERVIÇOS INTELECTUAIS. IMPOSSIBILIDADE DE ASSUMIREM CARÁTER EMPRESARIAL. LEI Nº 8.906/1994. ESTATUTO DA OAB. ALEGAÇÃO DE OMISSÃO DO ACÓRDÃO RECORRIDO AFASTADA. IMPOSSIBILIDADE DE ANÁLISE DE CLÁUSULAS CONTRATUAIS. SÚMULAS 5 E 7 DO STJ. 1. Não há falar em omissão ou contradição no acórdão recorrido quando embora rejeitados os embargos de declaração, a matéria em exame tiver sido devidamente enfrentada pelo Tribunal de origem, com pronunciamento fundamentado, ainda que em sentido contrário à pretensão da parte recorrente. 2. De acordo com o Código Civil, as sociedades podem ser de duas categorias: simples e empresárias. Ambas exploram atividade econômica e objetivam o lucro. A diferença entre elas reside no fato de a sociedade simples explorar atividade não empresarial, tais como as atividades intelectuais, enquanto a sociedade

Por atividade uniprofissional considera-se a sociedade cujo objeto reveste-se em uma atividade intelectual exercida por sócios de mesma formação e habilitação; e atividade pluriprofissional, a sociedade cujo objeto reveste-se em uma atividade intelectual exercida por sócios de formação e habilitação diferentes.

O simples fato de o profissional habilitado à atividade intelectual artística, científica ou literária constar no quadro societário de uma sociedade não a caracteriza como sociedade uniprofissional ou pluriprofissional. Para que esta natureza esteja presente, a análise não se limita ao profissional, mas ao objeto e à estrutura da sociedade.

Assim, para que uma atividade seja considerada uniprofissional ou pluriprofissional terá que apresentar as seguintes características:

1. Atividade profissional personalíssima.
2. Atividade econômica sem elemento de empresa.
3. Atividade econômica exercida pessoalmente pelos sócios, sob a veste de uma pessoa jurídica.
4. Atividade econômica desenvolvida por conta e risco dos sócios, que respondem em caráter pessoal pelos serviços prestados.
5. Vedado sócio pessoa jurídica.
6. Vedado o desenvolvimento da atividade-fim por profissional não contemplado no quadro societário.
7. Permite-se sócio de serviço.

Ponto importante a ser analisado é a possibilidade, ou não, de uma sociedade uniprofissional ou pluriprofissional estruturar-se através das regras aplicadas às sociedades limitadas.

A discussão torna-se pertinente se consideradas algumas ações municipais que, em razão das sociedades, uniprofissionais ou pluriprofissionais,

empresária explora atividade econômica empresarial, marcada pela organização dos fatores de produção (art. 982, CC).
A sociedade simples é formada por pessoas que exercem profissão do gênero intelectual, tendo como espécie a natureza científica, literária ou artística, e mesmo que conte com a colaboração de auxiliares, o exercício da profissão não constituirá elemento de empresa (III Jornada de Direito Civil, Enunciados nº 193, 194 e 195). 4. STJ - REsp: 1227240 SP 2010/0230258-0, Relator: Ministro LUIS FELIPE SALOMÃO, Data de Julgamento: 26/05/2015, T4 - QUARTA TURMA, Data de Publicação: DJe 18/06/2015.

optarem pelo registro como sociedade limitada, de acordo com o art. 983, do Código Civil, autuam-nas sob o fundamento de que houvera alteração da natureza não empresarial para a natureza empresarial. Assim, procedem ao recolhimento do ISSQN com base no valor bruto das notas fiscais e não na forma especial regulada pelo Decreto-Lei 406/1968.

Em julgado da lavra do Ministro Relator Franciulli Netto[115], o Superior Tribunal de Justiça descaracterizou uma sociedade simples uniprofissional para atividade empresarial, entendendo que ao optar pelas regras legais aplicadas às sociedades limitadas a sociedade uniprofissional perdera a natureza não empresarial:

> Compulsando-se os autos, depreende-se que os aludidos médicos juntaram-se com o escopo de constituir pessoas jurídicas especializadas na prestação de análises clínicas e laboratoriais. Tal atividade, à evidência, possui inequívoca natureza empresarial, consoante depreende-se de seus contratos sociais, bem como não é exercida em caráter uniprofissional. Conquanto seu corpo de sócios seja formado exclusivamente por médicos, as sociedades constituídas sob a modalidade de limitadas desempenham atividade empresarial, uma vez que seus contratos sociais dispõem até mesmo como devem ser distribuídos os dividendos. Sobeja asseverar, por oportuno, que uma sociedade comercial formada exclusivamente por médicos também se encontra apta a praticar atos de comércio, de sorte que o principal fator a ser verificado para se identificar a finalidade da sociedade é seu objeto social. Em espécie, resta inequívoco que o objeto social das sociedades comerciais recorridas é a prestação de um serviço especializado, todavia, inequivocamente associado ao exercício da empresa.

Verifica-se que o entendimento apresentado pelo Superior Tribunal de Justiça foi fundamentado em uma inexistente incompatibilidade entre a natureza das sociedades uniprofissionais e o tipo societário "sociedade limitada". Entendeu o Tribunal que ao se constituir no formato de sociedade limitada, a sociedade uniprofissional descaracterizar-se-ia, passando a deter a natureza empresarial; ato contínuo perderia as

115 STJ - REsp 555624 / PB - Recurso Especial - 2003/0067417-9 - Ministro Franciulli Netto (1117) - T2 - Segunda Turma - DJ 27/09/2004 p. 324, RSTJ vol. 184 p. 196.

benesses fiscais atribuídas tão-somente aos que exercem atividade intelectual artística, científica ou literária, por conta e risco dos sócios e sem elemento de empresa[116].

Ao julgar o caso concreto, o Superior Tribunal de Justiça interpretou art. 9º, § 3º, Decreto-Lei 406/1968[117], estendendo o sentido da expressão "responsabilidade pessoal", para abranger não só à responsabilidade profissional regulada pelos estatutos profissionais, mas também às oriundas do risco da atividade: contratual, trabalhista, tributária.

Contudo, ao regular as sociedades simples e as sociedades limitadas, o Código Civil autoriza a sociedade não empresarial exercer a atividade econômica por meio de seu capítulo próprio – sociedade simples pura – ou por meio de um dos tipos societários atribuídos às atividades empresariais (sociedade em nome coletivo, sociedade em comandita simples ou sociedade limitada), sem que, tal opção, altere a natureza da atividade econômica para empresarial:

> Art. 983. A sociedade empresária deve constituir-se segundo um dos tipos regulados nos arts. 1.039 a 1.092; a sociedade simples pode constituir-se de conformidade com um desses tipos, e, não o fazendo, subordina-se às normas que lhe são próprias.

Assim, ao atribuir à sociedade uniprofissional a natureza empresarial pelo simples fato de ter optado pelo tipo societário "sociedade limitada", o STJ afastou a regra jurídica aplicada pelo art. 983, Código Civil. O fato de uma sociedade não empresarial, cujo objeto seja o exercício de uma atividade intelectual científica, artística ou literária, optar pelas regras jurídicas aplicadas às sociedades limitadas, a princípio, não altera sua natureza, tanto que o art. 983, CC, autoriza expressamente.

---

116 STJ - AgRg no REsp: 1366322 SP 2012/0101171-1, Relator: Ministro HUMBERTO MARTINS, Data de Julgamento: 21/05/2013, T2 - SEGUNDA TURMA, Data de Publicação: DJe 28/05/2013.

117 BRASIL. Decreto-Lei nº 406, de 31 de dezembro de 1968. Art. 9º A base de cálculo do imposto é o preço do serviço. § 3º Quando os serviços a que se referem os itens 1, 4, 8, 25, 52, 88, 89, 90, 91 e 92 da lista anexa forem prestados por sociedades, estas ficarão sujeitas ao imposto na forma do § 1º, calculado em relação a cada profissional habilitado, sócio, empregado ou não, que preste serviços em nome da sociedade, embora assumindo responsabilidade pessoal, nos termos da lei aplicável.

A responsabilidade pessoal exigida pelo Decreto-Lei 406/1968 não pode ser interpretada isoladamente, mas sistematicamente com as disposições legais previstas nos estatutos profissionais, que regulam as atividades intelectuais científicas, literárias ou artísticas.

As normas profissionais atribuem ao médico, engenheiro, contador etc., a responsabilidade pessoal pelos danos que, porventura, pratiquem no exercício da profissão, sem confundi-la com a limitação da responsabilidade pelo risco do empreendimento.

A título de exemplo, seguem algumas regras fixadas aos profissionais que exercem atividade intelectual:

1. Estatuto da Advocacia[118]:

Art. 17. Além da sociedade, o sócio e o titular da sociedade individual de advocacia respondem subsidiária e ilimitadamente pelos danos causados aos clientes por ação ou omissão no exercício da advocacia, sem prejuízo da responsabilidade disciplinar em que possam incorrer.

2. Código de Ética Profissional do Contador – CEPC[119]:

Art. 4º O Profissional da Contabilidade poderá publicar relatório, parecer ou trabalho técnico-profissional, assinado e sob sua responsabilidade.

Art. 7º O Profissional da Contabilidade poderá transferir o contrato de serviços a seu cargo a outro profissional, com a anuência do cliente, sempre por escrito, de acordo com as normas expedidas pelo Conselho Federal de Contabilidade. (Redação alterada pela Resolução CFC nº 1.307/10, de 09/12/2010) Parágrafo único. O Profissional da Contabilidade poderá transferir parcialmente a execução dos serviços a seu cargo a outro profissional, mantendo sempre como sua a responsabilidade técnica.

---

118 BRASIL. Lei 8.906/94 (Estatuto da Advocacia).

119 BRASIL. Resolução 803/96 - Conselho Federal de Contabilidade.

3. Estatuto do Engenheiro, Arquiteto e Engenheiro Agrônomo[120]:

> Art. 20 – Os profissionais ou organizações de técnicos especializados que colaborarem numa parte do projeto deverão ser mencionados explicitamente como autores da parte que lhes tiver sido confiada, tornando-se mister que todos os documentos, como plantas, desenhos, cálculos, pareceres, relatórios, análises, normas, especificações e outros documentos relativos ao projeto sejam por eles assinados. Parágrafo único – A responsabilidade técnica pela ampliação, prosseguimento ou conclusão de qualquer empreendimento de engenharia, arquitetura ou agronomia caberá ao profissional ou entidade registrada que aceitar esse encargo, sendo-lhe, também, atribuída a responsabilidade das obras, devendo o Conselho Federal adotar resolução quanto às responsabilidades das partes já executadas ou concluídas por outros profissionais.

Ao optar pela sociedade limitada, o profissional não exclui a responsabilidade pessoal atribuída pelo estatuto profissional, mas apenas limita a responsabilidade relativa às obrigações correspondentes ao fomento da atividade econômica: energia elétrica, aluguel, trabalho, tributárias etc. Essa interpretação é tão necessária que o art. 997, inciso VIII, CC, norma que regula justamente o contrato social da sociedade simples pura, autoriza aos sócios que seja regulada no contrato social cláusula que fixe a responsabilidade pelos riscos sociais inerentes ao exercício da atividade econômica não empresarial.

Seguindo essa linha de raciocínio, em julgamento da lavra do Ministro Relator Ministro Gurgel de Faria, o Superior Tribunal de Justiça[121] apresentou um novo entendimento para a presente questão:

> No caso em pauta, denota-se dos documentos acostados que a prestação de serviço, ainda que por intermédio da sociedade, é feita pelos próprios sócios em caráter pessoal, e não empresarial, ambos os sócios profissionais de mesma categoria, habilitados ao

120 BRASIL. Lei 5.194/66 - Estatuto do Engenheiro, Arquiteto e Engenheiro Agrônomo.

121 STJ - AgInt no Recurso Especial Nº 1.400.942 - RS (2013/0302969-2). Julgado em 18 de setembro de 2018, relatoria do Ministro Gurgel de Faria.

> exercício da atividade que faz objeto da sociedade (cláusula 2º do contrato social de fls. 17/20). Assinala-se que o fato de a sociedade se constituir formalmente como sociedade comercial não obsta o reconhecimento da sociedade como uniprofissional para efeito de tratamento tributário.
>
> (...)
>
> Daí justificar-se a sujeição à tributação, pelo ISS, na forma privilegiada, afastando, destarte, o interesse de o fisco municipal em cobrar o tributo com base de cálculo igual a das demais empresas de cunho eminentemente comercial.
>
> Do que se observa, o entendimento externado pelo acórdão recorrido está em conformidade com a orientação da Primeira Turma acerca do tema, de que o fato de a parte recorrida ser uma sociedade limitada, por si só, não interfere na pessoalidade do serviço prestado, a ensejar alteração da natureza de sua atividade econômica para empresarial.

Assim, o entendimento atual do Superior Tribunal de Justiça garante o exercício da atividade econômica uniprofissional ou pluriprofissional por meio do tipo societário "sociedade limitada", sem risco de perda da natureza não empresarial.

Outro ponto importante é a discussão quanto à possibilidade de as sociedades que exercem atividades intelectuais deterem natureza pluriprofissional.

A discussão torna-se pertinente se consideradas algumas ações municipais que, pelo simples fato de a sociedade ser composta por um quadro societário heterogêneo, com sócio com qualificação profissional diversa, autuam-na sob o fundamento de que houvera alteração da natureza não empresarial para a natureza empresarial. Assim, procedem ao recolhimento do ISSQN com base no valor bruto das notas fiscais e não na forma especial regulada pelo Decreto-Lei 406/1968.

Entretanto, as legislações municipais e as condutas perpetradas pelos municípios são eivadas de inconstitucionalidade, pois extrapolam os requisitos previstos pelo art. 9º, § 3º, Decreto-Lei 406/1968:

> Art. 9º A base de cálculo do imposto é o preço do serviço.
>
> § 3° Quando os serviços a que se referem os itens 1, 4, 8, 25, 52, 88, 89, 90, 91 e 92 da lista anexa forem prestados por sociedades, estas ficarão sujeitas ao imposto na forma do § 1°, calculado em relação a cada profissional habilitado, sócio, empregado ou não, que preste serviços em nome da sociedade, embora assumindo responsabilidade pessoal, nos termos da lei aplicável.

O Código Civil e o Decreto-Lei 406/1968 não limitam o objeto das sociedades que exercem atividade intelectual, autorizando o exercício da atividade econômica por meio de sociedade uniprofissional ou pluriprofissional. Logo, se a legislação federal não limita o objeto das respectivas sociedades, o legislador municipal não pode extrapolar sua competência para legislar e proibir a formação de sociedade pluriprofissional, sob pena de inconstitucionalidade.

Ao julgar o tema, o STJ[122] assim concluiu:

> No âmbito do Superior Tribunal de Justiça, o entendimento firmado por ambas as Turmas que compõem a 1ª. Seção é que o benefício da alíquota fixa do ISS somente é devido às sociedades uni ou pluriprofissional que prestam serviço em caráter personalíssimo sem intuito empresarial. Precedentes: REsp. 1.512.652/RS, Rel. Min. NAPOLEÃO NUNES MAIA FILHO, DJe 30.3.2015; AgRg no REsp. 1.486.568/RS, Rel. Min. SÉRGIO KUKINA, DJe 13.11.2014; EDcl no AREsp. 425.635/PE, Rel. Min. HUMBERTO MARTINS, DJe 16.12.2013. 2. No caso dos autos, muito embora se trate de uma sociedade simples que tem por objeto social a prestação de serviços de auditoria contábil e demais serviços inerentes à profissão de contador, não se pode deixar de observar os documentos trazidos pelo agravante, colacionados do sítio eletrônico da empresa (fls. 571), em que a KPMG afirma ser uma rede global de firmas-membro que empregam 174.000 profissionais

122 STJ - AgInt no AgInt no AREsp: 923685 SP 2016/0132575-2, Relator: Ministro NAPOLEÃO NUNES MAIA FILHO, Data de Julgamento: 21/03/2017, T1 - PRIMEIRA TURMA, Data de Publicação: DJe 31/03/2017.

> por todo o mundo. Dessa forma, não há como afastar a existência do requisito da organização dos fatores de produção, com intuito empresarial. 3. Agravo Interno da empresa desprovido.

Por meio de uma interpretação sistemática da legislação vigente, o Superior Tribunal de Justiça vem tutelando os interesses das sociedades que exercem atividade econômica intelectual, concluindo não existir vedação legal para a constituição de sociedade pluriprofissional.

Contudo, pelo fato de o tema ser polêmico e controvertido, é de suma importância que o profissional responsável pela constituição de uma sociedade simples tenha o zelo necessário na elaboração do contrato social, bem como na análise do objeto social, evitando insegurança jurídica e risco de um custo tributário não planejado pelos sócios.

Por fim, é importante frisar a necessidade de o profissional contábil ter conhecimento sobre a legislação federal e municipal que regula a tributação do ISS ao assessorar a constituição de uma sociedade uniprofissional ou pluriprofissional.

5.2 ATIVIDADE DE ADVOCACIA

A atividade de advocacia é, por natureza, uma atividade não empresarial, podendo ser exercida por pessoa física, na pessoa do advoga do; ou por pessoa jurídica, na pessoa da sociedade individual de advocacia ou sociedade de advogados.

O art. 1º, do Estatuto da Advocacia, Lei 8.906/94, regula expressamente o que considera ser atividade privativa de advocacia:

1. A postulação a órgão do Poder Judiciário e aos juizados especiais.
2. As atividades de consultoria, assessoria e direção jurídicas.

A atividade de advocacia é privativa dos advogados – bacharéis em direito inscritos na Ordem dos Advogados do Brasil – podendo ser exercida, também, por expressa previsão legal, pelos integrantes da

Advocacia-Geral da União, da Procuradoria da Fazenda Nacional, da Defensoria Pública e das Procuradorias e Consultorias Jurídicas dos Estados, do Distrito Federal, dos Municípios e das respectivas entidades de administração indireta e fundacional.

Para os fins da presente obra é importante abordarmos a sociedade individual de advocacia e a sociedade de advogados.

A sociedade de advogados e a sociedade individual de advocacia detêm a natureza de atividade não empresarial, não sendo admitidas a registro as que apresentem forma ou características de sociedade empresária, que adotem denominação de fantasia, que realizem atividades estranhas à advocacia, que incluam como sócio ou titular de sociedade unipessoal de advocacia pessoa não inscrita como advogado ou totalmente proibida de advogar.

5.2.1 Sociedade Individual de Advocacia

A sociedade individual de advocacia foi inserida ao ordenamento jurídico pela Lei nº 13.247/2016, que alterou a Lei 8.906/94, sendo regulada pelo Provimento nº 170/2016, editado pela Ordem dos Advogados do Brasil. Trata-se de pessoa jurídica de natureza não empresarial, constituída por uma única pessoa física, inscrita na Ordem dos Advogados do Brasil, para o exercício específico da atividade de advocacia.

O Estatuto da sociedade individual de advocacia será registrado na seccional da Ordem dos Advogados correspondente ao endereço apresentado pelo advogado e deverão constar as seguintes cláusulas:

Quadro 78 - Qualificação do Titular na Sociedade Individual de Advocacia

QUALIFICAÇÃO DO TITULAR
1. Pode ser titular da sociedade unipessoal de advocacia pessoa inscrita na Ordem dos Advogados do Brasil ou pessoa com matrícula pública com autorização para o exercício da advocacia.
2. Qualificação: nome completo, nacionalidade, estado civil, profissão, documento de identidade, inscrição junto ao CPF, endereço completo.

Fonte: Elaborado pelos autores.

Quadro 79 - Nome da Sociedade Individual de Advocacia

NOME DA SOCIEDADE INDIVIDUAL
1. A razão social, obrigatoriamente formada pelo nome ou nome social do seu titular, completo ou parcial, com a expressão "Sociedade Individual de Advocacia". 2. Vedada a utilização de sigla ou expressão de fantasia.

Fonte: Elaborado pelos autores.

Quadro 80 - Objeto Social da Sociedade Individual de Advocacia

OBJETO
O objeto social, que consistirá exclusivamente na prestação de serviços de advocacia, podendo especificar o ramo do Direito a que se dedicará.

Fonte: Elaborado pelos autores.

Quadro 81 - Sede da Sociedade Individual de Advocacia

SEDE DA SOCIEDADE
1. Endereço social da sociedade. A sede define a competência contratual da sociedade e a competência processual. 2. Define a circunscrição da seccional que o contrato social será levado a registro. 3. Define a competência processual para as ações que a sociedade for ré, salvo previsão contratual diversa. (art. 53, inciso III, alínea "a", Código de Processo Civil).

Fonte: Elaborado pelos autores.

Quadro 82 - Capital Social e Cota na Sociedade Individual de Advocacia

O CAPITAL SOCIAL E FORMAS DE INTEGRALIZAÇÃO DAS COTAS
1. Valor expresso em moeda corrente, constituído por bens, direitos, crédito ou dinheiro, obrigatório e necessário para o exercício da atividade econômica. 2. A integralização pode ser à vista, a prazo ou em data certa (diferida). 3. A integralização por meio de transferência de bens exige que o bem (móvel, imóvel, corpóreo e incorpóreo) tenha correspondência ao objeto da sociedade (que possibilite o exercício da atividade econômica). 4. O sócio que integraliza o capital por meio de bem, responde por eventual perda do bem em processo judicial ou decisão da administração pública, correspondente ao período em que detinha a propriedade ou titularidade sobre a coisa ou o direito. (artigo 1.005, Código Civil). 5. O sócio que integraliza o capital por meio de crédito (Exemplo: transferência de um crédito por meio de um título de crédito - nota promissória, duplicata, letra de câmbio), responde pela solvência do devedor. (artigo 1.005, Código Civil).

Fonte: Elaborado pelos autores.

Quadro 83 - Distribuição do Lucro na Sociedade Individual de Advocacia

A PARTICIPAÇÃO DO TITULAR NOS LUCROS E NAS PERDAS
1. Regras sobre a participação na distribuição dos lucros.
2. Para a retirada mensal a título de lucro exige-se uma cláusula expressa.
3. É vedada a distribuição de lucro futuro, fictício ou ilícitos.
A distribuição do lucro está vinculada ao resultado contabilizado.

Fonte: Elaborado pelos autores.

Quadro 84 - Responsabilidade Profissional do Titular na Sociedade Individual de Advocacia

RESPONSABILIDADE PROFISSIONAL
É imprescindível declarar expressamente que, além da sociedade, o titular responderá subsidiária e ilimitadamente pelos danos causados aos clientes, por ação ou omissão, no exercício da advocacia, sem prejuízo da responsabilidade disciplinar em que possa incorrer.

Fonte: Elaborado pelos autores.

Após o registro junto à seccional da Ordem dos Advogados da sede expressamente indicada no estatuto social, a sociedade individual de advocacia adquire personalidade jurídica.

Com relação à responsabilidade pelos atos profissionais e de administração:

1. A responsabilidade pelos atos da sociedade é integral do seu titular, descabendo a transferência para terceira pessoa, ainda que se trate de advogado ou empregado.
2. A responsabilidade pelos atos de gestão é integral do titular da sociedade, mas a lei autoriza a delegação de funções da administração para profissionais contratados para este fim.

Em razão das suas peculiaridades, a sociedade individual de advocacia não autoriza a figura do sócio de serviço.

5.2.2 Sociedade de Advogados

A sociedade de advogado detém natureza de sociedade simples e está prevista pela Lei 8.906/94. É regulada pelo Provimento nº 112/2006, editado pela Ordem dos Advogados do Brasil, sendo aplicadas, ainda, subsidiariamente, as regras previstas no Código Civil às sociedades simples.

Por força de previsão expressa no Estatuto da Advocacia, art. 15 e 17, Lei 8.906/94, não se aplica às sociedades de advogados a descaracterização da natureza empresarial prevista no art. 966, parágrafo único, do Código Civil. Assim, não é admitida a registro a sociedade que apresente forma ou características de sociedade empresária, que adotem denominação de fantasia, que realizem atividades estranhas à advocacia, que incluam como sócio ou titular de sociedade unipessoal de advocacia pessoa não inscrita como advogado ou totalmente proibida de advogar.

É permitida a constituição de sociedades de advogados entre cônjuges, qualquer que seja o regime de bens, desde que ambos sejam advogados, regularmente inscritos no Conselho Seccional da OAB em que se deva promover o registro e arquivamento.

A sociedade de advogado é constituída por meio de um contrato social, e a personalidade jurídica é adquirida a partir do seu registro na seccional da Ordem dos Advogados do Brasil da sua respectiva sede.

O contrato social obrigatoriamente conterá:

Quadro 85 - Qualificação dos Sócios na Sociedade de Advogados

QUALIFICAÇÃO DOS SÓCIOS
1. O quadro societário de uma sociedade de advogados é composto somente por pessoa inscrita na Ordem dos Advogados do Brasil, ou pessoa com matrícula pública com autorização para o exercício da advocacia.
2. Qualificação: nome completo, nacionalidade, estado civil, profissão, documento de identidade, inscrição junto ao CPF, endereço completo.

Fonte: Elaborado pelos autores.

Quadro 86 - Nome da Sociedade de Advogados

NOME DA SOCIEDADE INDIVIDUAL
1. A razão social, constitui-se pelo nome completo, nome social ou sobrenome dos sócios, ou, pelo menos, de um deles. 2. É permitido o uso do símbolo "&", como conjuntivo dos nomes ou nomes sociais de sócios que constarem da denominação social.

Fonte: Elaborado pelos autores.

Quadro 87 - Prazo de Duração da Sociedade de Advogados

PRAZO DA SOCIEDADE
O prazo de duração, com início das atividades a partir da data de registro do ato constitutivo.

Fonte: Elaborado pelos autores.

Quadro 88 - Objeto Social da Sociedade de Advogados

OBJETO
O objeto social, que consistirá exclusivamente na prestação de serviços de advocacia, podendo especificar o ramo do Direito a que se dedicará.

Fonte: Elaborado pelos autores.

Quadro 89 - Sede da Sociedade de Advogados

SEDE DA SOCIEDADE
1. Endereço social da sociedade. A sede define a competência contratual da sociedade e a competência processual. 2. Define a circunscrição da seccional que o contrato social será levado a registro. 3. Define a competência processual para as ações que a sociedade for ré, salvo previsão contratual diversa. (art. 53, inciso III, alínea "a", Código de Processo Civil).

Fonte: Elaborado pelos autores.

Quadro 90 - Capital e Cota da Sociedade de Advogados

O CAPITAL SOCIAL E FORMAS DE INTEGRALIZAÇÃO DAS COTAS
1. Valor expresso em moeda corrente, constituído por bens, direitos, crédito ou dinheiro, obrigatório e necessário para o exercício da atividade econômica.
2. A integralização pode ser à vista, a prazo ou em data certa (diferida).
3. A integralização por meio de transferência de bens exige que o bem (móvel, imóvel, corpóreo e incorpóreo) tenha correspondência ao objeto da sociedade (que possibilite o exercício da atividade econômica).
4. O sócio que integraliza o capital por meio de bem, responde por eventual perda do bem em processo judicial ou decisão da administração pública, correspondente ao período em que detinha a propriedade ou titularidade sobre a coisa ou o direito. (artigo 1.005, Código Civil).
5. O sócio que integraliza o capital por meio de crédito (Exemplo: transferência de um crédito por meio de um título de crédito - nota promissória, duplicata, letra de câmbio), responde pela solvência do devedor. (artigo 1.005, Código Civil).

Fonte: Elaborado pelos autores.

Quadro 91 - Distribuição do Lucro na Sociedade de Advogados

A PARTICIPAÇÃO DE CADA SÓCIO NOS LUCROS E NAS PERDAS
1. Regras sobre a participação na distribuição dos lucros.
2. Para a retirada mensal a título de lucro exige-se cláusula expressa. O contrato social pode determinar a apresentação de balanços mensais, com a efetiva distribuição dos resultados aos sócios a cada mês.
3. É vedada a distribuição de lucro futuro, fictício ou ilícitos.
4. A distribuição do lucro está vinculada ao resultado contabilizado.

Fonte: Elaborado pelos autores.

Quadro 92 - Pagamento de Cotas na Dissolução Parcial da Sociedade de Advogados

PAGAMENTO DE COTAS E HONORÁRIOS AO HERDEIRO, CÔNJUGE MEEIRO OU SÓCIO RETIRANTE OU EXCLUÍDO
A forma de cálculo e o modo de pagamento dos haveres e de eventuais honorários pendentes, devidos ao sócio falecido, assim como ao que se retirar da sociedade ou que for excluído.

Fonte: Elaborado pelos autores.

Quadro 93 - Cláusula de Exercício Autônomo da Advocacia na Sociedade de Advogados

CLÁUSULA REGULADORA DO EXERCÍCIO AUTÔNOMO DA ADVOCACIA
A possibilidade, ou não, de o sócio exercer a advocacia autonomamente e de auferir, ou não, os respectivos honorários como receita pessoal.

Fonte: Elaborado pelos autores.

Quadro 94 - Cláusula de Responsabilidade Profissional na Sociedade de Advogados

RESPONSABILIDADE PROFISSIONAL
É imprescindível declarar expressamente que, além da sociedade, o sócio responderá subsidiária e ilimitadamente pelos danos causados aos clientes, por ação ou omissão, no exercício da advocacia, sem prejuízo da responsabilidade disciplinar em que possa incorrer.

Fonte: Elaborado pelos autores.

Quadro 95 - Regras para Solução de Conflitos na Sociedade de Advogados

CLÁUSULA DE SOLUÇÃO DE CONFLITOS
É admitida e recomendável a adoção de cláusula de mediação, conciliação e arbitragem.

Fonte: Elaborado pelos autores.

Quadro 96 - Direito de Voto na Sociedade de Advogados

DIREITO DE VOTO
Não se admitirá o registro e arquivamento de Contrato Social, e de suas alterações, com cláusulas que suprimam o direito de voto de qualquer dos sócios, podendo, entretanto, estabelecer quotas de serviço ou quotas com direitos diferenciados, vedado o fracionamento de quotas.

Fonte: Elaborado pelos autores.

Quadro 97 - Regras sobre a Alteração do Contrato Social na Sociedade de Advogados

ALTERAÇÃO DO CONTRATO SOCIAL
As alterações do Contrato Social podem ser decididas por maioria do capital social, salvo se o Contrato Social determinar a necessidade de quórum especial para deliberação.

Fonte: Elaborado pelos autores.

Quadro 98 - Regras sobre Cessão de Cotas na Sociedade de Advogados

CESSÃO DE COTAS
O Contrato Social pode prever a cessão total ou parcial de quotas, desde que se opere por intermédio de alteração aprovada pela maioria do capital social.

Fonte: Elaborado pelos autores.

Quadro 99 - Administração na Sociedade de Advogados

REGRAS E PODERES DE ADMINISTRAÇÃO
1. Se o contrato social não dispuser em contrário, a administração caberá separadamente aos sócios, ou seja, cada sócio poderá realizar qualquer ato em nome da sociedade.
2. O contrato social pode regular atos de administração de competência conjunta, individual ou concorrente.
3. No silêncio do contrato social, os administradores podem praticar todos os atos pertinentes à gestão da atividade econômica profissional, salvo a oneração ou a venda de bens imóveis de propriedade da sociedade, que dependerá de deliberação dos sócios.
4. A administração poderá ser concedida em instrumento em separado, que deverá ser arquivado no órgão de registro antes de qualquer ato de gestão, sob pena de responsabilidade solidária e ilimitada do administrador.
5. Os atos de gestão estão limitados aos poderes outorgados pelo contrato social ou pelo instrumento em separado, bem como pelo objeto da sociedade.
6. Ao administrador é vedado substituir-se no exercício da administração. Todavia, pode outorgar poderes (mandato - procuração) para prática de atos específicos.
7. Os administradores respondem solidariamente perante a sociedade e terceiros, por culpa (negligência, imperícia ou imprudência) no desempenho de suas funções.

Fonte: Elaborado pelos autores.

Ponto importante na elaboração da cláusula de administração é a remuneração do sócio administrador.

Não há no ordenamento jurídico brasileiro regra expressa determinando a obrigatoriedade de remuneração dos sócios na sociedade simples mediante pró-labore. Contudo, a Receita Federal do Brasil[123] entende ser ilícita a remuneração de sócio administrador tão-somente pela rubrica da retirada de lucro, entendendo que, nas sociedades simples, o pagamento do pró-labore é a regra, sendo excepcional a sua não incidência.

De acordo com o entendimento da RFB, a sociedade terá que discriminar em sua contabilidade a remuneração paga a título de trabalho e a remuneração paga a título de capital, sob pena de todo o montante recebido pelo sócio administrador ser considerado pró-labore e consequentemente incidir os tributos devidos.

Assim, para evitar qualquer tipo de discussão jurídica tributária e eventuais prejuízos à sociedade, o mais seguro seria o contrato social regular o pró-labore em favor do administrador, que pode ser fixado em um salário-mínimo ou valor que a sociedade entender razoável.

Os pedidos de registro serão instruídos com as certidões de quitação das obrigações legais junto à OAB, ficando dispensada de comprovação a quitação de tributos e contribuições sociais federais.

Por força das características da atividade de advocacia, a constituição da sociedade de advogados tem que observar as seguintes ressalvas:

1. O mesmo advogado não pode integrar mais de uma sociedade de advogados, constituir mais de uma sociedade unipessoal de advocacia, ou integrar, simultaneamente, uma sociedade de advogados e uma sociedade unipessoal de advocacia, com sede ou filial na mesma área territorial do respectivo Conselho Seccional.
2. Não são admitidas a registro, nem podem funcionar, sociedade de advogados ou sociedade unipessoal de advocacia que apresentem forma ou características de sociedade empresária, que adotem denominação de fantasia, que realizem

123 BRASIL. Receita Federal do BRASIL: Solução de Consulta nº 120 - Cosit - 17/08/2016: http://normas.receita.fazenda.gov.br/sijut2consulta/link.action?visao=anota- do&idAto=76675

atividades estranhas à advocacia, ou que incluam como titular pessoa não inscrita como advogado ou sujeita à proibição total de advogar.

3. Não se admitirá o registro e o arquivamento de ato constitutivo ou de suas alterações com cláusulas que estabeleçam a admissão de qualquer outro sócio.
4. O ato de constituição de filial deve ser averbado no registro da sociedade e arquivado no Conselho Seccional onde se instalar, ficando os sócios, inclusive o titular da sociedade unipessoal de advocacia, obrigados à inscrição suplementar.
5. A sociedade de advogados e a sociedade unipessoal de advocacia podem ter como sede, filial ou local de trabalho espaço de uso individual ou compartilhado com outros escritórios de advocacia ou empresas, desde que respeitadas as hipóteses de sigilo previstas nesta Lei e no Código de Ética e Disciplina.

É proibido o registro, nos cartórios de registro civil de pessoas jurídicas e nas juntas comerciais, de sociedade que inclua, entre outras finalidades, a atividade de advocacia.

5.3 EMPRESÁRIO INDIVIDUAL

O empresário individual é a pessoa física que exerce atividade empresarial em nome próprio e sob sua integral responsabilidade. A natureza de empresário individual é adquirida pela pessoa física após o registro do estatuto na junta comercial do estado correspondente ao seu endereço empresarial.

Aplica-se ao empresário individual as regras jurídicas reguladas pelo Código Civil, artigo 966 ao art. 971, bem como o Anexo I, da Instrução Normativa 81/2020.

Em que pese à exigência de registro, art. 967, Código Civil, o empresário individual não possui personalidade jurídica. Entretanto, exerce a empresa por meio de CNPJ próprio, distinto de seu CPF.

O estatuto do empresário individual conterá:

Quadro 100 - Nome do Empresário Individual

NOME EMPRESARIAL
1. Constituído por meio de firma individual.
2. Não pode haver mais de um nome registrado na junta comercial correspondente à sede da sociedade (Princípio da Novidade). Na hipótese de existir nome registrado o titular poderá acrescer designação precisa da atividade.

Fonte: Elaborado pelos autores.

O nome empresarial identifica o empresário individual.

A constituição do nome empresarial do empresário individual encontra-se regulada pela Instrução Normativa nº 81, Departamento Nacional de Registro Empresarial e Integração.

Quadro 101 - Objeto do Empresário Individual

OBJETO
1. O objeto tem que ser lícito, possível e determinado.
2. No objeto serão contempladas a atividade principal e as atividades secundárias.
3. O objeto é o parâmetro para a atuação do empresário individual em seus negócios privados e nas relações junto à administração pública (alvará, tributação).

Fonte: Elaborado pelos autores.

O objeto está diretamente ligado ao princípio da livre iniciativa, que garante ao empresário individual plena liberdade para o exercício da atividade que entender possível para atingir o seu principal objetivo que é o resultado positivo.

Entretanto, caberá ao profissional contábil ou jurídico atentar-se para os objetos que exigem o cumprimento de obrigações formais como condição de legalidade do exercício da atividade econômica empresarial, em especial as que exigem autorização/licença de ordem federal, estadual ou municipal.

Quadro 102 - Sede do Empresário Individual

SEDE E PRAZO DA SOCIEDADE
1. Endereço social do empresário individual. A sede define a competência comercial do empresário individual.
2. Define a circunscrição do órgão de registro que o estatuto será levado a registro.
3. Define a competência processual para as ações que o empresário individual for réu, salvo previsão contratual diversa. (art. 53, inciso III, alínea "a", Código de Processo Civil).

Fonte: Elaborado pelos autores.

Quadro 103 - Capital Social do Empresário Individual

O CAPITAL SOCIAL E FORMAS DE INTEGRALIZAÇÃO DAS COTAS
1. Valor expresso em moeda corrente.
2. A forma pactuada para a integralização do capital social: à vista, a prazo ou em data certa (diferida).
3. Integralização do capital social por meio de dinheiro, bens, direitos ou crédito.

Fonte: Elaborado pelos autores.

Quadro 104 - Declaração de Desimpedimento

DECLARAÇÃO DE DESIMPEDIMENTO
Declaração de desimpedimento para exercício da atividade empresária e de não possuir outra inscrição de empresário individual no país.

Fonte: Elaborado pelos autores.

Por não possuir personalidade jurídica, o empresário individual responde com seu patrimônio próprio pelos riscos sociais.

Nas palavras de Marlon Tomazette[124]

124 TOMAZETTE, Marlon. Curso de Direito Empresarial - Teoria geral e direito societário, volume 1. 11ª Edição, São Paulo: Saraiva Educação, 2020, p. 75

> Reitere-se que, não havendo uma pessoa jurídica na atuação do empresário individual, o patrimônio é um só e responde por todas as obrigações decorrentes da sua atuação. Assim, "o empresário individual responde pela vida da firma, sem necessidade de instauração do procedimento da desconsideração da personalidade jurídica".

Para exercer a empresa como empresário individual, a pessoa física tem que possuir capacidade civil, bem como não estar impedida para o exercício de atividade empresarial.

O Anexo I, da Instrução Normativa 81/2020, veda a possibilidade do exercício da empresa na forma de empresário individual:

1. Pelo menor de 16 (dezesseis) anos e as pessoas relativamente incapazes, salvo quando autorizados judicialmente para continuação da empresa. (art. 974 do Código Civil).
2. Os impedidos de ser empresário, tais como:

   a) Os membros do Poder Legislativo, como Senadores, Deputados Federais e Estaduais e Vereadores, se a empresa "goze de favor decorrente de contrato com pessoa jurídica de direito público, ou nela exercer função remunerada";

   b) Os Magistrados;

   c) Os membros do Ministério Público Federal;

   d) Os empresários falidos, enquanto não forem reabilitados;

   e) As pessoas condenadas a pena que vede, ainda que temporariamente, o acesso a cargos públicos; ou por crime falimentar, de prevaricação, peita ou suborno, concussão, peculato; ou contra a economia popular, contra o sistema financeiro nacional, contra as normas de defesa da concorrência, contra as relações de consumo, a fé pública ou a propriedade, enquanto perdurarem os efeitos da condenação;

   f) Os leiloeiros;

g) Os cônsules, nos seus distritos, salvo os não remunerados;

h) Os médicos, para o exercício simultâneo da farmácia; os farmacêuticos, para o exercício simultâneo da medicina;

i) Os servidores públicos civis da ativa, federais (inclusive Ministros de Estado e ocupantes de cargos públicos comissionados em geral). Em relação aos servidores estaduais e municipais observar a legislação respectiva;

j) Os servidores militares da ativa das Forças Armadas e das Polícias Militares;

k) Os estrangeiros (com visto permanente), para o exercício das seguintes atividades:

   i) Pesquisa ou lavra de recursos minerais ou de aproveitamento dos potenciais de energia hidráulica;

   ii) Atividade jornalística e de radiodifusão sonora e de sons e imagens;

   iii) Serem proprietários ou armadores de embarcação nacional, inclusive nos serviços de navegação fluvial e lacustre, exceto embarcação de pesca.

Em regra, o empresário individual exerce atividades de menor porte, sendo o meio comumente utilizado pelos pequenos empreendedores.

5.4 MICROEMPREENDEDOR INDIVIDUAL (MEI)

O microempreendedor individual (MEI) está regulado pelo artigo 18-A, Lei Complementar 123/06, Estatuto da Microempresa, bem como pelas Resoluções editadas pelo Comitê Gestor do Simples Nacional (vigente: Resolução CGSN nº 140, de 22 de maio de 2018).

O MEI está inserido no sistema de desburocratização da atividade empresarial brasileira – art. 170, IX, CRFB/88[125] – sendo uma das

125 BRASIL. Constituição da República Federativa do BRASIL de 1988: art. 170. A ordem

opções garantida pelo legislador para que o pequeno empreendedor exerça a empresa de forma regular e com custo fiscal reduzido. Trata-se do empresário individual ou empreendedor que exerça as atividades de industrialização, comercialização e prestação de serviços no âmbito rural, que aufere receita bruta anual não superior a R$ 81.000,00 (oitenta e mil reais), optante pelo Simples Nacional.

Para que o empresário individual ou empreendedor rural detenha natureza de microempreendedor individual exige-se o registro junto ao Sistema Simples Nacional, regulado pela Lei Complementar 123/06, desde que cumpridos os seguintes requisitos:

1. Receita bruta anual limitada a R$ 81.000,00 (oitenta e um mil reais), independentemente de qualquer despesa.
2. Exercer, de forma independente, apenas as ocupações constantes do Anexo XI da Resolução CGSN nº 140, de 22 de maio de 2018.
3. Possuir um único estabelecimento.
4. Não participar de outra empresa como titular, sócio ou administrador.
5. Não contratar mais de um empregado.
6. O empregado receberá exclusivamente 1 (um) salário mínimo previsto em lei federal ou estadual ou o piso salarial da categoria profissional, definido em lei federal ou por convenção coletiva da categoria.

Importante frisar que por possuir natureza de empresário individual, o MEI é uma pessoa física que exerce a empresa em nome próprio, respondendo com seu patrimônio pessoal pelos riscos sociais. A opção pelo exercício empresarial como MEI é facultativa, cabendo ao empreendedor avaliar os benefícios fiscais e obrigações formais quando da regularização da sua atividade empresarial. Mas o fato de ter optado pelo exercício da empresa como MEI não retira sua natureza de empresário individual.

---

econômica, fundada na valorização do trabalho humano e na livre iniciativa, tem por fim assegurar a todos existência digna, conforme os ditames da justiça social, observados os seguintes princípios: IX - tratamento favorecido para as empresas de pequeno porte constituídas sob as leis brasileiras e que tenham sua sede e administração no País.

O cadastro do MEI é realizado por meio do sítio eletrônico *http://www.portaldoempreendedor.gov.br*. Por força do princípio básico da desburocratização empresarial, o registro no sítio eletrônico federal gera automaticamente o número de identificação do registro de empresas (NIRE), atribuído pela junta comercial do estado correspondente à sede do microempreendedor individual; da mesma forma, o registro automático junto à Receita Federal do Brasil, gerando o Cadastro Nacional da Pessoa Jurídica (CNPJ). Com relação aos cadastros municipais e estaduais, o empreendedor terá que providenciar o registro junto aos órgãos competentes.

Nem todas as atividades estão autorizadas ao exercício empresarial por meio do MEI. A relação das atividades autorizadas encontra-se junto ao Anexo XI, Resolução CGSN nº 140, de 22 de maio de 2018.

5.5 EMPRESA INDIVIDUAL DE RESPONSABILIDADE LIMITADA (EIRELI) - REVOGADA CONFORME LEI Nº 14.195/2021

A empresa individual de responsabilidade limitada (EIRELI) foi inserida ao ordenamento jurídico pela Lei 12.441/2011, que acrescentou o art. 44, inciso VI, e o art. 980-A, ao Código Civil. O instituto foi alterado pela Lei 13.874/19. Em 27 de agosto de 2021, o art. 44, inciso VI, e o art. 980-A, do Código Civil, foram tacitamente revogados pelo art. 41, da Lei 14.195/2021. Em sequência, em dezembro de 2021, o art. 20, inciso VI, alíneas "a" e "b", MP nº 1.085/2021, revogou expressamente o art. 44, inciso VI, e o art. 980-A, excluindo definitivamente a EIRELI da realidade empresarial brasileira.

Tratava-se de pessoa jurídica constituída por uma pessoa, física ou jurídica, para o exercício de uma atividade econômica, empresarial ou não empresarial, cuja principal característica era a limitação do risco patrimonial do seu titular ao valor das cotas subscritas e integralizadas ao capital social.

Para a constituição da EIRELI, exigia-se a comprovação da integralização do capital social em valor mínimo a 100 (cem) salários-mínimos à época do registro. O capital social podia ser integralizado por meio de dinheiro, bem imóvel, bem móvel, direitos ou crédito, respondendo o seu titular pela evicção e solvência do crédito.

O limite do capital social se tornou um grande entrave para esse tipo de pessoa jurídica, pois prejudicava o pequeno empreendedor na tomada de decisão à proteção do seu patrimônio pessoal em relação aos riscos sociais. Por força da exigência legal de um capital mínimo que não apresentava razoabilidade para determinados negócios, manteve-se a prática das famosas sociedades limitadas com sócio subscrevendo apenas 1% do capital social, enquanto o segundo sócio subscrevia 99%, com o fim de cumprir o requisito da pluralidade de sócio.

Com relação ao seu objeto, a lei autorizava tanto atividade econômica empresarial quanto atividade econômica não empresarial.

A partir da revogação da EIRELI, o art. 41, da Lei 14.195/2021, **dispôs que o DREI disciplinará a transformação automática de EIRELI para sociedade limitada.** Para garantir um máximo de segurança jurídica nas relações empresariais, em 9 de setembro de 2021, o DREI publicou o OFÍCIO CIRCULAR SEI nº 3.510/2021/ME, contendo as seguintes orientações às Juntas Comerciais para o período de transição:

A) Incluir na ficha cadastral da empresa individual de responsabilidade limitada já constituída a informação de que foi "transformada automaticamente para sociedade limitada, nos termos do art. 41 da Lei nº 14.195, de 26 de agosto de 2021".

B) Dar ampla publicidade sobre a extinção da Eireli e acerca da possibilidade de constituição da sociedade limitada por apenas uma pessoa, bem como realizar medidas necessárias à comunicação dos usuários acerca da conversão automática das Eireli em sociedades limitadas.

C) Abster-se de arquivar a constituição de novas empresas individuais de responsabilidade limitada, devendo o usuário ser informado acerca da extinção dessa espécie de pessoa jurídica no ordenamento jurídico brasileiro e sobre a possibilidade de constituição de sociedade limitada por apenas uma pessoa.

D) Até o recebimento do ofício estabelecendo as regras gerais e efetivas para a transformação, realizar normalmente o arquivamento de alterações e extinções de empresas individuais de responsabilidade limitada, até que ocorra a efetiva alteração do código e descrição da natureza jurídica nos sistemas da Redesim.

Aplica-se as orientações publicadas pelo DREI aos registros efetuados junto ao Registro Civil de Pessoa Jurídica.

Na hipótese de a Junta Comercial de qualquer Unidade da Federação ainda não ter procedido com a transformação automática orientada pelo OFÍCIO CIRCULAR SEI nº 3.510/2021/ME, tal fato não prejudicará o exercício da atividade econômica por meio da EIRELI.

Contudo, caso a pessoa jurídica participe de licitação ou concorrência privada, ou até mesmo na hipótese de uma simples negociação contratual, situações jurídicas que, em regra, exige-se certidão de regularização junto ao órgão de registro, é prudente que a transformação da EIRELI para sociedade limitada seja requerida pelo interessado.

5.5.1 Empresa Individual de Responsabilidade Limitada (EIRELI) x Sociedade Limitada Unipessoal

Com a revogação dos dispositivos legais que regulavam a EIRELI, a sociedade limitada constituída por um único sócio (unipessoal) tornou-se a pessoa jurídica mais acessível para a proteção patrimonial do empreendedor que não deseja constituir uma sociedade pluripessoal.

A sociedade limitada constituída por uma única pessoa (unipessoal) oferece ao empreendedor a mesma proteção jurídica garantida à EIRELI: responsabilidade limitada ao montante integralizado; proteção ao patrimônio pessoal da pessoa que constituiu a pessoa jurídica; separação e proteção patrimonial do seu titular.

O quadro abaixo apresenta as principais características da EIRELI e da sociedade limitada:

Quadro 105 - Características EIRELI e Sociedade Limitada Unipessoal

EIRELI	Sociedade Limitada Unipessoal
Constituída por única pessoa, física ou jurídica.	Constituída por única pessoa, física ou jurídica.
Capital social mínimo correspondente a 100 (cem) salários mínimos.	Capital social livre.
Capital social integralizado no ato da constituição.	Integralização livre, podendo ser a prazo ou diferida.
Responsabilidade limitada ao montante do capital social.	Responsabilidade ilimitada e solidariamente pela integralização do capital social. Responsabilidade limitada ao montante do capital social integralizado.
Administração pelo titular ou terceiro.	Administração pelo titular ou terceiro.
Nome empresarial: denominação ou firma.	Nome empresarial: denominação ou firma.
A pessoa natural não pode participar de mais de uma EIRELI.	A pessoa natural pode participar de mais de uma sociedade limitada.

Fonte: Elaborado pelos autores.

Portanto, é fácil perceber que mesmo com a revogação da EIRELI, o empreendedor não sofreu qualquer prejuízo, pois a sociedade limitada constituída por uma única pessoa (unipessoal) garante a mesma proteção ao patrimônio pessoal do seu titular. Ao revés, a constituição de uma sociedade limitada demonstra-se menos burocrática, pois não é exigido um capital mínimo no valor correspondente a 100 (cem) salários-mínimos.

5.6 SOCIEDADE EM COMUM

A sociedade em comum encontra-se regulada pelos artigos 986 a 990, do Código Civil, e supletivamente pelas normas aplicadas às sociedades simples. Caracteriza-se pela sociedade contratual que não foi levada a registro no órgão competente.

Trata-se da união de duas ou mais pessoas que contribuíram para a formação do capital social para exercer uma atividade econômica, sem, contudo, proceder com a obrigação formal de registrar o contrato social, inexistindo assim personalidade jurídica.

Por se tratar de uma sociedade contratual, a sociedade em comum será constituída por meio de um contrato social escrito.

Importante frisar que o capítulo próprio da sociedade em comum não se aplica às sociedades por ações em constituição, que possui regra especial, regulada pela Lei 6.404/76.

Por não possuir personalidade jurídica, a sociedade em comum acaba não se beneficiando de certos direitos tipicamente empresariais, podendo ser exemplificado:

1. Vedado o acesso à recuperação judicial e extrajudicial (Lei 11.101/05).
2. Ausência de legitimidade para requerer falência de outro empresário (Lei 11.101/05).
3. Inexistência de proteção ao nome (o nome empresarial adquire proteção a partir do registro do contrato social).
4. Vedação à contratação com a administração pública (Lei 8.666/93).
5. Inviabilidade de seu enquadramento como microempresa ou empresa de pequeno porte (Lei Complementar 123/06).
6. Responsabilidade patrimonial dos sócios (artigo 990, Código Civil).

Os sócios são titulares em comum dos bens e dívidas da sociedade, podendo regular pacto limitativo de poderes de gestão que só terá eficácia contra terceiros que o conheça ou deva conhecer.

Os terceiros que contratam com a sociedade em comum poderão provar sua existência por todos os meios lícitos de prova; já os sócios, somente por escrito poderão provar a existência da sociedade entre si ou com relação a terceiros.

Por fim, merece destaque o principal efeito da ausência de personalidade jurídica da sociedade em comum, considerando a regra geral no direito empresarial de proteção ao patrimônio pessoal dos empreendedores: a responsabilidade patrimonial dos sócios pelas obrigações sociais.

Em que pese a possibilidade de a sociedade em comum manter bens sociais vinculados ao seu objeto, que responderão pelas obrigações sociais, os sócios respondem com o patrimônio pessoal de forma solidária e ilimitada pelas obrigações de titularidade da sociedade, respeitado o benefício de ordem apenas àquele que não contratou a obrigação exigida:

- O sócio que contratou a obrigação exigida responde solidária e ilimitadamente, independentemente dos bens sociais; e
- O sócio que não contratou a obrigação exigida responde de forma subsidiária, solidária e ilimitadamente, ou seja, o seu patrimônio só poderá ser atingido após o esgotamento dos bens sociais.

A regra de responsabilidade subsidiária aplicada ao sócio que não contratou a obrigação exigida, regulada pelo artigo 990, Código Civil, sofre críticas da doutrina[126], pois se apresenta confusa se observada a natureza da sociedade em comum e a escolha dos sócios de não procederem ao registro do contrato social, que garantiria a personalidade jurídica da sociedade e consequentemente a proteção patrimonial de seus bens pessoais.

5.7 SOCIEDADE DE PROPÓSITO ESPECÍFICO

A sociedade de propósito específico (SPE) não é um tipo societário, mas uma sociedade constituída pelos tipos societários regulados pelo Código Civil e Lei 6.404/76, para o exercício de atividades específicas ou projetos específicos. Em regra, a SPE é constituída por meio de uma sociedade anônima ou sociedade limitada.

O ordenamento jurídico não regula expressamente a SPE. Contudo, o artigo 981, parágrafo único, Código Civil, autoriza a constituição de sociedade para a realização de um ou mais negócios determinados.

126 CAMPINHO, Sérgio. O direito de empresa à Luz do código civil - 17ª edição revista e atualizada, São Paulo: Saraiva Educação, 2011, p. 85.

Para o "Manual de Registro de Sociedade Limitada", editado pelo anexo IV, Instrução Normativa nº 81/2020:

> O fato de a sociedade limitada caracterizar-se como Sociedade de Propósito Específico não altera a análise pela Junta Comercial para fins de registro, que ficará adstrita aos aspectos formais aplicáveis ao tipo societário de que trata este Manual.

Logo, ao analisar a estrutura formal de um pedido de registro de uma SPE, a junta comercial se debruçará sobre as regras do tipo societário escolhido – Exemplo: Sociedade Limitada ou Sociedade Anônima.

As Sociedades de Propósito Específico são comumente utilizadas pelo setor imobiliário, onde a cada empreendimento constitui-se uma SPE responsável pela construção e alienação das unidades imobiliárias. Nas relações com a administração pública é exigida como condição para a realização das chamadas PPP (Parceria Público-Privada)[127]. Por fim, pode ser utilizada como meio de recuperação judicial, quando constituída para adjudicar, em pagamento dos créditos, os ativos do devedor[128].

A Lei Complementar autoriza a constituição de SPE formada por microempresas (ME) ou empresas de pequeno porte (EPP) para a realização de compra e venda de bens e serviços para os mercados nacional e internacional, respeitadas as seguintes regras[129]:

1. Não poderão integrar a sociedade de que trata o *caput* deste artigo pessoas jurídicas não optantes pelo Simples Nacional.
2. Terá seus atos arquivados no Registro Público de Empresas Mercantis.
3. A aquisição de bens destinados à exportação pela sociedade de propósito específico não gera direito a créditos relativos a impostos ou contribuições abrangidos pelo Simples Nacional.
4. Poderá exercer atividades de promoção dos bens referidos na alínea b do inciso II deste parágrafo (operações de venda de

127 BRASIL. Lei 11.079/04: art. 9º.

128 BRASIL. Lei 11.101/05: art. 50, inciso XVI.

129 BRASIL. Lei Complementar 123: art. 56, §§ 1º e 2º

bens adquiridos das microempresas e empresas de pequeno porte que sejam suas sócias para pessoas jurídicas que não sejam suas sócias).

5. Apurará o imposto de renda das pessoas jurídicas com base no lucro real, devendo manter a escrituração dos livros Diário e Razão.
6. Apurará a Cofins e a Contribuição para o PIS/Pasep de modo não-cumulativo.
7. Exportará, exclusivamente, bens a ela destinados pelas microempresas e empresas de pequeno porte que dela façam parte.
8. Será constituída como sociedade limitada.
9. Deverá, nas revendas às microempresas ou empresas de pequeno porte que sejam suas sócias, observar preço no mínimo igual ao das aquisições realizadas para revenda.
10. Deverá, nas revendas de bens adquiridos de microempresas ou empresas de pequeno porte que sejam suas sócias, observar preço no mínimo igual ao das aquisições desses bens.
11. A microempresa ou a empresa de pequeno porte não poderá participar simultaneamente de mais de uma sociedade de propósito específico de que trata este artigo.
12. A sociedade de propósito específico de que trata este artigo não poderá ser filial, sucursal, agência ou representação, no País, de pessoa jurídica com sede no exterior; ser constituída sob a forma de cooperativas, inclusive de consumo; ou participar do capital de outra pessoa jurídica.
13. Exercer atividade de banco comercial, de investimentos e de desenvolvimento, de caixa econômica, de sociedade de crédito, financiamento e investimento ou de crédito imobiliário, de corretora ou de distribuidora de títulos, valores mobiliários e câmbio, de empresa de arrendamento mercantil, de seguros privados e de capitalização ou de previdência complementar.
14. Ser resultante ou remanescente de cisão ou qualquer outra forma de desmembramento de pessoa jurídica que tenha ocorrido em um dos 5 (cinco) anos-calendário anteriores.
15. Exercer a atividade vedada às microempresas e empresas de pequeno porte optantes pelo Simples Nacional.

Para os fins de seu objeto a legislação autoriza a SPE realizar as seguintes atividades:

1. Operações de compras para revenda às microempresas ou empresas de pequeno porte que sejam suas sócias;
2. Operações de venda de bens adquiridos das microempresas e empresas de pequeno porte que sejam suas sócias para pessoas jurídicas que não sejam suas sócias.

Ponto importante a ser observado na SPE é o prazo de duração. Em regra, a SPE apresenta prazo determinado, que dependerá do propósito de seu objeto. Assim, sendo um empreendimento imobiliário, o prazo será o tempo necessário para a construção e alienação das unidades imobiliárias; sendo uma PPP, o período necessário para a realização do objeto do contrato administrativo. Ou seja, a existência de prazo e o seu período dependerá do objeto da SPE.

Por fim, o "Manual de Registro de Sociedade Limitada"[130], autoriza a inclusão da sigla SPE antes da designação do tipo societário, como uma forma de identificação da sociedade de propósito específico. Não se trata de uma determinação, mas orientação, pois o DREI não detém competência para legislar sobre direito empresarial, mas apenas regular o direito legislado por lei ordinária.

5.8 SOCIEDADE EM CONTA DE PARTICIPAÇÃO

A sociedade em conta de participação é uma sociedade invisível, que não aparece para terceiros e que não se exige formalidade para sua constituição.

Nas palavras de Marcelo M. Bertoldi e Marcia Carla Pereira Ribeiro[131]

130 BRASIL. Departamento Nacional de Registro Empresarial e Integração - DREI. Manual de Registro de Sociedade Limitada. Anexo IV, Instrução Normativa nº 81/2020, p. 43.

131 BERTOLDI, Marcelo M, RIBEIRO, Marcia Carla Pereira. Curso Avançado de Direito Comercial. 9ª Edição, rev., atual. e ampliada, São Paulo: Editora Revista dos Tribunais, 2015, p. 201.

> Sem personalidade jurídica própria, a sociedade em conta de participação se caracteriza por um contrato, não necessariamente escrito, em que duas ou mais pessoas acordam em explorar um mesmo empreendimento empresarial em proveito comum, sob o nome e responsabilidade de um ou alguns dos sócios, a quem cabe a administração da sociedade.

Em que pese à ausência de personalidade jurídica, a partir da IN nº 1.470/2014, revogada pela IN nº 1.634/2016, posteriormente revogada pela IN nº 1.863/2018, da Receita Federal do Brasil, a SCP passou a ser obrigado a possuir inscrição junto ao Cadastro Nacional de Pessoa Jurídica (CNPJ).

A exigência de inscrição da SCP junto à Receita Federal atribuiu uma formalidade mínima à sua constituição, que deverá ser realizada por meio de um contrato escrito, regulando de forma clara e transparente a figura do sócio ostensivo e do sócio participante, bem como o objeto, distribuição dos resultados e outras obrigações societárias que os sócios entenderem necessárias.

A SCP não possui nome empresarial.

O sócio ostensivo será aquele que exercerá exclusivamente e em nome próprio o objeto da SCP, sendo de sua inteira responsabilidade a administração e as relações contratuais com terceiros. Já o sócio participante (oculto), detém a natureza de investidor, titular do direito à participação nos resultados, sem, contudo, exercer atos de atribuição exclusiva do sócio ostensivo, sob pena de responsabilidade.

Marlon Tomazette[132]

> O sócio ostensivo, que pode ser um empresário individual ou uma sociedade, é aquele que exercerá a atividade em seu próprio nome, vinculando-se e assumindo toda a responsabilidade perante terceiros. A sociedade em conta de participação não firmará contratos. Quem firmará os contratos necessários para o exercício da atividade é o sócio ostensivo, usando tão somente seu próprio crédito, seu próprio nome. Quando ele age, não age como um administrador de

132 TOMAZETTE, Marlon. Curso de Direito Empresarial - Teoria geral e direito societário, volume 1. 11ª Edição, São Paulo: Saraiva Educação, 2020, p. 329-330.

> uma sociedade, mas como um empresário, seja ele individual, seja uma sociedade.
>
> De outro lado, há o sócio participante que não aparece perante terceiros, não assumindo qualquer responsabilidade perante o público. Daí a denominação *sócio oculto*. A responsabilidade dele é apenas perante o sócio ostensivo, nos termos em que acertado entre os dois.

Para Rubens Requião[133]

> É curiosa a sociedade em conta de participação. Não tem razão social ou firma; não se revela publicamente, em face de terceiros; não terá patrimônio, pois os fundos do sócio oculto são entregues, fiduciariamente, ao sócio ostensivo que os aplica como seus, pois passam a integrar o seu patrimônio.

A SCP caracteriza-se por deter natureza de uma relação de cooperação empresarial entre os sócios, pois, a partir dos investimentos realizados pelo sócio oculto, somado à participação do sócio ostensivo, forma-se um patrimônio especial para o exercício do seu objeto. Caberá ao sócio ostensivo exercer o objeto, contratar com terceiros e administrar em seu próprio nome os interesses da sociedade em conta de participação.

5.9 GRUPOS DE SOCIEDADES DE FATO. COLIGADAS, CONTROLADORAS, CONTROLADAS E SUBSIDIÁRIA INTEGRAL

Por natureza, as sociedades, em regra, constituem-se pela união de duas ou mais pessoas que, por meio de esforços recíprocos, possibilitam o exercício de uma atividade econômica empresarial, com a finalidade precípua de gerar resultado a ser partilhado entre as pessoas que possibilitaram a existência da pessoa transvestida em sociedade empresarial. A

133 REQUIÃO, Rubens. Curso de Direito Comercial. 1º Volume, 28ª Edição, rev. E atual., por Rubens Edmundo Requião, São Paulo: Saraiva, 2009, p. 457.

união, visão conjunta, compartilhamento de experiências e objetivo em comum estão intrinsecamente ligados à natureza do direito societário.

> Os homens, há muito tempo, vêm reunido seus esforços e recursos constituindo sociedades, para desenvolver atividades que não seriam possíveis para um único homem. Com o desenvolvimento do capitalismo e o surgimento dos grandes empreendimentos, por vezes, nem as sociedades sozinhas conseguiam realizar certos empreendimentos. Em função disso, as sociedades começaram a se associar, criando sociedades de sociedades, isto é, grupos de sociedades independentes, sujeitas a uma direção única. (TOMAZETTE, 2020, p. 652)[134]

Sob esse aspecto, o direito brasileiro autoriza a formação de grupos societários sob diversas técnicas jurídicas, privilegiando o princípio maior que regula o direito societário brasileiro: livre iniciativa.

Seguindo a classificação utilizada pela doutrina brasileira, os grupos societários dividem-se em duas modalidades: grupos de fato e grupo de direito[135].

Assim, são grupos societários de fato as sociedades que mantêm, entre si, participação no capital social, sem, contudo, organizarem-se em estrutura jurídica formal.

> Nos grupos de fato, inexiste tal convenção; há uma mera "junção de sociedades", sem a necessidade de exercerem, entre si um relacionamento mais profundo, permanecendo isoladas e sem organização jurídica. A existência ou não da convenção é um fato secundário, na medida em que necessariamente haverá certa disciplina das relações entre as diversas integrantes do grupo, seja verbal, seja escrita. (TOMAZETTE, 2020, p. 652)[136]

Os grupos societários de fato constituem-se sob a forma de coligadas, controladoras e controlada, bem como pela subsidiária integral.

134 TOMAZETTE, Marlon. Curso de Direito Empresarial - Teoria geral e direito societário, volume 1. 11ª Edição, São Paulo: Saraiva Educação, 2020.

135 CAMPINHO, Sérgio. Curso de Sociedade Anônima. Rio de Janeiro: Renovar, 2015, p. 484.

136 TOMAZETTE, Marlon. Curso de Direito Empresarial - Teoria geral e direito societário, volume 1. 11ª Edição, São Paulo: Saraiva Educação, 2020.

O artigo 243, §§ 1º, 4º e 5º, Lei 6.404/76, considera como coligada a sociedade em que a investidora detém ou exerça influência significativa nas decisões políticas, financeira ou operacional da companhia investida sem, contudo, exercer o controle. Presume-se a influência quando a investidora for titular de 20% (vinte por cento) do capital votante da companhia investida.

Ao regular as sociedades coligadas, o Código Civil não exige a influência política financeira ou operacional, definindo como sociedade coligada aquela que outra sociedade participe com 10% (dez por cento) ou mais do capital social[137].

Entende-se por controlada a sociedade na qual a controladora, direta ou indiretamente – por meio de uma cadeia de controladas – é titular de direitos de sócio que lhe assegurem, de modo permanente, poder nas deliberações e eleição da maioria dos administradores[138] [139].

Não se admite no direito brasileiro a participação cruzada no capital social, sendo autorizada apenas a participação societária da controladora no capital da controlada e da investidora no capital social da sociedade coligada[140].

É importante frisar que na seara previdenciária[141] as sociedades que formam grupo econômico respondem solidariamente pelas violações à Lei 8.212/91 (Contribuição Previdenciária); da mesma forma no direito do trabalho[142] há responsabilidade solidária quando comprovada a

---

137 BRASIL. Lei 10.406/02: art. 1.099. Diz-se coligada ou filiada a sociedade de cujo capital outra sociedade participa com dez por cento ou mais, do capital da outra, sem controlá-la.

138 BRASIL. Lei 6.404/76: art. 243, § 2º.

139 BRASIL. Lei 10.406/02: art. 1.09, incisos I e II. É controlada: I - a sociedade de cujo capital outra sociedade possua a maioria dos votos nas deliberações dos quotistas ou da assembleia geral e o poder de eleger a maioria dos administradores; II - a sociedade cujo controle, referido no inciso antecedente, esteja em poder de outra, mediante ações ou quotas possuídas por sociedades ou sociedades por esta já controladas.

140 CAMPINHO, Sérgio. Curso de Sociedade Anônima. Rio de Janeiro: Renovar, 2015, p. 487.

141 BRASIL. Lei 8.212/91: art. 30 - A arrecadação e o recolhimento das contribuições ou de outras importâncias devidas à Seguridade Social obedecem às seguintes normas: IX - as empresas que integram grupo econômico de qualquer natureza respondem entre si, solidariamente, pelas obrigações decorrentes desta Lei

142 BRASIL. Decreto-Lei nº 5.452/1943 (CLT). Art. 2º - Considera-se empregador a empresa, individual ou coletiva, que, assumindo os riscos da atividade econômica, admite, assalaria e dirige a prestação pessoal de serviço. § 2º Sempre que uma ou mais empresas, tendo, embora, cada uma delas, personalidade jurídica própria, estiverem sob a direção, controle ou administração de outra, ou ainda quando, mesmo guardando cada uma sua autonomia, integrem grupo econômico, serão responsáveis solidariamente pelas obrigações decorrentes da relação de emprego.

existência de grupo econômico; bem como a responsabilidade é solidária quando da infração à Lei de Proteção à Concorrência[143].

A subsidiária integral é uma exceção à pluralidade de sócio, autorizando a lei sua constituição ou alteração para que integre ou passe a integrar apenas uma acionista, representada por sociedade brasileira. A partir da sua constituição jurídica, revela-se uma sociedade anônima unipessoal.

A lei regula três fórmulas de constituição da subsidiária integral:

a) constituição[144]; b) aquisição de ações[145]; ou c) incorporação de ações[146].

> Na criação originária, a subsidiária integral é constituída mediante escritura pública, tendo como único acionista sociedade brasileira. Não se exige do instituidor, portanto, a forma de companhia, sendo bastante apresentar-se como sociedade nacional. Na hipótese de conversão da companhia em subsidiária integral, mediante aquisição de todas as ações, a adquirente, que será sua única acionista, também deverá ser acionista brasileira, na se requisitando seja adquirente uma sociedade anônima. Mas no caso de conversão da companhia em decorrência da incorporação de todas as suas ações ao patrimônio de outra, exige-se que a única acionista seja uma companhia brasileira. Isto porque, a incorporação em tela somente se pode realizar entre companhias. (CAMPINHO, 2015, p. 498)[147]

Aplica-se à subsidiária integral, no que couber, as normas que regulam as sociedades anônimas pluripessoal.

143 BRASIL. Lei 12.529/11. Art. 33. Serão solidariamente responsáveis as empresas ou entidades integrantes de grupo econômico, de fato ou de direito, quando pelo menos uma delas praticar infração à ordem econômica.

144 BRASIL. Lei 6.404/76: art. 251.

145 BRASIL. Lei 6.404/76: art. 251, § 2º.

146 BRASIL. Lei 6.404/76: art. 252.

147 CAMPINHO, Sérgio. Curso de Sociedade Anônima. Rio de Janeiro: Renovar, 2015.

5.10 GRUPO DE SOCIEDADE DE DIREITO

A sociedade controladora e suas controladas podem formalizar grupo de sociedade em que se obriguem, formalmente, a combinar recursos ou esforços para a realização de seus respectivos objetos, ou a participar de atividades ou empreendimento comuns.

O grupo de sociedade de direito encontra-se regulado pelos artigos 265 a 277, Lei 6.404/76, bem como pelos artigos 86 a 89, da Instrução Normativa nº 81, DREI.

A sociedade controladora, ou de comando do grupo, tem que ser brasileira, ou seja, constituída segundo à legislação brasileira, com sede de sua administração em território brasileiro[148].

O grupo de sociedade de direito é constituído por meio de uma convenção pactuada entre controladora e controladas, devendo ser aprovada pelos acionistas ou sócios das respectivas sociedades, que regulará as seguintes cláusulas:

1. A designação do grupo.
2. A indicação da sociedade de comando e das filiadas.
3. As condições de participação das diversas sociedades.
4. O prazo de duração, se houver, e as condições de extinção.
5. As condições para admissão de outras sociedades e para a retirada das que o componham.
6. Os órgãos e cargos da administração do grupo, suas atribuições e as relações entre a estrutura administrativa do grupo e as das sociedades que o componham.
7. A declaração da nacionalidade do controle do grupo.
8. As condições para alteração da convenção.

A convenção será arquivada no Registro Público de Empresas Mercantis do local da sede da sociedade controladora ou sociedade de comando do grupo. O arquivamento detém a natureza constitutiva[149], ou seja, a existência jurídica do grupo societário considera-se a partir

148 BRASIL. Lei 10.406/02: art. 1.126. É nacional a sociedade organizada de conformidade com a lei brasileira e que tenha no País a sede de sua administração.

149 BRASIL. Lei 6.404/76: art. 271.

do registro. Caso as filiadas possuam sede em locais diferentes, exige-se o arquivamento das atas de assembleia ou alterações contratuais, que aprovaram a convenção, na Junta Comercial do respectivo local.

Em que pese a exigência de registro, o grupo de sociedade de direito não possui personalidade jurídica. Por consequência, as sociedades participantes mantêm autonomia de suas respectivas personalidades jurídicas.

A manutenção da independência societária afasta, em regra, a responsabilidade solidária entre as sociedades, respondendo cada participante por suas obrigações individuais. Contudo[150], é importante frisar que na seara previdenciária[151] as sociedades respondem solidariamente pelas violações à Lei 8.212/91; da mesma forma, no direito do trabalho[152] há responsabilidade solidária quando comprovada a existência de grupo econômico; bem como, a responsabilidade é solidária quando da infração à Lei de Proteção à Concorrência[153].

A partir da data do arquivamento a sociedade de comando e as filiadas passarão a usar os respectivos nomes empresariais acrescidos da designação do grupo.

5.11 CONSÓRCIO DE SOCIEDADES

O consórcio encontra-se regulado pelos artigos 278 e 279, da Lei 6.404/76, bem como pelos artigos 90 a 94, da Instrução Normativa nº 81, DREI. Caracteriza-se por um contrato intersocietário, constituído

150 CAMPINHO, Sérgio. Curso de Sociedade Anônima. Rio de Janeiro: Renovar, 2015, p. 504.

151 BRASIL. Lei 8.212/91: art. 30 - A arrecadação e o recolhimento das contribuições ou de outras importâncias devidas à Seguridade Social obedecem às seguintes normas: IX - as empresas que integram grupo econômico de qualquer natureza respondem entre si, solidariamente, pelas obrigações decorrentes desta Lei.

152 BRASIL. Decreto-Lei n 5.452/1943 (CLT). Art. 2º - Considera-se empregador a empresa, individual ou coletiva, que, assumindo os riscos da atividade econômica, admite, assalaria e dirige a prestação pessoal de serviço. § 2º Sempre que uma ou mais empresas, tendo, embora, cada uma delas, personalidade jurídica própria, estiverem sob a direção, controle ou administração de outra, ou ainda quando, mesmo guardando cada uma sua autonomia, integrem grupo econômico, serão responsáveis solidariamente pelas obrigações decorrentes da relação de emprego.

153 BRASIL. Lei 12.529/11. Art. 33. Serão solidariamente responsáveis as empresas ou entidades integrantes de grupo econômico, de fato ou de direito, quando pelo menos uma delas praticar infração à ordem econômica.

por sociedades autônomas, pertencentes a grupo de sociedades ou não, sem personalidade jurídica, com escopo principal de atingir um fim empresarial comum.

> O consórcio caracteriza-se, à luz de sua moldura legal, como um contrato entre sociedades, de tipos iguais ou diferentes, sob o mesmo controle ou não, visando à conjugação de esforços e recursos para a execução de determinado empreendimento, mantendo cada consorciada a sua autonomia jurídica e empresarial. (CAMPINHO, 2015, p. 512).[154]

Por não possuir personalidade jurídica, o consórcio não possui patrimônio próprio, respondendo pelas obrigações correspondentes ao seu objeto o patrimônio das sociedades signatárias, nos limites das condições previstas pelo contrato pactuado, não se presumindo responsabilidade solidária. Entretanto, nada obsta as sociedades anuírem expressamente cláusula regulando a responsabilidade solidária entre as consorciadas.

O contrato de consórcio obrigatoriamente conterá as seguintes cláusulas[155]:

1. A designação do consórcio se houver.
2. O empreendimento que constitua o objeto do consórcio.
3. A duração, endereço e foro.
4. A definição das obrigações e responsabilidade de cada sociedade consorciada, e das prestações específicas.
5. Normas sobre recebimento de receitas e partilha de resultados.
6. Normas sobre administração do consórcio, contabilização, representação das sociedades consorciadas e taxa de administração, se houver.
7. Forma de deliberação sobre assuntos de interesse comum, com o número de votos que cabe a cada consorciado.
8. Contribuição de cada consorciado para as despesas comuns, se houver.

---

154 CAMPINHO, Sérgio. Curso de Sociedade Anônima. Rio de Janeiro: Renovar, 2015.
155 BRASIL. Lei 6.404/76: art. 279.

O contrato de consórcio e suas alterações serão arquivados no Registro Público de Empresas Mercantis do lugar da sua sede, devendo a certidão de arquivamento ser publicada.

5.11.1 Consórcio Simples de Sociedades - Microempresa e Empresa de Pequeno Porte

O Decreto nº 6.451 de 12 de maio de 2008, regula o denominado Consórcio Simples, constituído por microempresas (ME) e empresas de pequeno porte (EPP), optantes pelo Simples Nacional.

As ME e EPP, optantes pelo Regime Especial Unificado de Arrecadação de Tributos e Contribuições – SIMPLES NACIONAL – poderão constituir, nos termos do art. 56, Lei Complementar nº 123/2006, Consórcio Simples para as seguintes finalidades: compra e venda de bens e serviços para os mercados nacional e internacional[156].

O Consórcio Simples não pode exercer simultaneamente as atividades de compra e venda, salvo na hipótese de compra de insumos para industrialização[157].

O contrato de Consórcio Simples será arquivado no Registro Público de Empresas Mercantis, devendo conter as seguintes cláusulas[158]:

1. De nominação, a finalidade, o endereço e o foro.
2. Identificação de cada uma das consorciadas que integrarão o consórcio simples.
3. Indicação da área de atuação do consórcio simples, inclusive se a atividade se destina a compra ou venda.
4. Forma de deliberação sobre assuntos de interesse comum, com o número de votos que cabe a cada consorciada.
5. Direito de qualquer das consorciadas, quando adimplentes com as suas obrigações, de exigir o pleno cumprimento das suas cláusulas.
6. Definição das obrigações e responsabilidades de cada consorciada, e das prestações específicas, observadas as disposições da legislação civil.

156 BRASIL. Decreto nº 6.451/2008: art. 1º.
157 BRASIL. Decreto nº 6.451/2008: art. 3º.
158 BRASIL. Decreto nº 6.451/2008: art. 3º.

7. Normas sobre recebimento de receitas e partilha de resultados.
8. Normas sobre administração do consórcio simples, contabilização e representação das consorciadas e taxa de administração, se houver.
9. Contribuição de cada consorciada para as despesas comuns, se houver.
10. Especificar regras de substituição, de ingresso e de saída das microempresas e empresas de pequeno porte consorciadas, inclusive na hipótese de exclusão da consorciada do SIMPLES NACIONAL.

A opção e manutenção no SIMPLES NACIONAL é condição resolutiva para a participação da ME ou EPP no Consórcio Simples. Na hipótese de exclusão da consorciada do Regime Especial Unificado de Arrecadação de Tributos e Contribuições, proceder-se-á sua imediata retirada do consórcio.

A ME e a EPP não podem participar de mais de um consórcio de forma simultânea[159].

O Decreto nº 6.451 de 12 de maio de 2008, dispõe o Capítulo III, artigo 4º, para a contabilidade do Consórcio Simples, cabendo ao profissional contábil atenção à escrituração, tributação e contabilidade das atividades desenvolvidas pelas ME e EPP em regime de consórcio.

5.12 SOCIEDADE DE ECONOMIA MISTA E EMPRESA PÚBLICA

A administração pública é subdividida em administração direta e administração indireta, sendo a primeira exercida diretamente pelo Estado, por meio de seus órgãos, e a segunda por meio de pessoas jurídicas que não os próprios entes federados: autarquias, fundações, sociedades de economia mistas e empresas públicas[160].

159 BRASIL. Decreto nº 6.451/2008: art. 2º.

160 BORBA, José Edwaldo Tavares. Direito Societário. 11ª edição, São Paulo: Renovar, 2008, p. 495.

A sociedade de economia mista e a empresa pública são pessoas jurídicas constituídas e administradas tanto pelas regras e princípios de direito privado quanto pelas regras e princípios de direito público. Exercem atividade econômica empresarial de interesse público e são constituídas por legislação específica.

A lei de constituição da sociedade de economia mista e empresa pública estabelecerá o estatuto jurídico da sociedade, dispondo sobre:

I) sua função social e formas de fiscalização pelo Estado e pela sociedade; II) a sujeição ao regime jurídico próprio das empresas privadas, inclusive quanto aos direitos e obrigações civis, comerciais, trabalhistas e tributários; III) licitação e contratação de obras, serviços, compras e alienações, observados os princípios da administração pública; IV) a constituição e o funcionamento dos conselhos de administração e fiscal, com a participação de acionistas minoritários; V) os mandatos, a avaliação de desempenho e a responsabilidade dos administradores[161].

A sociedade de economia mista possui as seguintes características:

1. Entidade dotada de personalidade jurídica de direito privado.
2. Criada por lei para a exploração de atividade econômica, sob a forma de sociedade anônima.
3. A maioria das ações com direito a voto são de titularidade da União, ente federado, ou entidade da Administração Indireta.

A empresa pública possui as seguintes características:

1. Entidade dotada de personalidade jurídica de direito privado, com patrimônio próprio e capital exclusivo da União ou ente federado.
2. Criada por lei para a exploração de atividade econômica que o Governo seja levado a exercer por força de contingência ou de conveniência administrativa, podendo revestir-se de qualquer das formas admitidas em direito.

Os estados e municípios possuem autonomia constitucional para a constituição de sociedade de economia mista e empresa pública.

161 BRASIL. Constituição da República Federativa do BRASIL de 1988. Art. 173, § 1º, incisos.

5.13 ESTABELECIMENTO NO BRASIL DE SOCIEDADE ESTRANGEIRA

Entende-se por sociedade estrangeira a pessoa jurídica constituída em outro país, onde se vincula juridicamente e mantém sua sede.

Para a exploração de atividade econômica em território brasileiro a sociedade estrangeira obriga-se à autorização governamental. Assim, para constituir agência, filial ou sucursal, deve obter previamente autorização do Poder Executivo Federal.

O Código Civil, por meio dos artigos 1.134 ao 1.141, e a IN 77/2020, DREI, definem as seguintes regras às chamadas sociedades estrangeiras:

1. Qualquer que seja o seu objeto, não é permitido o seu funcionamento no País, sem autorização do Poder Executivo Federal, ainda que por estabelecimentos subordinados, podendo, contudo, ressalvados os casos expressos em lei, ser acionista de uma sociedade anônima brasileira;
2. Quando da apresentação de requerimento de autorização para o seu funcionamento, obrigatoriamente devem ser anexados os seguintes documentos, os quais deverão ser autenticados, de conformidade com a lei nacional da sociedade requerente, legalizados no consulado brasileiro da respectiva sede e acompanhados de tradução em vernáculo:

   a) Prova de se achar a sociedade constituída conforme a lei de seu país;

   b) Inteiro teor do contrato ou do estatuto;

   c) Relação dos membros de todos os órgãos da administração da sociedade, com nome, nacionalidade, profissão, domicílio e, salvo quanto a ações ao portador, o valor da participação de cada um no capital da sociedade;

   d) Cópia do ato que autorizou o funcionamento no Brasil e fixou o capital destinado às operações no território nacional;

e) Prova de nomeação do representante no Brasil, com poderes expressos para aceitar as condições exigidas para a autorização;

f) Último balanço; e

g) Exemplar da publicação mencionada no item 4 a seguir, acompanhado de documento do depósito em dinheiro, em estabelecimento bancário oficial, do capital ali mencionado.

3. Mesmo depois de autorizada, não é permitido o início de suas atividades antes de devidamente inscrita no registro próprio do lugar em que se deva estabelecer, seja na junta comercial ou no registro civil das pessoas jurídicas;
4. Importante ressalvar que, expedido o decreto de autorização, fica a sociedade obrigada a publicar os seus atos constitutivos no órgão oficial da União, no prazo de 30 dias, cujo exemplar representará prova para a inscrição, no registro próprio, dos atos constitutivos da sociedade. Esta prova de inscrição também deverá ser publicada no prazo de 30 dias;
5. Tão logo se conclua o arquivamento desses documentos, a inscrição será feita por termo em livro especial para as sociedades estrangeiras, com número de ordem contínuo para todas as sociedades inscritas; no termo constarão:

a) Nome, objeto, duração e sede da sociedade no estrangeiro;

b) Lugar da sucursal, filial ou agência, no País;

c) Data e número do decreto de autorização;

d) Capital destinado às operações no País; e

e) Individuação do seu representante permanente.

6. A sociedade estrangeira autorizada a funcionar ficará sujeita às leis e aos tribunais brasileiros, quanto aos atos ou operações praticados no Brasil. A sociedade estrangeira funcionará no território nacional com o nome que tiver em seu país de origem, podendo acrescentar as palavras "do Brasil" ou "para o Brasil";

7. A sociedade estrangeira autorizada a funcionar é obrigada a manter, permanentemente, representante no Brasil, com poderes para resolver quaisquer questões e receber citação judicial pela sociedade. Importante ressalvar que esse representante somente pode agir perante terceiros depois de arquivado e averbado o instrumento de sua nomeação;
8. Qualquer modificação no contrato ou no estatuto dependerá da aprovação do Poder Executivo, para produzir efeitos no território nacional;
9. A sociedade estrangeira deve, sob pena de lhe ser cassada a autorização, reproduzir no órgão oficial da União, e do Estado, se for o caso, as publicações que, segundo a sua lei nacional, seja obrigada a fazer relativamente ao balanço patrimonial e ao de resultado econômico, bem como aos atos de sua administração. Inclusive, sob pena, também, de lhe ser cassada a autorização, a sociedade estrangeira deverá publicar o balanço patrimonial e o de resultado econômico das sucursais, filiais ou agências existentes no País; e
10. Mediante autorização do Poder Executivo Federal, a sociedade estrangeira admitida a funcionar no País pode nacionalizar-se, transferindo sua sede para o Brasil.

O pedido de autorização governamental será instruído ao Departamento Nacional de Registro Empresarial e Integração da Secretaria de Governo Digital da Secretaria Especial de Desburocratização, Gestão e Governo Digital do Ministério da Economia, ressalvados os casos em que a legislação específica atribui competência para outros órgãos do Poder Executivo[162].

Os documentos que instruirão o pedido de autorização para exploração econômica em território nacional deverão ser autenticados de acordo com a legislação do país de origem da sociedade requerente e legalizado no consulado brasileiro da respectiva sede. Da mesma forma, tem que ser acompanhado de tradução por tradutor público juramentado, matriculado na Junta Comercial[163].

---

162 BRASIL. DREI - Instrução Normativa nº 77/2020. Art. 1º, § 1º.

163 CAMPINHO, Sérgio. Curso de Direito Comercial: Direito de Empresa. 15ª Ed. Saraiva, São Paulo, 2018, p. 272.

5.14 ESTRUTURA JURÍDICA DAS COOPERATIVAS

A exploração de atividade econômica por meio de sociedade cooperativa no Brasil independe de autorização do Estado e está garantida pela Carta Magna, conforme artigos 5º, XVIII e 174:

> Art. 5º - Todos são iguais perante a lei, sem distinção de qualquer natureza, garantindo-se aos brasileiros e aos estrangeiros residentes no País a inviolabilidade do direito à vida, à liberdade, à igualdade, à segurança e à propriedade, nos termos seguintes:
>
> (...)
>
> XVIII - a criação de associações e, na forma da lei, a de cooperativas independem de autorização, sendo vedada a interferência estatal em seu funcionamento.
>
> (...)
>
> Art. 174. Como agente normativo e regulador da atividade econômica, o Estado exercerá, na forma da lei, as funções de fiscalização, incentivo e planejamento, sendo este determinante para o setor público e indicativo para o setor privado. (Vide Lei nº 13.874, de 2019)
>
> § 1º A lei estabelecerá as diretrizes e bases do planejamento do desenvolvimento nacional equilibrado, o qual incorporará e compatibilizará os planos nacionais e regionais de desenvolvimento.
>
> § 2º A lei apoiará e estimulará o cooperativismo e outras formas de associativismo.

As sociedades cooperativas são reguladas pela Lei 5.764/1971, constituindo-se pela união de pessoas que reciprocamente se obrigam a contribuir com bens ou serviços para o exercício de uma atividade econômica, de proveito comum, sem objetivo de lucro.

As sociedades cooperativas possuem natureza não empresarial, sendo equiparadas às sociedades simples[164]. Logo, não estão sujeitas às regras empresariais, dentre elas à Lei 11.101/05, que regula os procedimentos de recuperação de empresa e falência.

164 BRASIL. Lei 10.406/2002. Art. 982, parágrafo único, Código Civil.

> Consoante proclamam os doutrinadores e os magistrados, à luz da legislação atinente, as sociedades cooperativas ostentam natureza jurídica *sui generis*, caracterizando-se precipuamente por sua finalidade, e pela nítida configuração de sociedade de pessoas, criando um regime jurídico próprio, o qual não se aplicam, necessariamente, todas as demais normas do Direito Societário, prevalecendo sempre as regras estatutárias e, eventual e subsidiariamente, as normas de direito civil. (PAES, 2017, p. 41)

Por possuírem natureza de pessoas, as sociedades cooperativas apresentam as seguintes características:

1. Adesão voluntária, com número ilimitado de associados, salvo impossibilidade técnica de prestação de serviços;
2. Variabilidade do capital social representando por quota-partes;
3. Limitação do número de quotas-partes do capital para cada associado, facultado, porém, o estabelecimento de critérios de proporcionalidade, se assim for mais adequado para o cumprimento dos objetivos sociais;
4. Inacessibilidade das quotas-partes do capital a terceiros, estranhos à sociedade;
5. Singularidade de voto, podendo as cooperativas centrais, federações e confederações de cooperativas, com exceção das que exerçam atividade de crédito, optar pelo critério da proporcionalidade;
6. Quórum para o funcionamento e deliberação da Assembleia Geral baseado no número de associados e não no capital;
7. Retorno das sobras líquidas do exercício, proporcionalmente às operações realizadas pelo associado, salvo deliberação em contrário da Assembleia Geral;
8. Indivisibilidade dos fundos de Reserva e de Assistência Técnica Educacional e Social;
9. Neutralidade política e indiscriminação religiosa, racial e social;
10. Prestação de assistência aos associados, e, quando previsto nos estatutos, aos empregados da cooperativa; e
11. Área de admissão de associados limitada às possibilidades de reunião, controle, operações e prestação de serviços.

A constituição de uma sociedade cooperativa inicia-se a partir da união de duas ou mais pessoas, que definem os objetivos, escolhem a comissão que discutirá o Estatuto Social, definem o capital social, atribuem um nome para a denominação e definem a Diretoria que conterá os órgãos da administração e Conselho Fiscal.

O Estatuto Social da sociedade cooperativa necessariamente conterá as seguintes cláusulas:

1. Denominação, sede, prazo de duração, área de ação, objeto da sociedade, fixação do exercício social e da data do levantamento do balanço geral;
2. Nome, nacionalidade, idade, estado civil, profissão e residência dos associados, fundadores que o assinaram, bem como o valor e número da quota-parte de cada um;
3. Aprovação do estatuto da sociedade;
4. Nome, nacionalidade, estado civil, profissão e residência dos associados eleitos para os órgãos de administração, fiscalização e outros;
5. Direitos e deveres dos associados, natureza de suas responsabilidades e as condições de admissão, demissão, eliminação e exclusão e as normas para sua representação nas assembleias gerais;
6. Capital mínimo, o valor da quota-parte, o mínimo de quotas-partes a ser subscrito pelo associado, o modo de integralização das quotas-partes, bem como as condições de sua retirada nos casos de demissão, eliminação ou de exclusão do associado;
7. Forma de devolução das sobras registradas aos associados, ou do rateio das perdas apuradas por insuficiência de contribuição para cobertura das despesas da sociedade;
8. Modo de administração e fiscalização, estabelecendo os respectivos órgãos, com definição de suas atribuições, poderes e funcionamento, a representação ativa e passiva da sociedade em juízo ou fora dele, o prazo do mandato, bem como o processo de substituição dos administradores e conselheiros fiscais;
9. Formalidades de convocação das assembleias gerais e a maioria requerida para a sua instalação e validade de suas

deliberações, vedado o direito de voto aos que nelas tiverem interesse particular sem privá-los da participação nos debates;

10. Casos de dissolução voluntária da sociedade;

11. O modo e o processo de alienação ou oneração de bens imóveis da sociedade;

12. Modo de reformar o estatuto;

13. Número mínimo de associados;

14. Se a cooperativa tem poder para agir como substituta processual de seus associados, na forma do art. 88-A desta Lei.

Em que pese a natureza não empresarial das sociedades cooperativas, o seu registro é realizado na junta comercial do estado correspondente à sede. Assim, a constituição de uma cooperativa é regulada pelo Anexo VI, IN nº 81/2020, DREI (Manual de Registro de Cooperativa).

As sociedades cooperativas podem adotar por objeto qualquer gênero de serviço, operação ou atividade, desde que lícito e não proibido por lei, precedida, quando necessário, de autorização ou aprovação do Poder Executivo. A responsabilidade dos cooperados será regulada pelo Estatuo Social que obrigatoriamente disporá se será limitada ou ilimitada ao valor do capital subscrito, nos termos do artigo 1.095 do Código Civil/2002[165].

O Manual de Registro de Cooperativa – Anexo VI, IN nº 81, DREI/2020 – dispõe sobre a documentação e informações básicas exigidas para o pedido de registro de uma cooperativa:

---

165 BRASIL. Lei 10.406/2002. Art. Na sociedade cooperativa, a responsabilidade dos sócios pode ser limitada ou ilimitada.
§ 1º. É limitada a responsabilidade na cooperativa em que o sócio responde somente pelo valor de suas quotas e pelo prejuízo verificado nas operações sociais, guardada a proporção de sua participação nas mesmas operações.
§ 2º. É ilimitada a responsabilidade na cooperativa em que o sócio responde solidária e ilimitadamente pelas obrigações sociais."

1. REQUERIMENTO (CAPA DO PROCESSO) Os pedidos de registro serão levados a arquivamento mediante requerimento dirigido ao Presidente da Junta Comercial, assinado pelo presidente ou procurador, com poderes gerais ou específicos, ou por terceiro interessado obrigatoriamente identificado (nome completo por extenso, CPF, e-mail e telefone). Nota: No caso de registro digital não é necessária a utilização desse requerimento, podendo o sistema eletrônico utilizado pela Junta Comercial consolidar os dados do ato levado a arquivamento e solicitar a assinatura digital do requerente.
2. PROCURAÇÃO Procuração com poderes específicos quando o requerimento for assinado por procurador. Notas: No caso de outorgante analfabeto e de relativamente incapaz, a procuração deverá ser passada por instrumento público. A procuração poderá, a critério do interessado, apenas instruir o requerimento, devendo ser anexada ao ato (preferencialmente, utilizando-se o evento específico) a ser arquivado, ou ser arquivada em processo separado (utilizando-se o ato específico). Nesta última hipótese, com pagamento do preço do serviço devido. O arquivamento de procuração em ato próprio dispensa a sua juntada em atos posteriores, desde que citado no instrumento que se pretende registrar o número do arquivamento, sob o qual a procuração foi devidamente registrada.
3. FICHA DE CADASTRO NACIONAL (FCN), QUE PODERÁ SER EXCLUSIVAMENTE ELETRÔNICA A FCN deverá ser apresentada juntamente com os instrumentos de constituição, alteração (atas de assembleias) ou extinção. Nota: Caso a Junta Comercial utilize sistema de integração entre os órgãos de registro e legalização de empresas, que permita transmissão eletrônica dos dados, fica dispensada a apresentação deste documento.
4. CONSULTA DE VIABILIDADE DEFERIDA EM UMA VIA OU PESQUISA DE NOME EMPRESARIAL (BUSCA PRÉVIA) Deverá ser apresentada juntamente com os instrumentos de constituição e alteração, neste último caso quando houver modificação do nome empresarial, objeto social e/ou endereço. Nota: Caso a Junta Comercial utilize sistema de integração entre os órgãos de registro e legalização de empresas, que permita transmissão eletrônica dos dados, fica dispensada a apresentação deste documento.

5. DOCUMENTO BÁSICO DE ENTRADA (DBE)
Caso a Junta Comercial utilize sistema de integração entre os órgãos de registro e legalização de empresas, que permita transmissão eletrônica dos dados, fica dispensada a apresentação deste documento.
6. COMPROVANTE DE PAGAMENTO (GUIA DE RECOLHIMENTO DA JUNTA COMERCIAL)
A prova do recolhimento do preço do serviço da Junta Comercial será anexada ao processo ou terá seus dados informados na Capa do Processo ou Requerimento Eletrônico, quando não for possível sua verificação por rotina automatizada.
7. ASSENTIMENTO PRÉVIO DO CONSELHO DE DEFESA NACIONAL
Observar a tabela constante do item 2.1 deste Capítulo.

A depender da natureza do objeto da sociedade cooperativa, lei própria regulará sua estrutura e funcionamento:

1. Cooperativas Sociais – Lei nº 9.867 de 10/11/1999 (entidade do Terceiro Setor).
2. Cooperativas de Trabalho – Lei nº 12.690/2012.
3. Cooperativas de Crédito – Lei Complementar nº 130/2009.
4. Cooperativas de Seguro – Decreto-Lei nº 73/66.

5.15 DISSOLUÇÃO SOCIETÁRIA DE SOCIEDADE CONTRATUAL

Primeiro ponto a ser esclarecido é o significado de dissolução parcial de sociedade.

A dissolução parcial de sociedade significa a alteração do quadro societário em razão da saída de sócio; da exclusão de sócio; ou, na hipótese de morte de sócio. Por ser parcial a dissolução, liquida-se, para pagamento, as cotas do sócio que não faz mais parte do quadro societário; posteriormente, regulariza-se a sociedade, para restabelecer o quadro societário, mantendo-se a pessoa jurídica com a nova composição societária.

Logo,

DISSOLUÇÃO PARCIAL DE SOCIEDADE
≠
DISSOLUÇÃO TOTAL DE SOCIEDADE

Por natureza, a constituição de uma sociedade pluripessoal[166] depende da união de duas ou mais pessoas, que se obrigam a contribuir para a formação do capital social, com o fim de prover o exercício da empresa, obter resultado e gerar lucro. Logo, a autonomia da vontade dos sócios, pautada na livre iniciativa[167,168] e na liberdade de associação[169], é o pilar para a formação da *affectio societatis*, elemento estrutural necessário para a constituição e manutenção da pessoa societária.

Entretanto, assim como nas relações matrimoniais, em que a própria legislação regula o direito potestativo[170] ao divórcio, nas relações societárias também prepondera o direito individual de cada sócio se retirar do quadro societário. No mesmo sentido, qualquer sócio pode ser excluído, desde que respeitados os requisitos legais. Por fim, a morte do sócio exige a regularização do quadro societário.

Por força da *affectio societatis*, o legislador reservou aos sócios um papel muito importante para a manutenção do quadro societário nas sociedades contratuais, cabendo-lhes o direito de retirada ou exclusão de sócio, nos limites da legislação em vigor.

Assim, além da hipótese de morte, a dissolução parcial nas sociedades contratuais pode ocorrer nas seguintes hipóteses:

1. Exercício do Direito de Retirada imotivado;

---

166 BRASIL. Lei 10.406/02 (Código Civil): Art. 981. Celebram contrato de sociedade as pessoas que reciprocamente se obrigam a contribuir, com bens ou serviços, para o exercício de atividade econômica e a partilha, entre si, dos resultados.

167 BRASIL. Lei 10.874/2019 (Lei de Liberdade Econômica): Art. 2º São princípios que norteiam o disposto nesta Lei: I - a liberdade como uma garantia no exercício de atividades econômicas; (....)

168 BRASIL. Constituição da República Federativa do BRASIL de 1988: Art. 170. A ordem econômica, fundada na valorização do trabalho humano e na livre iniciativa, tem por fim assegurar a todos existência digna, conforme os ditames da justiça social, observados os seguintes princípios (...)

169 BRASIL. Constituição da República Federativa do BRASIL de 1988: art. 5º, inciso XX.

170 Direito Potestativo: direito incontroverso, que a parte contrária não pode se opor, ou seja, encontra-se sujeita à manifestação do seu titular.

2. Exercício do Direito de Retirada motivado; ou
3. Exercício do Direito de Exclusão de sócio.

5.15.1 Dissolução Parcial por Morte do Sócio

A morte é causa natural de dissolução parcial de sociedade contratual, sendo direito dos herdeiros a liquidação das cotas de titularidade do de cujus para o pagamento no inventário judicial ou extrajudicial. O contrato social pode regular de forma diversa a regra jurídica a ser aplicada na hipótese de falecimento de sócio, autorizando o ingresso automático dos herdeiros, por meio da distribuição das cotas sociais de titularidade do sócio falecido; ou, condicionar o ingresso à anuência dos herdeiros.

> O art. 1.028, do Código Civil, regula os atos jurídicos necessários na hipótese de sócio falecido, fixando como regra legal a liquidação das cotas. Contudo, atribui aos sócios remanescentes, em respeito à preservação da *affectio societatis*, prerrogativa de regular, ou até negociar com os herdeiros, tratamento diverso que entenderem mais benéfico à manutenção da sociedade:
>
> Art. 1.028. No caso de morte de sócio, liquidar-se-á sua quota, salvo:
>
> I - se o contrato dispuser diferentemente;
>
> II - se os sócios remanescentes optarem pela dissolução da sociedade;
>
> III - se, por acordo com os herdeiros, regular-se a substituição do sócio falecido.

Para maior segurança jurídica nas relações societárias, exige-se que o contrato social regule expressamente, de forma objetiva e transparente, sem qualquer possibilidade de interpretação, regras jurídicas que os sócios entendem razoáveis para a hipótese de morte de qualquer participante do quadro societário da sociedade. Por se tratar de regra jurídica regulada pelos sócios, em respeito ao princípio do majoritário, o evento morte de sócio afastará qualquer tipo de discussão individual por parte do cônjuge meeiro, dos herdeiros ou eventuais legatários, já que prevalecerá o interesse societário inserido no contrato social.

5.15.2 Dissolução Parcial pelo Exercício do Direito de Retirada (Direito de Recesso)

> O art. 1.029, *caput*, do Código Civil regula o direito de retirada tanto na sociedade por prazo indeterminado quanto na sociedade por prazo determinado

Art. 1.029. Além dos casos previstos na lei ou no contrato, qualquer sócio pode retirar-se da sociedade; se de prazo indeterminado, mediante notificação aos demais sócios, com antecedência mínima de sessenta dias; se de prazo determinado, provando judicialmente justa causa.

Na sociedade por prazo indeterminado, o direito de recesso pode ser exercido sem qualquer condicionante, ou seja, sem manifestação subjetiva do sócio, bastando o cumprimento da formalidade legal regulada pelo dispositivo de lei. Trata-se de um direito potestativo do sócio, que sujeita os demais à sua simples autonomia da vontade.

Para o doutrinador Fábio Ulhoa Coelho[171]

> O exercício do direito de retirada e ato unilateral do sócio desinteressado de permanecer na sociedade. Opera-se a dissolução parcial por retirada imotivada com o transcurso do prazo legal de 60 dias após a entrega, na sociedade da comunicação escrita do exercício do direito.

Em julgamento da lavra da Douta Ministra Nancy Andrighi[172], o Egrégio Superior Tribunal de Justiça garantiu o direito de retirada a partir da simples manifestação de vontade do sócio retirante, sem exigir qualquer elemento subjetivo ou condicionante, apenas o cumprimento da formalidade legal exigida pelo art. 1.029, do Código Civil

> RECURSO ESPECIAL. AÇÃO DE DISSOLUÇÃO PARCIAL DE SOCIEDADE LIMITADA DE PRAZO INDETERMINADO. NOTIFICAÇÃO

171 COELHO, Fábio Ulhoa. Curso de Direito Comercial, volume 2: direito de empresa. Sociedades - 20ª. Ed ver., atual. e ampl., São Paulo: Editora Revista dos Tribunais, p. 447.

172 BRASIL. REsp 7606099-88.2009.8.13.0024 MG 2018/0086019-6 - Órgão Julgador - T3 - TERCEIRA TURMA - Publicação: DJe 15/03/2019 - Data do Julgamento: 12 de março de 2019 - Relator: Ministra Nancy Andrighi.

> PRÉVIA. APURAÇÃO DE HAVERES. DATA-BASE. PRAZO DE 60 DIAS.
>
> 1. Ação distribuída em 18/12/2009. Recursos especiais interpostos em 4/9/2017 e 18/9/2017. Autos conclusos à Relatora em 17/4/2018.
>
> 2. O propósito recursal é definir a data-base para apuração dos haveres devidos ao sócio em caso de dissolução parcial de sociedade limitada de prazo indeterminado.
>
> 3. O direito de recesso, tratando-se de sociedade limitada constituída por prazo indeterminado, pode ser exercido mediante envio de notificação prévia, respeitado o prazo mínimo de sessenta dias. Inteligência do art. 1.029 do CC.
>
> 4. O contrato societário fica resolvido, em relação ao sócio retirante, após o transcurso de tal lapso temporal, devendo a data-base para apuração dos haveres levar em conta seu termo final. RECURSO ESPECIAL NÃO PROVIDO.

Assim, para o exercício do direito de retirada imotivado na sociedade contratual por prazo indeterminado, o sócio terá que notificar a sociedade[173], e os demais sócios, com antecedência mínima de 60 (sessenta) dias. Resolve-se o contrato social, em relação ao sócio retirante, após a contagem do prazo, termo este que será considerado para a apuração dos haveres correspondentes à participação societária (titularidade das cotas) do sócio que exerceu o direito de recesso.

O direito de retirada também pode ser exercido nas hipóteses de transformação[174], modificação do contrato social, fusão, incorporação, cisão.[175] O sócio dissidente pode retirar-se da sociedade nos trinta dias subsequentes à assembleia ou reunião que aprovou a alteração contratual

173 BRASIL. Lei 13.105/2015 (Código de Processo Civil): art. 605. A data da resolução da sociedade será: II - na retirada imotivada, o sexagésimo dia seguinte ao do recebimento, pela sociedade, da notificação do sócio retirante.

174 BRASIL. Lei 10.406/02 (Código Civil): Art. 1.114. A transformação depende do consentimento de todos os sócios, salvo se prevista no ato constitutivo, caso em que o dissidente poderá retirar-se da sociedade, aplicando-se, no silêncio do estatuto ou do contrato social, o disposto no art. 1.031.

175 BRASIL. Lei 10.406/02 (Código Civil): Art. 1.077. Quando houver modificação do contrato, fusão da sociedade, incorporação de outra, ou dela por outra, terá o sócio que dissentiu o direito de retirar-se da sociedade, nos trinta dias subsequentes à reunião, aplicando-se, no silêncio do contrato social antes vigente, o disposto no art. 1.031.

ou a reestruturação societária. Para a apuração dos haveres considerar-se-á a data da comunicação do exercício do direito de retirada.

Com relação à sociedade contratual por prazo determinado, o legislador pautou o direito retirada na boa-fé objetiva e lealdade contratual, ou seja, condicionando o exercício do direito de retirada a prova da justa causa em ação judicial pleiteando a dissolução parcial da sociedade.

Logo, para que o sócio da sociedade por prazo determinado possa exercer o direito de recesso, a lei exige a propositura de ação judicial e a comprovação da justa causa. A ruptura da *AFFECTIO SOCIETATIS* pode ser arguida como justa causa a fundamentar a dissolução parcial da sociedade por prazo determinado, pautada: i) na divergência da condução dos negócios; ii) na divergência das contratações realizadas pela sociedade etc. Contudo, por se tratar de uma ação judicial, o sócio dissidente terá que provar os fatos caracterizadores da justa causa, com o fim de persuadir o juízo competente que julgará o pedido dentro dos limites do princípio do livre convencimento motivado.

5.15.3 Dissolução Parcial pelo Exercício do Direito de Exclusão de Sócio

A exclusão é a antítese do direito de retirada, pois, nesta hipótese, o sócio excluído é retirado da sociedade contra sua vontade, sendo fruto da manifestação de vontade dos demais sócios. Por isso, o legislador atribui à exclusão de sócio requisitos específicos, restritos e limitados, condicionando-a ao direito de defesa do sócio acusado. Nas sociedades contratuais, o sócio pode ser excluído nas seguintes hipóteses:

1. Não integralização do capital social (sócio remisso) – art. 1.004, parágrafo único), do Código Civil.[176]
2. Prática de falta grave, mediante inciativa da maioria dos demais sócios, e por meio de ação judicial – art. 1.030, *caput*, do Código Civil[177].

176 BRASIL. Lei 10.406/02 (Código Civil): Art. 1.004. Os sócios são obrigados, na forma e prazo previstos, às contribuições estabelecidas no contrato social, e aquele que deixar de fazê-lo, nos trinta dias seguintes ao da notificação pela sociedade, responderá perante esta pelo dano emergente da mora.
Parágrafo único. Verificada a mora, poderá a maioria dos demais sócios preferir, à indenização, a exclusão do sócio remisso, ou reduzir-lhe a quota ao montante já realizado, aplicando-se, em ambos os casos, o disposto no § 1º do art. 1.031.

177 BRASIL. Lei 10.406/02 (Código Civil): art. 1.030. Ressalvado o disposto no art. 1.004 e seu

3. Na hipótese de incapacidade superveniente, mediante ação judicial.
4. Exclusão de pleno direito, o sócio declarado falido.
5. Exclusão de pleno direito, na hipótese de liquidação das cotas de titularidade do sócio, em execução judicial proposta por terceiros.
6. Prática de atos de inegável gravidade – art. 1.085, do Código Civil (exclusão específica para a Sociedade Limitada).

I. Exclusão por não integralização do capital social (sócio remisso):

A integralização da cota parte do capital social subscrito é a primeira obrigação societária pactuada por todos os sócios. O cumprimento da subscrição está vinculado à obrigação anuída pelo sócio no contrato social: integralização à vista; integralização a prazo; ou integralização de forma diferida. A integralização pode ser em dinheiro, em bens ou em crédito.

> Nas palavras de Sérgio Campinho
>
> O capital social é essencial, é requisito indispensável à constituição da sociedade limitada, bem assim de qualquer espécie e forma societária no direito brasileiro.
>
> (...)

O capital social representa, em certa medida, o conjunto das contribuições que os sócios realizam ou se obrigam a realizar ao subscreverem suas participações. Traduz transferência de recursos próprios dos sócios para a sociedade que, assim, ficam vinculados ao seu objeto social.

A integralização em dinheiro não desperta tanta controvérsia, pois, basta o não cumprimento da subscrição nas condições estabelecidas

---

parágrafo único, pode o sócio ser excluído judicialmente, mediante iniciativa da maioria dos demais sócios, por falta grave no cumprimento de suas obrigações, ou, ainda, por incapacidade superveniente.
Parágrafo único. Será de pleno direito excluído da sociedade o sócio declarado falido, ou aquele cuja quota tenha sido liquidada nos termos do parágrafo único do art. 1.026.

pelo contrato social para autorizar a notificação do sócio remisso, com o fim de constituí-lo em mora. Contudo, a integralização por meio de bens ou crédito, por força da sua particularidade, merece mais atenção.

O sócio pode integralizar o capital social por meio da transferência do domínio, posse ou propriedade de bem imóvel ou móvel, ou seja, a integralização pode ser realização por meio de uma sala comercial, um galpão, um prédio, um veículo automotor, uma aeronave, uma marca, uma patente, um desenho industrial etc. Para afastar qualquer controvérsia quanto à legalidade da integralização por meio de bens, é de suma importância que a coisa integralizada tenha um mínimo de referência ao objeto societário, sendo capaz de fomentar a atividade econômica explorada pela sociedade.

O sócio que integraliza o capital por meio de bem pode transferir a propriedade da coisa para a sociedade, desde que expressamente preveja a transferência no contrato social. Contudo, na hipótese de sociedade limitada em que o contrato social regule como norma supletiva a Lei 6.404/76, aplica-se as regras do art. 8º e 9º, da Lei das Sociedades Anônimas. Assim, para a avaliação do bem, exige-se procedimento específico; e caso o contrato social não regule expressamente regra em contrário, entende-se que o bem foi transferido para a sociedade.

A transferência imobiliária só passa a ter plena eficácia com relação a terceiros a partir do registro do contrato social (registrado na junta comercial) no registro de imóveis correspondente ao imóvel integralizado. A integralização por bens imóveis está imune do imposto sobre transmissão *inter vivos*, salvo se a atividade preponderante da pessoa societária for a compra e venda imobiliária, locação ou arrendamento mercantil[178].

Entretanto, o sócio que transmite a posse, domínio ou propriedade de bem a título de integralização do capital social, responde pela evicção, ou seja, é de sua responsabilidade eventual perda do bem, em favor de terceiro, por força de decisão judicial ou decisão de competência da administração pública[179]. Assim, havendo a evicção, o sócio passa a ser o denominado "sócio remisso": aquele que não cumpre a subscrição, deixando de integralizar a cota parte do capital social de sua titularidade[180].

---

178 BRASIL. Constituição da República Federativa do BRASIL de 1.988: art. 156, inciso II, § 2º, inciso I.

179 BRASIL. Lei 10.406/02 (Código Civil): art. 1.005. O sócio que, a título de quota social, transmitir domínio, posse ou uso, responde pela evicção; e pela solvência do devedor, aquele que transferir crédito.

180 BRASIL. Lei 10.406/02 (Código Civil): art. 1.005.

Da mesma forma, caso o capital social seja integralizado por meio da cessão ou endosso de crédito, o sócio responsabiliza-se pela solvência pelo responsável pelo pagamento. Na hipótese de o crédito não realizado na data do seu vencimento, e nas condições do título, o sócio passa a ser o denominado "sócio remisso": aquele que não cumpre a subscrição, deixando de integralizar a cota parte do capital social de sua titularidade[181].

Caracterizado o inadimplemento pela não integralização do capital social, a sociedade notificará expressamente o sócio para regularizar o cumprimento da subscrição em até trinta dias, sob pena de responder pelos efeitos da mora[182]. Verificada a mora, poderá a maioria dos demais sócios excluir o sócio remisso, sem prejuízo pelos danos que a sociedade vier a suportar pela não integralização do capital social.

II. Exclusão judicial por prática de falta grave:

A exclusão de sócio por falta grave vai de encontro à livre associação e à livre iniciativa, princípios garantidos pela Constituição Federal. Trata-se de medida excepcional, cujo fim maior é garantir a manutenção da *affectio societatis*, a partir da existência de atos de inequívoca gravidade, com potencialidade de afetar a estrutura social da sociedade. Entretanto, necessariamente precisa ser exercida com cautela, sem abuso por parte do poder de controle e com respeito à ampla defesa e contraditório.

O art. 1.030, do Código Civil, regula o direito à exclusão judicial de sócio por prática de falta grave no cumprimento de suas obrigações. Contudo, para que seja possível o exercício do direito à exclusão, a sociedade precisa cumprir os seguintes requisitos legais: 1) autorização da maioria dos sócios para a propositura da ação judicial; e 2) comprovação da falta grave em juízo.

A sociedade possui a legitimidade processual para a propositura da ação de exclusão de sócio, devendo, contudo, ser autorizada pela maioria dos sócios, em decisão tomada em reunião ou assembleia.

Por falta grave, entende-se todo e qualquer ato de gravidade incontroversa capaz de pôr em risco a atividade econômica exercida pela sociedade: a) prática de crime comum ou empresarial, independente da

181 BRASIL. Lei 10.406/02 (Código Civil): art. 1.005.

182 BRASIL. Lei 10.406/02 (Código Civil): art. 1.004, parágrafo único.

pena; b) prática de concorrência desleal; c) violação ao contrato social; d) não observância aos limites atribuídos pelos poderes de administração e/ou pelo objeto social; e) retirada de lucro sem observância às diretrizes reguladas pelo contrato social e/ou pela legislação; f) prática de confusão patrimonial; g) desvio de finalidade.

A simples discordância sobre pontos da administração ou condução da sociedade, ou até mesmo pela simples quebra da *affectio societatis* não autoriza a exclusão de sócio por prática de falta grave, como já decidiu o Egrégio Tribunal de Justiça do Estado de São Paulo[183]

> Apelações. Direito Empresarial. Sociedade Limitada. Exclusão de sócio minoritário. Alegação de falta grave. Discordâncias entre os sócios que não configuram falta grave. Insuficiência de provas. Hermenêutica do art. 1.030 do CC. Simples quebra de "*affectio societatis*" insuficiente para expulsão de sócio. Improcedência da ação. Pedidos formulados em contestação pela requerida, sem a apresentação de reconvenção, e que não guardam relação com o pedido inaugural. Exegese do art. 492 do CPC. Decisão favorável à requerida, que afasta seu interesse recursal. Sentença mantida. Apelo da requerida não conhecido e apelo do autor desprovido.

A exclusão de sócio por falta grave é exceção à liberdade de associação e a livre iniciativa, e por isso não basta simples alegação de fato em juízo, sem a prova da gravidade do sustentado. A ausência de prova quanto aos atos de incontroversa gravidade gera a improcedência do pedido de exclusão do sócio, prevalecendo o direito do sócio se manter no quadro societário, nos limites da sua participação societária.

III. Exclusão judicial por incapacidade superveniente:

Pelo fato das sociedades contratuais possuírem natureza de pessoas, apresentando *affectio societatis*, entende-se que a figura dos sócios é de suma importância para o exercício da atividade econômica, seja ela empresarial ou não empresarial. Sob esse aspecto, torna-se relevante o fato

183 BRASIL. Processo AC 1043954-12.2019.8.26.0100 SP 1043954-12.2019.8.26.0100 - Órgão Julgador: 1ª Câmara Reservada de Direito Empresarial - Publicação: 04/12/2020 - Julgamento: 4 de dezembro de 2020 - Relator: Pereira Calças.

de o sócio apresentar capacidade civil para o exercício de suas funções, em especial a administração, na forma da legislação vigente.

Nesse sentido, o art. 1.030, do Código Civil, autoriza a exclusão judicial do sócio que apresentar incapacidade superveniente, exigindo-se, para tanto, assembleia ou reunião e aprovação da maioria dos sócios para a propositura de ação judicial com pedido de exclusão do sócio incapaz.

Por incapacidade superveniente, entende-se a perda da capacidade civil por doença ou acidente, reconhecida por decisão judicial que decretará a interdição da pessoa do sócio, nos limites da sua necessidade[184], bem como nomeará curador para a administração de seus interesses civis e empresariais[185].

Contudo, a partir da promulgação da Convenção Internacional sobre os Direitos das Pessoas com Deficiência, por meio do Decreto nº 6.949/2009, norma sobre direitos humanos inserida ao ordenamento jurídico brasileiro com *status* de emenda constitucional, art. 5º, § 3º, CFRB/88, com vigência a partir de 25 de agosto de 2009, a análise jurídica sobre o incapaz passou a ter uma nova interpretação legal, pautada na plena isonomia de direitos e obrigações.

Nesse sentido, a Lei 12.399/2011 inseriu o § 3º, ao art. 974, do Código Civil, que autoriza a subscrição de cotas por pessoa incapaz, atribuindo-lhe a natureza de sócio, desde que não exerça a administração, o capital social esteja totalmente integralizado e esteja representado ou assistido por seu representante legal.

---

184 BRASIL. Lei 13.146/2015 (Estatuto da Pessoa com Deficiência): art. 84. A pessoa com deficiência tem assegurado o direito ao exercício de sua capacidade legal em igualdade de condições com as demais pessoas. § 1º Quando necessário, a pessoa com deficiência será submetida à curatela, conforme a lei. § 2º É facultado à pessoa com deficiência a adoção de processo de tomada de decisão apoiada. § 3º A definição de curatela de pessoa com deficiência constitui medida protetiva extraordinária, proporcional às necessidades e às circunstâncias de cada caso, e durará o menor tempo possível. § 4º Os curadores são obrigados a prestar, anualmente, contas de sua administração ao juiz, apresentando o balanço do respectivo ano.

185 BRASIL. Lei 13.146/2015 (Estatuto da Pessoa com Deficiência): art. 85 A curatela afetará tão somente os atos relacionados aos direitos de natureza patrimonial e negocial. § 1º A definição da curatela não alcança o direito ao próprio corpo, à sexualidade, ao matrimônio, à privacidade, à educação, à saúde, ao trabalho e ao voto. § 2º A curatela constitui medida extraordinária, devendo constar da sentença as razões e motivações de sua definição, preservados os interesses do curatelado. § 3º No caso de pessoa em situação de institucionalização, ao nomear curador, o juiz deve dar preferência a pessoa que tenha vínculo de natureza familiar, afetiva ou comunitária com o curatelado.

Dando sequência à isonomia plena de direitos e obrigações à pessoa com deficiência física, mental, intelectual ou sensorial, em janeiro de 2016 entrou em vigor a Lei 13.146/2015, Estatuto da Pessoa com Deficiência, revogando expressamente as regras sobre incapacidade absoluta, até então vigentes no direito brasileiro, art. 3º incisos I a III, do Código Civil; e alterando as regras aplicadas à incapacidade relativa.

O escopo central do Estatuto da pessoa com deficiência física, mental, intelectual ou sensorial pauta-se na inclusão social e na plena isonomia de direitos:

> Art. 4º Toda pessoa com deficiência tem direito à igualdade de oportunidades com as demais pessoas e não sofrerá nenhuma espécie de discriminação.
>
> § 1º Considera-se discriminação em razão da deficiência toda forma de distinção, restrição ou exclusão, por ação ou omissão, que tenha o propósito ou o efeito de prejudicar, impedir ou anular o reconhecimento ou o exercício dos direitos e das liberdades fundamentais de pessoa com deficiência, incluindo a recusa de adaptações razoáveis e de fornecimento de tecnologias assistivas.

A partir da nova ordem social, fundamentada na plena isonomia, inclusão social e não discriminação, a sociedade brasileira, por meio de um novo ordenamento jurídico, ressignificou o estado de incapacidade, pautando suas diretrizes por meio do princípio da dignidade da pessoa humana. A ressignificação do estado de incapacidade fundamenta suas ações na garantia constitucional à isonomia de direitos, extirpando a ideia de que o simples estado da pessoa com deficiência física, mental, intelectual ou sensorial não é suficiente para lhe restringir direitos.

Assim, após uma interpretação sistemática e teleológica da legislação garantida à pessoa com deficiência física, mental, intelectual ou sensorial, tem-se que a parte final do art. 1.030, do Código Civil, que autoriza a exclusão do sócio por incapacidade superveniente, não foi recepcionado pelo Decreto nº 6.949/2009 c/c art. 5º, § 3º, CRFB/88.

Entretanto, considerando que o contrato social é fonte de direito societário, sendo o documento escrito em que os sócios estruturarão as regras de direito societário que entendem necessárias ao equilíbrio da sociedade e a manutenção da *affectio societatis*, nada obsta que haja uma cláusula expressa autorizando a exclusão de qualquer sócio na hipótese de incapacidade superveniente. Não se trata de uma cláusula inconstitucional, pois, diferentemente do art. 1.030, do Código Civil, nesta hipótese haveria anuência de todos os sócios, nos limites da capacidade plena de cada um e no exercício da liberdade garantida pela própria Constituição da República Federativa do Brasil.

IV. Exclusão de pleno direito do sócio declarado falido:

Pelo fato das sociedades contratuais possuírem natureza de pessoas, apresentando *affectio societatis*, entende-se que a figura dos sócios é de suma importância para o exercício da atividade econômica, seja ela empresarial ou não empresarial. Sob esse aspecto, torna-se relevante o fato de o sócio apresentar idoneidade empresarial para o exercício de suas funções, em especial a administração, na forma da legislação vigente.

Outrossim, a decretação da falência faz surgir um procedimento coletivo, exigindo proteção especial à massa falida.

Assim, o art. 1.030, parágrafo único, do Código Civil[186], autoriza a exclusão de pleno direito, de forma impositiva e independente de ação judicial, do sócio declarado falido.

Contudo, o que significa "sócio falido" para a legislação falimentar?

A falência é o reconhecimento judicial do estado de insolvência do empresário individual ou da sociedade empresária. A partir da decretação da falência, inicia-se um procedimento especial e específico: i) para habilitação dos credores, sujeitando todos à falência; ii) arrecadação do patrimônio do devedor; iii) liquidação do patrimônio do devedor; iv) pagamento dos credores; v) encerramento da pessoa empresarial em liquidação falimentar[187].

O pedido de falência, em regra, encontra limite na responsabilidade limitada dos sócios das sociedades com responsabilidade limitada, ou seja, atinge apenas a pessoa jurídica societária e não o patrimônio dos sócios. Na forma dos arts. 81 e 82, da Lei 11.101/05[188], os efeitos

---

186 BRASIL. Lei 10.406/02 (Código Civil): art. 1.030, parágrafo único: Será de pleno direito excluído da sociedade o sócio declarado falido, ou aquele cuja quota tenha sido liquidada nos termos do parágrafo único do art. 1.026.

187 BRASIL. Lei 11.101/05 (Lei de Falência, Recuperação Judicial e Recuperação Extrajudicial): arts. 77-160.

188 BRASIL. Lei 11.101/05 (Lei de Falência, Recuperação Judicial e Recuperação Extrajudicial): art.

da falência não se estendem aos sócios das sociedades com responsabilidade limitada, salvo na hipótese de desconsideração da personalidade jurídica, requerida por meio de procedimento processual próprio.

Assim, a exclusão do sócio falido não se estende a todo e qualquer sócio, mas observando as seguintes situações: 1) ao sócio que teve a sua falência decretada (empresário individual ou socio com responsabilidade ilimitada); 2) falência da pessoa jurídica societária (sociedade), com efeito, estendido à figura do sócio com responsabilidade limitada, por meio do procedimento da desconsideração da personalidade jurídica; 3) decretação da falência de pessoa jurídica societária, sócia da sociedade que a excluirá.

A exclusão de sócio falido é impositiva, ou seja, não há margem par discricionariedade entre os sócios e a sociedade com o fim de deliberarem sobre a exclusão do sócio. Decretada a falência do sócio, este tem que ser excluído da sociedade.

V. Exclusão de pleno direito na hipótese de liquidação das cotas de titularidade do sócio, em execução judicial proposta por terceiros:

Pelo fato das sociedades contratuais possuírem natureza de pessoas, apresentando *affectio societatis*, entende-se que a figura dos sócios é de suma importância para o exercício da atividade econômica, seja ela empresarial ou não empresarial. Sob esse aspecto, torna-se relevante o fato de o sócio apresentar idoneidade empresarial para o exercício de suas funções, em especial a administração, na forma da legislação vigente.

81. A decisão que decreta a falência da sociedade com sócios ilimitadamente responsáveis também acarreta a falência destes, que ficam sujeitos aos mesmos efeitos jurídicos produzidos em relação à sociedade falida e, por isso, deverão ser citados para apresentar contestação, se assim o desejarem. § 1º O disposto no *caput* deste artigo aplica-se ao sócio que tenha se retirado voluntariamente ou que tenha sido excluído da sociedade, há menos de 2 (dois) anos, quanto às dívidas existentes na data do arquivamento da alteração do contrato, no caso de não terem sido solvidas até a data da decretação da falência. § 2º As sociedades falidas serão representadas na falência por seus administradores ou liquidantes, os quais terão os mesmos direitos e, sob as mesmas penas, ficarão sujeitos às obrigações que cabem ao falido. Art. 82. A responsabilidade pessoal dos sócios de responsabilidade limitada, dos controladores e dos administradores da sociedade falida, estabelecida nas respectivas leis, será apurada no próprio juízo da falência, independentemente da realização do ativo e da prova da sua insuficiência para cobrir o passivo, observado o procedimento ordinário previsto no Código de Processo Civil.

As cotas de titularidade dos sócios são bens disponíveis e penhoráveis[189], o que autoriza e possibilita a alienação judicial do montante de titularidade do sócio e, com isso, o ingresso de terceira pessoa no quadro societário, após garantia ao direito de preferência processual aos demais sócios, em total arrepio à *affectio societatis*.

Assim, na hipótese de liquidação de cotas, realizada por força de penhora objeto de execução judicial, promovida por terceiro contra sócio da sociedade, este será excluído de pleno direito do quadro societário.

A exclusão de sócio que sofre liquidação das cotas de sua titularidade em razão de penhora em execução judicial, é impositiva, ou seja, não há margem para discricionariedade entre os sócios e a sociedade com o fim de deliberarem sobre a exclusão do sócio.

VI. Exclusão extrajudicial por prática de atos de inegável gravidade (Sociedade Limitada):

O tipo societário "sociedade limitada" possui regra jurídica específica para a hipótese de exclusão de sócio por justa causa, sem, contudo, excluir as hipóteses reguladas pelo art. 1.030, do Código Civil.

O art. 1.085, do Código Civil, autoriza os sócios deliberarem no contrato social cláusula expressa autorizando a exclusão de sócio por prática de atos de inegável gravidade, capaz de pôr em risco a empresa,[190] ou seja, ser excluído por justa causa. Pelo princípio da anterioridade legal, aplicável à presente hipótese, qualquer sócio, minoritário ou majoritário, só pode sofrer punição de exclusão extrajudicial se vigente cláusula expressa no contrato social à época dos fatos, sob pena de flagrante violação ao princípio da não anterioridade, alçado à garantia individual pelo art. 5º, incisos XXXIX e XL, da Constituição Federal[191].

189 BRASIL. Lei 13.105/2015 (Código de Processo Civil): art. 835. A penhora observará, preferencialmente, a seguinte ordem: (...) IX - ações e quotas de sociedades simples e empresárias.

190 BRASIL. Lei 10.406/02 (Código Civil): art. 1.085. Ressalvado o disposto no art. 1.030, quando a maioria dos sócios, representativa de mais da metade do capital social, entender que um ou mais sócios estão pondo em risco a continuidade da empresa, em virtude de atos de inegável gravidade, poderá excluí-los da sociedade, mediante alteração do contrato social, desde que prevista neste a exclusão por justa causa. Parágrafo único. Ressalvado o caso em que haja apenas dois sócios na sociedade, a exclusão de um sócio somente poderá ser determinada em reunião ou assembleia especialmente convocada para esse fim, ciente o acusado em tempo hábil para permitir seu comparecimento e o exercício do direito de defesa.

191 BRASIL. Constituição da República Federativa do BRASIL de 1.988: art. 5º (...) XXXIX - não há crime sem lei anterior que o defina, nem pena sem prévia cominação legal; XL - a lei penal não retroagirá, salvo para beneficiar o réu.

Por se tratar de regra de exceção, a aplicação da exclusão extrajudicial por prática justa causa depende dos seguintes requisitos formais:

1. Cláusula expressa no contrato social, autorizando a exclusão extrajudicial de sócio por justa causa.
2. Cláusula que contenha expressamente os motivos que justificam a exclusão por justa causa.
3. Convocação de assembleia ou reunião especial para o fim de deliberar sobre a exclusão do sócio acusado da prática de atos de inegável gravidade, capaz de pôr em risco a empresa.
4. Notificação do sócio acusado em tempo hábil para que tome ciência dos fatos que embasam a acusação, elabore sua defesa e participe da deliberação.

O procedimento de exclusão extrajudicial por prática de justa causa nas sociedades limitadas não pode ser pautado em atos arbitrários e/ou abusivos por parte do poder de controle; ao revés, tem que ser conduzido nos limites dos princípios da ampla defesa, contraditório e presunção de inocência, garantias individuais previstas na Carta Magna, art. 5º, incisos LV e LVII[192].

Os atos de justa causa atribuído ao sócio têm que ser grave a ponto de representar risco para a continuidade do exercício da atividade econômica explorada pela sociedade, cabendo aos sócios acusadores o ônus da prova das alegações formuladas em assembleia ou reunião. Conforme entendimento exarado pelo Superior Tribunal de Justiça[193], a simples alegação de quebra da *affectio societatis* não é suficiente, por si só, para fundamentar a exclusão de sócio.

Na hipótese de sociedade com apenas dois sócios, a exclusão de sócio só poderá ocorrer pela via judicial ou pela via arbitral, na hipótese

---

192 BRASIL. Constituição da República Federativa do BRASIL de 1.988: art. 5º Todos são iguais perante a lei, sem distinção de qualquer natureza, garantindo-se aos brasileiros e aos estrangeiros residentes no País a inviolabilidade do direito à vida, à liberdade, à igualdade, à segurança e à propriedade, nos termos seguintes: LV - aos litigantes, em processo judicial ou administrativo, e aos acusados em geral são assegurados o contraditório e ampla defesa, com os meios e recursos a ela inerentes; LVII - ninguém será considerado culpado até o trânsito em julgado de sentença penal condenatória.

193 BRASIL. Resp. 0708862-83.2019.8.07.0000 DF 0708862-83.2019.8.07.0000 - Órgão Julgador: 4ª Turma Cível - Publicação: Publicado no DJE: 15/10/2019 - Julgamento: 9 de outubro de 2019 - Relator: SÉRGIO ROCHA.

de o contrato social regular expressamente cláusula compromissória (cláusula arbitral).

A decisão aprovada pela assembleia ou reunião é soberana, vinculando todos os sócios que aprovaram a exclusão, assim como os que foram dissidentes. A exclusão ocorre a partir da data da assembleia.

Caso o sócio excluído entenda que houve ilegalidade na decisão colegiada deverá buscar tutela jurisdicional para análise da sua pretensão; ou câmara de arbitragem, na hipótese de o contrato social regular expressamente cláusula compromissória (cláusula arbitral). Qualquer irregularidade na convocação, condução ou deliberação da assembleia ou reunião, macula o ato jurídico, sendo passível de nulidade.

O anexo IV, da Instrução Normativa nº 81/2020, editada pelo Departamento Nacional de Registro Empresarial e Integração, autoriza a exclusão do sócio minoritário na sociedade limitada com dois sócios, sem necessidade de reunião ou assembleia, desde que preenchidos os demais requisitos regulados pelo art. 1.085, do Código Civil. A efetivação da exclusão ocorre a partir do arquivamento da alteração do contrato social no órgão de registro.

5.15.4. Liquidação dos Haveres na Dissolução Parcial de Sociedade

A apuração dos haveres na dissolução parcial de sociedade constitui-se no cálculo complexo e necessário para se chegar ao valor do reembolso das cotas de titularidade do sócio falecido, que exerceu o direito de retirada ou que fora excluído da sociedade.

O art. 1.031, do Código Civil[194], e o art. 606, do Código de Processo Civil[195], autorizam o contrato social regular de forma expressa o critério contábil para a apuração dos haveres no caso de dissolução

194 BRASIL. Lei 10.406/02 (Código Civil): art. 1.031. Nos casos em que a sociedade se resolver em relação a um sócio, o valor da sua quota, considerada pelo montante efetivamente realizado, liquidar-se-á, salvo disposição contratual em contrário, com base na situação patrimonial da sociedade, à data da resolução, verificada em balanço especialmente levantado.

195 BRASIL. Lei 13.105/2015 (Código de Processo Civil): art. 606. Em caso de omissão do contrato social, o juiz definirá, como critério de apuração de haveres, o valor patrimonial apurado em balanço de determinação, tomando-se por referência a data da resolução e avaliando-se bens e direitos do ativo, tangíveis e intangíveis, a preço de saída, além do passivo também a ser apurado de igual forma.

parcial de sociedade. Dessa forma, pode o contrato social definir como critério de cálculo: i) o valor patrimonial da cota por meio da elaboração de um balanço especial; ii) o valor patrimonial da cota por meio da realização de um balanço de determinação, sem aplicação do fluxo de caixa descontado; ii) o valor patrimonial da cota por meio da realização de um balanço de determinação com aplicação do fluxo de caixa descontado; iv) qualquer outro critério e/ou método que entenderem razoável e proporcional à dissolução parcial da sociedade.

Para Cristiano Padial Fogaça Pereira[196]

> A diferença entre o balanço especial e o balanço de determinação deve-se ao fato de que o balanço especial equivale a um balanço ordinário levantado especialmente para uma determinada data, sendo que os valores dos bens são lançados pelo valor de aquisição, como no balanço ordinário.

No balanço de determinação, embora também elaborado para a data do evento (dissolução parcial), os elementos são indicados pelos valores de saída. O valor de saída empregado no balanço de determinação tem por finalidade simular que todos os bens que compõem o ativo da sociedade seriam alienados a terceiros, portanto, o valor de mercado deve guiar a avaliação.

Em que pese os sócios possuírem plena liberdade para regular no contrato social os critérios que entenderem mais razoável para o reembolso das cotas quando da dissolução parcial de sociedade, o critério do valor patrimonial por meio do balanço por determinação vem sendo o mais adotado no atual momento societário, pois é aquele que possibilita a realização de um cálculo mais próximo possível da realidade econômica da sociedade na data da dissolução, se comparado aos outros critérios: i) balanço ordinário; ii) balanço especial; ou iii) balanço de liquidação. O valor patrimonial da cota por meio do balanço de determinação permite um critério de avaliação que possibilita uma apuração mais fidedigna do patrimônio líquido da sociedade, considerando os bens intangíveis (marca, patentes, fundo empresarial etc.), e os bens tangíveis.

---

196 PEREIRA, Cristiano Padial Fogaça. Dissolução parcial de sociedade limitada: retirada e exclusão de sócio. 1ª ed. São Paulo: Almedina, 2021, p. 133.

Entretanto, dentro do critério do balanço por determinação, os sócios podem definir a metodologia de apuração que entende ser a mais razoável para atingir uma apuração mais próxima possível da realidade econômica da sociedade na data da dissolução. Sob esse aspecto, autoriza-se o contrato social regular como metodologia de apuração de haveres o balanço de determinação com aplicação do fluxo de caixa descontado; ou balanço de determinação sem aplicação do fluxo de caixa descontado.

Por fluxo de caixa descontado, entende-se que[197]

> (...)é uma tecnologia científica contábil que tem por objeto a movimentação do caixa, e, por objetivo, a mensuração monetária do saldo de caixa pelo sistema denominado regime de caixa em um longo período, normalmente de cinco a dez anos. Demonstra esta tecnologia o saldo final de caixa a valor presente por uma taxa de desconto igual ao dobro da taxa de remuneração do capital investido, taxa média ponderada de juros entre o capital próprio e de terceiros, conhecida como taxa de atratividade. Tem por função 'ser um instrumento de gestão' revelar pelo demonstrativo a situação projetada do caixa, que procura avaliar, assim, apenas o negócio retorno do capital e o valor estimado da perpetuidade do negócio, o resultado futuro, entendendo-se este negócio como o objeto social de uma sociedade 'empresa', uma ou mais atividade (...)

Por meio da aplicação do método do fluxo de caixa descontado, os sócios podem definir expressamente no contrato social a possibilidade de inclusão da projeção de rendimentos futuros na apuração dos haveres das cotas que serão reembolsadas na dissolução parcial de sociedade.

Entretanto, na hipótese de os sócios entenderem que o método do fluxo de caixa descontado representaria um locupletamento indevido (enriquecimento sem causa) em favor do sócio retirante, excluído ou falecido – pelo fato de este se beneficiar economicamente a partir da projeção futura, sem assumir os riscos sociais pelo exercício da atividade econômica – há plena liberdade para a fixação de cláusula no contrato social, regulando o balanço de determinação, sem a aplicação da metodologia do fluxo de caixa descontado.

---

197 HOOG, Wilson Alberto Zappa. Resolução de sociedade e avaliação do patrimônio na apuração de haveres. 4ª ed. Curitiba: Juruá, 2010, p. 104-107.

Assim, cabe ao profissional contábil e/ou jurídico, responsável pela elaboração do contrato social, orientar o cliente quanto à necessidade de ser redigida uma cláusula sobre o critério e o método de apuração dos haveres na hipótese de dissolução parcial de sociedade. A previsão expressa no contrato social da cláusula de apuração dos haveres garante uma maior segurança jurídica para a sociedade e sócios na hipótese de falecimento, exercício do direito de retirada e exclusão. Trata-se de cláusula facultativa-obrigatória, que possibilita a apresentação de uma solução célere, sem a necessidade de uma eventual ação judicial para a apuração dos haveres correspondentes às cotas de titularidade do sócio que não mais faz parte do quadro societário da respectiva sociedade.

Todavia, na hipótese de o contrato social não regular de forma expressa cláusula definindo os critérios de apuração de haveres na dissolução parcial de sociedade, instala-se a controvérsia, que só será dirimida por meio de ação judicial com pedido de liquidação de cotas.

O art. 1.031, do Código Civil, e o art. 606, do Código Processo Civil, não deixam margens para dúvidas quanto ao critério a ser adotado para a apuração dos haveres na hipótese de dissolução parcial de sociedade, entendendo ser o valor patrimonial a partir de um balanço de determinação o mais equilibrado juridicamente para a realização de um cálculo mais próximo possível da realidade econômica da sociedade na data da dissolução.

> Art. 1.031. Nos casos em que a sociedade se resolver em relação a um sócio, o valor da sua quota, considerada pelo montante efetivamente realizado, liquidar-se-á, salvo disposição contratual em contrário, **com base na situação patrimonial da sociedade, à data da resolução, verificada em balanço especialmente levantado.** (grifou-se)
>
> Art. 606. Em caso de omissão do contrato social, o juiz definirá, como critério de apuração de haveres, **o valor patrimonial apurado em balanço de determinação,** tomando-se por referência a data da resolução e avaliando-se bens e direitos do ativo, tangíveis e intangíveis, a preço de saída, além do passivo também a ser apurado de igual forma. (grifou-se)

Para a jurisprudência atual, o balanço de determinação se revela o mais apropriado para a apuração dos haveres nas hipóteses de dissolução parcial de sociedade[198]. Aplica-se, portanto, a regra tipificada pelo Código de Processo Civil, cuja redação não deixa margem para dúvidas quanto ao critério a ser adotado para a realização dos cálculos das cotas sociais.

Entretanto, com relação à aplicação da metodologia do fluxo de caixa descontado, ainda não há um entendimento pacificado quanto à aplicação na hipótese de os sócios não terem pactuado esta forma de apuração por meio de cláusula expressa no contrato social.

Em julgado do Recurso Especial nº 1.877.331-SP, o Ministro Ricardo Villas Bôas Cueva[199], em voto-vista vencedor, assim fundamentou a não aplicação do fluxo de caixa descontado nas hipóteses de dissolução parcial de sociedade

> "Segundo a classificação acima transcrita, a metodologia de fluxo de caixa descontado está associada à aferição do valor econômico com objetivo de orientar negociações, mensurando o quanto seria racional alguém pagar para se tornar seu titular.
>
> A doutrina especializada também destaca outras finalidades desse método, com realce para a ferramenta de gestão e para a tomada de decisões acerca de novos investimentos:
>
> "(...)
>
> O produto contábil fluxo de caixa descontado é uma tecnologia científica contábil que tem por objeto a movimentação do caixa, e, por objetivo, a mensuração monetária do saldo de caixa pelo sistema denominado regime de caixa em um longo período, normalmente de cinco a dez anos. Demonstra esta tecnologia o saldo final de caixa a valor presente por uma taxa de desconto igual ao dobro da taxa de remuneração do capital investido, taxa média ponderada de juros entre o capital próprio e o de terceiros, conhecida como taxa de atratividade. Tem por função 'ser um instrumento de gestão', revelar pelo demonstrativo a situação projetada do caixa, que procura avaliar, assim,

198 BRASIL. STJ - REsp: 1877331 SP 2019/0226289-5, Relator: Ministra NANCY ANDRIGHI, Data de Julgamento: 13/04/2021, T3 - TERCEIRA TURMA, Data de Publicação: DJe 14/05/2021).

199 BRASIL. STJ - REsp: 1877331 SP 2019/0226289-5, Relator: Ministra NANCY ANDRIGHI, Data de Julgamento: 13/04/2021, T3 - TERCEIRA TURMA, Data de Publicação: DJe 14/05/2021).

apenas o negócio retorno do capital e o valor estimado da perpetuidade do negócio, o resultado futuro, entendendo-se este negócio como o objeto social de uma sociedade, 'empresa', uma ou mais atividades (...). (...) Corroborando este ponto, temos Zdanowicz que afirma: 'Fluxo de caixa descontado – Uma forma prática de analisar as alternativas de investimentos de uma empresa é através do fluxo de caixa descontado, também denominado de fluxo de caixa líquido'. O autor, em sua obra, trata o fluxo de caixa descontado sempre como alternativa de decisão do investimento com taxa de atratividade mínima, concluindo sempre se o investimento é ou não atrativo, portanto, avaliando o negócio, e não como meio de avaliação da sociedade ou de estabelecimento (...). Este método, fluxo de caixa descontado, é útil e necessário para a perícia contábil quando busca mensurar um lucro cessante, energia de valor econômico, ou seja, o fruto econômico do estabelecimento empresarial, 'lucratividade', ou estimar o retorno econômico pelo uso de uma marca". Documento: 1991988 – Inteiro Teor do Acórdão – Site certificado – DJe: 14/05/2021 Página 27 de 10 Superior Tribunal de Justiça (HOOG, Wilson Alberto Zappa. Resolução de sociedade e avaliação do patrimônio na apuração de haveres. 4. ed. Curitiba: Juruá, 2010, págs. 104-107 – grifou-se)

Ora, da análise dos precedentes acerca do tema, constata-se sempre presente a preocupação de que o valor da quota do sócio retirante corresponda ao mais próximo possível do real valor dos ativos da sociedade, de modo a refletir o seu valor patrimonial real.

Para tanto não se presta a avaliação, com base no valor econômico, feita por modelos como o de fluxo de caixa descontado, destinado a nortear negociações ou investimentos, porquanto comporta, como visto, relevante grau de incerteza e prognose, sem total fidelidade aos valores reais dos ativos.

Com efeito, tendo em vista que a rentabilidade de cada setor empresarial é muito diversa, há grande variação dos múltiplos utilizados. Há também muita subjetividade quanto à taxa de desconto aplicável, sem contar o fator risco envolvido.

Comprador e vendedor fazem, na verdade, uma aposta de que determinada estável ou crescente, tudo

> baseado em avaliações de especialistas, por vezes discrepantes quanto ao desempenho futuro da empresa e do setor. A álea, portanto, é parte essencial do negócio que se resolve graças à bilateralidade e ao acordo de vontades.
>
> Na determinação do preço a pagar ao sócio retirante, por outro lado, só haverá encontro de vontades se estipulada cláusula contratual prevendo o cálculo na respectiva apuração de haveres. Caso contrário, ocorrerá imposição de valor, que deve ser, por força da lei, da doutrina e da jurisprudência, o mais próximo possível do real, ou seja, sem elementos arbitrários como as prognoses acerca de eventos futuros e incertos (faturamento e lucratividade futuros, taxa de juros utilizada no desconto etc.).
>
> Essa incerteza – que advém de fatores macroeconômicos (taxa de crescimento do PIB, taxa de juros, taxa de desemprego), jurídicos (normas regulatórias e normas que criem ou ampliem incidências tributárias) e também internos (a própria gestão da empresa) – torna, a meu ver, a metodologia do fluxo de caixa descontado desaconselhável na apuração de haveres do sócio dissidente."

Para o voto vencedor, a subjetividade e incerteza que advém dos diversos fatores considerados ao ser aplicada metodologia do fluxo de caixa descontado, prejudica a aplicação deste método de apuração, salvo se o contrato social assim regular expressamente. De acordo com o entendimento acolhido pelo Ministro Ricardo Villas Bôas Cueva, a aplicação do fluxo de caixa descontado, sem anuência dos sócios, representaria uma espécie de imposição de valores futuros e incertos, que, por natureza, estão condicionados aos riscos sociais que o sócio retirante, falecido ou excluído não se responsabiliza mais.

Contudo, acolhendo entendimento diverso, a Ministra Relatora, Nancy Andrighi[200], assim fundamentou o voto vencido, que aplicava o método do fluxo de caixa descontado na hipótese de o contrato social não fixar regra expressa:

---

200 BRASIL. STJ - REsp: 1877331 SP 2019/0226289-5, Relator: Ministra NANCY ANDRIGHI, Data de Julgamento: 13/04/2021, T3 - TERCEIRA TURMA, Data de Publicação: DJe 14/05/2021).

> "Portanto, se na alienação de participação societária se aceita de forma pacífica que o valor de mercado das quotas seja apurado mediante aplicação da metodologia do fluxo de caixa descontado, não se vislumbra motivo para que esse mesmo método não seja utilizado na apuração de haveres do sócio retirante.
>
> Afinal, não há como reembolsar de forma digna e justa o sócio dissidente sem incluir na apuração de haveres o valor alcançado pela sociedade no mercado.
>
> Por outro lado, não se pode esquecer que o cálculo do fluxo de caixa descontado considera resultados futuros trazidos a valor presente, mediante aplicação de uma taxa de desconto que contempla, dentre outros, o custo de oportunidade do capital empregado. Dessarte, sofrendo tais resultados futuros uma redução a valores presentes, a partir da consideração de fatores de risco, a rigor não se pode falar, ao contrário do que afirmado pelo Tribunal a quo, que tal metodologia confira ao sócio dissidente participação nos lucros futuros da empresa."

Após análise dos dois fundamentos exarados no julgamento do Recurso Especial nº 1.877.331-SP, com voto vencedor para a tese que não autorizou a aplicação da metodologia do fluxo de caixa descontado na apuração dos haveres quando da dissolução parcial de sociedade, percebe-se que os tribunais ainda não pacificaram o entendimento sobre o tema, ora autorizando a aplicação do método, ora afastando sua aplicação. A ausência de um entendimento pacificado gera risco e incerteza para a sociedade, sócios remanescentes e sócio titular do direito ao reembolso.

Nesse cenário, há de se levar em consideração o fato de o tempo ser o bem mais precioso para uma sociedade empresarial, já que se trata de um bem irrecuperável. Logo, aguardar o julgamento de uma pretensão judicial por aproximadamente 04 anos (tempo médio de tramitação de um processo no Brasil, segundo o Conselho Nacional de Justiça[201], mas que pode se estender por muito mais tempo) representaria um prejuízo para a sociedade, para os sócios remanescentes e para o sócio que tem o direito ao reembolso.

---

201 BRASIL. Conselho Nacional de Justiça: Justiça em Números 2021: p. 202. Fonte: chrome-extension://efaidnbmnnnibpcajpcglclefindmkaj/https://www.cnj.jus.br/wp-content/uploads/2021/09/relatorio-justica-em-numeros2021-12.pdf

Logo, para não depender das incertezas dos entendimentos jurisprudenciais, a legislação autoriza aos sócios pactuarem cláusula expressa no contrato social, definindo o critério e a metodologia que entendem razoável e proporcional para a apuração dos haveres na hipótese de dissolução parcial de sociedade.

5.15.5 Dissolução por Morte ou Perda da Capacidade do Titular de Sociedade Limitada Constituída por uma Única Pessoa (Unipessoal)

A partir da vigência da Lei nº 13.874/2019, o direito societário brasileiro passou a autorizar a constituição da sociedade limitada por meio de uma única pessoa (unipessoal), física ou jurídica, que subscreve e integraliza a totalidade das quotas que formam o capital social.

Logo, por natureza, não se aplica à sociedade limitada constituída por uma única pessoa (unipessoal) a dissolução parcial de sociedade contratual.

Contudo, fica a seguinte pergunta no ar:

Na hipótese de morte ou perda da capacidade civil do titular da sociedade limitada (unipessoal), o que fazer?

I. Hipótese de morte do titular da sociedade limitada por meio de uma única pessoa (unipessoal):

O primeiro passo é verificar se o contrato social regula expressamente regra especial para solucionar o vácuo societário que ocorre com a morte. O contrato pode autorizar o ingresso dos herdeiros(as) e/ou meeiro(a) no quadro societário; pode proibir o ingresso do herdeiro e/ou meeiro(a), autorizando a dissolução total da sociedade e sua consequente liquidação.

Caso o contrato social autorize o ingresso dos herdeiros(as) e/ou meeiro(a) na hipótese de morte do titular da sociedade limitada constituída por uma única pessoa (unipessoal), promover-se-á a alteração do contrato social, respeitada a participação de cada herdeiro no acervo hereditário, bem como a cota parte do patrimônio pertencente ao meeiro.

Agora, se o contrato social não autoriza o ingresso de herdeiros e/ou meeiro, preferindo dissolver a sociedade, aplica-se as regras jurídicas reguladas pelo capítulo que regula a liquidação das sociedades contratuais, art. 1.102 ao art. 1.112, do Código Civil.

Entretanto, não havendo o contrato social regulado cláusula expressa para a hipótese de óbito do titular da sociedade limitada constituída por uma única pessoa (unipessoal), qualquer herdeiro, inventariante ou meeiro pode propor ação judicial pretendendo a continuidade da empresa, aplicando-se, por analogia, o art. 974[202], do Código Civil. O fundamento para o pedido constituir-se-á na necessidade da manutenção da atividade econômica pelo cumprimento da função social da empresa: geração de empregos circulação de riqueza; pagamento de tributos.

Ao revés, não havendo interesse de continuidade da empresa, e não tendo o contrato social regulado uma solução jurídica expressa para a hipótese de óbito do titular da sociedade limitada constituída por uma única pessoa (unipessoal), o encerramento da sociedade poderá ser realizado por meio de ação judicial com pedido de dissolução total, proposta por qualquer herdeiro, inventariante ou meeiro. Mas, se na data do evento morte, a sociedade mostrar-se insolvente, qualquer herdeiro, inventariante ou meeiro pode pedir sua falência.

Agora, na hipótese de o titular da sociedade limitada constituída por uma única pessoa (unipessoal) não possuir herdeiros e/ou meeiro, essa situação excepcional só será solucionada por meio de uma ação judicial com pedido de dissolução total, com fundamento no exaurimento do fim social da sociedade, art. 1.034, inciso II[203], do Código Civil. Dissolvida a sociedade, será nomeado um liquidante judicial para a liquidação das obrigações de titularidade da pessoa jurídica. Entretanto, caso a sociedade apresente-se em estado de insolvência, o liquidante pode requerer ou confessar falência, na forma do art. 1.103, inciso VII[204], do Código Civil.

---

202 BRASIL. Lei 10.406/02 (Código Civil): art. 974. Poderá o incapaz, por meio de representante ou devidamente assistido, continuar a empresa antes exercida por ele enquanto capaz, por seus pais ou pelo autor de herança. § 1º Nos casos deste artigo, precederá autorização judicial, após exame das circunstâncias e dos riscos da empresa, bem como da conveniência em continuá-la, podendo a autorização ser revogada pelo juiz, ouvidos os pais, tutores ou representantes legais do menor ou do interdito, sem prejuízo dos direitos adquiridos por terceiros. § 2º Não ficam sujeitos ao resultado da empresa os bens que o incapaz já possuía, ao tempo da sucessão ou da interdição, desde que estranhos ao acervo daquela, devendo tais fatos constar do alvará que conceder a autorização.

203 BRASIL. Lei 10.406/02 (Código Civil): art. 1.034. A sociedade pode ser dissolvida judicialmente, a requerimento de qualquer dos sócios, quando: I - anulada a sua constituição; II - exaurido o fim social, ou verificada a sua inexequibilidade.

204 BRASIL. Lei 10.406/02 (Código Civil): art. 1.103. Constituem deveres do liquidante: VII

A lei não regula a legitimidade processual para propositura de ação judicial com pedido de dissolução total da sociedade limitada constituída por uma única pessoa (unipessoal), na hipótese de o seu titular falecer sem deixar herdeiros e/ou meeiro. Contudo, pela ausência de lei específica, aplica-se por analogia o art. 97, IV, da Lei 11.101/05.

Trata-se de uma interpretação lógica da legislação processual, pois, se a lei autoriza o credor pleitear a falência da sociedade devedora, demonstra-se razoável que, em situação tão excepcional como a do titular da sociedade limitada que falece sem deixar herdeiros(as) ou meeiro(a), o titular do crédito possa provocar o Poder Judiciário com o fim de dissolver e liquidar a sociedade que passou a existir sem sócio, ou seja, exaurido o seu fim social.

II. Hipótese de perda da capacidade civil do titular da sociedade limitada por meio de uma única pessoa (unipessoal):

O titular da sociedade limitada constituída por uma única pessoa (unipessoal) pode, por doença ou acidente, perder a capacidade civil, total ou parcial, temporária ou definitiva. Para a perda da capacidade civil, exige-se decisão judicial de interdição, em que o juízo competente delimitará as condições do interditado para os atos da vida civil, nomeando curador para lhe assistir nas relações jurídicas necessárias ao seu convívio social[205,206].

Após a interdição do sócio, o primeiro passo é verificar se o contrato social regula expressamente regra especial para solucionar o vácuo societário que ocorre a partir da perda da capacidade civil do titular da sociedade limitada. O contrato pode determinar a dissolução societária, hipótese que aplicaria o capítulo próprio para a dissolução das sociedades contratuais, art. 1.102 ao art. 1.112, do Código Civil. Da mesma

- confessar a falência da sociedade e pedir concordata, de acordo com as formalidades prescritas para o tipo de sociedade liquidanda.

205 BRASIL. Lei 10.406/02 (Código Civil): art. 1.767. Estão sujeitos a curatela: I - aqueles que, por causa transitória ou permanente, não puderem exprimir sua vontade.

206 BRASIL. Lei 10.406/02 (Código Civil): art. 1.775. O cônjuge ou companheiro, não separado judicialmente ou de fato, é, de direito, curador do outro, quando interdito. § 1º Na falta do cônjuge ou companheiro, é curador legítimo o pai ou a mãe; na falta destes, o descendente que se demonstrar mais apto. § 2º Entre os descendentes, os mais próximos precedem aos mais remotos. § 3º Na falta das pessoas mencionadas neste artigo, compete ao juiz a escolha do curador.

forma, o contrato social pode autorizar o ingresso de cônjuge, descendentes ou ascendentes com o fim de transformar a sociedade limitada unipessoal para pluripessoal e, assim, manter o sócio interditado[207] sem a necessidade da propositura de ação judicial.

Entretanto, caso o contrato social não regule norma expressa sobre o tratamento jurídico na hipótese da perda da capacidade civil do titular da sociedade limitada, aplica-se, por analogia, o art. 974, §§ 1º, 2º e 3º[208], do Código Civil. Autoriza-se a propositura de ação judicial com o fim de o Poder Judiciário garantir a continuidade da empresa, bem como nomear um administrador judicial, que pode ser o próprio curador nomeado no processo de interdição ou terceira pessoa nomeada pelo juízo competente para a análise da continuidade da atividade econômica. O fundamento para o pedido constituir-se-á na necessidade da manutenção da atividade econômica pelo cumprimento da função social da empresa: geração de empregos circulação de riqueza; pagamento de tributos. A ação judicial será proposta pela sociedade e pelo sócio interditado, este assistido pelo curador nomeado no processo de interdição.

Agora, não havendo interesse na continuidade da empresa, aplica-se o disposto na dissolução total de sociedade. A legitimidade processual para a propositura da ação judicial com pedido de dissolução total da sociedade limitada constituída por uma única pessoa (unipessoal) será da sociedade e do sócio interditado, este assistido pelo

---

207 BRASIL. Lei 10.406/02 (Código Civil): art. 974 (...) - § 3º O Registro Público de Empresas Mercantis a cargo das Juntas Comerciais deverá registrar contratos ou alterações contratuais de sociedade que envolva sócio incapaz, desde que atendidos, de forma conjunta, os seguintes pressupostos: I - o sócio incapaz não pode exercer a administração da sociedade; II - o capital social deve ser totalmente integralizado; III - o sócio relativamente incapaz deve ser assistido e o absolutamente incapaz deve ser representado por seus representantes legais.

208 BRASIL. Lei 10.406/02 (Código Civil): Art. 974. Poderá o incapaz, por meio de representante ou devidamente assistido, continuar a empresa antes exercida por ele enquanto capaz, por seus pais ou pelo autor de herança. § 1º Nos casos deste artigo, precederá autorização judicial, após exame das circunstâncias e dos riscos da empresa, bem como da conveniência em continuá-la, podendo a autorização ser revogada pelo juiz, ouvidos os pais, tutores ou representantes legais do menor ou do interdito, sem prejuízo dos direitos adquiridos por terceiros. § 2º Não ficam sujeitos ao resultado da empresa os bens que o incapaz já possuía, ao tempo da sucessão ou da interdição, desde que estranhos ao acervo daquela, devendo tais fatos constar do alvará que conceder a autorização. § 3º O Registro Público de Empresas Mercantis a cargo das Juntas Comerciais deverá registrar contratos ou alterações contratuais de sociedade que envolva sócio incapaz, desde que atendidos, de forma conjunta, os seguintes pressupostos: I - o sócio incapaz não pode exercer a administração da sociedade; II - o capital social deve ser totalmente integralizado; III - o sócio relativamente incapaz deve ser assistido e o absolutamente incapaz deve ser representado por seus representantes legais.

curador judicial. Dissolvida a sociedade, será nomeado um liquidante judicial para a liquidação das obrigações de titularidade da pessoa jurídica. Entretanto, caso a sociedade apresente-se em estado de insolvência, o liquidante pode requerer ou confessar falência, na forma do art. 1.103, inciso VII[209], do Código Civil.

209 BRASIL. Lei 10.406/02 (Código Civil): art. 1.103. Constituem deveres do liquidante: VII - confessar a falência da sociedade e pedir concordata, de acordo com as formalidades prescritas para o tipo de sociedade liquidanda.

6 TERCEIRO SETOR - ATIVIDADES SEM FINS LUCRATIVOS

As pessoas jurídicas, para melhor disposição, são divididas em três setores, a saber: o Estado, classificado como primeiro setor; o Mercado, classificado como o segundo setor; e as entidades sem fins lucrativos, inseridas no terceiro setor.

Para Paes (2017, p. 76)

> O terceiro setor é aquele que não é público e nem privado, no sentido convencional desses termos; porém, guarda uma relação simbiótica com ambos, na medida ele deriva sua própria identidade da conjugação entre a metodologia deste com as finalidades daquele. Ou seja, o Terceiro Setor é composto por organizações de natureza "privada" (sem objetivo de lucro) dedicadas à consecução de objetivos sociais e públicos, embora não seja integrante do governo (administração estatal).

O terceiro setor constitui-se a partir da incapacidade de o Estado atingir os fins atribuídos pela Constituição, em especial seus objetivos e direitos sociais[210]. Trata-se de pessoas jurídicas de direito privado cujo objeto reveste-se em atividades sociais, sem fins lucrativos, realizadas de forma voluntária, em prol do interesse público e sem interesse de lucro.

Assim, para que seja possível a realização das atividades sem fins lucrativos, o Direito reserva pessoas jurídicas específicas, diversas das que exercem atividade econômica, regulando sua constituição, funcionamento, fomento e dissolução.

São pessoas jurídicas inseridas no terceiro setor:

1. Associação – artigos 53-61, Código Civil.
2. Fundação – artigos 62-69, Código Civil.

210 BRASIL. Constituição da República Federativa do BRASIL de 1988. Artigos 3º e 6º.

3. Templo Religioso – artigo 44, inciso IV, Código Civil.

Conhecida como Marco Regulatório das Organizações da Sociedade Civil – MROSC, a Lei 13.019/2014, alterada pela Lei 13.204/2015, estabelece o regime jurídico das parcerias entre as pessoas jurídicas de direito privado sem fins lucrativos e o Poder Público, regulando as diretrizes para a mútua cooperação entre os entes público e privado, com o fim de atingir as finalidades de interesse público, mediante a execução de projetos previamente autorizados e concretizados em planos de trabalho inseridos em termos de colaboração, de fomento ou em acordos de cooperação, definindo, ainda, diretrizes para a política de fomento, colaboração e cooperação com organizações da sociedade civil.

6.1 ESTRUTURA JURÍDICA DAS ASSOCIAÇÕES

As associações são pessoas jurídicas de direito privado constituídas a partir da coletividade de pessoas, com escopo comum, voltado para o exercício de atividade sem fins lucrativos. A estrutura jurídica das associações encontra-se regulada pelo Código Civil (artigos 53 ao 61), onde há previsão de regras sobre a constituição, manutenção e dissolução da pessoa jurídica.

De acordo com Tartuce (2018, p. 141),

> As associações, pela previsão legal, são conjuntos de pessoas, com fins determinados, que não sejam lucrativos. Assim deve ser entendida a expressão "fins não econômicos". Nesse trilhar, o Enunciado nº 534 do CJF/STJ, da VI *Jornada de Direito Civil (2013)*: "As associações podem desenvolver atividade econômica, desde que não haja finalidade lucrativa". Sendo as justificativas do enunciado doutrinário, "andou mal o legislador ao redigir o *caput* do art. 53 do Código Civil por ter utilizado o termo genérico 'econômico' em lugar do específico 'lucrativos'. A dificuldade está em que o adjetivo 'econômico' é palavra polissêmica, ou seja, possuidora de vários significados (econômico pode ser tanto atividade produtiva quanto lucrativa).

O objeto das associações pode contemplar uma ou mais atividades sem fins lucrativos: educacional, religioso, lúdico, científico, cultural, esportivo. A ressalva legal limita-se à finalidade não lucrativa, podendo a associação exercer uma ou mais atividade econômica necessária à sua manutenção, sem, contudo, distribuir lucro, sob qualquer natureza.

Para a existência jurídica da associação, exige-se a elaboração de um estatuto social que será arquivado no Registro Civil de Pessoa Jurídica. A natureza do registro é constitutiva, pois somente após sua concessão há a aquisição da personalidade jurídica.

A partir do registro, a associação passa a ter nome próprio, patrimônio, endereço próprio e nacionalidade própria.

O Estatuto Social da associação necessariamente conterá as seguintes cláusulas[211]:

1. Denominação, os fins e a sede da associação.
2. Requisitos para a admissão, demissão e exclusão dos associados.
3. Direitos e deveres dos associados.
4. Fontes de recursos para sua manutenção.
5. Modo de constituição e de funcionamento dos órgãos deliberativos.
6. Condições para a alteração das disposições estatutárias e para a dissolução.
7. Forma de gestão administrativa e de aprovação das respectivas contas.

O Registro Civil de Pessoa Jurídica do município do Rio de Janeiro, órgão com atribuição para o registro das associações, prevê em seu sítio eletrônico[212] a relação dos documentos formais necessários para o registro de uma associação:

211 BRASIL. Lei 10.406/02. Art. 54.

212 https://www.rcpjrj.com.br/info/instrucoes/1o-registro/estatuto-associacoes - acesso em 25/11/2020.

1. Requerimento assinado pelo Presidente ou procurador (procuração específica para RCPJ com firma reconhecida).
2. Tamanho mínimo de fonte em documentos digitados: 11pt.
3. A Ata da Assembleia de Fundação deve conter: a. Aprovação do estatuto e da criação da associação; b. Relação dos Fundadores com identidade e CPF, assinaturas do Presidente e Secretário da Assembleia de Fundação e mesma data da ata; c. Rubrica do Presidente e do Secretário da Assembleia de Fundação em todas as páginas e suas assinaturas na última página; d. Eleição da diretoria com qualificação completa: cargo, nome, estado civil, nacionalidade, profissão, CPF, identidade, endereço; e e. Declaração do(s) administrador(es), firmada sob as penas da lei, de não estar(em) impedido(s) de exercer(em) a administração da associação, em virtude de condenação criminal. O(s) mesmo(s) deve(m) assinar a ata com o Presidente e o Secretário da Assembleia, OU fazer declaração avulsa, assinada pelo Presidente e Vice-Presidente da Diretoria (Res. 02/2006 CGJ).
4. Se a qualificação for feita em folhas avulsas: a. Rubrica do Presidente e do Secretário da Assembleia de Fundação em todas as páginas e suas assinaturas na última página; e b. Mesma data da Ass*embleia de Fundação* na última página.
5. O Estatuto deve conter: a. Visto do advogado, com o número da OAB - somente na última folha; b. Rubrica do Presidente e do Secretário da Assembleia de Fundação em todas as páginas; c. Mesma data da Assembleia de Fundação na última página; d. Assinaturas do Presidente e do Secretário da Assembleia de Fundação na última página; e. Classificar como "Associação Civil".
6. Artigos que tratem dos seguintes assuntos: a. Endereço completo da sede; b. Prazo de duração da associação; c. Admissão, demissão, exclusão de associados; d. Direitos e deveres dos associados; e. Atribuições de todos os diretores; f. Modo de constituição e funcionamento dos órgãos deliberativo e administrativo; g. Prazo de mandato de todos os órgãos; h. Fontes de recursos; i. Forma de gestão administrativa e de aprovação das respectivas contas; j. Forma de dissolução; e k. Destino do patrimônio, em caso de dissolução (entidade de fins não econômicos).
7. Incluir na competência da Assembleia Geral os assuntos abaixo, definindo o quórum exigido: - Destituir administradores.

Na estrutura jurídica da associação há os seguintes órgãos: os associados, o Conselho Administrativo ou Diretoria (órgão executor), o Conselho Fiscal (que realiza o acompanhamento das contas) e a Assembleia Geral (órgão deliberativo).

Após o cadastro no CNPJ, a associação deverá requerer sua inscrição municipal e alvará de funcionamento junto à prefeitura local, bem como certificado de aprovação e laudo do Corpo de Bombeiros. Estes documentos têm que ser fixados em local visível em sua sede. Podem ser exigidos ainda outros cadastros e licenciamentos em órgãos municipais, estaduais e federais para que se habilite ao exercício de atividades específicas: assistência social, educação e saúde.

6.2 ESTRUTURA JURÍDICA DAS FUNDAÇÕES

As fundações são pessoas jurídicas constituídas a partir da afetação de um determinado patrimônio, com a finalidade de realizar objeto social lícito e sem fins lucrativos. A estrutura jurídica das fundações encontra-se regulada pelo Código Civil (artigos 62 ao 69), onde há previsão de regras sobre a constituição, manutenção, fiscalização e dissolução da pessoa jurídica.

Nas palavras de Flávio Tartuce, "as fundações, assim, são bens arrecadados e personificados, em atenção a um determinado fim, que por uma ficção legal lhe dá unidade parcial." (2018, p. 147)

O direito regula tanto as fundações públicas quanto as privadas. Contudo, o presente trabalho se debruçará apenas sobre as regras jurídicas aplicadas às fundações de âmbito privado. Neste sentido, o Código Civil regula as atividades que a fundação está autorizada a contemplar em seu objeto social:

- **I.** Assistência social;
- **II.** Cultura, defesa e conservação do patrimônio histórico e artístico;
- **III.** Educação;
- **IV.** Saúde;
- **V.** Segurança alimentar e nutricional;

VI. Defesa, preservação e conservação do meio ambiente e promoção do desenvolvimento sustentável;
VII. Pesquisa científica, desenvolvimento de tecnologias alternativas, modernização de sistemas de gestão, produção e divulgação de informações e conhecimentos técnicos e científicos;
VIII. Promoção da ética, da cidadania, da democracia e dos direitos humanos; e
IX. Atividades religiosas.

Ao mencionar a expressão "somente" em sua redação, o parágrafo único, do artigo 62, do Código Civil, *a priori*, passa uma interpretação restritiva sobre o objeto das fundações. Entretanto, por meio de uma interpretação sistemática e teleológica, o Conselho da Justiça Federal ampliou a interpretação do dispositivo legal e, por meio dos enunciados nº 8[213] e nº 9[214], considera que o limite do objeto de uma fundação não está na atividade em si, mas na natureza dessa atividade: lucrativa ou não lucrativa.

Dessa forma, veda-se a constituição de fundação para o exercício de qualquer atividade com fins lucrativos; e, ao revés, é livre a constituição de fundação para a realização de qualquer objeto sem fins lucrativos.

A constituição de uma fundação divide-se em dois atos distintos:

I. Ato de fundação – manifestação de vontade exercida pela pessoa que afetará o patrimônio à criação da fundação e seus fins. Pode ser por ato *inter vivos*, realizado por meio de escritura pública; ou *causa mortis,* através de testamento. Ambos dependem de registro.
II. Ato de dotação – ato de criação da fundação. É o momento em que se efetiva a transferência dos bens, delimita-se os fins sociais, elabora-se o estatuto e registra-se a pessoa jurídica.

---

213 BRASIL. Conselho da Justiça Federal. I Jornada de Direito Civil - Coordenador-Geral Ministro Ruy Rosado de Aguiar - Comissão de Trabalho Parte Geral - Coordenador da Comissão de Trabalho: Humberto Theodoro Jr. - Número 8º: "A constituição de fundação para fins científicos, educacionais ou de promoção do meio ambiente está compreendida no Código Civil, art. 62, parágrafo único".

214 BRASIL. Conselho da Justiça Federal. I Jornada de Direito Civil - Coordenador-Geral Ministro Ruy Rosado de Aguiar - Comissão de Trabalho Parte Geral - Coordenador da Comissão de Trabalho: Humberto Theodoro Jr. - Número 8º: "Deve ser interpretado de modo a excluir apenas as fundações com fins lucrativos".

O Estatuto Social da fundação observará a forma legal e sua aprovação será previamente submetida ao Ministério Público do estado da sua respectiva sede. Observadas as regras legais, o Estatuto Social será levado ao Registro Civil das Pessoas Jurídicas – RCPJ.

O Registro Civil de Pessoa Jurídica do município do Rio de Janeiro, órgão com atribuição para o registro das fundações, prevê em seu sítio eletrônico[215], a relação de documentos formais necessários para o registro da pessoa jurídica:

1. A fundação somente pode constituir-se para fins religiosos, morais, culturais ou de assistência.
2. Os documentos de criação da fundação deverão ser feitos através de escritura pública e vir acompanhados de autorização do Ministério Público da sede.
3. Um(a) advogado(a) deverá dar seu visto ao final do estatuto, informando o seu número da OAB.
4. Declaração do(s) administrador(es), firmada sob as penas da lei, de não estar(em) impedido(s) de exercer (a administração da associação, em virtude de condenação criminal. O(s) mesmo(s) deve(m) assinar, a ata com o Presidente e o Secretário da assembleia, OU fazer declaração avulsa, assinada pelo Presidente e Vice-presidente da Diretoria. (Res. 02/2006 CGJ).
5. Todo pedido de registro deve ser apresentado com um Requerimento de Registro (disponível neste site).
6. O Estatuto deve conter: a. Denominação; b. Fundo social (patrimônio), quando houver; c. Fins; d. Endereço completo da sede; e. Prazo de duração da Fundação; f. Modo de constituição de todos os órgãos e seus mandatos; g. Atribuições dos diretores; h. Cargo que representa a sociedade, ativa e passivamente, judicial e extrajudicialmente; i. Se o Estatuto é reformável no tocante à administração, e de que modo; j. Se os membros respondem ou não subsidiariamente pelas obrigações sociais; k. Condições de extinção e, nesse caso, o destino de seu patrimônio; l. Nomes dos fundadores ou instituidores, informando identidade e CPF; m. Relação dos membros da diretoria, provisória ou definitiva, com a indicação da nacionalidade, estado civil, profissão, residência, CPF e identidade de cada um.

215 https://www.rcpjrj.com.br/info/instrucoes/1o-registro/estatuto-fundacoes - acesso em 25/11/2020.

O Ministério Público Estadual exerce papel fundamental desde a constituição até eventual dissolução da fundação. A atuação das Promotorias de Justiça de Tutela das Fundações do Rio de Janeiro, por exemplo, está disciplinada pela Resolução nº 68, de 13/11/79. A fiscalização realizada pela Curadoria das Fundações conta com promotores que atuam especialmente para esse fim.

A Resolução nº 68, de 13/11/79, PGJRJ[216], estrutura o Sistema de Provedoria de Fundações, estabelecendo as normas para a atuação do órgão do Ministério Público e da Procuradoria Geral da Justiça em matéria fundacional.

6.3 CERTIFICADOS E QUALIFICAÇÕES: CEBAS, OSCIP E OS

As associações e fundações, desde que cumpram os requisitos previstos pela Lei 12.101/09, podem requerer a concessão do Certificado de Entidade Beneficente de Assistência Social (CEBAS) ao Poder Executivo Federal. O CEBAS é concedido às entidades beneficentes que tenham por objeto a finalidade de assistência social e prestem serviços nas áreas de educação, assistência social ou saúde.

O pedido de concessão e renovação será apresentado ao Ministério da Cidadania – Secretaria Especial do Desenvolvimento Social – Ministério da Saúde ou Ministério da Educação, dependendo da área de atuação da associação ou fundação requerente, respeitados os requisitos regulados pela Lei 12.101/2009 e Decreto nº 8.242/2014.

A obtenção da certificação CEBAS garante à pessoa jurídica sem fins lucrativos o direito à isenção dos seguintes tributos:

216 BRASIL, Procuradoria-Geral de Justiça do Estado do Rio de Janeiro. Resolução nº 68/79. Art. 1º Para o exercício da competência, em matéria fundacional, do Ministério Público e da Procuradoria-Geral da Justiça do Estado do Rio de Janeiro, fica instituído o Sistema de Provedoria de Fundações, integrado pelos seguintes órgãos: I - Supervisão da Provedoria de Fundações; II - Curadoria de Fundações, na Comarca da Capital, e Curadorias e Promotorias de Justiça das Comarcas do Interior, como órgãos de atuação; III - Serviço de Cadastro das Fundações, como órgão de apoio administrativo, subordinado à Supervisão e integrado pelas Seções de Fundações da capital e do interior.

1. Contribuição PIS/PASEP;
2. Contribuições dispensadas: as devidas a terceiros, nos termos do artigo 3º, parágrafo 5º, da Lei nº 11.457/2007;
3. Contribuição Social sobre o Lucro Líquido – CSLL;
4. Contribuição para o Financiamento da Seguridade Social – COFINS; e
5. Parte Patronal da contribuição previdenciária sobre a folha de pagamento (cota Patronal).

Convém frisar que a certificação prevista na Lei nº 12.101/2009 e regulada pelo Decreto nº 8.242/2014 não é requisito para a celebração ou manutenção de contratos, parcerias, convênios ou termos de fomentos entre as entidades qualificadas e terceiros, já que sua finalidade precípua é legitimar o direito à isenção das contribuições da seguridade social.

A qualificação OSCIP (Organização da Sociedade Civil de Interesse Público) também é atribuída às pessoas jurídicas de direito privado sem fins lucrativos, sendo regulada pela Lei nº 9.790/1999 e Decreto 3.100/99, bem como pela Lei 13.019/2014.

Trata-se de certificação pública atribuída às associações e fundações cuja finalidade precípua e legitimar parcerias e convênios entre a pessoa jurídica de direito privado e o poder estatal.

A qualificação instituída pela Lei 9.790/1999, observado, em qualquer caso, o princípio da universalização dos serviços, no respectivo âmbito de atuação das Organizações, somente será conferida às pessoas jurídicas de direito privado, sem fins lucrativos, cujos objetivos sociais tenham pelo menos uma das seguintes finalidades[217]:

1. Promoção da assistência social;
2. Promoção da cultura, defesa e conservação do patrimônio histórico e artístico;
3. Promoção gratuita da educação, observando-se a forma complementar de participação das organizações de que trata esta Lei;
4. Promoção gratuita da saúde, observando-se a forma complementar de participação das organizações de que trata esta Lei;

217 BRASIL. Lei 9.790/99. Art. 3º.

5. Promoção da segurança alimentar e nutricional;
6. Defesa, preservação e conservação do meio ambiente e promoção do desenvolvimento sustentável;
7. Promoção do voluntariado;
8. Promoção do desenvolvimento econômico e social e combate à pobreza;
9. Experimentação, não lucrativa, de novos modelos sócio-produtivos e de sistemas alternativos de produção, comércio, emprego e crédito;
10. Promoção de direitos estabelecidos, construção de novos direitos e assessoria jurídica gratuita de interesse suplementar;
11. Promoção da ética, da paz, da cidadania, dos direitos humanos, da democracia e de outros valores universais;
12. Estudos e pesquisas, desenvolvimento de tecnologias alternativas, produção e divulgação de informações e conhecimentos técnicos e científicos que digam respeito às atividades mencionadas neste artigo; e
13. Estudos e pesquisas para o desenvolvimento, a disponibilização e a implementação de tecnologias voltadas à mobilidade de pessoas, por qualquer meio de transporte.

A legislação[218] veda a concessão da qualificação OSCIP para as pessoas jurídicas que exerçam as seguintes atividades:

1. As sociedades comerciais;
2. Os sindicatos, as associações de classe ou de representação de categoria profissional;
3. As instituições religiosas ou voltadas para a disseminação de credos, cultos, práticas e visões devocionais e confessionais;
4. As organizações partidárias e assemelhadas, inclusive suas fundações;
5. As entidades de benefício mútuo destinadas a proporcionar bens ou serviços a um círculo restrito de associados ou sócios;
6. As entidades e empresas que comercializam planos de saúde e assemelhados;
7. As instituições hospitalares privadas não gratuitas e suas mantenedoras;

218 BRASIL. Lei 9.790/99. Art. 2º.

8. As escolas privadas dedicadas ao ensino formal não gratuito e suas mantenedoras;
9. As organizações sociais;
10. As cooperativas;
11. As fundações públicas;
12. As fundações, sociedades civis ou associações de direito privado criadas por órgão público ou por fundações públicas; e
13. As organizações creditícias que tenham quaisquer tipos de vinculação com o sistema financeiro nacional a que se refere o art. 192 da Constituição Federal.

Para a obtenção da qualificação OSCIP, a associação ou fundação, que tenham sido constituídas e se encontrem em funcionamento regular há, no mínimo, 3 (três) anos, terá que adequar o estatuto social para atender as disposições obrigatórias reguladas pelo art. 4º, Lei 9.790/99:

1. A observância dos princípios da legalidade, impessoalidade, moralidade, publicidade, economicidade e da eficiência;
2. A adoção de práticas de gestão administrativa, necessárias e suficientes a coibir a obtenção, de forma individual ou coletiva, de benefícios ou vantagens pessoais, em decorrência da participação no respectivo processo decisório;
3. Constituição de conselho fiscal ou órgão equivalente, dotado de competência para opinar sobre os relatórios de desempenho financeiro e contábil, e sobre as operações patrimoniais realizadas, emitindo pareceres para os organismos superiores da entidade;
4. A previsão de que, em caso de dissolução da entidade, o respectivo patrimônio líquido será transferido a outra pessoa jurídica qualificada nos termos desta Lei, preferencialmente que tenha o mesmo objeto social da extinta; e
5. A previsão de que, na hipótese de a pessoa jurídica perder a qualificação instituída por esta Lei, o respectivo acervo patrimonial disponível, adquirido com recursos públicos durante o período em que perdurou aquela qualificação, será transferido a outra pessoa jurídica qualificada nos termos desta Lei, preferencialmente que tenha o mesmo objeto social.

O requerimento de qualificação OSCIP será apresentado ao Ministério da Justiça e Segurança Pública, por meio de pedido eletrônico (https://www.justica.gov.br), instruído com os seguintes documentos:

1. Estatuto registrado em Cartório;
2. Ata de eleição de sua atual diretoria;
3. Balanço patrimonial e demonstração do resultado do exercício;
4. Declaração de isenção do imposto de renda;
5. Inscrição no Cadastro Geral de Contribuintes/Cadastro Nacional da Pessoa Jurídica – CGC/CNPJ; e
6. Declaração de estar em regular funcionamento há, no mínimo, três anos, de acordo com as finalidades estatutárias.

A OSCIP pode ser extinta a pedido da associação ou fundação ou mediante decisão proferida em processo administrativo ou judicial, de iniciativa popular ou do Ministério Público, respeitado o direito à ampla defesa e ao contraditório.

A qualificação OS (Organização Social) também é atribuída às pessoas jurídicas de direito privado, sem fins lucrativos, sendo regulada pela Lei 9.637/98 e Decreto 9.190/2017.

Trata-se de qualificação concedida às pessoas jurídicas de direito privado, sem fins lucrativos, cujas atividades sejam dirigidas ao ensino, à pesquisa científica, ao desenvolvimento tecnológico, à proteção e preservação do meio ambiente, à cultura e à saúde. Tem como escopo, legitimar a realização de contrato de gestão entre o Poder Público e a associação ou fundação, com vistas à formação de parceria entre as partes para fomento e execução de atividades relativas às áreas previstas em lei.

Para a obtenção da qualificação OS, a associação ou fundação terá de cumprir as disposições obrigatórias reguladas pelo artigo 2º, Lei 9.637/98:

1. Comprovar o registro de seu ato constitutivo, dispondo sobre:

    a) Natureza social de seus objetivos relativos à respectiva área de atuação;

b) Finalidade não-lucrativa, com a obrigatoriedade de investimento de seus excedentes financeiros no desenvolvimento das próprias atividades;

c) Previsão expressa de a entidade ter, como órgãos de deliberação superior e de direção, um conselho de administração e uma diretoria definidos nos termos do estatuto, asseguradas, àquele, composição e atribuições normativas e de controle básicas previstas nesta Lei;

d) Previsão de participação, no órgão colegiado de deliberação superior, de representantes do Poder Público e de membros da comunidade, de notória capacidade profissional e idoneidade moral;

e) Composição e atribuições da diretoria;

f) Obrigatoriedade de publicação anual, no Diário Oficial da União, dos relatórios financeiros e do relatório de execução do contrato de gestão;

g) No caso de associação civil, a aceitação de novos associados, na forma do estatuto;

h) Proibição de distribuição de bens ou de parcela do patrimônio líquido em qualquer hipótese, inclusive em razão de desligamento, retirada ou falecimento de associado ou membro da entidade; e

i) Previsão de incorporação integral do patrimônio, dos legados ou das doações que lhe foram destinados, bem como dos excedentes financeiros decorrentes de suas atividades, em caso de extinção ou desqualificação, ao patrimônio de outra organização social qualificada no âmbito da União, da mesma área de atuação, ou ao patrimônio da União, dos Estados, do Distrito Federal ou dos Municípios, na proporção dos recursos e bens por estes alocados;

2. Haver aprovação, quanto à conveniência e oportunidade de sua qualificação como organização social, do Ministro ou titular de órgão supervisor ou regulador da área de atividade correspondente ao seu objeto social e do Ministro de Estado da Administração Federal e Reforma do Estado.

As pessoas jurídicas sem fins lucrativos que se habilitarem e forem qualificadas receberão o título de Organização Social (OS), sendo declaradas como entidades de interesse social e utilidade pública. A partir do ato de qualificação passa a gozar do direito de firmar parcerias com o poder público através do contrato de gestão.

6.4 TEMPLO RELIGIOSO

A liberdade religiosa está garantida por cláusula pétrea[219], inserida no artigo 5º, inciso VI, CRFB/88, cuja redação garante a toda e qualquer pessoa a liberdade de consciência e crença e o pleno exercício dos cultos religiosos, sendo protegido não só os locais, mas também as liturgias.[220]

Por local, entende-se todo espaço físico em que se realizam atos considerados religiosos, em que as pessoas expressam suas crenças e convicções, entre os quais o templo religioso.

Assim, templo religioso é o local físico em que a organização religiosa se estabelece, apresentando como principal característica o exercício de atividade voltada ao interesse altruístico, sem fins lucrativos.

As organizações religiosas são pessoas jurídicas de direito privado, sem fins lucrativos, artigo 44, inciso IV[221], do Código Civil.

Em consonância com o artigo 5º, inciso VI, CRFB/88, o legislador ordinário reconhece à organização religiosa o direito de criar e organizar a estrutura interna e o funcionamento das atividades desenvolvidas

219 Cláusula Pétrea: Direitos Sensíveis e Essenciais para as pessoas e o Estado que não pode ser abolidos (art. 60, § 4º, CRFB/88)

220 BRASIL. CRFB/88. Art. 5º Todos são iguais perante a lei, sem distinção de qualquer natureza, garantindo-se aos brasileiros e aos estrangeiros residentes no País a inviolabilidade do direito à vida, à liberdade, à igualdade, à segurança e à propriedade, nos termos seguintes: (...) VI - é inviolável a liberdade de consciência e de crença, sendo assegurado o livre exercício dos cultos religiosos e garantida, na forma da lei, a proteção aos locais de culto e a suas liturgias. (...)

221 Lei 10.406/02. "Art. 44. São pessoas jurídicas de direito privado: (...)
IV - as organizações religiosas; (Incluído pela Lei nº 10.825, de 22.12.2003)"

pela pessoa jurídica de direito privado, sendo vedado ao poder público negar-lhe reconhecimento ou registro dos atos constitutivos ao seu funcionamento.[222]

A Constituição garante às organizações religiosas a liberdade de crença, mas não a exime do controle de legalidade dos seus atos de constituição e funcionamento, conforme decisão do Tribunal de Justiça do Estado do Rio Grande do Sul:

> APELAÇÃO CÍVEL. REGISTRO DAS PESSOAS JURÍDICAS E DE TÍTULOS E DOCUMENTOS. AUTONOMIA. REQUISITO INDISPENSÁVEL À CONSTITUIÇÃO DA PESSOA JURÍDICA. MANTIDA A SENTENÇA DE PARCIAL PROCEDÊNCIA.
>
> Devem-se sopesar as garantias constitucionais de liberdade de culto religioso, estatuídas nos arts. 5º, inciso VII e 19, inciso I, ambos da Magna Carta, vedando as pessoas jurídicas de direito público a intervenção nas associações religiosas. 2. O legislador constitucional pretendeu dar garantia à liberdade de culto religioso, vedando toda e qualquer discriminação ou proibição ao exercício de qualquer fé ou religião. 3. Foi com esse espírito, de proteção às entidades religiosas, que a Lei Federal 10.825 de 2003 alterou o art. 44 do Código Civil, a fim de incluir as organizações religiosas e os partidos políticos como pessoas jurídicas de direito privado e, ao mesmo tempo, acrescentar o parágrafo primeiro, o qual veda ao poder público a negativa do reconhecimento, ou registro dos atos constitutivos e necessários ao seu funcionamento. 4. A vedação presente em tal artigo não pode ser considerada como absoluta, cabendo ao Judiciário tutelar interesses a fim de certificar-se, precipuamente, do cumprimento da legislação pátria, vale dizer, há que se averiguar se a organização religiosa atende os requisitos necessários ao registro do ato constitutivo. 5. Deve haver respeito ao *nomen juris* de cada entidade e, sendo a Associação Espírita Cristo e Caridade uma organização religiosa, não pode ostentar em seu nome a menção "sociedade", nomenclatura que se destina a outras entidades que comunguem de interesses de finalidade diversa da suscitada. Negado provimento ao apelo. (Apelação

222 BRASIL. Lei 10.406/2002. Art. 44, inciso VI.

> Cível, nº 70027034164, Quinta Câmara Cível, Tribunal de Justiça do RS, Relator: Jorge Luiz Lopes do Canto, Julgado em: 21-01-2009).

O Estatuto Social da organização religiosa necessariamente deverá conter as seguintes cláusulas:

1. Endereço completo da sede.
2. Prazo de duração da organização religiosa.
3. Atribuições de todos os diretores.
4. Modo de constituição e funcionamento dos órgãos deliberativo e administrativo.
5. Prazo de mandato de todos os órgãos.
6. Fontes de recursos.
7. Órgão competente e quórum para dissolução.

O Registro Civil de Pessoa Jurídica do município do Rio de Janeiro, órgão com atribuição para o registro das organizações religiosas, prevê em seu sítio eletrônico[223] relação de documentos formais necessários para o registro da pessoa jurídica:

1. A Ata da Assembleia de Fundação deve conter: a. Aprovação do estatuto e da criação da associação; b. Relação dos Fundadores com identidade e CPF, assinaturas do Presidente e Secretário da Assembleia de Fundação e mesma data da ata; c. Rubrica do Presidente e do Secretário da Assembleia de Fundação em todas as páginas e suas assinaturas na última página; e d. Nomeação da diretoria com qualificação completa: cargo, nome, estado civil, nacionalidade, profissão, CPF, identidade, endereço.
2. Se a qualificação for feita em folhas avulsas: a. Rubrica do presidente e do Secretário da Assembleia de Fundação em todas as páginas e suas assinaturas na última página; e b. Mesma data da Assembleia de Fundação na última página.

223 https://www.rcpjrj.com.br/info/instrucoes/1o-registro/estatutos-organizacoes-religiosas - acesso em 25/11/2020.

3. O Estatuto deve conter:
   a. Visto do advogado, com o número da OAB - somente na última folha;
   b. Rubrica do presidente e do Secretário da Assembleia de Fundação em todas as páginas;
   c. Mesma data da Assembleia de Fundação na última página;
   d. Assinaturas do presidente e do Secretário da Assembleia de Fundação na última página; e
   e. Classificar como ORGANIZAÇÃO RELIGIOSA.
4. Artigos que tratem dos seguintes assuntos:
   a. Endereço completo da sede;
   b. Prazo de duração da organização;
   c. Atribuições de todos os diretores;
   d. Modo de constituição e funcionamento dos órgãos deliberativo e administrativo;
   e. Prazo de mandato de todos os órgãos;
   f. Fontes de recursos; e
   g. Órgão competente e quórum para dissolução.

Para o cadastro da inscrição municipal e alvará na prefeitura será necessário observar a legislação municipal local. Há locais em que há dispensa do alvará (exemplo: município do Rio de Janeiro)[224]. Desta forma, para a constituição de uma organização religiosa é importante o conhecimento sobre as regras impostas pelo município em que se estabelecerá o templo religioso.

6.5 IMUNIDADE TRIBUTÁRIA

O inciso VI, alíneas "b" e "c", do art. 150, da Constituição da República Federativa do Brasil de 1988, veda à União, aos estados, ao Distrito Federal e aos municípios, instituírem impostos sobre templo de qualquer culto; patrimônio, renda ou serviços dos partidos políticos, inclusive suas fundações, das entidades sindicais dos trabalhadores, das instituições de educação e de assistência social, sem fins lucrativos, atendidos os requisitos da lei.

224 BRASIL. Decreto 41.827/16, município do Rio de Janeiro. Art. 5º, § 3º.

Nas palavras de José Eduardo Sabo Paes,

> O preceito constitucional da imunidade protege determinadas entidades e instituições do alcance do poder de tributar que detém o Estado. E o faz para resguardar da incidência dos impostos sobre o patrimônio, a renda e os serviços de instituições que, nos campos social e cívico, complementam ou até substituem a ação do próprio Estado. (2017, p. 716)

A imunidade tributária é um direito constitucional que limita o poder de tributar atribuído ao Poder Estatal, uma vez que a própria Constituição proíbe a incidência de impostos sobre o patrimônio, serviço e renda das pessoas jurídicas, sem fins lucrativos, inseridas no terceiro setor, incluindo templo religioso, ou seja, pessoas jurídicas que exercem atividade voltada para obra social, de natureza altruística e interesse público.

O instituto da imunidade não se confunde com o instituto jurídico da isenção. A primeira, como visto, é uma garantia constitucional, limitadora do poder de tributar, em que o contribuinte preenche os requisitos para o gozo da garantia constitucional a partir da natureza da sua pessoa e do objeto social; afasta-se a hipótese de incidência relativa à pessoa tutelada pela Constituição e em razão da atividade exercida. Já a isenção, é um benefício fiscal previsto em lei ordinária, de natureza temporária e precária; nesta hipótese, afasta-se a obrigatoriedade ao pagamento do tributo por fato de interesse público previsto em lei.

Em obra sobre o Terceiro Setor, Tomas de Aquino Resende, assim distinguiu os institutos da imunidade e isenção:

> Imunidade é regra constitucional que proíbe o Estado em geral de, sequer, 'cogitar' a hipótese de tributar determinadas pessoas, as quais cumprem os requisitos exigidos também por indicação constitucional, nada precisam requerer, em tese, nem a nada mais precisam se submeter para não se apartada do direito ao benefício;
>
> Isenção é o poder que os governantes têm de conceder a algumas pessoas que em determinadas situações de interesse geral, sejam desobrigadas a recolher determinados tributos que o Estado tem o direito de

> cobrar, de modo que estabelecem as condições para tal. (2019, p. 207)

Destaca-se que o artigo 146, inciso II, da CRFB/88, reserva à lei complementar a atribuição legal para regular as limitações ao poder de tributar. Em âmbito federal o Código Tributário Nacional, por meio do art. 14, incisos I, II e III, subordina o direito à imunidade atribuído às pessoas inseridas ao terceiro setor, incluindo os templos religiosos, às seguintes obrigações formais e acessórias:

> I. não distribuírem qualquer parcela de seu patrimônio ou de suas rendas, a qualquer título;
>
> II. aplicarem integralmente, no País, os seus recursos na manutenção dos seus objetivos institucionais; e
>
> III. manterem escrituração de suas receitas e despesas em livros revestidos de formalidades capazes de assegurar sua exatidão.

Logo, o direito ao gozo da imunidade atribuída às pessoas jurídicas inseridas ao terceiro setor, incluindo os templos religiosos, condiciona-se à estrita observância das regras contábeis e de escrituração vigentes, bem como o respeito ao objeto social e interesse público que autorizam a benesse constitucional.

Considerando a competência para tributar atribuída pela Constituição aos municípios, estados e Distrito Federal, cada ente federativo tem competência para instituir, por lei complementar, regras formais para o gozo da imunidade aplicada aos impostos de sua competência, respeitado o texto constitucional.

7 RISCOS E CONSEQUÊNCIAS JURÍDICAS NO ATO DE REGISTRO E DISSOLUÇÃO DE PESSOA JURÍDICA

Os atos de arquivamento não podem representar simples obrigação formal para o profissional contábil, devendo agir com toda diligência, responsabilidade e lisura ao contratar, realizar e concluir os atos de registro e dissolução das atividades econômicas empresariais, não empresariais e sem fins lucrativos.

7.1 ATOS DE REGISTRO E CONSEQUÊNCIAS JURÍDICAS

A obrigação formal de proceder à realização do registro do empresário ou sociedade empresária, transcende a simples exigência legal. O arquivamento dos atos constitutivos das sociedades, empresária ou não empresária, tem o condão de gerar uma pessoa de direito e obrigações; já o registro do empresário individual, visa regularizar o exercício da atividade empresarial por meio de uma pessoa natural.

A aquisição da personalidade jurídica possui como principal efeito o surgimento de um sujeito de direito, com patrimônio próprio, que não se confunde com o patrimônio da pessoa, física ou jurídica, que subscreveu e integralizou cotas ou ações da respectiva.

Com efeito, a responsabilidade limitada atribuída à pessoa que participa do capital social, titular do direito de sócio, surge no mundo jurídico a partir do arquivamento dos atos constitutivos da sociedade no órgão competente.[225] [226]

225 BRASIL. Lei 10.406/02 (Código Civil): art. 45.

226 BRASIL. Lei 8.934 (Lei de Registro Público Mercantil): art. 36

Sob esse aspecto, a legislação fixa o prazo de 30 (trinta) dias, a contar da data da assinatura dos atos constitutivos, para que as partes responsáveis procedam com o pedido de arquivamento dos atos constitutivos junto ao órgão de registro. Assim, cabe à pessoa, obrigada por lei ou pelo contrato social, proceder com o pedido de arquivamento no prazo legal, sob pena de responsabilidade pessoal e consequências jurídicas à sociedade constituída.

Na sociedade limitada a responsabilidade pelo ato de registro é do administrador, nomeado pelo contrato social ou ato em apartado; nas sociedades anônimas, cumpre aos primeiros administradores a obrigação de proceder ao registro da companhia junto ao Registro Público de Empresas Mercantis.

Em caso de omissão ou inércia quanto ao prazo legal de 30 (trinta) dias para o pedido de arquivamento dos atos constitutivos, as pessoas responsáveis pelo ato de registro podem responder por perdas e danos.

Além da responsabilidade atribuída aos administradores pela omissão ou inércia no arquivamento dos atos constitutivos, a sociedade anônima não responde pelos atos ou operações praticados pelos gestores antes da aquisição da personalidade jurídica da companhia, salvo deliberação em contrário pela assembleia geral.[227]

Os efeitos atribuídos ao registro, em especial a aquisição da personalidade jurídica, dependerá da observância do prazo legal para o pedido de arquivamento. Assim, cumprido o prazo de 30 (trinta) dias, os efeitos retroagem – efeito *ex tunc* – à data da assinatura dos atos constitutivos. Contudo, caso o pedido seja realizado após o prazo legal, o registro somente produzirá efeitos a partir da data da concessão – efeito *ex nunc*.[228] [229]

A análise dos efeitos do registro é de suma importância nas sociedades contratuais.

Ao regular as sociedades contratuais o legislador pátrio não proíbe o exercício da empresa ou atividade não empresarial sem registro. Ao revés, regula em capítulo próprio as consequências jurídicas do exercício de uma atividade econômica sem arquivamento no órgão de registro.

---

227 BRASIL. Lei 6.404/76: art. 99.

228 BRASIL. Lei 8.934 (Lei de Registro Público Mercantil): art. 36.

229 BRASIL. Lei 10.406/02 (Código Civil): art. 1.151, § 2º.

Assim, o artigo 986, do capítulo I, título II e livro II, do Código Civil, regula a chamada *sociedade em comum*, que se caracteriza na união de duas ou mais pessoas que contribuem para a formação do capital social de uma sociedade contratual, passam a exercer uma atividade econômica, mas não procedem com o arquivamento dos atos constitutivos no órgão de registro competente.

A sociedade existe, mas sem personalidade jurídica.[230]

A principal consequência jurídica atribuída à sociedade em comum é a inexistência de proteção do patrimônio dos sócios, respondendo estes de forma ilimitada e solidária pelas obrigações sociais.[231]

Dessa forma, considerando os efeitos do registro e o prazo legal de 30 (trinta) dias fixado para o arquivamento dos atos constitutivos, bem como o fato de a legislação não proibir o exercício de atividade econômica por sociedade contratual, antes da aquisição da personalidade jurídica, a omissão ou inércia para o pedido de registro pode gerar um hiato em que a sociedade, se os sócios não forem cautelosos, realizará atos e negócios sem que haja proteção patrimonial.

Exemplo:

1. XY Alimentos LTDA. foi constituída em 3 de março de 2019. Contudo, o pedido de arquivamento na Junta Comercial do Rio de Janeiro só foi realizado em 4 de junho de 2019 e concedido em 06/08/2019, em razão de exigências formais.

   Somente a partir da concessão a sociedade passou a deter personalidade jurídica.

   Os atos e negócios jurídicos realizados entre 3 de março de 2019 e 5 de agosto de 2019 não estão cobertos pela personalidade jurídica constituída. Neste período a empresa foi exercida por meio de uma sociedade em comum, cuja responsabilidade dos sócios é ilimitada e solidária.

230 BRASIL. Lei 10.406/02 (Código Civil): art. 986: Enquanto não inscritos os atos constitutivos, reger-se-á a sociedade, exceto por ações em organização, pelo disposto neste Capítulo, observadas, subsidiariamente e no que com ele forem compatíveis, as normas da sociedade simples.

231 BRASIL. Lei 10.406/02 (Código Civil): art. 990: Todos os sócios respondem solidária e ilimitadamente pelas obrigações sociais, excluído do benefício de ordem, previsto no art. 1.024, aquele que contratou pela sociedade.

2. XY Alimentos LTDA. foi constituída em 3 de março de 2019. O pedido de arquivamento na Junta Comercial do Rio de Janeiro foi realizado em 5 de março de 2019 e concedido em 6 de maio de 2019, em razão de exigências formais.

   Os atos e negócios jurídicos realizados entre 3 de março de 2019 e 5 de maio de 2019 estão cobertos pela personalidade jurídica constituída a partir da concessão, pois os efeitos do registro retroagem à data da assinatura do contrato social. Assim, o termo inicial para a proteção patrimonial dos sócios não seria a data da concessão do registro, mas a data da constituição da sociedade.

Frisa-se, ainda, que a omissão ou inércia no pedido de arquivamento dos atos constitutivos gera implicações não só na esfera contratual ou societária, mas também nas relações fiscais acessórias, nas relações previdenciárias e nas relações com o poder público, em geral.

Destaca-se também a cautela exigida quando do registro das sociedades simples, cujo órgão de registro não é a Junta Comercial, mas o Registro Civil de Pessoas Jurídicas.

Conforme o abordado pelo capítulo 4, a sociedade simples se caracteriza por exercer atividade econômica não empresarial e por isso o seu órgão de registro não é a Junta Comercial, mas o Registro Civil de Pessoa Jurídica.

Por força de seu objeto, o Decreto-Lei 406/1968 regula o recolhimento do Imposto Sobre Serviços de Qualquer Natureza (ISS) em um regime especial, mediante alíquota fixa sobre cada profissional habilitado, sócio, empregado ou não, que preste serviços em nome da sociedade, embora assumindo responsabilidade pessoal, nos termos da lei aplicável.

Mas se o registro da sociedade simples, por equívoco, for realizado na Junta Comercial? Haveria consequência?

Em que pese o artigo 986, parágrafo único, do Código Civil[232], não atribuir à atividade uniprofissional a natureza empresarial pelo simples

232 BRASIL. Lei 10.406/02 (Código Civil): art. 966, Parágrafo Único: (...) Parágrafo único. Não se considera empresário quem exerce profissão intelectual, de natureza científica, literária ou artística, ainda com o concurso de auxiliares ou colaboradores, salvo se o exercício da profissão constituir elemento de empresa.

fato de o registro ter sido realizado na Junta Comercial, quando o correto seria no Registro Civil de Pessoas Jurídicas, como expressamente regula para a atividade rural[233], cabe ao profissional contábil toda cautela devida ao analisar a natureza da atividade econômica que irá registrar, evitando, assim, risco de interpretações favoráveis aos interesses do fisco nas situações em concreto.

Assim, na hipótese de registro de uma sociedade simples na Junta Comercial, pode o fisco proceder à autuação para análise quanto à natureza da atividade e o correto recolhimento do ISS. Neste tipo de situação, a natureza da atividade econômica pauta-se em seu objeto, na estrutura do seu contrato social e na forma como a atividade é desenvolvida. Diante destes fatores, e considerando eventual equivoco no pedido de arquivamento do contrato social, o município pode interpretar que a atividade econômica possui natureza empresarial, concluindo pelo recolhimento irregular do ISS, bem como pelo lançamento de ofício da diferença devida, com a aplicação das multas reguladas por lei.

Dessa forma, o cumprimento dos atos formais de registro de uma atividade econômica, empresarial ou não empresarial, requer responsabilidade e conhecimento técnico, sob pena de responsabilidade do profissional contábil pelos prejuízos suportados pelo cliente contratante.

7.2 CONSTITUIÇÃO DE PESSOA JURÍDICA, AUTODECLARAÇÕES FALSAS E CONSEQUÊNCIAS CRIMINAIS

A constituição de uma pessoa jurídica – seja ela empresarial, não empresarial ou sem fins lucrativos – demanda responsabilidade não só das pessoas naturais que desejam sua criação jurídica, mas também do

233 BRASIL. Lei 10.406/02 (Código Civil): art. 971: O empresário, cuja atividade rural constitua sua principal profissão, pode, observadas as formalidades de que tratam o art. 968 e seus parágrafos, requerer inscrição no Registro Público de Empresas Mercantis da respectiva sede, caso em que, depois de inscrito, ficará equiparado, para todos os efeitos, ao empresário sujeito a registro. Art. 984: A sociedade que tenha por objeto o exercício de atividade própria de empresário rural e seja constituída, ou transformada, de acordo com um dos tipos de sociedade empresária, pode, com as formalidades do art. 968, requerer inscrição no Registro Público de Empresas Mercantis da sua sede, caso em que, depois de inscrita, ficará equiparada, para todos os efeitos, à sociedade empresária.

profissional contábil ou jurídico responsável pela elaboração do contrato social ou estatuto social.

As informações que constam em um contrato social ou estatuto social é fruto da pura e exclusiva manifestação de vontade das partes envolvidas na formação da sociedade, associação, fundação, templo religioso, cooperativa.

Cada cláusula regulada pelo contrato social ou estatuto social representa uma autodeclaração firmada pelas pessoas naturais envolvidas na constituição da pessoa jurídica, incluindo o profissional contábil ou advogado. Não se trata apenas de regras formais, cláusulas obrigatórias ou facultativas, mas direitos e obrigações regulados por meio de um instrumento jurídico exigido por lei.

Em julgamento do Habeas Corpus nº 91.542-6, o Ministro Cezar Peluso[234] assim sintetizou a importância do contrato social para a sociedade.

> É que o contrato visa a regular situações jurídicas específicas e importantes da vida da sociedade, e não se adstringindo a permitir ao FISCO, por meio da desconsideração da personalidade jurídica, excetuar-lhe os sócios. O contrato social disciplina direitos e obrigações dos sócios, cuida da administração da sociedade e, em caráter geral, governa as relações desta com terceiros, donde a especial importância que assume na vida comercial e dos negócios, reconhecida pela publicidade de que se de revestir com o registro.

Portanto, cada informação declarada no contrato social tem que corresponder à realidade fática, à verdade do que está sendo documentado, ser verídica e idônea, sob pena da prática do crime de falsidade ideológica (art. 299, Código Penal) e/ou outras práticas delituosas, tal qual o crime contra a ordem tributária (Lei 8.137/90).

O Decreto-Lei nº 2.848/1940 (Código Penal), assim define o delito de falsidade ideológica:

234 STF - HC: 91542 RJ, Relator: CEZAR PELUSO, Data de Julgamento: 18/09/2007, Segunda Turma, Data de Publicação: DJe-026 DIVULG 14-02-2008 PUBLIC 15-02- 2008 DJ 15-02-2008 EMENT VOL-02307-03 PP-00559.

> Art. 299 - Omitir, em documento público ou particular, declaração que dele devia constar, ou nele inserir ou fazer inserir declaração falsa ou diversa da que devia ser escrita, com o fim de prejudicar direito, criar obrigação ou alterar a verdade sobre fato juridicamente relevante:
>
> Pena - reclusão, de um a cinco anos, e multa, se o documento é público, e reclusão de um a três anos, e multa, de quinhentos mil réis a cinco contos de réis, se o documento é particular.

O contrato social, estatuto social ou qualquer documento exigido pela legislação para arquivamento, possui natureza de documento particular.[235]

Em julgamento sobre a prática do crime de falsidade ideológica por meio de contrato social, o Superior Tribunal de Justiça[236] assim considerou:

> Verifica-se o delito de falsidade ideológica quando os acusados, na elaboração de contrato social de empresa, inserem falsamente o nome de terceira pessoa na condição de sócia, mediante a promessa de pagamento da quantia mensal pelo "empréstimo do nome", com o fim de alterar a verdade sobre fato juridicamente relevante, isto é, a condição de verdadeiros sócios e proprietários da empresa.

A conduta delitiva analisada pelo Superior Tribunal de Justiça consistia na inclusão falsa de terceira pessoa como sócio para ocultar os verdadeiros sócios, os chamados "sócios laranjas".

Em outro julgamento, o Superior Tribunal de Justiça[237] determinou o desmembramento do caso em análise, após verificar a possibilidade da prática do crime de falsidade ideológica em contrato social das sociedades investigadas.

---

235 STJ - RHC: 24674 PR 2008/0227983-2, Relator: Ministro CELSO LIMONGI (DE-SEMBARGADOR CONVOCADO DO TJ/SP), Data de Julgamento: 19/02/2009, T6 - SEXTA TURMA, Data de Publicação: 20090316 -->DJe 16/03/2009.

236 STJ - HC 436024 / SP HABEAS CORPUS 2018/0027508-3 - Ministro Relator: NEFI CORDEIRO - T6 - SEXTA TURMA - Data do Julgamento: 12/06/2018 - Data da Publicação: DJe 19/06/2018.

237 STJ - CC 149304 / SC CONFLITO DE COMPETÊNCIA 2016/0272703-0 - Ministro relator: REYNALDO SOARES DA FONSECA - S3 - TERCEIRA SEÇÃO - Data do Julgamento: 22/02/2017 - Data da Publicação: DJe 02/03/2017.

> No decorrer das investigações, vislumbrou-se a possível ocorrência de falsidade ideológica (art. 299 do CP), consubstanciada na inserção de declaração falsa em contrato social de uma das empresas distribuidoras de combustível envolvidas no esquema, após o que o Juízo Federal determinou o desmembramento do feito, encaminhando para a Justiça Estadual a apuração da falsidade ideológica.

Em um terceiro julgado, o Superior Tribunal de Justiça[238] analisou a prática do crime de falsidade ideológica em uma declaração falsa do endereço da sede da sociedade.

> 3. O crime de falsidade ideológica, previsto no art. 299, *caput*, do Código Penal, exige dolo específico, com o intuito de prejudicar direito, criar obrigação ou alterar a verdade sobre fato juridicamente relevante.
>
> 4. Extrai-se da peça acusatória que os denunciados alteraram contrato social a fim de fazer constar endereço diverso do verdadeiro onde se realizavam as atividades comerciais, a fim de que os carnês de IPTU e IPVA fossem destinados à vítima. Restou, assim, devidamente descrito na denúncia o especial fim de agir da falsidade ideológica.

Percebe-se que a elaboração de um contrato social não se reveste de um ato simples, sem maiores consequências jurídicas. Ao revés, na hipótese de as informações prestadas no documento particular serem inverídicas, ou seja, falsas, estar-se-á diante da possibilidade da prática do crime de falsidade ideológica. A depender da forma como o profissional contábil ou jurídico orientou a constituição da pessoa jurídica, poderá ser responsabilizado criminalmente em coautoria com o sócio da sociedade.

Caso a falsidade no contrato social tenha por objetivo lesar o sistema tributário nacional, estar-se-ia diante da possibilidade da prática dos crimes regulados pela Lei 8.137/90.[239]

---

238 STJ - RHC 77510 / DF RECURSO ORDINÁRIO EM HABEAS CORPUS 2016/0277780-8 - Ministro Relator: NEFI CORDEIRO - T6 - SEXTA TURMA - Data do Julgamento: 22/11/2016 - DJe 07/12/2016.

239 STJ - CC: 167558 PR 2019/0230871-1, Relator: Ministro JOEL ILAN PACIORNIK, Data de Publicação: DJ 19/03/2020.

Exemplo: inclusão de uma terceira pessoa (sócio laranja) no quadro societário de uma sociedade, com o fim de evitar o desenquadramento da microempresa ou empresa de pequeno porte do Sistema Simples Nacional.

7.3 DISSOLUÇÃO IRREGULAR DE SOCIEDADE E RESPONSABILIDADE TRIBUTÁRIA

A dissolução de sociedade requer a mesma formalidade de atos jurídicos exigidos para a constituição da pessoa jurídica societária, sendo simétricas e cogentes as obrigações para o encerramento e baixa definitiva da sociedade empresarial e não empresarial.

Os atos de dissolução iniciam-se a partir de decisão judicial, na hipótese de pretensão judicial para a dissolução societária; ou, por meio de um simples distrato, quando a dissolução for amigável entre os sócios.

O artigo 1.033, do Código Civil, autoriza a dissolução amigável de sociedade nas seguintes hipóteses:

1. Vencimento do prazo de duração, salvo se, vencido este e sem oposição de sócio, não entrar a sociedade em liquidação, caso em que se prorrogará por tempo indeterminado.
2. Consenso unânime dos sócios.
3. Deliberação dos sócios, por maioria absoluta, na sociedade de prazo indeterminado.
4. Falta de pluralidade de sócios, não reconstituída no prazo de cento e oitenta dias.
5. Extinção, na forma da lei, de autorização para funcionar.

Já o artigo 1.034, do Código Civil, autoriza a dissolução judicial de sociedade nas seguintes hipóteses:

1. Anulada a sua constituição.
2. Exaurido o fim social, ou verificada a sua inexequibilidade

O contrato social tem a liberdade de regular outras situações fáticas que autorizem a dissolução total da sociedade.

O ato de dissolução de uma sociedade, caracterizado em uma decisão judicial ou distrato, é o primeiro dentre os atos sucessivos que possibilitarão a extinção regular da sociedade, sendo de suma importância o cumprimento de todo o procedimento para que se evite reflexos sobre o patrimônio dos sócios e administradores.

Os artigos 1.102 a 1.112, previsto no Capítulo IX, do Título II, Livro II, do Código Civil, regula o procedimento de liquidação de sociedade, atribuindo normas cogentes para as hipóteses de dissolução total de sociedade, cuja finalidade precípua será a arrecadação do patrimônio da pessoa jurídica, liquidação e pagamento aos credores.

Assim, dissolvida a sociedade, os seguintes atos jurídicos terão que ser realizados:

1. Nomeação de liquidante.[240]
2. Arrecadação do patrimônio da pessoa jurídica.
3. Liquidação do patrimônio.
4. Pagamento dos credores.
5. Distribuição aos sócios do valor remanescente, nos limites da quota parte de cada no capital social.
6. Extinção e encerramento da pessoa jurídica no órgão de registro.

240 BRASIL. Lei 10.406. Art. 1.103: Constituem deveres do liquidante: I - averbar e publicar a ata, sentença ou instrumento de dissolução da sociedade; II - arrecadar os bens, livros e documentos da sociedade, onde quer que estejam; III - proceder, nos quinze dias seguintes ao da sua investidura e com a assistência, sempre que possível, dos administradores, à elaboração do inventário e do balanço geral do ativo e do passivo; IV - ultimar os negócios da sociedade, realizar o ativo, pagar o passivo e partilhar o remanescente entre os sócios ou acionistas; V - exigir dos quotistas, quando insuficiente o ativo à solução do passivo, a integralização de suas quotas e, se for o caso, as quantias necessárias, nos limites da responsabilidade de cada um e proporcionalmente à respectiva participação nas perdas, repartindo-se, entre os sócios solventes e na mesma proporção, o devido pelo insolvente; VI - convocar assembleia dos quotistas, cada seis meses, para apresentar relatório e balanço do estado da liquidação, prestando conta dos atos praticados durante o semestre, ou sempre que necessário; VII - confessar a falência da sociedade e pedir concordata, de acordo com as formalidades prescritas para o tipo de sociedade liquidanda; VIII - finda a liquidação, apresentar aos sócios o relatório da liquidação e as suas contas finais; IX - averbar a ata da reunião ou da assembleia, ou o instrumento firmado pelos sócios, que considerar encerrada a liquidação.

Observa-se que para uma sociedade ser encerrada regularmente não basta o simples registro do distrato entre os sócios – dissolução amigável –, mas o cumprimento de atos jurídicos sucessivos e cogentes, que detém o escopo de tutelar interesse dos credores contra práticas fraudulentas e abusivas com a finalidade de prejudicar terceiros.

Em julgamento do Agravo em Recurso Especial nº 1.532.767 – SC[241], o Ministro Herman Benjamin, assim proferiu seu voto:

> A sociedade empresária surge, opera e termina nos exatos termos estipulados pelo Código Civil e outras normas de regência. Se a pessoa jurídica pode funcionar em sua plenitude somente quando observadas, obrigatoriamente, todas as prescrições legais para seu nascimento, caracterizaria contrassenso entender como facultativas prescrições simetricamente estatuídas para sua extinção (art. 1.109), que inclui, em fases e ritos separados, a dissolução e a liquidação.
>
> Realmente, consoante os arts. 1.102 e seguintes do Código Civil, a dissolução, por meio de distrato social, é apenas uma das fases (= a primeira) do procedimento de extinção da sociedade empresarial. Em seguida, passa-se à liquidação, ou seja, a realização do ativo e o pagamento do passivo (e eventual partilha de bens remanescentes), para, então, decretar-se o fim da personalidade jurídica. Assim, o mero protocolo do distrato perante a Junta Comercial não basta para afastar, no âmbito tributário ou não, a presunção de dissolução irregular e as consequências daí derivadas.

O julgado paradigma deixa claro que somente após o cumprimento dos atos jurídicos sucessivos poder-se-á considerar a regularidade da extinção e encerramento da sociedade. Caso contrário, presumir-se-á a dissolução irregular societária, acarretando, assim, consequências jurídicas advindas à prática da ilicitude no procedimento de liquidação da sociedade, em especial aos créditos tributários.

241 STJ - Agravo em Recurso Especial nº 1.532.767 - SC, Relator: Ministro Herman Benjamin, Data de Publicação: DJ 14/09/2020.

Em julgamento proferido pelo rito de recurso repetitivo[242] – Tema 630 – o Superior Tribunal de Justiça pacificou o entendimento quanto à responsabilidade de sócio, gerente ou administrador, nas hipóteses de dissolução irregular de sociedade:

> Desse modo, é obrigação dos gestores das empresas manter atualizados os respectivos cadastros, incluindo os atos relativos à mudança de endereço dos estabelecimentos e, especialmente, referentes à dissolução da sociedade. A regularidade desses registros é exigida para que se demonstre que a sociedade dissolveu-se de forma regular, ou seja, dissolveu-se em obediência aos ritos e formalidades previstas nos arts. 1.033 a 1.038 e arts. 1.102 a 1.112, todos do Código Civil de 2002 – onde é prevista a liquidação da sociedade com o pagamento dos credores em sua ordem de preferência – ou na forma da Lei nº 11.101/2005, no caso de falência. Evidente está que a desobediência a tais ritos é infração à lei. Portanto, não restam dúvidas de que a melhor posição a ser firmada por esta Corte é a de que, em execução fiscal de dívida ativa tributária ou não-tributária, dissolvida irregularmente a empresa, está legitimado o redirecionamento ao sócio-gerente. No primeiro caso, por aplicação do art. 135, do CTN. No segundo caso, por aplicação do art. 10, do Decreto nº 3.078/19 e art. 158, da Lei nº 6.404/78 – LSA, visto que para as dívidas não tributárias, não se aplica o art. 135, do CTN, consoante conhecida jurisprudência desta Casa (v.g. REsp 1362797 / RN; AgRg no AREsp 262795 / RS; AgRg no AREsp 242114 / PB; REsp 1342314 / AL; AgRg no AREsp 117766 / PE e Súmula nº 353/STJ: "As disposições do Código Tributário Nacional não se aplicam às contribuições para o FGTS").

Logo, na hipótese de extinção irregular, ou seja, quando a sociedade não respeita o procedimento de liquidação regulado pelo Código Civil, presume-se a prática de ato ilícito suficiente para o redirecionamento aos sócios, gerentes e/ou administradores, das obrigações fiscais de natureza tributária e não-tributária.[243]

242 Rito especial para julgamento de recursos repetitivos - Procedimento especial para o julgamento de Recurso Especial e Extraordinário em que há multiplicidade de recursos com fundamento em idêntica questão de direito. A decisão proferida vincula os demais Tribunais. Art. 1.036-1.041, Código de Processo Civil.

243 BRASIL. Lei 5.172/1966 (Código Tributário Nacional), artigo 135: São pessoalmente

Sobre o tema, a Súmula 435, do Superior Tribunal de Justiça, 208 presume a dissolução irregular da empresa que deixar de funcionar em seu domicílio fiscal, sem regularizar o seu registro nos órgãos competentes. Caracterizada a dissolução irregular por abandono do endereço fiscal, o fisco está autorizado a redirecionar a obrigação fiscal aos sócios e/ou administradores.

7.4 LEI GERAL DE PROTEÇÃO DE DADOS PESSOAIS - LGPD

A Lei Geral de Proteção de Dados, conhecida como LGPD, foi instituída por intermédio da Lei 13.709/2018 de 14/08/2018, e trouxe grandes impactos às empresas, principalmente para aquelas que prestam serviços de legalização de empresas, pois, tornou necessária a observação do tratamento dos dados pessoais, inclusive nos meios digitais da pessoa natural ou pessoa jurídica de direito público ou privado, conforme aduz o Artigo 1º[244], *caput* da referida Lei.

Os dados pessoais que trata a LGPD, são todos os dados que identificam a pessoa natural de forma a individualizá-la como, nome, sobrenome, estado civil, nacionalidade, naturalidade, data de nascimento, profissão, identidade, CPF, filiação, endereço completo, contatos telefônicos, endereço de e-mails, e documentos digitais com: fotos, vídeos, dentre outros.

Portanto, é de suma importância que todo profissional liberal contador, advogado ou empresas no ramo contábil ou jurídico, os quais processam dados pessoais, informações contábeis, fiscais e financeiras diariamente, observem os fundamentos que disciplinam a proteção de dados dos clientes contratantes, visto que para confecção de contratos, alterações contratuais, estatutos sociais, atas de eleição e

responsáveis pelos créditos correspondentes a obrigações tributárias resultantes de atos praticados com excesso de poderes ou infração de lei, contrato social ou estatutos: I - as pessoas referidas no artigo anterior; II - os mandatários, prepostos e empregados; III - os diretores, gerentes ou representantes de pessoas jurídicas de direito privado.

244 Art. 1º Esta Lei dispõe sobre o tratamento de dados pessoais, inclusive nos meios digitais, por pessoa natural ou por pessoa jurídica de direito público ou privado, com o objetivo de proteger os direitos fundamentais de liberdade e de privacidade e o livre desenvolvimento da personalidade da pessoa natural.

posse de diretoria etc. são necessárias coletar documentos digitais que os identifiquem.

Assim tais entidades devem criar ferramentas que tratam os fluxos desses dados, bem como adotarem sistemas, softwares e políticas internas que venham garantir a proteção desses dados, sob pena de serem responsabilizado civilmente.

De acordo do com a LGPD, os dados tratados, referem-se aos das pessoas naturais, aquelas informações que identificam as pessoas físicas, como: RG, CPF, CTPS, CNH, PIS, Título de Eleitor, Passaporte, Certidão de nascimento, Diplomas, fotos e imagens pessoais, endereço, e-mail, telefone, dentre outros.

Nas empresas contábeis e jurídicas, é comum o profissional ter armazenado em seu banco de dados, dados de seus clientes, como os já citados acima, quando solicitados na abertura de uma constituição, alteração e baixa de empresas em geral, declaração de Imposto de Renda, confecção de decore e abertura de processos administrativos ou judiciais.

Importante ressaltar que ates de processar um dado de pessoa física, o profissional ou empresa contratada deverá observar quais as regras e critérios que deverá observar para o processamento desses dados, inclusive adotando termo de consentimentos, que corresponderá a manifestação livre e inequívoca do cliente, na qual o titular dos dados, assine concordando que seus dados pessoais serão tratados para determinadas finalidades, por exemplo, uma constituição de empresa ou declaração de Imposto de Renda.

No Artigo 7º[245] da LGPD relacionam as hipóteses que precisam ser

245 Art. 7º O tratamento de dados pessoais somente poderá ser realizado nas seguintes hipóteses:
I - mediante o fornecimento de consentimento pelo titular;
II - para o cumprimento de obrigação legal ou regulatória pelo controlador;
III - pela administração pública, para o tratamento e uso compartilhado de dados necessários à execução de políticas públicas previstas em leis e regulamentos ou respaldadas em contratos, convênios ou instrumentos congêneres, observadas as disposições do Capítulo IV desta Lei;
IV - para a realização de estudos por órgão de pesquisa, garantida, sempre que possível, a anonimização dos dados pessoais;
V - quando necessário para a execução de contrato ou de procedimentos preliminares relacionados a contrato do qual seja parte o titular, a pedido do titular dos dados;
VI - para o exercício regular de direitos em processo judicial, administrativo ou arbitral, esse último nos termos da Lei de Arbitragem;
VII - para a proteção da vida ou da incolumidade física do titular ou de terceiro;
VIII - para a tutela da saúde, exclusivamente, em procedimento realizado por profissionais de

observadas no tratamento dos dados pessoais, destacando a condição para o consentimento. O importante é que haja um engajamento para a adaptação da LGPD, bem como identificar as figuras do controlador, operador e encarregado que trata a lei. A figura do controlador é a pessoa responsável com poder de decisões pertinentes ao tratamento de dados pessoais das pessoas físicas; já o operador é aquele que em nome do controlador, realiza o tratamento de dados em nome do controlador. Uma empresa contábil pode ser tanto operadora ou controladora de dados pessoais. Quando utilizar dados para o envio de obrigações acessórias, estará como operador. E caso, utilizar dados de seus clientes para outras finalidades, que não sejam a estritamente contratadas, será classificado como um controlador.

O encarregado pelo tratamento de dados pessoais deverá ser indicado pelo controlador de acordo com o Artigo 41 da lei e suas atividades consistem em:

I. Aceitar reclamações e comunicações dos titulares, prestar esclarecimentos e adotar providências;
II. Receber comunicações da autoridade nacional e adotar providências;
III. Orientar os funcionários e os contratados da entidade a respeito das práticas a serem tomadas em relação à proteção de dados pessoais; e
IV. Executar as demais atribuições determinadas pelo controlador ou estabelecidas em normas complementares.

---

saúde, serviços de saúde ou autoridade sanitária;
IX - quando necessário para atender aos interesses legítimos do controlador ou de terceiro, exceto no caso de prevalecerem direitos e liberdades fundamentais do titular que exijam a proteção dos dados pessoais; ou
X - para a proteção do crédito, inclusive quanto ao disposto na legislação pertinente.
§ 3º O tratamento de dados pessoais cujo acesso é público deve considerar a finalidade, a boa-fé e o interesse público que justificaram sua disponibilização.
§ 4º É dispensada a exigência do consentimento previsto no *caput* deste artigo para os dados tornados manifestamente públicos pelo titular, resguardados os direitos do titular e os princípios previstos nesta Lei.
§ 5º O controlador que obteve o consentimento referido no inciso I do *caput* deste artigo que necessitar comunicar ou compartilhar dados pessoais com outros controladores deverá obter consentimento específico do titular para esse fim, ressalvadas as hipóteses de dispensa do consentimento previstas nesta Lei.
§ 6º A eventual dispensa da exigência do consentimento não desobriga os agentes de tratamento das demais obrigações previstas nesta Lei, especialmente da observância dos princípios gerais e da garantia dos direitos do titular.
§ 7º O tratamento posterior dos dados pessoais a que se referem os §§ 3º e 4º deste artigo poderá ser realizado para novas finalidades, desde que observados os propósitos legítimos e específicos para o novo tratamento e a preservação dos direitos do titular, assim como os fundamentos e os princípios previstos nesta Lei.

É suma importância a identificação dos dados utilizados nas empresas contábeis e a criação de implementação de Boas Prática e Governança, partindo de um mapeamento de dados de pessoas físicas que possui a empresa e a identificação se esses dados são necessários e úteis. A não observância desta Lei acarretará sanções às empresas, que serão fiscalizadas pela ANPD (Autoridade Nacional de Proteção de Dados), entidade responsável por regulamentar, fiscalizar e aplicar as sanções previstas quando do descumprimento da mesma, além de outros órgãos como o Procon, Secom e o Ministério Público, os quais trabalharão lado a lado da ANPD.

As sanções previstas estão listadas no Artigo 52 da referida Lei, quais sejam:

A) Advertência;

B) Multa de 2% do faturamento (com o limite máximo de R$ 50 milhões por infração);

C) Multa diária;

D) Divulgação da infração ao público;

E) Bloqueio dos dados pessoais referentes à infração;

F) Eliminação dos dados pessoais referentes à infração;

G) Suspensão parcial do funcionamento do banco de dados a que se refere à infração pelo período máximo de seis meses (prorrogável por igual período);

H) Suspensão do tratamento de dados pessoais a que se refere a infração;

I) Proibição parcial ou total do exercício da atividade relacionada ao tratamento de dados.

O direito de contraditório e a ampla defesa são garantidos antes da aplicação das sanções. Mas o valor alto das sanções e os danos à imagem da empresa podem impactar significativamente o negócio. Portanto, a compreensão dessa lei bem como sua adequação é de suma importância para se evitar sanções pesadas, ou até mesmo condenações e indenizações por danos morais na esfera civil ou até mesmo na esfera penal por vazamentos de dados.

8 PLANEJAMENTO E GESTÃO TRIBUTÁRIA

A gestão e o planejamento tributário são fatores primordiais para o sucesso de qualquer organização. A elevada carga tributária, a complexidade e a instabilidade do sistema tributário nacional limitam o desenvolvimento e em muitos casos inviabilizam a continuidade de empreendimentos, além de gerar insegurança jurídica, contribuindo de forma significativa com o aumento da informalidade.

Contar com uma consultoria tributária efetiva é fundamental para a correta precificação dos produtos e serviços, além de evitar problemas relacionados com a aplicação de penalidades motivadas pelo descumprimento de obrigações tributárias. Embora essa tarefa na maior parte das empresas seja terceirizada empreendedores devem ter conhecimento de todo esse processo.

Não basta apurar e pagar o tributo, sendo fundamental um estudo prévio e detalhado das atividades da entidade com o objetivo de reduzir esses gastos. O planejamento tributário deve ser levado em consideração já no momento da legalização da empresa, pois uma opção equivocada pode impactar no fluxo de caixa, por meio de recolhimento de tributos com valores superiores ao permitido pela legislação.

Estabelecer um plano orçamentário, testar as hipóteses de tributação e conhecer as obrigações tributárias são ações que possibilitam escolher melhor forma de tributação. Nesse capítulo destacaremos os tributos que incidem sobre o faturamento, folha de pagamento, lucros, a tributação de micro e pequenas empresas e de entidades sem fins lucrativos, com ênfase na escolha da melhor opção tributária.

8.1 RELACIONAMENTO CONTRIBUINTE E ESTADO

Do ponto de vista tributário contribuintes e Estado têm objetivos a serem alcançados divergentes, existindo uma permanente tensão. A elevada carga tributária dificulta o desempenho da atividade econômica, gerando resistência ao tributo motivando a fuga constante do alcance legal do Estado, quer seja por meios lícitos, o qual se denomina planejamento tributário, quer seja de forma ilícita, por meio da prática de ações classificadas como infrações ou crimes contra a ordem tributária.

O aumento da informalidade e da inadimplência por parte dos contribuintes recebe como resposta estatal a criação de novos mecanismos de controle que objetivam não permitir fugas ao dever de pagar o tributo, por meio do aumento das sanções aplicáveis aos infratores, e criando novas obrigações tributárias acessórias, tornando complexa as ações para estar em conformidade com o fisco.

O número excessivo de obrigações tributárias acarreta um aumento nos custos das empresas objetivando não incorrer no descumprimento de tais determinações e imposição de sanções.

Diante de interesses nem sempre convergentes essa relação precisa ser estabelecida em respeito aos princípios da segurança jurídica, legalidade tributária, da capacidade contributiva, os quais possibilitam que a tensão entre o Estado e os contribuintes possa permanecer em níveis democraticamente aceitáveis.

8.2 PLANEJAMENTO TRIBUTÁRIO

Entende-se por planejamento tributário a técnica de organização preventiva de negócios jurídicos, visando a uma lícita economia de tributos. Dois fatores determinam a importância e a necessidade da realização das atividades de planejamento tributário:

1. O elevado ônus fiscal; e
2. A consciência empresarial da complexidade e instabilidade do sistema tributário nacional.

Este cenário exige das organizações vultoso investimento de energia e recursos objetivando identificar todas as alternativas legais disponíveis a suas transações e operações mercantis, no sentido de reduzir seu custo tributário.

Figura 30 - Carga Tributária no Brasil: 1990 - 2020

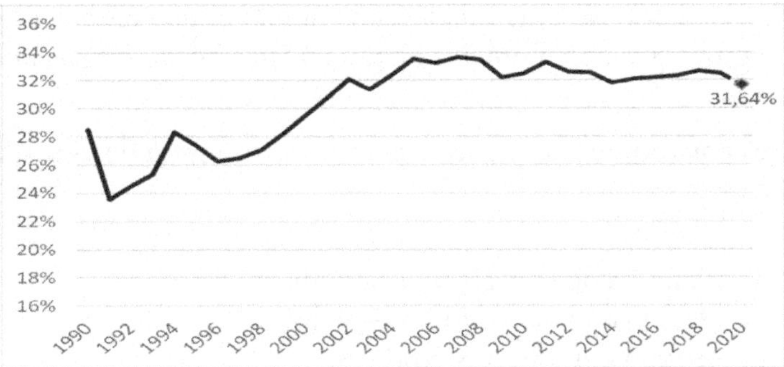

Fonte Observatório de Política fiscal – FGV – IBRE – 2021

A essência do planejamento tributário é a redução dos custos tributários através da exclusão, redução ou adiamento dos respectivos encargos tributários, obtidos por meio da organização lícita do negócio. Consiste em organizar os empreendimentos, mediante o emprego de estruturas jurídicas capazes de bloquear a concretização da hipótese de incidência fiscal, ou então de fazer com que sua materialidade ocorra na medida e tempo adequados.

As regras econômicas determinam que os atos empresariais devam estar voltados para a obtenção do maior lucro possível com o menor custo, quando do exercício das atividades econômicas permitindo desta forma a maximização de seu valor de mercado, aumentando as riquezas de seus proprietários. Assim o contribuinte tem o direito de valer-se dos meios juridicamente lícitos postos à sua disposição, para organizar sua situação tributária de acordo com a sua capacidade contributiva.

A doutrina identifica três tipos de planejamento tributários realizados com o objetivo de: anular, reduzir ou adiar o ônus fiscal.

O planejamento que tem por objetivo a anulação do ônus fiscal é realizado mediante o emprego de estrutura e forma jurídica que sejam capazes de impedir a concretização das hipóteses legais de incidências tributárias. A redução do ônus fiscal é realizada mediante o emprego de estrutura e forma jurídica que possibilitem a concretização das hipóteses legais de incidências tributárias cuja consequência resulte num menor ônus fiscal. O adiamento do ônus fiscal é realizado mediante o emprego de estrutura e forma jurídica que possibilitem a concretização das hipóteses legais de incidências tributárias que retarde a ocorrência do fato gerador, a procrastinação do lançamento ou pagamento do tributo.

A elaboração de um planejamento fiscal compreende cinco fases, sendo elas:

1. Pesquisa do fato objeto de estudo;
2. Articulação das questões tributárias;
3. Estudo dos aspectos jurídicos;
4. Formalização do planejamento tributário; e
5. Adoção do modelo de tributação e acompanhamento das estratégias.

O planejamento tributário inicia-se com o levantamento de dados pertinentes as operações industriais, negócios mercantis e prestações de serviços, realizados pela empresa, devendo obter dados sobre a estrutura e atividades operacionais da empresa, a qualificação fiscal de seus estabelecimentos e realização dos fatos geradores dos tributos. O levantamento deve identificar

1. A origem de seus negócios;
2. Os efeitos das transações entre as empresas como aluguéis, serviços, repasse de custos, mútuos financeiros e de mercadorias;
3. O perfil contábil e fiscal, por meio da identificação de benefícios fiscais;
4. Se a empresa é possuidora de resultados com tributação diferida, parcelamentos, contencioso tributário e autuações fiscais recentes;
5. Política de distribuição de lucros e de remuneração dos dirigentes;
6. Projeções de resultados; e
7. Possibilidade de revisão da estrutura societária atual.

Tomando como base o levantamento de dados, inicia-se o estudo das questões que serão solucionadas, ou seja, se esse buscará anular, reduzir ou adiar o ônus tributário.

O conteúdo deverá ser formalizado de forma clara, concisa e objetiva destacando o fato objeto do planejamento, as questões fiscais oriundas do fato descrito, além de representações gráficas das respostas oferecidas às questões formuladas.

8.3 SISTEMA TRIBUTÁRIO NACIONAL

Denomina-se Sistema Tributário Nacional o conjunto de normas que regulam a criação, administração, arrecadação e partilha de tributos, composto por regras que precisam ser respeitadas pelo Poder Público.

As regras tributárias são estabelecidas na origem pela Constituição da República Federativa do Brasil – CRFB, onde são definidas as competências tributárias (arts. 145 a 149 e 153 a 156), limitações ao poder de tributar (arts. 150 a 152), bem como a repartição das receitas tributárias (arts. 157 a 162).

As regras constitucionais orientam o processo de elaboração de leis como o Código Tributário Nacional – CTN e outras leis que estabelecem normas gerais, criam e regulam as obrigações tributárias. Com o objetivo de regular as leis são publicados decretos, os quais podem ser definidos como atos administrativos da competência dos chefes dos Poderes Executivos (presidente, governadores e prefeitos) editados com a finalidade de regulamentar a execução da lei.

8.3.1 Tributos

Conforme estabelecido pelo art. 3º do Código Tributário Nacional, tributo é toda prestação pecuniária compulsória, em moeda ou cujo valor nela se possa exprimir, que não constitua sanção de ato ilícito, instituída em lei e cobrada mediante atividade administrativa plenamente vinculada. Deste conceito extraímos seis características essenciais para que possamos definir se uma prestação terá natureza jurídica tributária, sendo elas:

Figura 31 - Elementos presentes no conceito de tributo

1º — **Prestação Pecuniária**
Objetiva arrecadar recursos financeiros para que o Estado cumpra suas finalidades..

2º — **Compulsória**
O dever de pagar o tributo existe independente de qualquer vontade.

3º — **Em moeda cujo valor nela se possa exprimir**
Tributo deve ser pago em dinheiro. Apenas em circunstâncias especiais é possível quitar o tributo por meio da entrega de bens, como ocorre no caso da dação em pagamento de bens imóveis desde que previsto na legislação do tributo.

4º — **Que não constitua sanção de ato ilícito**
Tributo não pode ser confundido com punição. Trata-se da contribuição para que o Estado possa prestar serviços que atendam as necessidades da coletividade.

5º — **Instituída por Lei**
- Somente leite pode instituir tributo, não comportando qualquer exceção, uma vez que ninguém será obrigado a fazer ou deixar de fazer algo se não, por força da lei.
- Em regra somente lei pode aumentar tributos, contudo há exceções ao chamado princípio da legalidade, no caso, por exemplo de impostos como IPI, IOF, II e IE, os quais podem ser majorados por meio de decreto.

6º — **Cobrada mediante atividade administrativa plenamente vinculada**
Tributo deve ser cobrado por autoridade administrativa competente, a qual atuará vinculada aos dispositivos legais, não empregando nessa tarefa juízo pessoal.

Fonte: Elaborado pelos autores

A Constituição Federal outorga a competência para a instituição de cinco espécies tributárias, revelando suas características específicas e identificando o regime jurídico individualmente aplicável, sendo elas: impostos, taxas, contribuições de melhorias, empréstimos compulsórios e contribuições sociais.

Cabe destacar que embora os tributos sejam submetidos a regras gerais comuns, há normas específicas para cada uma das espécies tributárias. Identificar a natureza jurídica do tributo é tarefa de extrema relevância, a fim de que se saiba qual o regime jurídico aplicável.

Figura 32 - Espécies Tributárias

Fonte: Elaborado pelos autores.

8.3.2 Impostos

De acordo com o Art. 16 do CTN, imposto é o tributo não vinculado, ou seja, a obrigação tem por fato gerador uma situação independente de qualquer atividade estatal específica, relativa ao contribuinte que justifique a sua cobrança. Os Impostos podem ser classificados quanto a sua base econômica, alíquota, forma de percepção e objeto de incidência conforme demonstrado no quadro seguinte:

Quadro 106 - Classificação dos Impostos

Base econômica	Sobre comércio Exterior	II e IE.
	Sobre o patrimônio e Renda	IR, ITR, IGF, ITD, IPVA, ITBI e IPTU.
	Sobre produção e circulação,	IPI, IOF, ICMS e ISS.
Alíquota	Fixos	Contribuição do MEI.
	Proporcionais	ICMS, ISS, IPI etc.

Forma de percepção	**Diretos**	Recai s/ contribuinte: IR, IPTU e ITR.
	Indiretos	São passíveis de repasse: ICMS, ISS e IOF.
Objeto de incidência	**Reais**	Incidem s/ Bens: IPTU, ITR, IPVA e ITBI.
	Pessoais	Incidem s/ pessoas: IR e IOF.

Fonte: Elaborado pelos autores.

A CRFB prevê que sempre que possível os impostos terão caráter pessoal e serão graduados segundo a capacidade econômica e outorga competência para que a União, Estados, Distrito Federal e Municípios instituam 13 impostos, sendo eles:

Quadro 107 - Competência para criação de Impostos no Sistema Tributário Nacional

Categoria	Ente Estatal Competente	Imposto
Comércio Exterior	**União**	**II** - Imposto sobre a importação de produtos estrangeiros.
		IE - O imposto sobre a exportação.
Produção e Circulação	**União**	**IPI** - Imposto sobre Produtos Industrializados.
		IOF - Imposto sobre Operações Financeiras Crédito, Câmbio, Seguro, ou relativas a Títulos e Valores Imobiliários.
	Estados / DF	**ICMS** - Imposto sobre Circulação de Mercadorias e Serviços de telecomunicações e transporte intermunicipal e interestadual.
	Municípios / DF	**ISS** - Impostos sobre Serviços de qualquer Natureza.

Patrimônio e Renda	**União**	**IR** - Imposto de Renda.
		ITR - Imposto sobre a propriedade territorial rural.
		IGF - Imposto sobre Grandes Fortunas. Ainda não instituído.
	Estados / DF	**ITD** - Transmissão causa mortis e doação, de quaisquer bens ou direitos.
		IPVA - Imposto sobre Propriedade de Veículos Automotores.
	Municípios / DF	**ITBI** - Imposto sobre Transmissão. Inter Vivos de Bens e Imóveis.
		IPTU - Imposto Predial e Territorial Urbano.

Fonte: Elaborado pelos autores.

8.3.3 Taxas

A Constituição estabelece no Art. 145 que a União, os Estados, o Distrito Federal e os Municípios poderão instituir taxas, em razão do exercício do poder de polícia ou pela utilização, efetiva ou potencial, de serviços públicos específicos e divisíveis, prestados ao contribuinte ou postos a sua disposição.

Serviços específicos são aqueles que possam ser destacados em unidades autônomas de intervenção onde contribuinte sabe exatamente por qual atividade estatal ele está pagando. Serviços divisíveis são aqueles suscetíveis de utilização, separadamente, por parte de cada um dos seus usuários. Quando o serviço é de fato usufruído temos a utilização efetiva. Utilização potencial ocorre nos casos em que o serviço é declarado como de utilização compulsória, bastando ser posto à disposição mediante atividade administrativa em efetivo funcionamento, para ensejar a cobrança da taxa, ainda que o contribuinte não o utilize.

A competência para instituição das taxas é comum, ou seja, podem instituir União, Estados, Distrito Federal e Municípios conforme as atribuições definidas na Constituição Federal, Constituição dos Estados e Leis Orgânicas dos Municípios, resultando do exercício do poder de polícia ou da prestação de serviços.

É um tributo vinculado, pois é ofertada uma contrapartida, de imediato ao contribuinte em função do tributo cobrado. Assim ao contrário dos impostos o contribuinte sabe exatamente o motivo pelo qual está pagando, uma vez que possui o serviço a sua disposição assim como a atividade de fiscalização.

A base de cálculo das taxas tende a refletir uma grandeza relacionada com o custo da atuação estatal relativa ao contribuinte, contudo não podem ser idênticas aos impostos, por determinação constitucional, aumentando o CTN tal restrição, não permitindo que sejam calculadas em função do capital da empresa.

Poder de polícia é definido pelo CTN como a faculdade de que dispõe a administração pública para condicionar e restringir o uso e gozo de bens, atividades e direitos individuais, em benefício da coletividade ou do próprio Estado, conforme se depreende da leitura do Art. 78. Como exemplo de taxas cobradas pelo poder de polícia, temos: taxa de inspeção sanitária, taxa de obras em logradouros públicos, taxa de alvará de funcionamento etc.

As taxas de serviços são cobradas em função da prestação de serviços públicos essenciais de Estado, aqueles cuja não utilização prejudica a coletividade, como por exemplo, a coleta de lixo. Abaixo apresentamos as principais taxas existentes em nosso Sistema Tributário Nacional:

1. Taxa de Autorização do Trabalho Estrangeiro
2. Taxa de Avaliação in loco das Instituições de Educação e Cursos de Graduação – Lei 10.870/2004
3. Taxa de Avaliação da Conformidade – Lei 12.545/2011 – art. 13
4. Taxa de Classificação, Inspeção e Fiscalização de produtos animais e vegetais ou de consumo nas atividades agropecuárias – Decreto-Lei 1.899/1981
5. Taxa de Coleta de Lixo
6. Taxa de Combate a Incêndios
7. Taxa de Conservação e Limpeza Pública
8. Taxa de Controle Administrativo de Incentivos Fiscais – TCIF – Lei 13.451/2017
9. Taxa de Controle e Fiscalização Ambiental – TCFA – Lei 10.165/2000
10. Taxa de Controle e Fiscalização de Produtos Químicos – Lei 10.357/2001, art. 16

11. Taxa de Emissão de Documentos (níveis municipais, estaduais e federais)
12. Taxa de Fiscalização da Aviação Civil – TFAC – Lei 11.292/2006
13. Taxa de Fiscalização da Agência Nacional de Águas – ANA
14. Taxa de Fiscalização do Mercado de Valores Mobiliários da CVM – Lei 7.940/1989
15. Taxa de Fiscalização de Sorteios, Brindes ou Concursos – art. 50 da MP 2.158-35/2001
16. Taxa de Fiscalização de Vigilância Sanitária – Lei 9.782/1999, art. 23
17. Taxa de Fiscalização dos Produtos Controlados pelo Exército Brasileiro – TFPC – Lei 10.834/2003
18. Taxa de Fiscalização dos Mercados de Seguro e Resseguro, de Capitalização e de Previdência Complementar Aberta – art. 48 a 59 da Lei 12.249/2010
19. Taxa de Fiscalização e Controle da Previdência Complementar – TAFIC – Entidades Fechadas de Previdência Complementar – art. 12 da Lei 12.154/2009
20. Taxa de Licenciamento Anual de Veículo – art. 130 da Lei 9.503/1997
21. Taxa de Licenciamento, Controle e Fiscalização de Materiais Nucleares e Radioativos e suas instalações
22. Taxa de Licenciamento para Funcionamento e Alvará Municipal
23. Taxa de Pesquisa Mineral DNPM
24. Taxa de Serviços Administrativos (TSA) – Zona Franca de Manaus – Lei 13.451/2017
25. Taxa de Serviços Metrológicos – art. 11 da Lei 9.933/1999
26. Taxa de Utilização de Selo de Controle – art. 13 da Lei 12.995/2014
27. Taxas ao Conselho Nacional de Petróleo (CNP)
28. Taxa de Outorgas (Radiodifusão, Telecomunicações, Transporte Rodoviário e Ferroviário etc.)
29. Taxas de Saúde Suplementar – ANS – Lei 9.961/2000, art. 18
30. Taxa de Utilização do SISCOMEX
31. Taxa de Utilização do MERCANTE
32. Taxas do Registro do Comércio (Juntas Comerciais)

33. Taxas Judiciárias
34. Taxas Processuais do Conselho Administrativo de Defesa Econômica – CADE – art. 23 da Lei 12.529/2011

8.3.4 Contribuição de Melhorias

Tributo que possui como fato gerador a valorização imobiliária direta ou indireta, decorrente de obra pública, podendo ser instituído pela União, pelos Estados pelo Distrito Federal ou pelos Municípios para fazer face ao custo de obras públicas de que decorra valorização imobiliária, possuindo como limite total o valor da despesa realizada e como limite individual o acréscimo de valor que da obra resultar para cada imóvel.

É um tributo vinculado, pois depende da valorização imobiliária proporcionada pela obra executada pelo ente público. A determinação do montante da contribuição de melhoria far-se-á rateando, proporcionalmente, o custo parcial ou total das obras entre todos os imóveis incluídos nas respectivas zonas de influência beneficiadas pela obra realizada.

8.3.5 Empréstimos Compulsórios

Tributo que pode ser criado exclusivamente pela União, por meio de Lei Complementar, objetivando atender a despesas extraordinárias decorrentes de calamidade pública, de guerra externa ou sua iminência, além de investimento público de caráter urgente e de relevante interesse nacional.

Sua cobrança será realizada de forma temporária diante da ocorrência das circunstâncias autorizadoras e da dificuldade de o Estado arcar com tais gastos.

Trata-se de tributo restituível, pois embora o contribuinte não possa escolher se irá ou não pagar, a União tem o dever de devolver o valor pago ao contribuinte.

8.3.6 Contribuições Sociais

Tributo instituído, em regra, pela União através de lei ordinária, podendo também os Estados e Municípios instituírem apenas na hipótese de manutenção de Regimes Próprios de Previdência Social – RPPS de seus servidores.

As contribuições sociais dividem-se em: contribuições em sentido estrito, destinadas ao custeio da Seguridade Social, contribuições de intervenção no domínio econômico – CIDE criadas com o objetivo de regular o mercado e corrigir distorções, e as contribuições de interesse das categorias profissionais ou econômicas.

Quadro 108 - Contribuições Sociais existentes no STN

Contribuições Sociais para o financiamento da Seguridade Social e do Programa de Integração Social	**Sobre a Folha de pagamento**	**CPP** - Contribuição Previdenciária Patronal; **RAT** - Risco Ambiental do Trabalho; **Contribuição do Trabalhador** para a Previdência Social; **Contribuições dos Servidores Públicos para os RPPS**; **PIS** - Programa de Integração Social devido pelas entidades sem fins lucrativos, imunes ou dispensadas do pagamento com base no faturamento.
	Sobre o Faturamento	**PIS** - Programa de Integração Social; **Cofins** - Contribuição para o Financiamento da Seguridade Social; **CPRB** - Contribuição Previdenciária sobre a Receita Bruta em substituição a incidente sobre a folha de pagamento (Desoneração da Folha de Pagamento);
	Lucro	**CSLL** - Contribuição Social sobre o Lucro Líquido.
	Importação	**PIS** - Programa de integração social; **Cofins** - Contribuição para o financiamento da seguridade social.

Contribuições de Intervenção do Domínio Econômico - CIDE	Sistema "S"	SEBRAE; SESC/SENAC, SESI/SENAI, SEST/SENAT; APEX - Brasil.
	Outras	CIDE Combustível; CIDE Remessas; CONDECINE; CIDE Energia; AFRMM; ATAERO; FUST; FUNTTEL; INCRA; FUNRURAL.
Contribuições de interesse de categorias profissionais ou econômicas	Sindicais	**Contribuição Sindical** dos Trabalhadores desde que autorizadas, e dos Empregadores.
	Categorias Profissionais	**Conselhos de Fiscalização Profissional.**

Fonte: Elaborado pelos autores.

As contribuições sociais não incidirão sobre as receitas decorrentes de exportação e poderão incidir sobre a importação de petróleo e seus derivados, gás natural e seus derivados e álcool combustível, podendo ter alíquotas *ad valorem*, tendo por base o faturamento, a receita bruta ou o valor da operação e, no caso de importação, o valor aduaneiro, ou alíquotas específicas tendo por base a unidade de medida adotada.

A criação de outras contribuições sociais além daquelas previstas dependerá de Lei Complementar, devendo ainda ser não cumulativas, tendo o que compensar o que for devido em cada operação com o que já fora recolhido em operações anteriores, e não podem ter a mesma base de cálculo e fato gerador de impostos discriminados na Constituição Federal.

8.4 FORMAS DE TRIBUTAÇÃO

As atividades econômicas são tributadas por meio de uma estrutura complexa alcançando o faturamento, o lucro, a folha de Pagamento, as importações e o patrimônio. Conhecer como funciona o processo de tributação para as organizações é fundamental para a elaboração de um plano de negócio.

Abordaremos esse tema de acordo com a forma de incidência e regimes de tributação apresentado os principais aspectos dos tributos. Não se pretende aqui esgotar o tema, já que cada tributo mereceria um livro próprio, mas apresentar as principais características e informações sobre tais obrigações tributárias.

8.5 TRIBUTOS SOBRE A RECEITA OU FATURAMENTO

Tributos que guardam proporcionalidade com o preço praticado pela organização, os quais serão base de cálculo para apuração. O conceito de receita bruta foi estabelecido pela Lei nº 12.973/2014 compreendendo:

1. O produto da venda de bens nas operações de conta própria;
2. O preço da prestação de serviços em geral;
3. O resultado auferido nas operações de conta alheia; e
4. As receitas da atividade ou objeto principal das pessoas jurídicas não compreendidas nas hipóteses anteriores.

Serão deduzidos da base de cálculo as vendas canceladas e os descontos incondicionais concedidos. Nesse grupo estão inseridos os seguintes tributos: IPI, ICMS, ISS, PIS, COFINS, e contribuição previdenciária sobre a receita bruta, os quais terão suas principais características apresentadas nos próximos tópicos.

8.5.1 Imposto sobre Produtos Industrializados - IPI

Imposto de competência da União que incide sobre produtos industrializados, nacionais e estrangeiros sendo regulamentado Decreto

7.212/2010 – RIPI e no Decreto nº 10.923/2021 o qual aprova a Tabela de incidência do Imposto sobre Produtos Industrializados – TIPI.

O campo de incidência do imposto abrange todos os produtos com alíquota, ainda que zero, relacionados na TIPI, observadas as disposições contidas nas respectivas notas complementares, excluídos aqueles a que correspondem à notação "NT" (não-tributado).

O conceito de industrialização abrange qualquer operação que modifique a natureza, o funcionamento, o acabamento, a apresentação ou a finalidade do produto, ou o aperfeiçoe para consumo, tais como:

Quadro 109 - Conceito de Industrialização

Ação	Descrição
Transformação	Exercida sobre matéria-prima ou produto intermediário que importe na obtenção de espécie nova.
Beneficiamento	Modifica, aperfeiçoa ou, de qualquer forma, altera o funcionamento, a utilização, o acabamento ou a aparência do produto.
Montagem	Reunião de produtos, peças ou partes e de que resulte um novo produto ou unidade autônoma, ainda que sob a mesma classificação fiscal.
Acondicionamento ou Reacondicionamento	Altera a apresentação do produto, pela colocação da embalagem, ainda que em substituição da original, salvo quando a embalagem colocada se destine apenas ao transporte da mercadoria.
Renovação ou Recondicionamento	Exercida sobre produto usado ou parte remanescente de produto deteriorado ou inutilizado, renovando ou restaurando o produto para utilização.

Fonte: Elaborado pelos autores.

8.5.1.1 Fato Gerador

São duas as hipóteses de ocorrência do fato gerador do IPI:

1. Na importação: o desembaraço aduaneiro de produtos de procedência estrangeira;
2. Na operação interna: a saída de produto do estabelecimento industrial, ou equiparado a industrial.

8.5.1.2 *Contribuintes*

São obrigados ao pagamento do imposto como contribuinte:

1. O importador, em relação ao fato gerador decorrente do desembaraço aduaneiro de produto de procedência estrangeira;
2. O industrial, em relação ao fato gerador decorrente da saída de produto que industrializar em seu estabelecimento, bem assim quanto aos demais fatos geradores decorrentes de atos que praticar;
3. O estabelecimento equiparado a industrial, quanto ao fato gerador relativo aos produtos que dele saírem, bem assim quanto aos demais fatos geradores decorrentes de atos que praticar; e
4. Os que consumirem ou utilizarem em outra finalidade, ou remeterem a pessoas que não sejam empresas jornalísticas ou editoras, o papel destinado à impressão de livros, jornais e periódicos, quando alcançado pela imunidade prevista na Constituição Federal.

8.5.1.3 *Base de Cálculo*

Na operação interna o valor total da operação de que decorrer a saída do estabelecimento industrial ou equiparado a industrial.

Na importação o valor que servir ou que serviria de base para o cálculo dos tributos aduaneiros, por ocasião do despacho de importação, acrescido do montante desses tributos e dos encargos cambiais efetivamente pagos pelo importador ou destes exigíveis.

8.5.1.4 *Alíquotas e Período de Apuração*

As alíquotas são definidas na TIPI, onde os produtos estão distribuídos por Seções, Capítulos, Subcapítulos, Posições, Subposições, Itens e Subitens, sendo classificados em conformidade com as regras gerais para interpretação – RGI, regras gerais complementares – RGC e notas complementares – NC, todas da nomenclatura comum do MERCOSUL – NCM, integrantes do seu texto.

O período de apuração do IPI incidente nas saídas dos produtos dos estabelecimentos industriais ou equiparados a industrial é mensal, exceto para os produtos classificados no código 2402.20.00 (Cigarros), os quais o período de apuração é decendial e ao IPI incidente sobre produtos de procedência estrangeira, na importação.

O IPI deve ser recolhido até o 25º (vigésimo quinto) dia do mês subsequente ao mês de ocorrência dos fatos geradores, para os produtos em geral, exceto para os Cigarros que devem ser recolhidos até o 10º (décimo) dia.

8.5.1.5 Imunidades

São imunes da incidência do IPI:

1. Os livros, jornais, periódicos e o papel destinado à sua impressão;
2. Os produtos industrializados destinados ao exterior;
3. O ouro, quando definido em lei como ativo financeiro ou instrumento cambial; e
4. A energia elétrica, derivados de petróleo, combustíveis e minerais do País.

Se a imunidade estiver condicionada à destinação do produto, e a este for dado destino diverso, deverá o responsável pelo fato recolher o imposto como se a imunidade não existisse.

8.5.1.6 Não Cumulatividade

A não cumulatividade é efetivada pelo sistema de crédito do imposto relativo a produtos e insumos que ingressam no estabelecimento do contribuinte, para ser abatido do que for devido pelos produtos dele saídos, num mesmo período.

Os estabelecimentos industriais e os que lhes são equiparados poderão creditar-se:

1. Do imposto relativo à matéria-prima, produto intermediário e material de embalagem, adquiridos para emprego na

industrialização de produtos tributados, incluindo-se, entre as matérias-primas e os produtos intermediários, aqueles que, embora não se integrando ao novo produto, forem consumidos no processo de industrialização, salvo se compreendidos entre os bens do ativo permanente;

2. Do imposto relativo à matéria-prima, produto intermediário e material de embalagem, quando remetidos a terceiros para industrialização sob encomenda, sem transitar pelo estabelecimento adquirente;
3. Do imposto relativo à matéria-prima, produto intermediário e material de embalagem, recebidos de terceiros para industrialização de produtos por encomenda, quando estiver destacado ou indicado na nota fiscal;
4. Do imposto destacado em nota fiscal relativa a produtos industrializados por encomenda, recebidos do estabelecimento que os industrializou, em operação que dê direito ao crédito;
5. Do imposto pago no desembaraço aduaneiro;
6. Do imposto mencionado na nota fiscal que acompanhar produtos de procedência estrangeira, diretamente da repartição que os liberou, para estabelecimento, mesmo exclusivamente varejista, do próprio importador;
7. Do imposto relativo a bens de produção recebidos por comerciantes equiparados a industrial;
8. Do imposto relativo aos produtos recebidos pelos estabelecimentos equiparados a industrial que, na saída destes, estejam sujeitos ao imposto, nos demais casos não compreendidos nas hipóteses anteriores;
9. Do imposto pago sobre produtos adquiridos com imunidade, isenção ou suspensão quando descumprida a condição, em operação que dê direito ao crédito; e
10. Do imposto destacado nas notas fiscais relativas a entregas ou transferências simbólicas do produto, permitidas no Regulamento do IPI.

8.5.1.7 Caso Prático

Considere que a WXZ Industrial produz dois tipos de produtos, o produto “A” tributados com alíquota de IPI de 15% e o Produto “B” tributados com alíquota de IPI de 10%. Em 10/2021 apurou receita de vendas no valor R$ 400.000,00, tendo ainda sido cobrado frete no valor de R$ 1.500,00.

Receita de Vendas

Produto A	R$ 100.000,00
Produto B	R$ 300.000,00

Dados do Frete

Total do Frete Cobrado		R$ 1.500,00
Peso dos Produtos:		
	Produto A	100 kg
	Produto B	150 kg
	Peso Total	250 kg

Sabe-se ainda que a empresa adquiriu na competência 10/2021 matérias-primas, insumos e embalagens no valor total R$ 80.000,00 incidindo IPI nas operações de compra no valor de R$ 7.590,00.

De acordo com o inciso II, do art. 190, do RIPI constitui valor tributável dos produtos, o valor total da operação de que decorrer a saída do estabelecimento industrial ou equiparado a industrial.

Cabe ainda ressaltar que, de acordo com o § 2º, do art. 190 será também considerado como cobrado ou debitado pelo contribuinte, ao comprador ou destinatário, para efeitos de inclusão na base de cálculo do IPI, o valor do frete quando o transporte for realizado ou cobrado por firma controladora ou controlada, coligadas ou interligada, do estabelecimento contribuinte ou por firma com a qual este tenha relação de interdependência, mesmo quando o frete seja subcontratado.

Estabelece ainda a citada norma que as despesas de transporte referentes a produtos sujeitos a diferentes alíquotas, com não incidência ou isentos do IPI, devem ser rateadas proporcionalmente ao peso de cada produto, quando for impossível determinar o valor que efetivamente deveria ser atribuído a cada um dos itens. O rateio tem como objetivo determinar o valor do frete que deve ser atribuído a cada um dos itens que compõe a operação mercantil para efeito de aplicação da alíquota ou de não tributação, no caso de produtos isentos.

Rateio do Frete

Produtos sujeitos à alíquota de 15% (100 kg):

$$\frac{100kg}{250kg} = 40\% \text{ do valor do frete}$$

R$ 1.500,00 x 40% = R$ 600,00

Produtos sujeitos à alíquota de 15% (150 kg):

$$\frac{150kg}{250kg} = 60\% \text{ do valor do frete}$$

R$ 1.500,00 x 60% = R$900,00

Cálculo do IPI

Produto A

Produtos e frete proporcional sujeitos à alíquota de 15%

R$ 100.000,00 + R$ 600,00 = R$ 100.600,00

R$ 100.600,00 x 15% = **R$ 15.090,00**

Produto B

Produtos e frete proporcional sujeitos à alíquota de 10%

R$ 300.000,00 + R$ 900,00 = R$ 300.900,00

R$ 300.900,00 x 10% = **R$ 30.090,00**

IPI a recolher = R$ 15.090,00 + R$ 30.090 = R$ 45.180,00

Considerando que a empresa possui IPI a recuperar incidente sobre as compras no valor de R$ 7.590,00, esse valor deverá ser deduzido do valor a recolher. Assim, a empresa terá que recolher o valor de:

R$ 45.180,00 - R$ 7.590,00 = R$ 37.590,00

8.5.2 Imposto sobre Operações relativas à Circulação de Mercadorias e sobre Prestações de Serviços de Transporte Interestadual, Intermunicipal e de Comunicação - ICMS

A constituição Federal estabelece no art. 155, II a competência para que Estados e Distrito Federal instituam imposto sobre operações relativas à circulação de mercadorias e sobre prestações de serviços de transporte interestadual e intermunicipal e de comunicação, ainda que as operações e as prestações se iniciem no exterior.

O ICMS foi regulamentado pela Lei Complementar 87/1996 sendo apurado de forma não cumulativa, compensando-se o que for devido em cada operação relativa à circulação de mercadorias ou prestação de serviços com o montante cobrado nas operações anteriores pelo mesmo ou outro Estado ou pelo Distrito Federal.

8.5.2.1 Fato Gerador

A Lei Complementar 87/1996 estabelece que a caracterização do fato gerador independe da natureza jurídica da operação que o constitua, contudo, cabe destacar que por definição constitucional para haver tributação do ICMS, deve haver circulação de mercadorias, e para tanto se faz necessária a existência de uma operação mercantil, ou seja, um negócio jurídico que promova a circulação de mercadoria.

O fato gerador do ICMS não ocorre com o mero deslocamento ou transporte físico da mercadoria, assim como operação fiscal, contábil ou financeira para constituir a exigência tributária. É necessário existir natureza negocial, intenção de passá-la à disposição de outra pessoa transferindo a titularidade. Assim qualquer ato que não satisfaça essas condições não constituirá fato gerador do ICMS, como, por exemplo, venda para entrega futura, deslocamento ou transferência da mercadoria entre a mesma pessoa jurídica, Furto e roubo. Esse é o entendimento do Superior Tribunal de Justiça constante na súmula 166: “Não constitui fato gerador do ICMS o simples deslocamento de mercadoria de um para outro estabelecimento do mesmo contribuinte”.

De acordo com a Lei Complementar 87/1996 o imposto incide sobre:

1. Operações relativas à circulação de mercadorias, inclusive o fornecimento de alimentação e bebidas em bares, restaurantes e estabelecimentos similares;
2. Prestações de serviços de transporte interestadual e intermunicipal, por qualquer via, de pessoas, bens, mercadorias ou valores;

3. Prestações onerosas de serviços de comunicação, por qualquer meio, inclusive a geração, a emissão, a recepção, a transmissão, a retransmissão, a repetição e a ampliação de comunicação de qualquer natureza;
4. Fornecimento de mercadorias com prestação de serviços não compreendidos na competência tributária dos Municípios;
5. Fornecimento de mercadorias com prestação de serviços sujeitos ao imposto sobre serviços, de competência dos Municípios, quando a Lei Complementar aplicável expressamente o sujeitar à incidência do imposto estadual;
6. Sobre a entrada de mercadoria ou bem importados do exterior, por pessoa física ou jurídica, ainda que não seja contribuinte habitual do imposto, qualquer que seja a sua finalidade;
7. Sobre o serviço prestado no exterior ou cuja prestação se tenha iniciado no exterior; e
8. Sobre a entrada, no território do Estado destinatário, de petróleo, inclusive lubrificantes e combustíveis líquidos e gasosos dele derivados, e de energia elétrica, quando não destinados à comercialização ou à industrialização, decorrentes de operações interestaduais, cabendo o imposto ao Estado onde estiver localizado o adquirente.

8.5.2.2 Contribuintes

Contribuinte é qualquer pessoa, física ou jurídica, que realize, com habitualidade ou em volume que caracterize intuito comercial, operações de circulação de mercadoria ou prestações de serviços de transporte interestadual e intermunicipal e de comunicação, ainda que as operações e as prestações se iniciem no exterior.

É também contribuinte a pessoa física ou jurídica que, mesmo sem habitualidade:

1. Importe mercadorias do exterior, ainda que as destine a consumo ou ao ativo permanente do estabelecimento;
2. Seja destinatária de serviço prestado no exterior ou cuja prestação se tenha iniciado no exterior;

3. Adquira em licitação de mercadorias apreendidas ou abandonadas; e
4. Adquira lubrificantes e combustíveis líquidos e gasosos derivados de petróleo e energia elétrica oriundos de outro Estado, quando não destinados à comercialização ou à industrialização.

8.5.2.3 *Base de Cálculo*

A base de cálculo do ICMS é constituída pelo valor da operação incluindo o preço da mercadoria e do serviço e no caso de mercadorias importadas o valor da mercadoria ou bem constante dos documentos de importação acrescido do imposto de importação, do imposto sobre produtos industrializados, do imposto sobre operações de câmbio e quaisquer outros impostos, taxas, contribuições e despesas aduaneiras.

O valor da operação inclui valores pagos a título de seguro, juros e demais importâncias pagas, recebidas ou debitadas, bem como descontos concedidos sob condição e frete, caso o transporte seja efetuado pelo próprio remetente ou por sua conta e ordem e seja cobrado em separado.

O IPI não integrará a base de cálculo do ICMS quando a operação for realizada entre contribuintes e relativa a produto destinado à industrialização ou à comercialização, que configure fato gerador dos dois impostos (ICMS e IPI).

Exemplo: A empresa ABC vendeu 500 unidades do produto "A" por R$ 10,00 cada, com frete de R$ 250,00 e seguro de R$ 50,00, cobrados na nota fiscal. Além disso, foi concedido um desconto comercial (incondicional) de R$ 1,00 por unidade do produto. Considere alíquota do ICMS de 18%.

Valor da mercadoria sem IPI	R$ 5.000,00	
(+) Frete cobrado pelo vendedor	R$ 250,00	
(+) Seguro cobrado pelo vendedor	R$ 50,00	
(-) Descontos incondicionais	R$ 500,00	
(=) Base de cálculo	R$ 4.800,00	
ICMS destacado na nota	R$ 864,00	**(18% de R$ 4.800,00)**

8.5.2.4 *Imunidades*

A Constituição Federal estabelece as seguintes imunidades:

1. Sobre operações que destinem mercadorias para o exterior e sobre serviços prestados a destinatários no exterior, assegurada a manutenção e o aproveitamento do montante do imposto cobrado nas operações e prestações anteriores;
2. Sobre operações que destinem a outro Estado petróleo, inclusive lubrificantes, combustíveis líquidos e gasosos dele derivados, e energia elétrica;
3. Sobre o ouro, nas hipóteses definidas como ativo financeiro; e
4. Nas prestações de serviço de comunicação nas modalidades de radiodifusão sonora e de sons e imagens de recepção livre e gratuita.

8.5.2.5 *Alíquotas*

Em operação ou prestação interna, entre contribuintes localizadas no próprio Estado serão aplicadas as alíquotas estabelecidas pela Lei do respectivo Estado.

Nas operações interestaduais as alíquotas serão definidas tendo como base o estado destinatário dos produtos ou serviços. Produtos vendidos por Estados localizados nas regiões Sul e Sudeste, excetuando o Espírito Santo, destinadas a Estados localizados nas regiões, norte, nordeste, centro-oeste e Espírito Santo serão tributados com a alíquota de 7%. Todas as demais operações serão tributadas com a alíquota 12%, usada em todos os demais destinos, inclusive para os Estados localizados no Sul e Sudeste entre si.

Assim são aplicadas as seguintes alíquotas:

1. 7% caso o destinatário da mercadoria esteja localizado nas regiões Norte, Nordeste, Centro-Oeste e no Estado do Espírito Santo, quando o vendedor estiver localizado nos Estados do Rio de Janeiro, São Paulo, Minas Gerais, Paraná, Santa Catarina e Rio Grande do Sul;
2. 12% nas demais regiões.

Frise-se que a regra geral de aplicação da alíquota nas operações interestaduais é de 12%, contudo as empresas localizadas nos Estados do Rio de Janeiro, São Paulo, Minas Gerais, Paraná, Santa Catarina e Rio Grande do Sul ao vender mercadorias para destinatários localizados nas regiões Norte, Nordeste Centro-Oeste além do Espírito Santo a alíquota a ser aplicada será de 7%.

Quadro 110 - Alíquotas Interestaduais ICMS

ORIGEM \ DESTINO	AC	AL	AM	AP	BA	CE	DF	ES	GO	MA	MT	MS	MG	PA	PB	PR	PE	PI	RN	RS	RJ	RO	RR	SC	SP	SE	TO
AC		12	12	12	12	12	12	12	12	12	12	12	12	12	12	12	12	12	12	12	12	12	12	12	12	12	12
AL	12		12	12	12	12	12	12	12	12	12	12	12	12	12	12	12	12	12	12	12	12	12	12	12	12	12
AM	12	12		12	12	12	12	12	12	12	12	12	12	12	12	12	12	12	12	12	12	12	12	12	12	12	12
AP	12	12	12		12	12	12	12	12	12	12	12	12	12	12	12	12	12	12	12	12	12	12	12	12	12	12
BA	12	12	12	12		12	12	12	12	12	12	12	12	12	12	12	12	12	12	12	12	12	12	12	12	12	12
CE	12	12	12	12	12		12	12	12	12	12	12	12	12	12	12	12	12	12	12	12	12	12	12	12	12	12
DF	12	12	12	12	12	12		12	12	12	12	12	12	12	12	12	12	12	12	12	12	12	12	12	12	12	12
ES	12	12	12	12	12	12	12		12	12	12	12	12	12	12	12	12	12	12	12	12	12	12	12	12	12	12
GO	12	12	12	12	12	12	12	12		12	12	12	12	12	12	12	12	12	12	12	12	12	12	12	12	12	12
MA	12	12	12	12	12	12	12	12	12		12	12	12	12	12	12	12	12	12	12	12	12	12	12	12	12	12
MT	12	12	12	12	12	12	12	12	12	12		12	12	12	12	12	12	12	12	12	12	12	12	12	12	12	12
MS	12	12	12	12	12	12	12	12	12	12	12		12	12	12	12	12	12	12	12	12	12	12	12	12	12	12
MG	7	7	7	7	7	7	7	7	7	7	7	7		7	7	12	7	7	7	12	12	7	7	12	12	7	7
PA	12	12	12	12	12	12	12	12	12	12	12	12	12		12	12	12	12	12	12	12	12	12	12	12	12	12
PB	12	12	12	12	12	12	12	12	12	12	12	12	12	12		12	12	12	12	12	12	12	12	12	12	12	12
PR	7	7	7	7	7	7	7	7	7	7	7	7	12	7	7		7	7	7	12	12	7	7	12	12	7	7
PE	12	12	12	12	12	12	12	12	12	12	12	12	12	12	12	12		12	12	12	12	12	12	12	12	12	12
PI	12	12	12	12	12	12	12	12	12	12	12	12	12	12	12	12	12		12	12	12	12	12	12	12	12	12
RN	12	12	12	12	12	12	12	12	12	12	12	12	12	12	12	12	12	12		12	12	12	12	12	12	12	12
RS	7	7	7	7	7	7	7	7	7	7	7	7	12	7	7	12	7	7	7		12	7	7	12	12	7	7
RJ	7	7	7	7	7	7	7	7	7	7	7	7	12	7	7	12	7	7	7	12		7	7	12	12	7	7
RO	12	12	12	12	12	12	12	12	12	12	12	12	12	12	12	12	12	12	12	12	12		12	12	12	12	12
RR	12	12	12	12	12	12	12	12	12	12	12	12	12	12	12	12	12	12	12	12	12	12		12	12	12	12
SC	7	7	7	7	7	7	7	7	7	7	7	7	12	7	7	12	7	7	7	12	12	7	7		12	7	7
SP	7	7	7	7	7	7	7	7	7	7	7	7	12	7	7	12	7	7	7	12	12	7	7	12		7	7
SE	12	12	12	12	12	12	12	12	12	12	12	12	12	12	12	12	12	12	12	12	12	12	12	12	12		12
TO	12	12	12	12	12	12	12	12	12	12	12	12	12	12	12	12	12	12	12	12	12	12	12	12	12	12	

Fonte: https://www.idinheiro.com.br/negocios/tabela-icms-2021-como-impacta-seu-negocio/

8.5.2.6 Substituição Tributária

A Lei estadual poderá atribuir a contribuinte do imposto ou a depositário a qualquer título a responsabilidade pelo seu pagamento, hipótese em que o contribuinte assumirá a condição de substituto tributário.

A responsabilidade poderá ser atribuída em relação ao imposto incidente sobre uma ou mais operações ou prestações, sejam antecedentes, concomitantes ou subsequentes, inclusive ao valor decorrente da diferença entre alíquotas interna e interestadual nas operações e prestações que destinem bens e serviços a consumidores finais localizados em outro Estado, que sejam contribuintes do imposto.

É assegurado ao contribuinte substituído o direito à restituição do valor do imposto pago por força da substituição tributária, correspondente ao fato gerador presumido, que não se realizar.

A base de cálculo do ICMS-ST é apurada somando o preço cobrado pelo produto acrescido do IPI, e da margem de valor agregado, a qual será determinada com base em preços usualmente praticados no mercado, sendo deduzido o valor o ICMS devido na operação própria.

A margem de valor agregado corresponde a um índice percentual determinado com base em preços usualmente praticados no mercado, obtidos por levantamento, ainda que por amostragem ou através de informações e outros elementos fornecidos por entidades representativas dos setores.

Exemplo: Considere que uma indústria localizada no Rio de Janeiro vende 100 unidades de um produto tributado com substituição tributária para uma distribuidora localizada também no Rio de Janeiro. Na operação há incidência de IPI com alíquota de 4% e a Margem de Valor Agregado (MVA) é de 20%. A Nota Fiscal da indústria tem os seguintes dados:

Preço unitário do produto	R$ 20,00
Valor total das mercadorias **(100 x R$ 20,00)**	R$ 2.000,00
Alíquota interna do ICMS no RJ	20%
ICMS da operação própria da indústria **(20% de R$ 2.000,00)**	R$ 400,00
(-) IPI incidente na operação **(4% de R$ 2.000,00)**	R$ 80,00

A Base de cálculo da retenção corresponde à aplicação da Margem de Valor Agregado (MVA) relativa ao produto sobre o resultado da soma dos valores relativos à mercadoria, IPI e outros valores cobrados do adquirente.

Cálculo da Substituição Tributária	
Valor total das mercadorias	R$ 2.000,00
(+) IPI	R$ 80,00
(=) Total	R$ 2.080,00
(+) MVA **(20% de R$ 2.080,00)**	R$ 416,00
(=) Base de cálculo da retenção	R$ 2.496,00

O ICMS-ST a ser retido será calculado mediante a aplicação da alíquota interna do produto no RJ (20%) sobre a base de cálculo da retenção (R$ 2.496,00). Caso operação seja interestadual deve ser aplicada a alíquota prevista nesse tipo de operação (12% ou 7%).

Do resultado deverá ser deduzido o ICMS da própria operação do industrial (R$ 400,00), ou seja:

R$ 2.496,00 x 20% =	R$ 499,20
R$ 499,20 - R$ 400,00 =	**R$ 99,20**

A NF a ser emitida pelo substituto terá um valor total de R$ 2.179,20, que é o resultado da seguinte soma: R$ 2.000,00 (Valor total das mercadorias) + R$ 80,00 (IPI) + R$ 99,20 (ICMS Retido).

8.5.2.7 Diferencial de Alíquota - DIFAL

O Diferencial de Alíquota do ICMS consiste no recolhimento adicional do ICMS nas operações interestaduais realizado com o objetivo de equilibrar a arrecadação desse imposto entre os estados. Consiste na diferença entre a alíquota interna do Estado destinatário e a alíquota interestadual que deve ser pago ao estado de destino dos bens, e em casos que o destinatário não for contribuinte do tributo.

Até a sanção da Lei Complementar 190/2022, o DIFAL era cobrado pelos Estados com fundamento no Convênio 93/2015 do CONFAZ, o qual foi julgado inconstitucional pelo Supremo Tribunal Federal em fevereiro/2021 através da ADI 5.460, por infringência ao princípio da legalidade tributária.

Assim quando o comprador do bem ou tomador do serviço não for contribuinte do ICMS, a empresa vendedora deverá pagar ao estado de origem a alíquota interestadual (7% ou 12%, conforme o estado) e para o estado de destino do bem ou serviço a diferença entre sua alíquota interna e a alíquota interestadual (diferencial de alíquotas – Difal).

Exemplo: uma empresa localizada no Rio de Janeiro, não contribuinte do ICMS ao adquirir produtos de uma empresa localizada no Ceará, tributados no Rio de Janeiro com a alíquota de 18% deve complementar o ICMS, tendo em vista que a alíquota interestadual aplicada na operação de 12% é menor que a alíquota interna. Assim o valor a ser recolhido corresponderá a 6% (18% - 12%).

O Difal incide no momento da emissão da nota fiscal e o recolhimento é de responsabilidade do vendedor quando a venda for a não contribuintes do ICMS. Já nas transações entre contribuintes, o Difal é de responsabilidade da empresa que está adquirindo o produto ou serviço, ou seja, do estado de destino.

8.5.2.8 Não Cumulatividade

O ICMS é não cumulativo, compensando-se o que for devido em cada operação com o montante cobrado nas operações anteriores pelo mesmo ou por outro Estado.

O imposto devido resulta da diferença a maior entre o valor devido incidente sobre o faturamento e o valor dos créditos do período, constituídos pelos valores do imposto relativo a operações ou prestações de que decorrerem as entradas de mercadorias no estabelecimento, inclusive a destinada ao seu uso, consumo ou ao ativo imobilizado, ou o recebimento de serviços de transporte interestadual e intermunicipal ou de comunicação.

Não dão direito a crédito as entradas de mercadorias ou utilização de serviços resultantes de operações ou prestações isentas ou não tributadas, ou que se refiram a mercadorias ou serviços alheios à atividade do estabelecimento, sendo ainda vedado o crédito relativo à mercadoria entrada no estabelecimento ou a prestação de serviços a ele feita:

1. Para integração ou consumo em processo de industrialização ou produção rural, quando a saída do produto resultante não for tributada ou estiver isenta do imposto, exceto se tratar-se de saída para o exterior; e
2. Para comercialização ou prestação de serviço, quando a saída ou a prestação subsequente não forem tributadas ou estiverem isentas do imposto, exceto as destinadas ao exterior.

8.5.3 Imposto sobre Serviços de Qualquer Natureza - ISS

Imposto de competência dos Municípios e do Distrito Federal que tem como fato gerador a prestação de serviços constantes da lista anexa à Lei Complementar 116/2003, ainda que esses não se constituam como atividade preponderante do prestador.

8.5.3.1 Fato Gerador

Embora a Constituição Federal, assim como a Lei Complementar 116/2003 não tenham conceituado Serviço, para fins de tributação, entende-se por prestação de serviços o esforço executado, ou seja, o fornecimento de trabalho para satisfazer a necessidade de terceiros, com conteúdo econômico, em caráter negocial aperfeiçoando ou gerando um bem, material ou imaterial.

O imposto incide também sobre o serviço proveniente do exterior do País ou cuja prestação se tenha iniciado no exterior do País, assim como serviços prestados mediante a utilização de bens e serviços públicos explorados economicamente mediante autorização, permissão ou concessão, com o pagamento de tarifa, preço ou pedágio pelo usuário final do serviço.

8.5.3.2 Contribuintes

O contribuinte é o prestador de serviços definidos pela Lei Complementar 116/2003, como a pessoa física ou jurídica, com ou sem estabelecimento físico.

O artigo 6° da LC 116/03 possibilitou que os municípios e o Distrito Federal atribuíssem a responsabilidade pelo recolhimento do

ISS para as fontes pagadoras do serviço ou intermediário. Assim o tomador do serviço é responsável por reter o imposto nas seguintes situações:

1. Serviço proveniente do exterior do país ou cuja prestação se tenha iniciado no exterior do País;
2. A pessoa jurídica, ainda que imune ou isenta, tomadora ou intermediária dos serviços descritos nos subitens 3.05, 7.02, 7.04, 7.05, 7.09, 7.10, 7.12, 7.14, 7.15, 7.16, 7.17, 7.19, 11.02, 17.05 e 17.10 da lista anexa a Lei Complementar 116/03.

8.5.3.3 *Base de Cálculo e Alíquotas*

A base de cálculo corresponde ao preço do serviço, como tal considerada a receita bruta a ele correspondente, sem nenhuma dedução, excetuados os descontos ou abatimentos concedidos independentemente de qualquer condição.

Não se incluem na base de cálculo do ISS o valor dos materiais fornecidos pelo prestador dos serviços previstos nos itens 7.02 e 7.05 da lista de serviços anexa a LC 116/03.

A alíquota a ser aplicada será aquela definida na legislação municipal, observando a alíquota mínima de 2% e a máxima de 5%, conforme definido na Lei Complementar 116/2003.

O ISS não será objeto de concessão de isenções, incentivos ou benefícios tributários ou financeiros, inclusive de redução de base de cálculo ou de crédito presumido ou outorgado, ou sob qualquer outra forma que resulte, direta ou indiretamente, em carga tributária menor que a decorrente da aplicação da alíquota mínima estabelecida, exceto para os serviços a que se referem os subitens 7.02, 7.05 e 16.01, sendo nula a lei ou o ato do Município ou do Distrito Federal que não respeite as disposições relativas à alíquota mínima.

8.5.3.4 *Local de Prestação dos Serviços e Sujeito Ativo*

O serviço considera-se prestado e o imposto devido no local do estabelecimento prestador ou, na falta do estabelecimento, no local do domicílio do prestador, sendo esta a regra geral.

Considera-se estabelecimento prestador o local onde o contribuinte desenvolva a atividade de prestar serviços, de modo permanente ou temporário, e que configure unidade econômica ou profissional, sendo irrelevantes para caracterizá-lo as denominações de sede, filial, agências, posto de atendimento, sucursal, escritório de representação ou contato ou quaisquer outras que venham a ser utilizadas.

A definição de unidade econômica pressupõe a existência de uma organização de fatores de produção, fisicamente localizada e capaz de prestar serviços, tais como: máquinas, equipamentos, capital, materiais e funcionários.

O Município competente para exigir o ISS é aquele onde o contribuinte desenvolva a atividade de prestar serviços, caracterizando o estabelecimento prestador, exceto nas hipóteses em que o serviço será considerado prestado no local da prestação, as quais estão previstas nos itens I a XXII do art. 3º da Lei Complementar 116/2003.

8.5.4 PIS e Cofins

A contribuição para o Programa de Integração Social e de Formação do Patrimônio do Servidor Público – PIS/PASEP, de que tratam o art. 239 da Constituição Federal e as Leis Complementares 7/1970 e 08/1970, assim como a Contribuição para Financiamento da Seguridade Social – Cofins, instituída pela Lei Complementar 70/1991 incidem sobre o faturamento das pessoas jurídicas de direito privado e as que lhes são equiparadas pela legislação do Imposto de Renda.

São apuradas com base em duas regras gerais de incidência: não cumulativa e cumulativa, contudo, alguns setores, produtos ou serviços possuem regimes especiais de apuração, os quais são aplicados de forma subsidiária aos regimes cumulativos e não cumulativos caracterizados por apresentarem base de cálculo e/ou alíquotas diferenciadas, substituição tributária, alíquotas concentradas (tributação monofásica) e alíquotas reduzidas.

8.5.4.1 Regime Cumulativo

As pessoas jurídicas de direito privado, e as que lhe são equiparadas pela legislação do imposto de renda, que apuram o IRPJ com base no lucro presumido ou arbitrado estão sujeitas à incidência cumulativa. Também são submetidas a essa forma de apuração as receitas excluídas do regime de apuração não cumulativo, conforme elencado no art. 10, VII a XXV da Lei nº 10.833, de 2003.

A base de cálculo do PIS e da Cofins no Regime cumulativo é a receita bruta sendo aplicadas as alíquotas de 0,65% para o PIS e de 3% para a Cofins.

A apuração e o pagamento da Contribuição para o PIS/Pasep e da Cofins serão efetuados mensalmente, de forma centralizada, pelo estabelecimento matriz da pessoa jurídica. O pagamento deverá ser efetuado até o último dia útil do segundo decêndio subsequente ao mês de ocorrência dos fatos geradores.

8.5.4.2 Regime Não Cumulativo

Estão sujeitas a esta modalidade de apuração as pessoas jurídicas de direito privado, e as que lhe são equiparadas pela legislação do imposto de renda, que apuram o IRPJ com base no lucro real, exceto: as instituições financeiras, as cooperativas de crédito, as pessoas jurídicas que tenham por objeto a securitização de créditos imobiliários e financeiros, as operadoras de planos de assistência à saúde, as empresas particulares que exploram serviços de vigilância e de transporte de valores de que trata a Lei nº 7.102, de 1983, e as sociedades cooperativas (exceto as sociedades cooperativas de produção agropecuária e as sociedades cooperativas de consumo).

Neste regime é permitido o desconto de créditos apurados com base em custos, despesas e encargos da pessoa jurídica. Dos valores de contribuição para o PIS/Pasep e Cofins apurados, a pessoa jurídica submetida à incidência não cumulativa poderá descontar créditos, calculados mediante a aplicação das alíquotas de 7,6% (Cofins) e 1,65% (PIS/Pasep), sobre os valores:

1. Das aquisições de bens para revenda efetuadas no mês;
2. Das aquisições, efetuadas no mês, de bens e serviços utilizados como insumos na fabricação de produtos destinados à venda ou na prestação de serviços, inclusive combustíveis e lubrificantes;

3. Dos bens recebidos em devolução, no mês, cuja receita de venda tenha integrado o faturamento do mês ou de mês anterior, e tenha sido tributada no regime de incidência não cumulativa;
4. Das despesas e custos incorridos no mês, relativos:

    a) Energia elétrica consumida nos estabelecimentos da pessoa jurídica;

    b) Alugueis de prédios, máquinas e equipamentos, utilizados nas atividades da empresa, sendo vedado o crédito relativo a aluguel de bens que já tenham integrado o patrimônio da pessoa jurídica;

    c) Contraprestação de operações de arrendamento mercantil paga a pessoa jurídica, exceto quando esta for optante pelo Simples, sendo vedado o crédito relativo contraprestação de arrendamento mercantil de bens que já tenham integrado o patrimônio da pessoa jurídica;

    d) Armazenagem de mercadoria e frete na operação de venda, nos casos dos incisos I e II, quando o ônus for suportado pelo vendedor;

5. Dos encargos de depreciação e amortização, incorridos no mês, relativos a máquinas, equipamentos e outros bens incorporados ao ativo imobilizado adquiridos a partir de maio de 2004, para utilização na produção de bens destinados à venda, ou na prestação de serviços;
6. Dos encargos de depreciação e amortização, incorridos no mês, relativos a edificações e benfeitorias em imóveis próprios ou de terceiros, adquiridas ou realizadas a partir de maio de 2004, utilizados nas atividades da empresa, não se aplicando ao valor decorrente da reavaliação de bens e direitos do ativo permanente.

O Crédito não compensado integralmente em um período poderá ser utilizado posteriormente, contudo não ensejará atualização monetária ou incidência de juros sobre os respectivos valores.

As alíquotas utilizadas para a Contribuição do PIS/Pasep e da Cofins são respectivamente, de 1,65% e de 7,6%.

No caso de empresas com tributação mista os custos, despesas e encargos vinculados às receitas sujeitas à incidência não cumulativa e àquelas submetidas ao regime de incidência cumulativa, os créditos tributários não serão integralmente aproveitados, sendo determinados, a critério da pessoa jurídica, pelo método de:

1. Apropriação direta, aplicando-se ao valor dos bens utilizados como insumos, aos custos, às despesas e aos encargos comuns, adquiridos no mês, a relação percentual entre os custos vinculados à receita sujeita à incidência não cumulativa e os custos totais incorridos no mês, apurados por meio de sistema de contabilidade de custos integrada e coordenada com a escrituração; ou
2. Rateio proporcional, aplicando-se ao valor dos bens utilizados como insumos, aos custos, às despesas e aos encargos comuns, adquiridos no mês, a relação percentual existente entre a receita bruta sujeita à incidência não cumulativa e a receita bruta total, auferidas no mês.

Os créditos só podem ser utilizados para desconto dos valores da contribuição para o PIS/Pasep e da Cofins apurados sobre as receitas sujeitas à incidência não cumulativa, ou seja, o contribuinte que tem parte das receitas sujeitas à incidência não cumulativa e parte sujeita à incidência cumulativa, não pode utilizar a totalidade do crédito para diminuir o valor da Contribuição para o PIS/Pasep e da Cofins.

8.5.4.3 Caso Prático

Considere os seguintes dados extraídos de uma empresa na competência 06/2022:

Receita de Vendas de Mercadorias	**R$ 350.000,00**
Tributação Normal	R$ 245.000,00
Excluídas do Regime Não Cumulativo	R$ 105.000,00
Devolução de Vendas	R$ 10.000,00
Descontos Incondicionais Concedidos	R$ 20.000,00
Gastos Realizados na Competência	
Energia Elétrica	R$ 45.000,00
Compras de Matérias-Primas	R$ 250.000,00
Compras de Insumos com ST	R$ 10.000,00
Receitas Financeiras	R$ 10.000,00

Sabe-se que as devoluções e descontos incondicionais referem-se a produtos sujeitos à tributação normal. Com base nessas informações vamos apurar o PIS e Cofins devidos na competência com base no regime cumulativo e no regime não cumulativo.

Apuração com base no Regime Cumulativo

Caso a empresa seja tributada com base no regime cumulativo não haverá deduções de créditos e as alíquotas aplicadas sobre a base de cálculo serão de 0,65% para o PIS e 3% para a Cofins.

Assim a base de cálculo será:

Vendas de Mercadorias	R$ 350.000,00
(-) Devolução de Vendas	R$ 10.000,00
(-) Descontos Incondicionais Concedidos	R$ 20.000,00
(=) Base de Cálculo	R$ 320.000,00

Valor a Recolher

PIS = R$ 320.000,00 x 0,65% = R$ 2.080,00

Cofins = R$ 320.000,00 x 3% = R$ 9.600,00

Apuração com base no Regime Não Cumulativo

Caso a empresa seja tributada pelo regime não cumulativo as alíquotas aplicadas sobre a base de cálculo serão de 1,65% para o PIS e 7,6% para a Cofins, sendo deduzidos os créditos tributários, gastos permitidos pela Lei, contudo haverá tributação sobre a receita financeira, considerando como tal os juros, os descontos condicionais obtidos, o lucro na operação de reporte e os rendimentos de aplicações financeiras de renda fixa, ganhos pelo contribuinte, incidindo sobre esses valores as alíquotas de 0,65% para o PIS e 4% para a Cofins.

O primeiro passo será apurar o valor que a empresa poderá recuperar:

PIS e Cofins a Recuperar

Gastos que geram Créditos Tributários	
Energia Elétrica	R$ 45.000,00
Compras de Matérias-Primas	R$ 250.000,00
	R$ 295.000,00

Destaca-se que as compras com incidência de Substituição tributária não possibilitam o aproveitamento de crédito tributário.

Como a empresa possui receitas excluídas do regime não cumulativo ela poderá aproveitar apenas parcela do crédito tributário, sendo necessário decidir o critério de apuração, apuração direta ou rateio proporcional, o qual deverá ser aplicado de maneira uniforme durante todo o ano-calendário.

Nesse exemplo vamos utilizar o rateio proporcional, identificando a parcela da receita tributada com base no Regime não cumulativo, ou seja, a receita sujeita a tributação normal, a qual corresponde a 70% do faturamento total (R$ 245.000,00 ÷ R$ 350.000,00). Assim a empresa poderá compensar apenas 70% dos gastos que geram créditos tributários. Dessa forma, o valor do PIS e Cofins a recuperar será:

PIS = R$ 295.000,00 x 70% x 1,65% = R$ 3.407,25

Cofins = R$ 295.000,00 x 70% x 7,6% = R$ 15.694,00

Após a apuração dos créditos tributários deverá ser apurada a base de cálculo, sendo apurados nas duas modalidades, uma vez que a empresa, embora sujeita ao regime não cumulativo, gerou receitas excluídas desse regime, as quais serão tributadas com base no regime cumulativo.

PIS e Cofins a Recolher

Vendas de Mercadorias	R$ 245.000,00
(-) Devolução de Vendas	R$ 10.000,00
(-) Descontos Incondicionais Concedidos	R$ 20.000,00
(=) Base de Cálculo	R$ 215.000,00

PIS = R$ 215.000,00 x 1,65% = R$ 3.547,50

Cofins = R$ 215.000,00 x 7,6% = R$ 16.340,00

Valor a pagar das receitas com tributação normal

PIS = R$ 3.547,50 - R$ 3.407,25 = **R$ 140,25**

Cofins = R$ 16.340,00 - R$ 15.694,00 = **R$ 646,00**

As receitas excluídas da tributação não cumulativa serão tributadas com alíquotas de 0,65% para o PIS e 3% para a Cofins:

PIS = R$ 105.000,00 x 0,65% = **R$ 682,50**

Cofins = R$ 105.000,00 x 3% = **R$ 3.150,00**

No regime não cumulativo as receitas financeiras deverão ser tributadas:

Receitas Financeiras - R$ 10.000,00

PIS = R$ 10.000,00 x 0,65% = **R$ 65,00**

Cofins = R$ 10.000,00 x 4% = **R$ 400,00**

Assim, o valor total a ser recolhido no regime não cumulativo será:

PIS = R$ 140,25 + R$ 682,50 + R$ 65,00 = R$ 887,75

Cofins = R$ 646 + R$ 3.150,00 + R$ 400 = R$ 4.196,00

8.5.5 Contribuição Previdenciária sobre a Receita Bruta - CPRB

A Contribuição Previdenciária sobre a Receita Bruta foi instituída em agosto de 2011, por intermédio da Medida Provisória 540, de 2 de agosto de 2011, convertida na Lei nº 12.546, de 14 de dezembro de 2011 com o intuito de estimular o crescimento econômico do País por meio da desoneração da Folha de pagamentos de salários e remunerações de determinadas pessoas jurídicas, reduzindo os custos dos fatores de produção, substituindo a contribuição patronal previdenciária equivalente a 20% da folha de pagamento das empresas, por uma alíquota a ser aplicada sobre a receita bruta.

A base de cálculo é a receita bruta e no caso de empresas que se dediquem a atividades ou fabriquem produtos sujeitos a diferentes alíquotas da CPRB, o valor da contribuição será calculado mediante aplicação da respectiva alíquota sobre a receita bruta correspondente a cada atividade ou produto.

Na determinação da base de cálculo da CPRB será excluída a receita bruta decorrente de exportações diretas e transporte internacional de cargas, as vendas canceladas e os descontos incondicionais concedidos.

A CPRB deverá ser apurada e paga de forma centralizada pelo estabelecimento matriz da pessoa jurídica, informada na Declaração de Débitos e Créditos Tributários Federais – DCTF ou na Declaração de Débitos e Créditos Tributários Federais Previdenciários e de Outras Entidades e Fundos – DCTFWeb e recolhida mediante utilização de Documento de Arrecadação de Receitas Federais – Darf até o dia vinte do mês subsequente ao da competência em que se tornar devida.

A Relação de Atividades Sujeitas à CPRB consta publicada na IN RFB nº 2.053/2021 onde também são definidas as alíquotas, as quais variam entre 1% e 4,5%.

Empresas que se dedicam a outras atividades, ou que produzam outros itens não contemplados pela desoneração poderão conforme o caso ter tributação mista, aplicando as regras estabelecidas pela CPRB para às receitas decorrentes das atividades relacionadas nos Anexos I e IV e da produção dos itens listados nos Anexos II e V da IN RFB nº 2.053/2021 apurando de forma proporcional a contribuição patronal previdenciária incidente sobre a folha de pagamentos, com redução do valor das contribuições resultante da razão entre a receita bruta de atividades não relacionadas nos Anexos I e IV, ou da produção de itens não listados nos Anexos II e V e a receita bruta total.

A CPRB substituirá apenas a contribuição patronal previdenciária de 20% sobre o total das remunerações pagas, devidas ou creditadas a qualquer título, durante o mês, aos segurados empregados, trabalhadores avulsos e contribuintes individuais que lhe prestem serviços, destinadas a retribuir o trabalho. A CPRB não se aplica durante a fase pré-operacional, período no qual as empresas estarão sujeitas às contribuições de acordo com a regra geral de tributação da contribuição patronal previdenciária. Cumpre destacar que essa forma de tributação é temporária, com vigência até 31 de dezembro de 2023, conforme estabelecido pela Lei 14.288/2021.

8.6 TRIBUTOS E ENCARGOS SOBRE FOLHA DE PAGAMENTO

A remuneração de trabalhadores é fato gerador de diversos tributos, como, por exemplo, as contribuições sociais previdenciárias, PIS/PASEP das entidades sem fins lucrativos, contribuições interventivas integrantes do "Sistema S", salário-educação e encargos como o fundo de garantia do tempo de serviço, todos constituindo custos indiretos do trabalho.

8.6.1 Contribuição Patronal Previdenciária - CPP

A contribuição previdenciária a cargo dos empregadores alcança todas as pessoas jurídicas que contratam pessoas físicas e as remuneram pelo trabalho, sendo classificado como empresa o empresário ou a sociedade que assume o risco da atividade econômica urbana ou rural, com fins lucrativos ou não, bem como os órgãos e entidades da administração pública direta ou indireta.

A alíquota da CPP é de 20% incidente sobre o total das remunerações pagas, devidas ou creditadas, a qualquer título, durante o mês, aos segurados empregados, trabalhadores avulsos e contribuintes individuais que prestam serviços a pessoas jurídicas não imunes.

A base de cálculo da contribuição social previdenciária é o salário de contribuição definido para os segurados empregados e trabalhadores avulsos como a remuneração auferida em uma ou mais empresas, assim entendida a totalidade dos rendimentos que lhe são pagos, devidos ou creditados a qualquer título, durante o mês, destinados a retribuir o trabalho, qualquer que seja a sua forma, inclusive as gorjetas, os ganhos habituais sob a forma de utilidades e os adiantamentos decorrentes de reajuste salarial, quer pelos serviços efetivamente prestados, quer pelo tempo à disposição do empregador ou tomador de serviços, nos termos da lei ou do contrato ou, ainda, de convenção ou de acordo coletivo de trabalho ou de sentença normativa, observados o limite mínimo e o máximo.

No caso dos contribuintes individuais o salário de contribuição compreende a remuneração auferida em uma ou mais empresas ou pelo exercício de sua atividade por conta própria, durante o mês, observado o limite mínimo e o máximo do salário de contribuição. O § 9º do Art. 28 da Lei 8.212/1991 estabelece as parcelas que não integrarão o salário de contribuição.

As empresas enquadradas na condição de microempresa ou de empresa de pequeno porte, optantes pelo Simples Nacional, que apuram seus tributos com base nos Anexos I, II, III e V estão dispensadas do recolhimento em separado desta contribuição, a qual será integrada na alíquota efetiva apurada mensalmente, destacando que haverá incidência normal para as empresas enquadradas no Anexo IV da Lei Complementar 123/2006.

O décimo terceiro salário integra a base de cálculo da CPP, sendo devidas as contribuições sociais quando do pagamento ou crédito da última parcela ou na rescisão de contrato de trabalho, sobre o valor total pago, devido ou creditado ao segurado empregado e ao trabalhador avulso.

8.6.2 Risco Ambiental do Trabalho - RAT

Contribuição destinada ao financiamento dos benefícios concedidos em razão do grau de incidência de incapacidade laborativa decorrente dos riscos ambientais do trabalho, incidentes sobre o total das remunerações pagas, devidas ou creditadas, a qualquer título, durante o mês, aos segurados empregados e trabalhadores avulsos que lhes prestam serviços correspondentes à aplicação dos seguintes percentuais:

A) 1% para as empresas em cuja atividade preponderante submeta seus colaboradores ao risco de acidentes do trabalho considerado leve;

B) 2% para as empresas em cuja atividade preponderante submeta seus colaboradores ao risco de acidentes do trabalho considerado médio; ou

C) 3% para as empresas em cuja atividade preponderante submeta seus colaboradores ao risco de acidentes do trabalho considerado grave.

A contribuição será calculada com base no grau de risco da atividade, sendo o enquadramento da atividade nos correspondentes graus de risco de responsabilidade da empresa, e deve ser feito mensalmente, com base em sua atividade econômica preponderante, observados o código CNAE da atividade e a alíquota correspondente ao grau de risco, constantes do Anexo I da Instrução Normativa 971/2009.

Considera-se preponderante a atividade econômica que ocupa, no estabelecimento, o maior número de segurados empregados e trabalhadores avulsos, observado que na ocorrência de mesmo número de segurados empregados e trabalhadores avulsos em atividades econômicas distintas, será considerada como preponderante aquela que corresponder ao maior grau de risco.

As alíquotas das contribuições para o risco ambiental do trabalho podem ser reduzidas em até 50% ou aumentadas em até 100%, em razão do desempenho da empresa em relação à sua respectiva atividade, aferido pelo Fator Acidentário de Prevenção – FAP, atribuído às empresas, o qual poderá ser contestado perante o órgão competente no Ministério do Trabalho e Previdência no prazo de trinta dias contados da data de sua divulgação oficial. Trata-se de um incentivo tributário concedido com o objetivo de reduzir as doenças e acidentes decorrentes das atividades laborais.

8.6.3 Contribuição Adicional para o Financiamento da Aposentadoria Especial

As pessoas jurídicas que submetem trabalhadores ao exercício de atividade em condições especiais sob exposição a agentes nocivos prejudiciais à sua saúde e integridade física e que ensejam aposentadoria especial após 15, 20 ou 25 anos de trabalho devem recolher contribuição adicional destinada ao financiamento das aposentadorias especiais, sendo aplicados os percentuais de 12%, 9% e 6%, conforme o tempo exigido para a aposentadoria especial seja de 15, 20 ou 25 anos, respectivamente, incidentes sobre o total das remunerações pagas, devidas ou creditadas, a qualquer título, durante o mês, aos segurados empregados sujeitos a essa exposição.

8.6.4 Terceiros

Compete à Secretaria da Receita Federal do Brasil, nos termos do art. 3º da Lei nº 11.457, de 16 de março de 2007, as atividades relativas à tributação, fiscalização, arrecadação e cobrança da contribuição devida por lei a terceiros.

Esta contribuição interventiva se sujeita aos mesmos prazos, condições, sanções e privilégios das contribuições sociais destinadas ao financiamento da seguridade social, inclusive no que diz respeito à cobrança judicial.

Trata-se de contribuições parafiscais destinadas às seguintes entidades:

I. As entidades privadas de serviço social e de formação profissional a que se refere o art. 240 da Constituição Federal de 1988, criadas por lei federal e vinculadas ao sistema sindical;

II. O Fundo Aeroviário, instituído pelo Decreto-Lei nº 270, de 28 de fevereiro de 1967;

III. O Fundo de Desenvolvimento do Ensino Profissional Marítimo, instituído pelo Decreto-Lei nº 828, de 5 de setembro de 1969;

IV. O Instituto Nacional de Colonização e Reforma Agrária (INCRA), criado pelo Decreto-Lei nº 1.110, de 9 de julho de 1970; e

V. O Fundo Nacional de Desenvolvimento da Educação (FNDE), gestor da contribuição social do salário-educação, instituída pela Lei nº 9.424, de 24 de dezembro de 1996.

A contribuição para terceiros abrange o Salário-Educação, INCRA, SENAI, SESI, SENAC, SESC, SEBRAE, Fundo Aeroviário, SENAR, SEST, SENAT, SESCOOP, e a alíquota é definida de acordo com o enquadramento pessoa jurídica no fundo da previdência e assistência social – FPAS, código que identifica a atividade econômica que a empresa ou o trabalhador individual exerce.

O enquadramento na tabela de alíquotas por códigos FPAS é efetuado pelo sujeito passivo de acordo com cada atividade econômica por ele exercida e aplica-se, exclusivamente, à contribuição cuja base de cálculo será a mesma das que incidem sobre a remuneração paga, devida ou creditada aos segurados do RGPS ou instituídas sobre outras bases a título de substituição, sendo calculada sobre o total da remuneração paga, devida ou creditada a empregados e trabalhadores avulsos, não alcançando a remuneração dos contribuintes individuais. As alíquotas e códigos FPAS constam do Anexo II da Instrução Normativa 971/2009.

8.6.5 Contribuições Previdenciárias do Trabalhador

As contribuições previdenciárias dos trabalhadores terão sua forma de apuração, alíquotas e responsabilidade pelo recolhimento definidas de acordo com a forma de filiação do segurado à Previdência Social. Denomina-se segurados as pessoas que se filiam ao RGPS e que contribuem para o financiamento do sistema previdenciário, sendo divididos em segurados obrigatórios e segurados facultativos.

Os segurados obrigatórios são as pessoas físicas, que desempenham atividade remunerada, com ou sem vínculo empregatício, que faz com que sua filiação ao RGPS seja compulsória, sem a possibilidade de exclusão voluntária. São divididos em cinco espécies: empregado, empregado doméstico, avulso, contribuinte individual e segurado especial. O segurado facultativo é o maior de dezesseis anos de idade que filiado de forma voluntária ao RGPS, mediante contribuição, desde que não esteja exercendo atividade remunerada que o enquadre como segurado obrigatório da previdência social.

8.6.5.1 Contribuição dos Segurados Empregado, Avulso e Empregado Doméstico

A contribuição do segurado empregado, inclusive o doméstico, empregado contratado para trabalho intermitente e do trabalhador avulso é calculada por meio da aplicação da alíquota correspondente, de forma progressiva, sobre o seu salário de contribuição mensal, de acordo com a tabela de contribuição atualizada anualmente. Abaixo publicamos a tabela válida para o exercício de 2022, nos termos da Portaria interministerial MTP/ME nº 12, de 17 de janeiro de 2022.

Salário de Contribuição (R$)	Alíquota
Até R$ 1.212,00	7,5%
De R$ 1.212,01 a R$ 2.427,35	9%
De R$ 2.427,36 a R$ 3.641,03	12%
De R$ 3.641,04 a R$ 7.087, 22	14%

Os valores dos salários de contribuição serão reajustados, na mesma data e com o mesmo índice em que se der o reajuste dos benefícios do Regime Geral de Previdência Social, ressalvados aqueles vinculados ao salário-mínimo, aos quais se aplica a legislação específica.

As alíquotas serão aplicadas de forma progressiva sobre o salário de contribuição do segurado, incidindo cada alíquota sobre a faixa de valores compreendida nos respectivos limites, conforme exemplificado abaixo:

Exemplo 1 - Salário de contribuição igual a um salário-mínimo (R$ 1.212,00)

1ª Faixa: R$ 1.212,00 x 7,5% =	**R$ 90,90**

Exemplo 2 - Salário de contribuição igual a R$ 2.000,00

1ª Faixa: (R$ 1.212,00) x 7,5% =	**R$ 90,90**
2ª Faixa: (R$ 2.000,00 - R$ 1.212,00) x 9% =	**R$ 70,92**
Total: R$ 90,90 + R$ 70,92 =	**R$ 161,82**

Exemplo 3 - Salário de contribuição igual a R$ 8.000,00

1ª Faixa: (R$ 1.212,00) x 7,5% =	**R$ 90,90**
2ª Faixa: (R$ 2.427,35 - R$ 1.212,00) x 9% =	**R$ 109,38**
3ª Faixa: (R$ 3.641,03 - R$ 2.427,35) x 12% =	**R$ 145,64**
4ª Faixa: (R$ 7.087,22 -R$ 3.641,03) x 14% =	**R$ 482,47**
Total: R$ 90,90 + R$ 109,38 + R$ 145,64 + R$ 482,47 =	**R$ 828,39**

Importante destacar que a contribuição do trabalhador é limitada ao teto do salário de contribuição (R$ 7.087,22), sendo esse o valor máximo da base de cálculo da contribuição. Destaca-se que essa limitação não se aplica a Contribuição Patronal Previdenciária, onde no caso de Exemplo 3 a base de cálculo será de R$ 8.000,00, valor sobre o qual incidirá a alíquota de 20%.

Caso o trabalhador exerça concomitantemente mais de uma atividade remunerada sujeita ao RGPS é obrigatoriamente filiado no referido regime em relação a cada uma dessas atividades devendo comunicar a todos os seus empregadores, mensalmente, a remuneração recebida até o limite máximo do salário de contribuição, envolvendo todos os vínculos, a fim de que o empregador possa apurar corretamente o salário de contribuição sobre o qual deverá incidir a contribuição social previdenciária do segurado, bem como a alíquota a ser aplicada, além de evitar retenções além do valor máximo permitido.

8.6.5.2 Contribuição dos Trabalhadores por conta própria - Contribuinte Individual

A Contribuição do segurado contribuinte individual é de 20% aplicada sobre o respectivo salário de contribuição, observado o limite mínimo (R$ 1.212,00) e máximo (R$ 7.087,22), contudo existem outras alíquotas a serem aplicadas na hipótese de prestação de serviços à pessoa jurídica não imune, microempreendedor individual e para aqueles que optarem pelo Plano simplificado de previdência social.

A Alíquota será de 20% (vinte por cento), incidente sobre:

A) A remuneração auferida em decorrência da prestação de serviços a pessoas físicas;

B) A remuneração que lhe for paga ou creditada, no decorrer do mês, pelos serviços prestados a entidade beneficente de assistência social isenta das contribuições sociais;

C) O valor recebido pelo cooperado, pela prestação de serviços por intermédio de cooperativa de trabalho;

D) O valor declarado pelo ministro de confissão religiosa ou membro de instituto de vida consagrada, de congregação ou de ordem religiosa; e

E) A remuneração que lhe for paga ou creditada, no decorrer do mês, pelos serviços prestados a outro contribuinte individual, a produtor rural pessoa física, a missão diplomática ou repartição consular de carreiras estrangeiras.

O segurado contribuinte individual que prestar serviços a pessoas jurídicas não imunes, pode deduzir de sua contribuição mensal, 45% da contribuição devida pelo contratante (CPP de 20%), incidente sobre a remuneração que este lhe tenha pago ou creditado no respectivo mês, limitada a dedução a 9% (45% X 20%) do respectivo salário de contribuição, assim a alíquota a ser aplicada será de 11% (20% - 9%), destacando que nesses casos a contribuição previdenciária será retida pelo tomador de serviços do contribuinte individual.

Quando o total da remuneração mensal recebida pelo contribuinte individual por serviços prestados a uma ou mais empresas for inferior ao limite mínimo do salário de contribuição mínimo (R$ 1.212,00), o segurado deverá recolher diretamente a complementação da contribuição incidente sobre a diferença entre o limite mínimo do salário de contribuição e a remuneração total por ele recebida ou a ele creditada, aplicando sobre a parcela complementar a alíquota de 20%.

Assim caso em uma competência um contribuinte individual preste serviços a entidade não imune no valor de R$ 800,00, a sua contribuição consistirá no valor de R$ 88,00 retido pela Pessoa Jurídica (R$ 800,00 x 11%), devendo ser recolhido a diferença até que seja alcançado o piso da contribuição, qual seja o salário-mínimo. Logo deverá recolher R$ 82,40 [(R$ 1.212 – 800) x 20%]

O segurado contribuinte individual não optante pelo programa microempreendedor individual que trabalhe por conta própria, sem relação de trabalho com empresa ou equiparado, a partir da competência em que fizer opção pela exclusão do direito ao benefício de aposentadoria por tempo de contribuição, contribuirá à alíquota de 11% sobre o valor correspondente ao limite mínimo mensal do salário de contribuição, ou seja, salário-mínimo.

Caso pretenda contar o tempo correspondente para fins de obtenção da aposentadoria por tempo de contribuição ou da contagem recíproca do tempo de contribuição para utilização em outro regime de previdência deverá complementar a contribuição mensal mediante o recolhimento de 9% incidentes sobre o limite mínimo mensal do salário de contribuição em vigor na competência a ser complementada, acrescido dos juros moratórios. Esta contribuição complementar poderá ser realizada a qualquer tempo.

8.6.6 Tributação da Remuneração dos Sócios

O empresário individual e o titular de empresa individual de responsabilidade limitada, urbana ou rural, o diretor não empregado e o membro de conselho de administração de sociedade anônima, o sócio de sociedade em nome coletivo e o sócio solidário, o sócio gerente, o sócio cotista e o administrador, quanto a este último, quando não for empregado em sociedade limitada, urbana ou rural, serão contribuintes individuais, desde que recebam remuneração decorrente de trabalho na empresa.

A contribuição da empresa em relação aos sócios contribuintes individuais terá como base de cálculo:

A) A remuneração paga ou creditada aos sócios em decorrência de seu trabalho, de acordo com a escrituração contábil da empresa – pró-labore;

B) Os valores totais pagos ou creditados aos sócios, ainda que a título de antecipação de lucro da pessoa jurídica, quando não houver discriminação entre a remuneração decorrente do trabalho e a proveniente do capital social, ou tratar-se de adiantamento de resultado ainda não apurado por meio de demonstração de resultado do exercício ou quando a contabilidade for apresentada de forma deficiente.

O valor a ser distribuído a título de antecipação de lucro poderá ser previamente apurado mediante a elaboração de balancetes contábeis mensais, devendo, nessa hipótese, ser observado que, se a demonstração do resultado final do exercício evidenciar uma apuração de lucro inferior ao montante distribuído, a diferença será considerada remuneração aos sócios.

O pró-labore deve ser fixado no próprio contrato social, onde será definido os sócios que terão direito a esta remuneração, quando com efetiva atuação na sociedade por meio de atividade laborativa. A fixação do valor da retirada mensal a título de pró-labore depende, unicamente, da vontade dos sócios podendo inclusive o contrato social estabelecer que os sócios não sejam remunerados por pró-labore, hipótese em que deixam de ser classificados como contribuintes individuais, não incidindo contribuições previdenciárias.

Frise-se que não há dispositivo legal que determine a obrigatoriedade de remuneração de sócios de sociedade simples mediante pró-labore. Se estiver estipulado previamente, em contrato social (CC, art. 997, VII), que a sociedade não pagará pró-labore, e remunerará seus sócios tão somente em função do resultado (distribuição de lucros), afasta-se a incidência tributária relativa a essa remuneração, conforme entendimento da receita contido na Solução de consulta COSIT Nº 196 de 18 de Outubro de 2012, contudo a Receita Federal entende que o pró-labore é obrigatório no caso de sócios de sociedade civil de prestação de serviços profissionais que prestam serviços à sociedade da qual é sócio, entendendo que pelo menos parte dos valores pagos pela sociedade ao sócio que terá necessariamente natureza jurídica de retribuição pelo trabalho, sujeita à incidência de contribuição previdenciária, conforme Solução de consulta nº 120 COSIT de 19/08/2016, situação que ousamos discordar, uma vez que inexiste lei que estabeleça essa obrigatoriedade.

8.6.7 Fundo de Garantia do Tempo de Serviço - FGTS

O Fundo de Garantia do Tempo de Serviço foi criado em 13 de setembro de 1966, com o objetivo de proteger o trabalhador demitido sem justa causa, mediante a abertura de uma conta vinculada ao contrato de trabalho, sendo regido pela Lei 8.036/1990, a qual foi regulamentada pelo Decreto 99.684/1990, que consolida as normas regulamentares do FGTS.

Embora o Supremo Tribunal Federal tenha por diversas vezes afastado a possível natureza tributária do FGTS, trata-se de um gasto compulsório incidente sobre a relação de emprego.

Nos termos do Art. 15 da Lei 8.036/1990, com redação dada pela Medida Provisória nº 1.107/2022 todos os empregadores ficam obrigados a depositar, até o vigésimo dia de cada mês, em conta vinculada, a importância correspondente a 8% da remuneração paga ou devida, no mês anterior, a cada trabalhador, incluídas na remuneração além do pagamento em dinheiro, as gorjetas, as gratificações legais e as comissões, a alimentação, habitação, vestuário ou outras prestações "in natura" que a empresa, por força do contrato ou do costume, fornecer habitualmente ao empregado e a Gratificação Natalina (13º Salário). Cabe destacar que a alíquota a ser aplicada nos contratos de aprendizagem será de 2%.

Não se incluem na remuneração as parcelas elencadas no § 9º do art. 28 da Lei nº 8.212/1991, dispositivo que estabelece as parcelas que não integram o salário de contribuição, base de cálculo das contribuições previdenciárias.

O conceito de empregador abrange a pessoa física ou a pessoa jurídica de direito privado ou de direito público, da administração pública direta, indireta ou fundacional de qualquer dos Poderes, da União, dos Estados, do Distrito Federal e dos Municípios, que admitir trabalhadores a seu serviço, bem assim aquele que, regido por legislação especial, encontrar-se nessa condição ou figurar como fornecedor ou tomador de mão de obra, independente da responsabilidade solidária e/ou subsidiária a que eventualmente venha obrigar. Considera-se trabalhador toda pessoa física que prestar serviços a empregador, a locador ou tomador de mão-de-obra, excluídos os eventuais, os autônomos e os servidores públicos civis e militares sujeitos a regime jurídico próprio.

O depósito na conta vinculada do FGTS é obrigatório também nos casos de interrupção do contrato de trabalho previstos em lei, tais como: prestação de serviço militar; licença para tratamento de saúde de até quinze dias; licença por acidente de trabalho; licença à gestante; e licença-paternidade.

Cabe destacar que a Medida Provisória nº 1.107 publicada em 18 de março de 2022 alterou de recolhimento para o vigésimo dia de cada mês, contudo a alteração do prazo de recolhimento somente produzirá efeitos a partir da data de início da arrecadação por meio da prestação dos serviços digitais de geração de guias, a que se refere o inciso II do *caput* do art. 17 da Lei nº 8.036/1990, a chamada GRF Web, o que ainda não possui data para ocorrer, cabendo ao Ministério do Trabalho e Previdência editar as normas complementares necessárias ao cumprimento desta obrigação. Assim até que seja implantada a GRF Web o prazo de recolhimento do FGTS será efetuado até o dia 07 do mês subsequente.

8.6.8 PIS sobre a Folha de Pagamento

O PIS incide sobre a folha de pagamento no caso de entidades sem fins lucrativos, classificadas como isentas, imunes ou dispensadas, sendo aplicado a alíquota de 1% sobre a folha de salários do mês, no caso de templos de qualquer culto, partidos políticos, instituições de educação e assistência social, assim como instituições de caráter filantrópico, recreativo, cultural, científico e associações isentas do Imposto de Renda, sindicatos, federações e confederações, serviços sociais autônomos, conselhos de fiscalização de profissões regulamentadas, fundações de direito privado e fundações públicas instituídas ou mantidas pelo poder público, condomínios de proprietários de imóveis residenciais ou comerciais e organização das cooperativas.

A base de cálculo abrange o total dos rendimentos do trabalho assalariado de qualquer natureza, tais como salários, gratificações, comissões, adicionais, 13° salário e repouso semanal remunerado.

8.7 TRIBUTOS SOBRE O LUCRO

O lucro das entidades é alcançado por dois tributos de espécies diferentes no Brasil, o imposto sobre a renda das pessoas jurídicas – IRPJ, estabelecido no art. 153, III da Constituição Federal e a contribuição social sobre o lucro líquido – CSLL, estabelecida no art. 195, I, c da Constituição Federal.

Cabe destacar que não há impedimento a existência dos tributos que incidam sobre o mesmo fato gerador, o lucro, não sendo hipótese de *bis in idem*, situação que ocorre quando uma pessoa jurídica de direito público tributa mais de uma vez o mesmo fato jurídico, algo que é vedado apenas para os impostos conforme definido na Constituição federal no art. 154, I. O *Bis In Idem*, é permitido desde que expressamente autorizado pela Constituição, assim uma vez que o texto constitucional conferiu competência para a União instituir esses dois tributos, não merece prosperar qualquer argumento neste sentido.

O Imposto de Renda será informado pelos critérios da generalidade, da universalidade e da progressividade, conforme art. 153, § 2° da CF. A universalidade refere-se ao fato do imposto ser cobrado de qualquer pessoa que pratique o fato gerador, seja física ou jurídica, sem distinções de qualquer espécie. O critério da progressividade estabelece faixas de acordo com a capacidade contributiva de cada pessoa. O critério da Generalidade possibilita que o fato gerador do imposto de renda deve abranger toda e qualquer forma de renda ou provento.

A contribuição social sobre o Lucro Líquido foi criada pela Lei 7.689/88 com objetivo de financiar as atividades de seguridade social, compostas por ações de Previdência Social, Assistência Social e Saúde.

Embora sejam tributos diferentes os critérios de apuração são semelhantes, sendo aplicados três regimes distintos de apuração: Lucro Real; Lucro Presumido; e Lucro arbitrado.

8.7.1 Fato Gerador

O IRPJ tem como fato gerador a aquisição da disponibilidade econômica ou jurídica da renda ou proventos de qualquer natureza. A disponibilidade jurídica compreende a renda ou proventos de qualquer natureza, já adquiridos juridicamente, sobre os quais o titular já tem direito, mas ainda não recebeu; sendo, a econômica, a renda ou os proventos de qualquer natureza já recebidos sob a forma de moeda.

A CSLL é calculada com base no resultado contábil do exercício social da pessoa jurídica. Sua base de cálculo é muito similar à do IRPJ, mas com certas diferenças em nível de adições, exclusões e compensações que podem ser feitas à mesma.

8.7.2 Momento da Opção pelo Regime de Tributação

A opção pelo lucro real anual, lucro real trimestral ou lucro presumido será manifestada com o pagamento da primeira quota do IRPJ de qualquer um dos regimes, sendo que a legislação não permite mudar a forma de tributação durante o ano-calendário (art. 13, Lei 9.718/98). Por isso, é de extrema importância fazer uma análise detalhada com a finalidade de identificar a melhor forma de tributação, antes do pagamento da primeira quota do tributo.

Cabe ainda destacar que a opção feita para o IRPJ deve ser a mesma para a CSLL, gerando ainda efeitos na forma de apuração do PIS/PASEP e da Cofins, no que concerne as opções de recolhimento pelos métodos cumulativos e não cumulativos.

8.7.3 Lucro Presumido

Poderão optar pela tributação com base no lucro presumido as pessoas jurídicas que não estejam obrigadas à tributação com base no lucro real em função da atividade exercida ou da sua constituição societária ou natureza jurídica e cuja receita total no ano-calendário anterior tenha sido igual ou inferior a R$ 78.000.000,00 ou a R$ 6.500.000,00 multiplicado pelo número de meses em atividade no ano calendário anterior, quando inferior a doze meses.

A opção por esse regime de tributação requer um estudo detalhado sobre a lucratividade, sendo que o lucro da atividade da empresa deve ser seguramente maior que o lucro presumido pela legislação, para que se possa obter economia tributária, contudo deve ainda ser levado em consideração os impactos da opção na CSLL, Pis e Confins.

Deve ainda ser considerado que os ganhos de capital, receita financeira, descontos obtidos e demais receitas não tem redução do percentual da base de cálculo, devendo ser adicionados à base de cálculo de maneira integral.

A opção pelo lucro presumido se dá mediante o pagamento da DARF, código 2089, sendo que durante o ano-calendário a empresa não poderá alterar a opção para o lucro real (art. 13, Lei 9.718/98).

O lucro presumido, em cada trimestre, corresponde ao resultado da aplicação dos percentuais fixados em lei com a atividade-fim da pessoa jurídica sobre a receita bruta auferida no período, adicionando integralmente dos resultados das demais receitas, rendimentos e ganhos de capital, que corresponderá à base de cálculo do IRPJ e da CSSL. Antes da aplicação dos percentuais de presunção a empresa deve deduzir da base de cálculo os descontos incondicionais concedidos e as vendas canceladas.

8.7.3.1 Base de Cálculo

A base de cálculo do IRPJ e da CSLL das empresas tributadas pelo lucro presumido, em cada trimestre (31/mar., 30/jun., 30/set. e 31/dez.), será determinada mediante a aplicação dos percentuais fixados sobre a receita bruta auferida no trimestre, sendo o resultado acrescido de outras receitas, rendimentos e ganho de capital. O Imposto retido na fonte será considerado como antecipação do devido no trimestre podendo ser deduzido dos valores a pagar.

Quadro 111 - Percentuais da receita bruta aplicáveis ao lucro presumido

Discriminação das receitas	*IRPJ*	*CSLL*
Indústria e comércio - venda de mercadorias e produtos	8%	12%
Serviços de transportes de cargas	8%	12%
Serviços hospitalares	8%	12%
Demais serviços de transportes	16%	12%
Prestação de serviços em geral	32%	32%
Revenda a varejo de combustíveis e gás natural	1,6%	12%
Construção por administração ou empreitada com material	8%	12%
Construção por administração ou empreitada exclusivamente mão de obra	32%	32%
Prestação de Serviços até R$ 120.000,00, exceto as regulamentadas	16%	32%

Fonte: Elaboração dos Autores

Serão acrescidos às bases de cálculo do IRPJ e da CSLL, no mês em que forem auferidos, os ganhos de capital, as demais receitas e os resultados positivos, inclusive:

I. Os ganhos de capital auferidos na alienação de participações societárias permanentes em sociedades coligadas e controladas e de participações societárias que permaneceram no ativo da pessoa jurídica até o término do ano-calendário seguinte ao de suas aquisições;

II. Os ganhos auferidos em operações de cobertura (*hedge*) realizadas em bolsas de valores, de mercadorias e de futuros ou no mercado de balcão organizado;

III. A receita de locação de imóvel, quando não for este o objeto social da pessoa jurídica, deduzida dos encargos necessários à sua percepção;

IV. Os juros equivalentes à taxa referencial do Selic para títulos federais relativos a impostos e contribuições a serem restituídos ou compensados;

V. Os rendimentos auferidos nas operações de mútuo realizadas entre pessoas jurídicas ou entre pessoa jurídica e pessoa física;

VI. As receitas financeiras decorrentes das variações monetárias dos direitos de crédito e das obrigações do contribuinte, em função de índices ou coeficientes aplicáveis por disposição legal ou contratual;

VII. Os ganhos de capital auferidos na devolução de capital em bens e direitos; e

VIII. A diferença entre o valor em dinheiro ou o valor dos bens e direitos recebidos de instituição isenta, a título de devolução de patrimônio, e o valor em dinheiro ou o valor dos bens e direitos entregues para a formação do referido patrimônio.

8.7.3.2 Alíquota e Adicional do IRPJ

O IRPJ devido em cada trimestre será calculado mediante a aplicação da Alíquota de 15% sobre o lucro presumido.

A parcela do lucro presumido que exceder o resultado da multiplicação de R$ 20.000,00 pelo número de meses do respectivo período de apuração (R$ 60.000,00 no trimestre) se sujeitará à incidência do adicional de 10%. Essa regra também é válida para os regimes de apuração do lucro real e lucro arbitrado.

A CSLL devida trimestralmente será calculada com a aplicação do percentual fixado em lei sobre a receita bruta definida para cada atividade-fim, incluindo integralmente as demais receitas (juros, aplicações financeiras, descontos obtidos etc.) e ganhos de capital, de forma a determinar a base de cálculo da CSLL, sobre a qual incide as alíquotas de:

A) 9% como regra geral;

B) 15% no caso de pessoas jurídicas de seguros privados e de capitalização, distribuidoras de valores mobiliários, corretoras de câmbio e de valores mobiliários, sociedades de crédito, financiamento e investimentos, sociedades de crédito imobiliário, administradoras de cartões de crédito, sociedades de arrendamento mercantil, associações de poupança e empréstimo, e cooperativas de crédito; e

C) 20% no caso de bancos de qualquer espécie e agências de fomento.

8.7.3.3 Caso Prático

Cabe destacar que a Medida Provisória nº 1.115 de 28 de abril de 2022 majorou em um ponto percentual a alíquota da CSLL de instituições financeiras. Assim os bancos vão recolher 21% de CSLL, em vez dos 20% e as demais instituições, vão recolher 16%, e não mais 15%. Esta alteração vai vigorar até o final de 2022 e a cobrança será iniciada a partir de 01/08/2022.

Até o momento da edição dessa obra a citada MP encontrava-se em tramitação no Congresso Nacional, não tendo sido convertida em lei, sendo que o prazo para análise termina em 07/09/2022, contudo a partir de 01/08/2022 será devida a cobrança uma vez que não se aplica as restrições previstas no § 2º do Art. 62 da CFRB, que trata dos efeitos financeiros a contar da conversão da MP em lei, a qual se aplica apenas no caso de impostos. Assim por tratar-se de contribuição social aplica-se tão somente a regra da anterioridade nonagesimal, razão pela qual embora a MP tenha sido editada em 28/04/2022 a cobrança se inicia apenas em 01/08/2022.

Caso a MP não seja convertida em lei até 07/09/2022, a majoração das alíquotas perderá a eficácia, cabendo ao Congresso Nacional disciplinar, por decreto legislativo, as relações jurídicas delas decorrentes, havendo previsão de manutenção dos efeitos jurídicos, no caso de não publicação de tal ato em até sessenta dias após a rejeição ou perda de eficácia da MP.

Considere que uma empresa apresentou os seguintes dados no primeiro trimestre de 2022:

Receita bruta	
De revenda de mercadorias	R$ 3.200.000,00
Prestação de serviços em geral	R$ 50.000,00
Rendimentos de operações financeiras de renda fixa	R$ 18.000,00
Demais juros e descontos ativos	R$ 4.000,00
Variações monetárias ativas	R$ 6.000,00
Ganhos de capital na venda de bens	R$ 8.000,00
Imposto de renda retido na fonte sobre:	
Receita de prestação de serviços	R$ 750,00
Rendimentos de renda fixa	R$ 3.600,00
CSLL na fonte sobre receita de prestação de serviços	R$ 500,00

Para apuração da base de cálculo será necessário aplicar os percentuais definidos na legislação sobre a receita bruta. No caso do IRPJ aplicaremos 8% sobre as receitas de vendas e 32% sobre as receitas de prestação de serviços, sendo ainda incluídos na base de cálculo os ganhos de capitais. No caso da CSLL os percentuais serão 12% sobre as receitas de vendas e 32% sobre os serviços. Assim o cálculo do IRPJ e da CSLL apurados com base no lucro presumido será:

Base de Cálculo do IRPJ

(3.200.000 x 8%) + (50.000 x 32%) + 18.000 + 4.000 + 6.000 + 8.000 = 308.000

Base de Cálculo da CSLL

(3.200.000 x 12%) + (50.000 x 32%) + 18.000 + 4.000 + 6.000 + 8.000 = 436.000

Como a base de cálculo do IRPJ (R$ 308.000,00) ultrapassou o limite aplicado para o cálculo do Adicional que é de R$ 60.000,00 (R$ 20.000,00 X 3 meses) haverá incidência do adicional do IRPJ calculado sobre a parcela que excede o limite de R$ 20.000 ao mês.

IRPJ Devido

308.000,00 x 15% = R$ 46.200,00

Adicional IRPJ

(308.000,00 - 60.000,00) x 10% = R$ 24.800,00

Total IRPJ

R$ 46.200,00 + R$ 24.800,00 = R$ 71.000,00

CSLL Devida

436.000 x 9% = R$ 39.240,00

Como a empresa sofreu retenções esses valores devem ser deduzidos do tributo devido. Assim o valor a ser pago será:

IRPJ a Pagar: 71.000 - 750 - 3.600 = **R$ 66.650,00**

CSLL a Pagar: 39.240 - 500 = **R$ 38.740,00**

8.7.4 Lucro Real

Entende-se por lucro real o resultado contábil do exercício social, ajustado pelas adições, exclusões, compensações e deduções permitidas pela legislação, aplicando-se a esta base de cálculo a alíquota do IRPJ e da CSLL e os adicionais do IRPJ previstos.

São obrigadas a adotar este regime de tributação as pessoas jurídicas:

1. Cuja receita bruta total, acrescida das demais receitas e dos ganhos de capital, no ano-calendário anterior, tiver ultrapassado o limite correspondente a R$ 78 milhões ou, em caso de período inferior a 12 meses, a R$ 6,5 milhões, multiplicado pelo número de meses do período;

2. Cujas atividades sejam de bancos comerciais, bancos de investimentos, bancos de desenvolvimento, caixas econômicas, sociedades de crédito, financiamento e investimento, sociedades de crédito imobiliário, sociedades corretoras de títulos, valores mobiliários e de câmbio, distribuidoras de títulos e valores mobiliários, empresas de arrendamento mercantil, cooperativas de crédito, empresas de seguros privados e de capitalização e entidades de previdência privada abertas;
3. Que, autorizadas pela legislação tributária, queiram usufruir de benefícios relativos à isenção ou redução do imposto de renda;
4. Que, no decorrer do ano-calendário, tenham suspendido ou reduzido o pagamento do imposto pago por estimativa, mediante levantamento de balanço ou balancete específico para este fim; e
5. Que auferirem lucros, rendimentos ou ganhos de capital oriundos do exterior; que explorem as atividades de prestação cumulativa e contínua de serviços de assessoria creditória, mercadológica, gestão de crédito, seleção e riscos, administração de contas a pagar e a receber, compras de direitos creditórios resultantes de vendas mercantis a prazo ou de prestação de serviços.

8.7.4.1 Base de Cálculo

A base de cálculo do Lucro real de acordo com o art. 258 do Regulamento do Imposto sobre a Renda, Decreto nº 9.580/2018 é o lucro líquido do período de apuração ajustado pelas adições, exclusões e compensações.

Serão adicionados ao lucro líquido:

1. Os custos, despesas, encargos, perdas, provisões, participações e quaisquer outros valores deduzidos na apuração do lucro líquido que, de acordo com a legislação tributária, não sejam dedutíveis na determinação do lucro real (exemplos: resultados negativos de equivalência patrimonial; custos e despesas não dedutíveis);

2. Os resultados, rendimentos, receitas e quaisquer outros valores não incluídos na apuração do lucro líquido que, de acordo com a legislação tributária, devam ser computados na determinação do lucro real.

Poderão ser excluídos do lucro líquido:

1. Os valores cuja dedução seja autorizada pela legislação tributária e que não tenham sido computados na apuração do lucro líquido do período de apuração como, por exemplo, depreciação acelerada;
2. Os resultados, rendimentos, receitas e quaisquer outros valores incluídos na apuração do lucro líquido que, de acordo com a legislação tributária, não sejam computados na determinação do lucro real, como, por exemplo, os resultados positivos de equivalência patrimonial; dividendos.

A lista completa das adições e exclusões pode ser obtida nos anexos I e II da Instrução Normativa da Receita Federal do Brasil nº 1.881/2019.

Poderão ser compensados, total ou parcialmente, à opção do contribuinte, os prejuízos fiscais de períodos de apuração anteriores, desde que observado o limite máximo de trinta por cento do lucro líquido ajustado pelas adições e exclusões previstas na legislação tributária.

Exemplo: Considere uma empresa optante pelo lucro real desde o início de suas atividades, que apurou nos dois primeiros anos de funcionamento Prejuízos fiscais no valor de R$ 130.000,00. No primeiro trimestre de 2022 apresentou lucro antes do IRPJ e CSLL de R$ 400.000,00, sendo que neste resultado está inserido o valor de R$ 40.000,00 que representam despesas não dedutíveis e R$ 20.000,00 de receitas não tributáveis para fins de IRPJ e CSLL.

Saldo de Prejuízo Fiscal	R$ 130.000	
LAIR	R$ 400.000	
(+) Adições	R$ 40.000	
(-) Exclusões	R$ 20.000	
(=) BC antes compensações	R$ 420.000	**(Lucro Fiscal)**
(-) Compensações	R$ 126.000	**(30% de 420.000)**
(=) Lucro Ajustado	R$ 294.000	
IRPJ	R$ 44.100	**(294.000 x 15%)**
Adicional IRPJ	R$ 23.400	**(294.000 - 60.000) x 10%**
CSLL	R$ 26.460	**(294.000 x 9%)**
Saldo de Prejuízos Fiscais	R$ 4.000	**(130.000 - 126.000)**

Dessa forma a empresa ao adicionar as despesas não dedutíveis e excluir as receitas não tributáveis apurou lucro fiscal de R$ 420.000,00 o qual possibilitou à dedução de R$ 126.000,00, correspondente a parte dos prejuízos fiscais, ainda restando R$ 4.000,00 para ser compensado nos próximos trimestres.

8.7.4.2 Opção pelo Pagamento por Estimativa

Os contribuintes tributados com base no lucro real poderão optar pelo pagamento mensal do IRPJ e da CSLL, por estimativa, e apurar a base de cálculo em 31 de dezembro do ano-calendário ou na data do encerramento das atividades, efetuando o ajuste entre os dois valores.

A opção pela apuração trimestral ou anual da base de cálculo será manifestada com o pagamento do IRPJ e da CSLL correspondentes ao mês de janeiro ou ao início da atividade.

O lucro real anual consiste em uma forma híbrida entre o lucro real e o presumido, uma vez que as antecipações mensais são apuradas por estimativa utilizando base de cálculo assemelhada ao lucro presumido.

O lucro estimado para apuração das antecipações mensais será calculado através da soma do valor resultante da aplicação de percentuais, variáveis conforme o ramo de atividade da pessoa jurídica, sobre a receita bruta auferida nos meses civis de cada ano-calendário acrescido dos ganhos de capitais.

Exemplo: Considere que uma empresa que atua no setor de comércio e prestação de serviços apurou em Out/2021 receitas de vendas de R$ 850.000, com desconto incondicional concedido de R$ 10.000 e devolução de vendas no valor de R$ 5.000. Obteve ainda receita de prestação de serviços gerais no valor de R$ 1.200.000,00 e ganhos de capitais no valor de R$ 5.000,00.

Quadro 112 - Percentuais da receita bruta aplicáveis para o cálculo das antecipações

Discriminação das receitas	***IRPJ***
Indústria e comércio - venda de mercadorias e produtos	8%
Serviços de transportes de cargas	8%
Serviços hospitalares	8%
Atividades de venda de imóveis, de acordo com o objeto social de empresa	8%
Serviços de auxílio diagnóstico e terapia, patologia clínica, imagenologia, anatomia patológica e citopatologia, medicina nuclear e análises e patologias clínicas	8%
Atividade Rural	8%
Industrialização com materiais fornecidos pelo encomendante	8%
Demais serviços de transportes	16%
Prestação de serviços em geral	32%
Bancos comerciais, de investimentos, de desenvolvimento, caixas econômicas, sociedades de crédito, financiamento e investimento, sociedades de crédito imobiliário, sociedades corretoras de títulos, valores mobiliários e câmbio, distribuidoras de títulos e valores mobiliários, empresas de arrendamento mercantil, cooperativas de crédito, empresas de seguros privados e de capitalização e entidades de previdência privada aberta	16%
Revenda, para consumo, de combustíveis	1,6%
Construção por administração ou empreitada com material	8%

Construção por administração ou empreitada exclusivamente mão de obra	32%
Prestação de Serviços até R$ 120.000,00, exceto as regulamentadas	16%

Fonte: Elaboração dos Autores

A base de cálculo da CSLL, devida pelas pessoas jurídicas optantes pela sistemática de recolhimento mensal (estimativa) corresponderá a:

- 12% da receita bruta nas atividades comerciais, industriais, serviços hospitalares e de transporte;
- 32% para:

a) Prestação de serviços em geral, exceto a de serviços hospitalares e de transporte;

b) Intermediação de negócios;

c) Administração, locação ou cessão de bens imóveis, móveis e direitos de qualquer natureza;

d) Prestação cumulativa e contínua de serviços de assessoria creditícia, mercadológica, gestão de crédito, seleção de riscos, administração de contas a pagar e a receber, compra de direitos creditórios resultantes de vendas mercantis a prazo ou de prestação de serviços (*factoring*).

Considerando que a empresa optou pelo recolhimento no lucro real com antecipações mensais o cálculo do IRPJ e CSLL será:

Base de Cálculo IRPJ

[(850.000 - 10.000 - 5.000) x 8%] + (1.200.000 x 32%) + 5.000 =

66.800 + 384.000 + 5.000 = 455.800,00

IRPJ

455.800 x 15% = R$ 68.370

Adicional IRPJ

(455.800 - 20.000) x 10% = R$ 43.580

IRPJ a Pagar = 68.370 + 43.580 = R$ 111.950

Base de Cálculo CSLL

[(850.000 - 10.000 - 5.000) x 12%] + (1.200.000 x 32%) + 5.000 =

100.200 + 384.000 + 5.000 = 489.200

CSLL

489.200 x 9% = R$ 44.028,00

A pessoa jurídica poderá suspender ou reduzir o pagamento mensal por estimativa, desde que demonstre, mediante a elaboração de balanço ou balancete, que o valor do IRPJ e da CSLL pago é igual ou maior que o valor do IRPJ e da CSLL devidos, calculados com base no lucro real do período em curso.

Assim considere que a empresa já tenha recolhido até a competência Setembro R$ 910.000,00 de antecipações de IRPJ e R$ 405.000,00 de CSLL.

Ao apurar na competência out/2021 o tributo devido em bases anuais, até aquele momento constatou que seria devido R$ 955.000,00 de IRPJ e R$ 430.000,00 de CSLL.

Dessa forma a empresa não será obrigada a recolher R$ 111.950,00 de IRPJ e R$ 44.080,00 de CSLL, pois se assim proceder ultrapassaria o valor devido, podendo optar em reduzir os valores a serem recolhidos, subtraindo do valor devido em base anual os valores já antecipados. Logo a empresa recolheria R$ 45.000,00 de IRPJ e R$ 25.000,00 de CSLL.

	IRPJ	CSLL
Valor devido com base anual	R$ 955.000,00	R$ 430.000,00
(-) Valores antecipados mensalmente	R$ 910.000,00	R$ 405.000,00
(=) Valor a recolher	**R$ 45.000,00**	**R$ 25.000,00**

Caso ao apurar na competência out/2021 o tributo devido em bases anuais, até aquele momento seja inferior aos valores já antecipados a empresa pode suspender o recolhimento dos tributos, enquanto permanecer essa situação.

8.7.5 Lucro Arbitrado

O imposto, devido trimestralmente, no decorrer do ano-calendário será determinado com base nos critérios do lucro arbitrado, quando:

I. O contribuinte, obrigado à tributação com base no lucro real, não mantiver escrituração na forma das leis comerciais e fiscais, ou deixar de elaborar as demonstrações financeiras exigidas pela legislação fiscal;

II. A escrituração a que estiver obrigado o contribuinte revelar evidentes indícios de fraudes ou contiver vícios, erros ou deficiências que a tornem imprestável para: identificar a efetiva movimentação financeira, inclusive bancária e/ou determinar o lucro real;

III. O contribuinte deixar de apresentar à autoridade tributária os livros e documentos da escrituração comercial e fiscal, ou o Livro Caixa, na hipótese de participações no lucro atribuídas a técnicos estrangeiros, domiciliados ou residentes no exterior, para execução de serviços especializados, em caráter provisório, conforme parágrafo único do art. 527 do Regulamento do Imposto de Renda, Decreto 9.580/2018;

IV. O contribuinte optar indevidamente pela tributação com base no lucro presumido;

V. O comissário ou representante da pessoa jurídica estrangeira deixar de escriturar e apurar o lucro da sua atividade separadamente do lucro do comitente residente ou domiciliado no exterior; e

VI. O contribuinte não mantiver, em boa ordem e segundo as normas contábeis recomendadas, Livro Razão ou fichas utilizados para resumir e totalizar, por conta ou subconta, os lançamentos efetuados no Diário.

Quando a receita bruta for conhecida o lucro arbitrado será apurado mediante a aplicação de percentuais sobre a receita bruta, de acordo com a natureza da atividade econômica explorada conforme o quadro abaixo. Deverão ser acrescidos os ganhos de capital, – os rendimento e ganhos líquidos auferidos em aplicações financeiras (renda fixa e variável), as variações monetárias ativas, as demais receitas, todos os resultados positivos obtidos pela pessoa jurídica, inclusive os juros recebidos como remuneração do capital próprio, os descontos financeiros obtidos, os juros ativos não decorrentes de aplicações, os demais resultados positivos decorrentes de receitas não abrangidas no item anterior.

Quadro 113 - Percentuais a serem aplicados sobre a receita bruta conhecida

Atividades	Percentuais
Atividades em geral (Art. 220, Decreto 9.580/2018)	9,6%
Revenda de combustíveis	1,92%
Serviços de transporte (exceto transporte de carga)	19,2%
Serviços de transporte de cargas	9,6%
Serviços em geral (exceto serviços hospitalares)	38,4%
Serviços hospitalares	9,6%
Intermediação de negócios	38,4%
Administração, locação ou cessão de bens e direitos de qualquer natureza (inclusive imóveis)	38,4%
Factoring	38,4%
Bancos, instituições financeiras e assemelhados	45%

Fonte: Elaboração dos autores

Também deverão ser incluídos os valores recuperados correspondentes a custo e despesas, inclusive com perdas no recebimento de créditos, salvo se o contribuinte comprovar não ter deduzido tais valores em período anterior no qual tenha se submetido à tributação com base no lucro real, ou que se refiram ao período a que tenha se submetido ao lucro presumido ou arbitrado.

O lucro arbitrado das pessoas jurídicas, quando não conhecida a receita bruta, será determinado por meio de procedimento de ofício, mediante utilização de uma das seguintes alternativas de cálculo:

Quadro 114 - Lucro arbitrado quando não conhecida a receita

Bases Alternativas	Coeficiente
Lucro real referente ao último período em que a pessoa jurídica manteve escrituração de acordo com as leis comerciais e fiscais	1,5
Soma dos valores do ativo circulante, realizável a longo prazo e permanente, existentes no último balanço patrimonial conhecido	0,04
Valor do capital, inclusive correção monetária contabilizada como reserva de capital, constante do último balanço patrimonial conhecido ou registrado nos atos de constituição ou alteração da sociedade	0,07
Valor do patrimônio líquido constante do último balanço patrimonial conhecido	0,05
Valor das compras de mercadorias efetuadas no mês	0,4
Soma, em cada mês, dos valores da folha de pagamento dos empregados e das compras de matérias-primas, produtos intermediários e materiais de embalagem	0,4
Soma dos valores devidos no mês a empregados	0,8
Valor mensal do aluguel	0,9

Fonte: Elaboração dos autores

8.8 TRIBUTAÇÃO DO MICROEMPREENDEDOR INDIVIDUAL E DAS MICRO E PEQUENAS EMPRESAS

A Constituição Federal confere tratamento especial às microempresas e empresas de pequeno porte com objetivo de incentivar a formalização. O estatuto nacional da microempresa e da empresa de pequeno porte foi estabelecido pela Lei Complementar 123 de 14 de dezembro de 2006, disciplinando a forma de apuração e recolhimento dos impostos e contribuições da União, dos Estados, do Distrito Federal e dos Municípios, por meio de um regime único de arrecadação, e de cumprimento de obrigações trabalhistas e previdenciárias, inclusive obrigações acessórias.

Abordaremos nesse tópico os principais aspectos que envolvem a tributação do microempreendedor individual e das empresas optantes pelo simples nacional.

8.8.1 Microempreendedor Individual

O MEI é o empresário individual que trabalha por conta própria e exerce atividade econômica organizada para a produção ou circulação de bens e serviços, com receita bruta, no ano-calendário anterior, de até R$ 81.000,00, que formaliza a sua opção pelo simples nacional.

No caso de início de atividade, o limite deve ser de R$ 6.750,00 multiplicados pelo número de meses compreendido entre o mês de início de atividade e o final do respectivo ano-calendário, considerado as frações de meses como um mês inteiro.

A lei complementar 123/2006 estabelece ainda outras condições para ser MEI, sendo elas:

1. Exercer tão somente as atividades permitidas. A lista completa de atividades consta do Anexo XI da Resolução CGSN nº 140/2018;
2. Possuir um único estabelecimento;
3. Não participar de outra empresa como titular, sócio ou administrador;
4. Não contratar mais de um empregado.

O MEI não pode guardar, cumulativamente, com o contratante do serviço, relação de pessoalidade, subordinação e habitualidade, sob pena de exclusão, perdendo dessa forma o tratamento diferenciado previsto na legislação. Essa restrição foi incluída com o objetivo de evitar fraudes em relações empregatícias por meio da "pejotização", artifício utilizado por organizações para reduzir encargos sociais e tributários, transformando empregados em pessoas jurídicas.

Cumpre esclarecer que não há impedimento na contratação de serviços prestados pelo MEI como pessoa jurídica, desde que não estejam presentes os requisitos de relação de emprego. O que é vedado são simulações, onde na forma temos a contratação de pessoas jurídicas, contudo na essência trata-se de vínculo empregatício.

A opção pelo MEI será irretratável para todo o ano-calendário e deverá ser realizada pelo empresário individual, já inscrito no CNPJ, até o último dia útil de janeiro. No caso de início de atividade, a realização da opção pelo Simples Nacional e enquadramento no Simei será simultânea à inscrição no CNPJ.

A contribuição do MEI será apurada com base no sistema de recolhimento em valores fixos mensais dos tributos abrangidos pelo simples nacional, sendo recolhida por meio do documento de arrecadação simplificada – DAS, independentemente da receita bruta por ele auferida no mês, constituindo um valor fixo mensal correspondente à soma das seguintes parcelas:

1. 11% do salário-mínimo;
2. R$ 1,00 (um real), caso seja contribuinte do ICMS; e/ou
3. R$ 5,00 (cinco reais), caso seja contribuinte do ISS.

A receita bruta do MEI será comprovada mediante apresentação do relatório mensal de receitas brutas de que trata o Anexo X da Resolução CGSN nº 140/2018, o qual deverá ser preenchido até o dia vinte do mês subsequente àquele em que houver sido auferida a receita bruta.

O MEI poderá contratar um único empregado que receba exclusivamente um salário-mínimo previsto em lei federal ou estadual ou o piso salarial da categoria profissional. Nessa hipótese o MEI deverá reter e recolher a contribuição previdenciária devida pelo segurado a seu serviço observados prazo e condições estabelecidos pela RFB, ficando ainda obrigado a prestar informações sobre fatos geradores, base de cálculo e valores devidos da contribuição previdenciária relativas ao segurado a seu serviço à Secretaria da Receita Federal do Brasil e ao Conselho Curador do FGTS, por meio do e-Social.

No caso de contratação de empregado o MEI estará ainda sujeito ao recolhimento da CPP, calculada à alíquota de 3% sobre o salário de contribuição.

O optante pelo SIMEI é isento dos seguintes tributos: IRPJ, CSLL, Contribuição para o PIS/Pasep, Cofins e IPI (exceto se incidentes na importação), Contribuição previdenciária patronal.

A opção pelo SIMEI não exclui a incidência de outros tributos, como, por exemplo: Imposto sobre operações financeiras – IOF, Impostos sobre a Importação e Exportação, Contribuição para o PIS/Pasep, Cofins e IPI incidentes na importação, ITR, Imposto de Renda, relativo aos rendimentos ou ganhos líquidos auferidos em aplicações de renda fixa ou variável, bem como relativo aos ganhos de capital auferidos na alienação de bens do ativo permanente, ou relativo aos pagamentos ou créditos efetuados pela pessoa jurídica a pessoas físicas, FGTS, Contribuição previdenciária relativa ao empregado.

No valor da contribuição do MEI está inserido a contribuição previdenciária, relativa à pessoa do empresário, na qualidade de contribuinte individual.

Em relação às obrigações acessórias o MEI deve apresentar até o último dia de maio de cada ano, à RFB, a Declaração Anual Simplificada para o Microempreendedor Individual (DASN-Simei), a qual conterá informações sobre a receita bruta total contratação de empregado, quando houver.

O MEI é dispensado de emitir documento fiscal previsto nas operações com venda de mercadorias ou prestações de serviços para consumidor final pessoa física e nas operações com mercadorias para destinatário inscrito no CNPJ, quando o destinatário emitir nota fiscal de entrada. Deverá ser emitido documento fiscal nas prestações de serviços para tomador inscrito no CNPJ e nas operações com mercadorias para destinatário inscrito no CNPJ, quando o destinatário não emitir nota fiscal de entrada. Fica ainda dispensado da escrituração dos livros fiscais e contábeis, da Declaração Eletrônica de Serviços e da emissão de documento fiscal eletrônico, exceto se exigida pelo respectivo ente federado.

A Lei Complementar 188/2021 criou situação diferenciada para o transportador autônomo de cargas inscrito como MEI. Nesse caso o limite da receita bruta será de R$ 251.600,00 e no caso de início de atividade o limite será de R$ 20.966,67 multiplicados pelo número de meses compreendidos entre o início da atividade e o final do respectivo ano-calendário, consideradas as frações de meses como um mês inteiro, no caso de início de atividades. Para essa atividade o valor mensal da contribuição corresponderá ao valor resultante da aplicação da alíquota de 12% sobre o salário-mínimo mensal.

8.8.2 Simples Nacional

Denomina-se Simples Nacional o regime especial unificado de arrecadação de tributos e contribuições devidos pelas microempresas e empresas de pequeno porte abrangendo a participação de todos os entes federados e administrado por um Comitê Gestor composto por integrantes da Secretaria da Receita Federal do Brasil dos Estados, do Distrito Federal e dos Municípios.

A opção deverá ser formalizada por meio do Portal do Simples Nacional na internet, até o último dia útil do mês de janeiro e será irretratável para todo o ano-calendário. No caso de início de atividade a opção será manifestada no momento da inscrição no CNPJ.

8.8.2.1 Limites

A definição de microempresa – ME e empresa de pequeno porte – EPP é estabelecida no art. 3º da Lei Complementar 123/2006 em função da receita bruta global, apurada, em cada ano-calendário.

São classificadas como microempresas as pessoas jurídicas com receita bruta igual ou inferior a R$ 360.000,00 e empresa de pequeno porte as pessoas jurídicas com receita bruta superior a R$ 360.000,00 e igual ou inferior a R$ 4.800.000,00.

Adicionalmente ao limite de R$ 4.800.000,00 de receitas no mercado interno as empresas poderão adicionar receitas decorrentes da exportação de mercadorias ou serviços para o exterior, inclusive quando realizada por meio de empresa comercial exportadora ou de sociedade de propósito específico, desde que as receitas de exportação também não excedam R$ 4.800.000,00.

Dessa forma, em determinadas situações a empresa poderá auferir receita bruta anual de até R$ 9.600.000,00, sendo R$ 4.800.000,00 auferidas no mercado interno e R$ 4.800.000,00 decorrentes de exportação de mercadorias e serviços. Para tanto as ME ou EPP devem segregar as receitas decorrentes de exportação para o exterior, inclusive as vendas realizadas por meio de comercial exportadora ou sociedade de propósito específico, as quais serão desconsiderados, no cálculo do valor devido no âmbito do Simples Nacional, conforme o caso, os percentuais relativos à Cofins, à Contribuição para o PIS/Pasep, ao IPI, ao ICMS e ao ISS constantes dos Anexos I a V da Lei Complementar 123/2006.

A empresa que, no ano-calendário, exceder o limite de receita bruta anual ou o limite adicional para exportação fica excluída do Simples Nacional, com efeitos:

A) No mês subsequente àquele em que o excesso da receita bruta acumulada no ano for superior a 20% de cada um dos limites; ou

B) No ano-calendário subsequente àquele em que o excesso da receita bruta acumulada no ano não for superior a 20% aos limites previstos.

Exemplo 1: Considere que uma empresa auferiu em 08/2021 receita bruta no valor de R$ 5.000.000,00. Nesse caso o limite foi ultrapassado em R$ 200.000,00. Na hipótese os efeitos da exclusão do simples nacional ocorreriam em 2022, ou seja, permaneceria recolhendo os tributos com base no Simples Nacional até o final do exercício de 2021, pois o excesso foi menor que R$ 960.000,00, que corresponde a 20% do limite previsto (20% R$ 4.800.000,00). Contudo, em cada um dos meses posteriores deverá ser verificado se o excesso de receita permanece inferior ao limite de 20%.

Exemplo 2: Considere que uma empresa auferiu em 08/2021 receita bruta no valor de R$ 6.000.000,00. Nesse caso o limite foi ultrapassado em R$ 1.200.000,00, ou seja, superior a R$ 960.000,00 (20% R$ 4.800.000,00). Na hipótese os efeitos da exclusão do simples nacional ocorreriam no mês subsequente, e a partir da competência 09/2021 a empresa deverá recolher os tributos em conformidade com as normas gerais de incidência. Destaca-se que a nova forma de apuração não será retroativa, alcançando apenas os fatos geradores a partir de 09/2021, exceto se for o primeiro ano de funcionamento da empresa.

No ano-calendário de início de atividade o cálculo do limite será realizado multiplicando R$ 400.000,00 pelo número de meses compreendidos entre o início de atividade e o final do respectivo ano-calendário, considerada a fração de mês como mês completo. Os efeitos da exclusão serão retroativos ao início de atividade se o excesso verificado em relação à receita bruta acumulada for superior a 20% do limite previsto ou ocorrerão a partir do ano-calendário subsequente se o excesso verificado em relação à receita bruta acumulada não for superior a 20%.

8.8.2.2 Vedações ao Ingresso

Não poderá optar pelo simples nacional as empresas a pessoa jurídica ou entidade equiparada que tenha auferido, no ano-calendário imediatamente anterior ou no ano-calendário em curso, receita bruta superior a R$ 4.800.000,00 no mercado interno ou superior ao mesmo limite em exportação para o exterior. Além dessa hipótese a Lei Complementar 123/2006 estabelece ainda outras hipóteses de vedação ao ingresso de pessoas jurídicas, sendo elas:

1. De cujo capital participe outra pessoa jurídica ou sociedade em conta de participação;
2. Que seja filial, sucursal, agência ou representação, no país, de pessoa jurídica com sede no exterior;
3. De cujo capital participe pessoa física que seja inscrita como empresário ou seja sócia de outra empresa optante pelo Simples Nacional, desde que a receita bruta global ultrapasse o limite de R$ 4.800.000,00;
4. Cujo titular ou sócio participe com mais de 10% do capital de outra empresa não optante pelo Simples Nacional, desde que a receita bruta global ultrapasse o limite de R$ 4.800.000,00;
5. Cujo sócio ou titular exerça cargo de administrador ou equivalente em outra pessoa jurídica com fins lucrativos, desde que a receita bruta global ultrapasse o limite de R$ 4.800.000,00;
6. Constituída sob a forma de cooperativa, salvo cooperativa de consumo;
7. Que participe do capital de outra pessoa jurídica ou de sociedade em conta de participação;
8. Que exerça atividade de banco comercial, de investimentos e de desenvolvimento, de caixa econômica, de sociedade de crédito, financiamento e investimento ou de crédito imobiliário, de corretora ou de distribuidora de títulos, valores mobiliários e câmbio, de empresa de arrendamento mercantil, de seguros privados e de capitalização ou de previdência complementar;
9. Resultante ou remanescente de cisão ou qualquer outra forma de desmembramento de pessoa jurídica ocorrido em um dos 5 (cinco) anos-calendário anteriores;
10. Constituída sob a forma de sociedade por ações;
11. Que explore atividade de prestação cumulativa e contínua de serviços de assessoria creditícia, gestão de crédito, seleção e riscos, administração de contas a pagar e a receber, gerenciamento de ativos (*asset management*), compras de direitos

creditórios resultantes de vendas mercantis a prazo ou de prestação de serviços (*factoring*);

12. Que tenha sócio domiciliado no exterior;

13. De cujo capital participe entidade da administração pública, direta ou indireta, federal, estadual ou municipal;

14. Em débito perante o Instituto Nacional do Seguro Social (INSS), ou perante as Fazendas Públicas Federal, Estadual ou Municipal, cuja exigibilidade não esteja suspensa; (Lei Complementar nº 123, de 2006, art. 17, inciso V)

15. Que preste serviço de transporte intermunicipal e interestadual de passageiros, exceto na modalidade fluvial; ou nas demais modalidades, quando o serviço caracterizar transporte urbano ou metropolitano, ou o serviço realizar-se na modalidade de fretamento contínuo em área metropolitana para o transporte de estudantes ou trabalhadores;

16. Que seja geradora, transmissora, distribuidora ou comercializadora de energia elétrica;

17. Que exerça atividade de importação ou fabricação de automóveis e motocicletas;

18. Que exerça atividade de importação de combustíveis;

19. Que exerça atividade de produção ou venda no atacado de

a) Cigarros, cigarrilhas, charutos, filtros para cigarros, armas de fogo, munições e pólvoras, explosivos e detonantes;

b) Cervejas sem álcool; e

c) Bebidas alcoólicas, exceto aquelas produzidas ou vendidas no atacado por ME ou por EPP registrada no Ministério da Agricultura, Pecuária e Abastecimento, e que obedeça à regulamentação da Agência Nacional de Vigilância Sanitária e da RFB quanto à produção e à comercialização de bebidas alcoólicas, nas seguintes atividades: micro e pequenas cervejarias, micro e pequenas vinícolas, produtores de licores e micro e pequenas destilarias;

20. Que realize cessão ou locação de mão de obra;

21. Que se dedique a atividades de loteamento e incorporação de imóveis;

22. Que realize atividade de locação de imóveis próprios, exceto quando se referir a prestação de serviços tributados pelo ISS;

23. Que não tenha feito inscrição em cadastro fiscal federal, municipal ou estadual, quando exigível, ou cujo cadastro esteja em situação irregular, observadas as disposições específicas relativas ao MEI;
24. Cujos titulares ou sócios mantenham com o contratante do serviço relação de pessoalidade, subordinação e habitualidade, cumulativamente; e
25. Constituída sob a forma de sociedade em conta de participação.

8.8.2.3 Base de Cálculo

A base de cálculo para a determinação do valor devido mensalmente pela ME ou pela EPP optante pelo Simples Nacional será a receita bruta total mensal auferida (Regime de Competência) ou recebida (Regime de Caixa), conforme opção feita pelo contribuinte sendo irretratável para todo o ano-calendário sendo considerado o somatório das receitas brutas de todos os estabelecimentos.

Entende-se como receita bruta o produto da venda de bens e serviços nas operações de conta própria, o preço dos serviços prestados e o resultado nas operações em conta alheia, sendo deduzidos as vendas canceladas e os descontos incondicionais concedidos, sendo ainda acrescidos os seguintes valores:

1. O custo do financiamento nas vendas a prazo, contido no valor dos bens ou serviços ou destacado no documento fiscal;
2. As gorjetas sejam elas compulsórias ou não;
3. Os *royalties*, aluguéis e demais receitas decorrentes de cessão de direito de uso ou gozo; e
4. As verbas de patrocínio.

Ainda pela redação dada pela Resolução CGSN nº 140/2018 não irão computar a receita bruta:

1. A venda de bens do ativo imobilizado;
2. Os juros moratórios, as multas e quaisquer outros encargos auferidos em decorrência do atraso no pagamento de operações ou prestações;

3. A remessa de mercadorias a título de bonificação, doação ou brinde, desde que seja incondicional e não haja contraprestação por parte do destinatário;
4. A remessa de amostra grátis;
5. Os valores recebidos a título de multa ou indenização por rescisão contratual, desde que não corresponda à parte executada do contrato;
6. Para o salão-parceiro de que trata a Lei nº 12.592, de 18 de janeiro de 2012, os valores repassados ao profissional-parceiro, desde que este esteja devidamente inscrito no CNPJ; e
7. Os rendimentos ou ganhos líquidos auferidos em aplicações de renda fixa ou variável.

As empresas que desejarem auferir novas receitas devem, inicialmente, alterar o objeto social do contrato de constituição para incluir as novas atividades econômicas, além do cadastro CNPJ da RFB e demais órgãos envolvidos. Isto é, a partir do momento em que a empresa passa a exercer com habitualidade determinada atividade, essa será classificada como receita bruta, devendo a empresa se regularizar.

8.8.2.4 Tributos Abrangidos

O Simples Nacional implica o recolhimento mensal, mediante documento único de arrecadação, dos seguintes impostos e contribuições:

1. Imposto sobre a Renda da Pessoa Jurídica – IRPJ;
2. Imposto sobre Produtos Industrializados – IPI, exceto o IPI pago na importação;
3. Contribuição Social sobre o Lucro Líquido – CSLL;
4. Contribuição para o Financiamento da Seguridade Social – COFINS, exceto a paga na importação;
5. Contribuição para o PIS/Pasep, exceto o pago na importação;
6. Contribuição para a Seguridade Social, a cargo da pessoa jurídica, composta de:

   a) Cota patronal;

   b) SAT;

   c) Contribuições aos segurados contribuintes individuais;

d) Contribuição devida pela pessoa que tomou serviço de cooperativa prestado por cooperado, exceto no caso das pessoas jurídicas que se dediquem às atividades de prestação de serviços previstas nos incisos XIII a XXVIII do § 1º e no § 2º do art. 17 desta Lei Complementar.

7. Imposto sobre Operações Relativas à Circulação de Mercadorias e Sobre Prestações de Serviços de Transporte Interestadual e Intermunicipal e de Comunicação – ICMS; e

8. Imposto sobre Serviços de Qualquer Natureza – ISS.

Quando a receita bruta acumulada for maior que R$ 3.600.000,00 o ICMS e o ISS não estarão contemplados no recolhimento do Simples Nacional. Estes impostos deverão ser pagos de acordo com as regras de cada Estado ou Município, ou seja, serão apurados e pagos em guia própria.

8.8.2.5 Metodologia de Cálculo

O valor devido mensalmente pelas pessoas jurídicas optantes pelo Simples Nacional será determinado mediante a aplicação das alíquotas efetivas sobre a receita bruta total mensal.

A alíquota efetiva resulta do cálculo envolvendo a receita bruta acumulada nos 12 meses anteriores ao período de apuração, a alíquota nominal e a parcela a deduzir.

A receita bruta acumulada nos 12 meses anteriores ao do período de apuração definirá a alíquota nominal a ser utilizada no cálculo da alíquota efetiva mediante a aplicação da seguinte fórmula

$$\frac{RBT12 \times Aliq - PD}{RBT12}$$

Onde:

RBT12 = Receita bruta acumulada nos doze meses anteriores ao período de apuração;

Aliq = Alíquota nominal constante dos Anexos I a V da Lei Complementar 123/2006;

PD = Parcela a deduzir constante dos Anexos I a V da Lei Complementar 123/2006.

No caso de início de atividade no próprio ano-calendário da opção pelo Simples Nacional, para efeito de determinação da alíquota no primeiro mês de atividade, o sujeito passivo utilizará, como receita bruta total acumulada, a receita auferida no próprio mês de apuração multiplicada por doze. Nos onze meses posteriores ao do início de atividade, a pessoa jurídica utilizará a média aritmética da receita bruta total auferida nos meses anteriores ao do período de apuração, multiplicada por doze.

Exemplo: Considere que determinada empresa comercial iniciou sua atividade em 04/2022. A Receita bruta total será apurada da seguinte forma:

Mês	Receita Bruta	Memória de Cálculo	RB estimada 12 m
Jan	R$ 100.000,00	100.000 x 12	R$ 1.200.000,00
Fev	R$ 150.000,00	100.000 x 12	R$ 1.200.000,00
Mar	R$ 50.000,00	(100.000+150.000) ÷ 2x12	R$ 1.500.000,00
Abr	R$ 70.000,00	(100.000+150.000+50.000) ÷ 3 x 12	R$ 1.200.000,00

Para o cálculo da alíquota efetiva O contribuinte deverá considerar, destacadamente, para fim de pagamento:

1. As receitas decorrentes da revenda de mercadorias (Anexo I da LC 123/2006);
2. As receitas decorrentes da venda de mercadorias industrializadas pelo contribuinte (Anexo II da LC 123/2006);
3. As receitas decorrentes da prestação de serviços, bem como a de locação de bens móveis de acordo com o critério de tributação (Anexos III, IV ou V da LC 123/2006);
4. As receitas decorrentes da venda de mercadorias sujeitas à substituição tributária e tributação concentrada em uma única etapa (monofásica), bem como, em relação ao ICMS, antecipação tributária com encerramento de tributação (Substituição Tributária); e

5. As receitas decorrentes da exportação de mercadorias para o exterior, inclusive as vendas realizadas por meio de comercial exportadora ou da sociedade de propósito específico prevista no art. 56 da Lei Complementar 123/2006, as quais não serão objeto de tributação.

Na metodologia de cálculo o contribuinte utilizará as informações constantes nos Anexos I a V da Lei Complementar 123/2006 de acordo com o tipo de receita da empresa, podendo no caso de diversidade de receitas aplicarem mais de um anexo.

1. Anexo 1 – Comércio.
2. Anexo 2 – Indústria.
3. Anexo 3 – Locação de bens móveis, e de prestação de serviços não relacionados no § 5º-C do art. 18 da Lei Complementar 123/2006.
4. Anexo 4 – Prestação de serviços relacionados no § 5º-C do art. 18 da Lei Complementar 123/2006.
5. Anexo 5 – Prestação de serviços relacionados no § 5º-I do art. 18 da Lei Complementar 123/2006.

A lista dos serviços atividades tributadas nos anexos III, IV e V constam descritas no Art. 25 da Resolução CGSN 140/2018, mas de uma forma em geral o anexo III comportará os serviços em geral não previstos para serem tributados de acordo com os anexos IV e V.

O anexo IV contempla:

1. Construção de imóveis e obras de engenharia em geral, inclusive sob a forma de subempreitada, execução de projetos e serviços de paisagismo, bem como decoração de interiores;
2. Serviço de vigilância, limpeza ou conservação; e
3. Serviços advocatícios.

O anexo V contempla empresas que prestam serviços considerados de cunho intelectual como engenharia, arquitetura, medicina, auditoria, jornalismo, tecnologia e publicidade, por exemplo, contudo a partir da alteração da Lei Complementar nº 155 em 2018, entrou em vigor o chamado "fator R", método de cálculo baseado na comparação da folha de pagamento com a receita bruta, onde será determinado se a empresa de serviços será enquadrada no Anexo III ou no Anexo V.

As atividades serão tributadas na forma do Anexo III quando a folha de salários for igual ou superior a 28% da receita bruta dos últimos 12 meses anteriores ao período de apuração.

$$\frac{\text{Folha de Salários}}{\text{Receita Bruta}} \begin{cases} \text{Igual ou superior a 28\% = Anexo III} \\ \text{Abaixo de 28\% = Anexo V} \end{cases}$$

Compõe a folha de salário o montante pago a título de remunerações a pessoas físicas decorrentes do trabalho além do montante efetivamente recolhido a título de contribuição patronal previdenciária e FGTS, incluídas as retiradas de pró-labore, devendo ser considerados os valores correspondentes aos últimos doze meses anteriores ao mês de apuração.

As vendas de mercadorias industrializadas pelo contribuinte serão tributadas na forma do anexo II desde que exista previsão de tributação na TIPI. Quando uma empresa fabrica e comercializa produtos com a notação NT constante da TIPI, não é considerada industrial quanto a estes produtos, e sendo optante pelo Simples Nacional não deve tributar a receita na forma do Anexo II, pois este é de uso exclusivo dos estabelecimentos com atividade industrial. Nesse caso deverá ser aplicado o Anexo I para apuração da alíquota efetiva.

Nos casos em que o contribuinte industrialize e comercialize produtos com alíquota zero de IPI, o mesmo deverá tributar a receita auferida na operação na forma do Anexo II da Lei Complementar 123/2006, visto que o Art. 23 veda a utilização de incentivos fiscais pelas microempresas e as empresas de pequeno porte optantes pelo Simples Nacional.

8.8.2.6 Casos Práticos

Exemplo 1 – Tributação normal. Considere uma empresa comercial com faturamento acumulado nos 12 meses anteriores R$ 400.000,00 e faturamento em Jan/2021 no valor de R$ 35.000,00.

As informações constantes do Anexo I para o Cálculo da Alíquota efetiva são:

Quadro 115 - Anexo I Simples Nacional

Receita Bruta em 12 Meses (em R$)		Alíquota	Valor a Deduzir (em R$)
1ª Faixa	Até 180.000,00	4,00%	-
2ª Faixa	De 180.000,01 a 360.000,00	7,30%	5.940,00
3ª Faixa	De 360.000,01 a 720.000,00	9,50%	13.860,00
4ª Faixa	De 720.000,01 a 1.800.000,00	10,70%	22.500,00
5ª Faixa	De 1.800.000,01 a 3.600.000,00	14,30%	87.300,00
6ª Faixa	De 3.600.000,01 a 4.800.000,00	19,00%	378.000,00

Fonte: Anexo I – Lei Complementar 123/2006

A Receita Bruta enquadra-se na 3ª faixa, logo para o cálculo da alíquota efetiva utilizaremos: alíquota nominal 9,5% e parcela a deduzir no valor de R$ 13.860,00.

Cálculo da Alíquota Efetiva

[(RBT x Alíquota nominal) - parcela a deduzir] ÷ RBT

(400.000,00 x 9,5% - R$ 13.860,00) ÷ 400.000,00

Alíquota efetiva = 0,06035 (6,035%)

Valor a Recolher

35.000,00 x 6,035% = **R$ 2.112,25**

Exemplo 2 – Empresa iniciando a atividade no ano da opção. Considere que uma empresa comercial iniciou seu funcionamento em Jan/21 e apurou receita bruta no 1º quadrimestre de R$ 80.000,00, R$ 120.000,00, R$ 100.000,00 e R$ 120.000,00 respectivamente.

Assim teríamos a seguinte projeção de Receita Bruta:

Mês	Receita Bruta	Memória de Cálculo	RB estimada 12 m
Jan	R$ 80.000,00	80.000 x 12	R$ 960.000,00
Fev	R$ 120.000,00	80.000 x 12	R$ 960.000,00
Mar	R$ 100.000,00	(80.000+120.000) ÷ 2 x 12	R$ 1.200.000,00
Abr	R$ 120.000,00	(80.000+120.000+100.000) ÷ 3 x 12	R$ 1.200.000,00

Cálculo da Alíquota Efetiva

Mês	Receita Bruta 12 m	Alíquota Efetiva	
Jan	R$ 960.000,00	[(960.000x10,7%) - 22.500] ÷ 960.000	8,35625%
Fev	R$ 960.000,00	[(960.000x10,7%) - 22.500] ÷ 960.000	8,35625%
Mar	R$ 1.200.000,00	[(1.200.000x10,7%) -22.500] ÷ 1.200.000	8,825%
Abr	R$ 1.200.000,00	[(1.200.000x10,7%) -22.500] ÷ 1.200.000	8,825%

Cálculo do Tributo Devido

Mês	Receita Bruta	Alíquota	Valor a Recolher
Jan	R$ 80.000,00	8,35625%	R$ 80.000,00 x 8,35625% = **R$ 6.685,00**
Fev	R$ 120.000,00	8,35625%	R$ 120.000,00 x 8,35625% = **R$ 10.027,50**
Mar	R$ 100.000,00	8,825%	R$ 100.000,00 x 8,825% = **R$ 8.825,00**
Abr	R$ 120.000,00	8,825%	R$ 120.000,00 x 8,825% = **R$ 10.590,00**

Exemplo 3 – Vendas com Substituição Tributária. Caso o contribuinte possua a condição de substituído tributário em relação à parte da receita auferida no mês, o mesmo deverá realizar a segregação dessa receita, para que a mesma não seja submetida à nova tributação de ICMS, já que por ocasião da compra já foi realizado o pagamento do ICMS-ST. Considere que uma empresa comercial apurou em 10/2021 receita bruta acumulada nos últimos 12 meses R$ 1.780.000,00. A receita bruta de vendas de 10/2021 foi no valor de R$ 80.000,00, assim distribuída:

Venda de Mercadorias sem Substituição Tributária de ICMS - 50.000

Venda de Mercadorias com Substituição Tributária de ICMS - 30.000

Considerando a Receita Bruta Total acumulada nos últimos 12 meses, o contribuinte deverá verificar a alíquota nominal e a parcela a deduzir da 4ª faixa de tributação do Anexo I, que são respectivamente 10,70% e R$ 22.500,00.

Aplicando a fórmula (RBT12 × Aliq – PD) ÷ RBT12, temos a seguinte alíquota efetiva:

(1.780.000,00 x 10,70% - 22.500,00) ÷ 1.780.000,00 =
0,943595506 = 9,4359%

A alíquota efetiva encontrada acima deverá ser aplicada sobre a parcela da receita que não sofreu retenção de ICMS substituição tributária por ocasião das compras:

9,4359% x R$ 50.000,00 = R$ 4.717,95

A seguir, para que seja realizado o cálculo sobre a parcela sem Substituição Tributária, se faz necessário deduzir da alíquota efetiva o percentual de distribuição do ICMS da correspondente faixa de receita bruta acumulada da empresa, conforme o quadro II do Anexo I da Lei Complementar 123/2006, abaixo transcrito:

Quadro 116 - Anexo I Simples Nacional - Quadro II

Faixas	Percentual de Repartição dos Tributos					
	IRPJ	CSLL	Cofins	PIS / Pasep	CPP	ICMS
1ª Faixa	5,50%	3,50%	12,74%	2,76%	41,50%	34,00%
2ª Faixa	5,50%	3,50%	12,74%	2,76%	41,50%	34,00%
3ª Faixa	5,50%	3,50%	12,74%	2,76%	42,00%	33,50%
4ª Faixa	5,50%	3,50%	12,74%	2,76%	42,00%	33,50%
5ª Faixa	5,50%	3,50%	12,74%	2,76%	42,00%	33,50%
6ª Faixa	13,50%	10,00%	28,27%	6,13%	42,10%	-

Fonte: Anexo I – Lei Complementar 123/2006

Assim, no cálculo da parcela com retenção do ICMS, o contribuinte deverá aplicar a alíquota efetiva menos o percentual de ICMS que na 4ª faixa é de 33,5%

9,4359 x 33,5% = 3,1610% que corresponde à parcela do ICMS presente na alíquota efetiva.

9,4359 – 3,1610% = 6,2749% que corresponde à alíquota efetiva sem a parcela do ICMS a ser aplicada na receita que sofreu retenção de ICMS Substituição tributária

6,2749% x 30.000,00 = R$ 1.882,47

No cálculo final do imposto devido no DAS, temos:

Valor a ser recolhido sobre a parcela sem retenção de ICMS = R$ 4.717,95

Valor a ser recolhido sobre a parcela com retenção de ICMS = R$ 1.882,47

Valor total a ser recolhido no Simples Nacional = **R$ 6.600,42**

Exemplo 4 – Empresas com parcela de sua receita decorrente de exportação. No caso de empresas com receitas decorrentes de exportação a Lei Complementar 123/2006, prevê expressamente a segregação de receita e a correspondente dedução dos percentuais de IPI, ICMS, PIS/Pasep e Cofins para as exportações de mercadorias. Considere uma empresa comercial com Receita bruta acumulada nos últimos 12 meses de R$ 700.000,00 que apurou em 07/2021 receita bruta de vendas de

R$ 150.000,00, sendo R$ 100.000,00 provenientes de vendas para o mercado interno e R$ 50.000,00 decorrente de exportações.

Considerando a Receita Bruta Total acumulada nos últimos 12 meses, o contribuinte deverá verificar a alíquota nominal e a parcela a deduzir da 3ª faixa de tributação do Anexo I, que são respectivamente 9,5% e R$ 13.860,00.

Aplicando a fórmula (RBT12 × Aliq - PD) ÷ RBT12, temos a seguinte alíquota efetiva:

(700.000,00 x 9,5% - 13.860,00) ÷ 700.000,00 = 0,0752 = 7,52%

A alíquota efetiva apurada será aplicada nas vendas realizadas para o mercado interno.

100.000,00 x 7,52% = R$ 7.520,00

No cálculo das receitas de exportação devemos ajustar a alíquota efetiva desconsiderando, conforme o caso, os percentuais relativos à Cofins, à Contribuição para o PIS/Pasep, ao IPI, ao ICMS e ao ISS constantes dos Anexos I a V da Lei Complementar 123/2006.

No caso em análise os percentuais de distribuição na faixa de receita bruta correspondente da COFINS, do PIS e do ICMS são respectivamente: 12,74, 2,76, e 33,5%, logo deverão ser deduzidos da alíquota efetiva para aplicação do valor a recolher sobre as receitas de exportação.

12,74% + 2,76% + 33,5% = 49%

7,52% x 49% = 3,6848

7,52 – 3,6848 = 3,8352%

Assim sobre as receitas decorrentes de exportação a alíquota efetiva a ser aplicada será de 3,8352%

R$ 50.000,00 x 3,8352% = 1.917,60

Total a ser recolhido

Vendas no mercado interno = R$ 7.520,00

Exportações = R$ 1.917,60

Total = R$ 9.437,60

Exemplo 5 – Empresa com diversidade de atividades optantes pelo Simples nacional. A tributação ocorrerá com base nos anexos correspondentes de cada atividade. Considere uma empresa com Receita Bruta Acumulada nos últimos 12 meses de R$ 2.100.000,00 e que em Out/2021 apurou Receita bruta de R$ 150.000,00, sendo R$ 100.000,00 decorrente de vendas tributadas com base no Anexo I e R$ 50.000,00 decorrente de prestação de serviços tributadas como base no Anexo III.

As informações para apuração da alíquota efetiva do Anexo III são:

Quadro 117 - Anexo III Simples Nacional

Receita Bruta em 12 Meses (em R$)		Alíquota	Valor a Deduzir (em R$)
1ª Faixa	Até 180.000,00	6,00%	-
2ª Faixa	De 180.000,01 a 360.000,00	11,20%	9.360,00
3ª Faixa	De 360.000,01 a 720.000,00	13,50%	17.640,00
4ª Faixa	De 720.000,01 a 1.800.000,00	16,00%	35.640,00
5ª Faixa	De 1.800.000,01 a 3.600.000,00	21,00%	125.640,00
6ª Faixa	De 3.600.000,01 a 4.800.000,00	33,00%	648.000,00

Fonte: Anexo I – Lei Complementar 123/2006

Nesse caso teremos que calcular duas alíquotas efetivas: uma que será aplicada as receitas de vendas com base no anexo I e outra a ser aplicada sobre a prestação de serviços com base no anexo III, ambas com base na Receita Bruta global, assim teremos

Anexo I

[(2.100.000,00 x 14,3%) - 87.300] ÷ 2.100.000,00 x 100 = 10,1428%

Anexo III

[(2.100.000,00 x 21%) - 125.640] ÷ 2.100.000,00 x 100 = 15,0171%

Valor a recolher

Receita de Vendas (Anexo I) - 100.000,00 x 10,1428% = R$ 10.142,85

Receitas de Prestação de Serviços (Anexo III) - 50.000,00 x 15,0171% = R$ 7.508,57

Total a recolher = R$ 17.651,42

Exemplo 6 – Cálculo no Anexo I com Receita bruta total maior que R$ 3.600.000,00. Considere uma empresa comercial que apurou em 10/2021 receita bruta total nos últimos 12 meses de R$ 3.800.000,00 e Receita de vendas no mês de R$ 100.000,00.

Na hipótese de a receita bruta acumulada no ano-calendário em curso ultrapassar pelo menos um dos sublimites previstos, nesse caso R$ 3.600.000,00, a parcela da receita bruta total mensal que exceder o sublimite, mas não exceder o limite de R$4.800.000,00, o percentual efetivo do ICMS e do ISS será calculado com a seguinte fórmula:

{[(RBT12 x alíquota nominal da 5ª faixa) – Parcela a Deduzir da 5ª Faixa] ÷ RBT12} x Percentual de Distribuição do ICMS e do ISS da 5ª faixa.

Identificamos no anexo I que a Alíquota nominal e a parcela a deduzir na 6ª faixa, a qual corresponde à receita bruta total da empresa (R$ 3.800.000,00) são respectivamente: 19,00% e R$ 378.000,00.

Alíquota efetiva

[(3.800.000,00 x 19%) - 378.000,00] ÷ 3.800.000,00 X 100 = 9,05263%

Total devido de tributos federais: 9,05263% x 100.000,00 = R$ 9.052,63

Ajuste do ICMS na 5ª Faixa

Identificamos no anexo I que a Alíquota nominal e a parcela a deduzir na 5ª faixa, são respectivamente 14,30% e R$ 87.300,00.

Alíquota efetiva para fins da parcela do ICMS: [(3.800.000,00 x 14,3%) - 87.300,00] ÷ 3.800.000,00 = 12,0026%

Percentual de distribuição do ICMS na 5ª faixa é 33,5%, assim, 12,0026% x 33,5% = 4,02088%

Total devido de complemento do ICMS: 4,02088% x 100.000,00 = R$ 4.020,88

Total devido de tributos federais = R$ 9.052,63

Complemento do ICMS = R$ 4.020,88

Total a recolher = R$ 13.073,51

8.9 TRIBUTAÇÃO DAS ENTIDADES SEM FINS LUCRATIVOS

As entidades sem fins lucrativos, por exercerem relevante função social colaborando com o Estado na consecução de suas atividades, podem usufruir benefícios tributários como imunidades e isenções de impostos e contribuições sociais. Tais entidades são divididas em dois grandes grupos no que se refere aos benefícios fiscais: as imunes e as isentas.

As imunidades tributárias são hipóteses de não incidência definidas pela Constituição Federal possuindo caráter permanente, limitando a competência tributária dos entes públicos, uma vez que não poderão instituir tributos nas hipóteses definidas, estando às entidades dispensadas do cumprimento da obrigação tributária.

Convém frisar que imunidade não se confunde com isenção. A primeira, como visto, é uma garantia constitucional, limitadora do poder de tributar, em que o contribuinte preenche os requisitos para o gozo da garantia constitucional a partir da natureza da sua pessoa e do objeto social. Afasta-se a hipótese de incidência relativa à pessoa tutelada pela Constituição e em razão da atividade exercida. Já a isenção, é um benefício fiscal previsto em lei, de natureza temporária e precária. Nesta hipótese, afasta-se a obrigatoriedade ao pagamento do tributo por fato de interesse público previsto em lei, podendo a qualquer momento se revogada for, por meio de lei, restabelecer a obrigação tributária.

O inciso VI, alíneas "b" e "c", do art. 150, da Constituição da República, veda à União, aos Estados, ao Distrito Federal e aos Municípios, instituírem impostos sobre templo de qualquer culto; patrimônio, renda ou serviços dos partidos políticos, inclusive suas fundações, das entidades sindicais dos trabalhadores, das instituições de educação e de assistência social, sem fins lucrativos, atendidos os requisitos da lei. Estabelece ainda no Art. 195, § 7º imunidade em relação às contribuições para a seguridade social no caso das entidades beneficentes de assistência social que atendam às exigências estabelecidas em lei.

Assim tais entidades são imunes em relação aos tributos sobre o patrimônio, renda e serviços IR, IPI, ITR, II, IE ICMS, IPVA, ITCMD, IPTU, ISS e ITBI, além das contribuições para a seguridade social, caso satisfaçam os requisitos estabelecidos em lei, como CPP, RAT, Cofins e CSLL.

O reconhecimento da imunidade do IPVA de veículos, de propriedades de Templos religiosos de qualquer culto e instituições de educação e de assistência social sem fins lucrativos devem ser requeridos através de processo administrativo junto a Secretaria de Estado de Fazenda.

O proprietário do imóvel ou representante legal dos templos de qualquer culto e das entidades beneficentes de assistência social poderá requerer o reconhecimento da imunidade do IPTU, assim como a isenção de taxa de coleta de Lixo, se for o caso, provando que o imóvel em questão pertence ao templo e que é entidade religiosa e filantrópica que atende todos os requisitos constitucionais e legais para a referida imunidade.

Essa imunidade foi julgada pelo Supremo Tribunal Federal no RE 325.822, que ampliou a acepção de "templo" até então restrita ao prédio onde se realizam os ritos religiosos e seus anexos, a de "templo-entidade", passando a compreender templo não como a estrutura, o imóvel, mas como a entidade, organização religiosa, sendo imunes de impostos, portanto, o patrimônio, renda e serviços da entidade voltados para as suas finalidades essenciais. Cabe ainda destacar que por meio da Emenda Constitucional nº 116/2022 foi estendida a imunidade do IPTU aos imóveis locados pelos templos de qualquer culto.

As entidades sem fins lucrativos não estão imunes do recolhimento do PIS-PASEP, contudo a base de cálculo e alíquotas aplicadas são diferentes, incidindo tal obrigação tributária sobre o total da folha de salários, sendo aplicada a alíquota de 1%.

O artigo 146, inciso II, da CRFB/88, reserva à Lei Complementar a atribuição legal para regular as limitações ao poder de tributar. Na esfera federal foi publicada a Lei 12.101/2009 a qual estabeleceu normas sobre a certificação das entidades beneficentes de assistência social e regulou os procedimentos de isenção de contribuições para a seguridade social, contudo por meio da Ação Direta de Inconstitucionalidade (ADI 4.480), o STF declarou a inconstitucionalidade formal e material de uma série de dispositivos legais da Lei nº 12.101/2009, com especial enfoque nas contrapartidas, incluindo as gratuidades, bem como, as que regulam as isenções das contribuições sociais, ante o entendimento de que ambas as matérias devem ser expressas por meio de Lei Complementar, já que tratam de limitações constitucionais ao Poder de Tributar.

A partir de tal decisão, em âmbito federal, as condições para o exercício das imunidades foram estabelecidas pelo Código Tributário Nacional, por meio do art. 14, incisos I, II e III, os quais subordinam o direito à imunidade atribuído às pessoas inseridas no terceiro setor, incluindo os templos religiosos, às seguintes obrigações:

I. Não distribuírem qualquer parcela de seu patrimônio ou de suas rendas, a qualquer título;
II. Aplicarem integralmente, no País, os seus recursos na manutenção dos seus objetivos institucionais; e
III. Manterem escrituração de suas receitas e despesas em livros revestidos de formalidades capazes de assegurar sua exatidão.

O direito ao gozo da imunidade está condicionado à estrita observância das regras contábeis e de escrituração vigentes, bem como o respeito ao objeto social e interesse público que autorizam a benesse constitucional.

Em 16 de dezembro de 2021 foi publicada a Lei Complementar 187 que dispõe sobre a certificação das entidades beneficentes e regula os procedimentos referentes à imunidade de contribuições à seguridade social de que trata o § 7º do art. 195 da Constituição Federal. A partir dessa data, as entidades beneficentes que atuem nas áreas da saúde, da educação e da assistência social devem atender, cumulativamente, aos seguintes requisitos:

I. Não remunerar dirigentes estatutários, conselheiros, associados, instituidores ou benfeitores remuneração, vantagens ou benefícios, direta ou indiretamente, por qualquer forma ou título, em razão das competências, das funções ou das atividades que lhes sejam atribuídas pelos respectivos atos constitutivos;

II. Aplicar suas rendas, seus recursos e eventual superávit integralmente no território nacional, na manutenção e no desenvolvimento de seus objetivos institucionais;

III. Apresentar certidão negativa ou certidão positiva com efeito de negativa de débitos relativos aos tributos administrados pela Secretaria Especial da Receita Federal do Brasil e pela Procuradoria-Geral da Fazenda Nacional, bem como comprovação de regularidade do Fundo de Garantia do Tempo de Serviço;

IV. Manter escrituração contábil regular que registre as receitas e as despesas, bem como o registro em gratuidade, de forma segregada, em consonância com as normas do Conselho Federal de Contabilidade e com a legislação fiscal em vigor;

V. Não distribuir a seus conselheiros, associados, instituidores ou benfeitores seus resultados, dividendos, bonificações, participações ou parcelas do seu patrimônio, sob qualquer forma ou pretexto, e, na hipótese de prestação de serviços a terceiros, públicos ou privados, com ou sem cessão de mão de obra, não transfiram a esses terceiros os benefícios relativos à imunidade;

VI. Conservar, pelo prazo de dez anos, contado da data de emissão, os documentos que comprovem a origem e o registro de seus recursos e os relativos a atos ou a operações realizadas que impliquem modificação da situação patrimonial;

VII. Apresentar as demonstrações contábeis e financeiras devidamente auditadas por auditor independente legalmente habilitado nos Conselhos Regionais de Contabilidade, quando a receita bruta anual auferida for superior ao limite fixado para a opção ao Simples Nacional, R$ 4.800.000,00; e

VIII. Prevejam, em seus atos constitutivos, em caso de dissolução ou extinção, a destinação do eventual patrimônio remanescente a entidades beneficentes certificadas ou a entidades públicas.

Importante destacar que a vedação de remuneração de dirigentes não se aplica aos dirigentes não estatutários, assim como aos dirigentes estatutários, desde que no caso desses últimos, recebam remuneração inferior, em seu valor bruto, a setenta por cento do limite estabelecido para a remuneração de servidores do Poder Executivo federal (valor do subsídio dos ministros do STF, atualmente R$ 39.293,32), desde que nenhum dirigente remunerado seja cônjuge ou parente até o terceiro grau, inclusive afim, de instituidores, de associados, de dirigentes, de conselheiros, de benfeitores ou equivalentes da entidade e o total pago a título de remuneração para dirigentes pelo exercício das atribuições estatutárias seja inferior a cinco vezes o valor correspondente ao limite individual estabelecido para a remuneração dos servidores do Poder Executivo federal (R$ 196.466,60).

Em todos os casos o valor da remuneração dos dirigentes deve respeitar como limite máximo os valores praticados pelo mercado na região correspondente à sua área de atuação e deverá ser estabelecida pelo órgão de deliberação superior da entidade, registrando em ata, com comunicação ao Ministério Público, no caso das fundações.

Considerando a competência para tributar atribuída pela Constituição aos Municípios, Estados e Distrito Federal, cada ente federativo tem competência para instituir, por Lei Complementar, regras formais para o gozo da imunidade aplicada aos impostos de sua competência, respeitado o texto constitucional.

As isenções são benefícios fiscais que dispensam o pagamento do tributo, podendo ser concedida por prazo determinado ou por prazo indeterminado, alcançando todos os tipos de tributo de cada esfera de Governo, sendo importante que as entidades sem fins lucrativos que não se enquadrarem nas regras da imunidade procurem identificar todas as normas referentes às isenções federais, estaduais e municipais para verificar se podem usufruir de algum benefício fiscal.

Verificado atender aos requisitos específicos definidos pelas leis, a entidade deve requerer o reconhecimento da isenção, e após a concessão, caso seja verificado que a entidade não está atendendo a tais requisitos, tanto a imunidade quanto a isenção, pode ser desconsiderada pelas autoridades tributárias, podendo ser cobrado todos os tributos devidos a partir do exercício da ocorrência do não atendimento dos requisitos legais.

Entre benefícios fiscais concedidos aos templos de qualquer culto e entidades beneficentes de assistência social, podemos citar a isenção do ICMS no Estado do Rio de Janeiro sobre o consumo de energia, aprovada pelo Conselho Nacional de Política Fazendária – Confaz em 12/05/2022, bem como por força da Lei Estadual Lei nº 3.266/99, com as alterações da Lei 9.371/21. A fruição desse benefício fiscal deverá ser requerida por petição simples às concessionárias de Serviço Público, comprovando a destinação institucional do imóvel compatível com suas finalidades essenciais. Esta isenção alcança os imóveis próprios, alugados, emprestados e os oriundos de justificativa de posse judicial, sendo indispensável à apresentação da escritura, contrato de locação, contrato de comodato ou sentença judicial de justificação de posse, ficando ainda a Organização responsável por informar a concessionária de serviço público à desocupação do imóvel.

Para que possam usufruir de tais benefícios tributários e ainda poderem receber recursos públicos as entidades precisam possuir os títulos concedidos pelo Poder Público, como de utilidade pública, Certificado de Entidade Beneficente de Assistência Social – CEBAS, ou serem qualificadas como Organização da Sociedade Civil de interesse público ou Organizações Sociais.

O título de Utilidade Pública é conferido pelo Presidente da República, ou por delegação pelo Ministério da Justiça, desde que a entidade atenda aos requisitos contidos no Decreto nº 50.517/61, modificado pelo Decreto nº 60.931/67. O CEBAS é concedido à entidade beneficente que atue nas áreas de educação, saúde ou assistência social e demonstre o cumprimento de regras estabelecidas pela Lei Complementar 187/2021.

As Organizações da Sociedade Civil de Interesse Público são reguladas pela Lei nº 9.790/99, sendo tal título conferido pelo Ministério da Justiça às Entidades que apresente pelo menos uma das finalidades contidas no Art. 3º da Lei nº 9.790/99, como promoção da assistência social, cultura, defesa e conservação do patrimônio histórico e artístico, educação, saúde, segurança alimentar e nutricional, defesa, preservação e conservação do meio ambiente e promoção do desenvolvimento sustentável, entre outros.

As Organizações Sociais são reguladas pela Lei nº 9.637/98, podendo ser qualificadas as Fundações e as Associações cujas atividades sejam dirigidas ao ensino, à pesquisa científica, ao desenvolvimento tecnológico, à proteção e preservação do meio ambiente, à cultura e à saúde, atendidos os requisitos estabelecidos pela citada Lei.

Cabe destacar que tais entidades estão proibidas de manifestar sua opção pelo Simples Nacional por ser um regime exclusivo de micro e pequenas empresas. Assim devem optar pelo Lucro Presumido ou Lucro Real. Importante atenção deve ser dada ao cumprimento de obrigações acessórias como a entrega das seguintes declarações:

1. Escrituração Contábil Fiscal – ECF;
2. Escrituração Contábil Digital – ECD;
3. Cadastro Geral de Empregados e Desempregados – CAGED;
4. Declaração de Impostos Retidos na Fonte DIRF;
5. Declaração de Débitos e Créditos Tributários Federais – DCTF;
6. Escrituração Fiscal digital das Contribuições sociais – EFD;
7. Sistema de Escrituração Digital das Obrigações Fiscais, Previdenciárias e Trabalhistas – e-Social;
8. Sistema Empresa de Recolhimento do FGTS e Informações à Previdência Social – SEFIP;
9. Relação Anual de Informações Sociais – RAIS.

Por fim destacamos que entidades sem fins lucrativos devem atentar as obrigações tributárias dos Estados e Municípios como a emissão de notas fiscais eletrônicas ou de serviços, além de cumprir regras em relação à retenção de impostos e contribuições como no caso do ISS e contribuições previdenciárias retidas de seus colaboradores ou sobre serviços prestados por outras pessoas jurídicas.

Para entidades do terceiro setor com inscrição municipal e estadual ainda podemos citar outras obrigações acessórias como a emissão de notas fiscais eletrônicas ou de serviços.

8.10 PLANEJAMENTO TRIBUTÁRIO NA PRÁTICA

Com base nas informações sobre o Sistema Tributário Nacional e regras de apuração de cada tributo estudadas, desenvolveremos estudos de casos abordando possibilidades de escolhas dos regimes de tributação apurados com base no Lucro Real, Lucro Presumido, além da opção pelo Simples Nacional em empresas que atuam nos segmentos industriais, comerciais e de prestação de serviços. Destacamos que na análise dos casos trabalhamos apenas com as regras gerais, não sendo objetivo esgotar o tema, mas tão somente fornecer um subsídio para auxílio da escolha da melhor hipótese de tributação.

8.10.1 Empresa Industrial

A Industrial ABC Ltda. foi tributada pelo Lucro Presumido no ano de 2021, auferindo receitas de R$ 2.850.000,00. Ao realizar seu plano orçamentário pretende verificar a possibilidade de alterar sua forma de tributação para 2022, por ter avaliado que ônus tributário foi excessivamente alto.

As informações do plano orçamentário de 2022 indicam que o faturamento da empresa será de R$ 3.450.000,00.

Para efeitos didáticos vamos considerar a receitas de vendas de forma linear, ou seja, em 2021 R$ 237.500,00 ao mês (R$ 2.850.000,00 ÷ 12) e em 2022 R$ 287.500,00 ao mês (R$ 3.450.000,00 ÷ 12).

O faturamento da Empresa possibilita a opção pelo Simples Nacional (Anexo II).

A empresa fabrica um só produto o qual é tributado com alíquota de IPI de 10% e ICMS de 20%.

A empresa estima os seguintes gastos operacionais:

1) Mão de obra direta	R$ 517.000,00 ao ano
2) Aquisição de matérias-primas	R$ 690.000,00 ao ano
3) As despesas operacionais mensais são estimadas em:	
A. Salários Administração	R$ 15.000,00
B. Aluguel	R$ 20.000,00
C. Depreciações	R$ 6.000,00
D. Energia	R$ 12.000,00
E. Telefonia	R$ 5.000,00
F. Despesas Gerais	R$ 16.000,00
G. Despesas Administrativas	R$ 7.000,00
H. Pró-labore	R$ 10.000,00

As matérias primas compradas e aplicadas na produção possibilitam créditos tributários de PIS (1,65%) e Cofins (7,6%) no regime não cumulativo, ICMS (18%) e IPI (10%). Sabe-se ainda que 90% dos gastos com energia são aplicados na produção do produto e possibilitam crédito tributário de ICMS com alíquota de 18%. Não há previsão de estoques finais de matérias primas e produtos acabados.

Os gastos com mão de obra incluem o 13º salário e 1/3 sobre férias, não incluem a Contribuição Patronal Previdenciária, Risco Ambiental do Trabalho (Leve), Terceiros e FGTS.

A empresa foi contemplada pela desoneração da folha de pagamento, com alíquota de 2,5% sobre o faturamento.

Para efeitos de análise do lucro real foi constatado que empresa possui despesas não dedutíveis no valor de R$ 15.600,00 e Receitas não tributadas no valor de R$ 3.800,00.

Diante das informações da Industrial ABC Ltda. vamos analisar a melhor hipótese de enquadramento tributário. Iniciamos nossa análise projetando os valores que deveriam ser pagos pela empresa caso a opção seja o Simples Nacional. Para isso o primeiro passo é a projeção da Receita Bruta Acumulada nos doze meses anteriores ao período de apuração – RBT 12m.

Com base nessas informações o cálculo da RBT 12m da competência jan/22 será calculado por meio da soma das RBT do período de jan/21 a dez/21. De acordo com as informações a Receita de 2021 foi de R$ 2.850.000,00. Para a competência fev/22 o cálculo da RBT 12m compreenderá o período de fev/21 a jan/22, ou seja, R$ 2.900.000,00 (11 meses x R$ 237.500,00 + 1X R$ 287.500,00). No cálculo da competência mar/22 o cálculo da RBT 12m compreenderá o período de mar/21 a fev/22, ou seja, R$ 2.950.000,00 (10 meses x R$ 237.500,00 + 2 meses x R$ 287.500,00). Procedermos da mesma forma para as demais competências. Assim a competência dez/22 o cálculo compreenderá o período de Dez/21 a Nov/22, ou seja, R$ 3.400.000,00 (R$ 237.500,00 + 11 meses X R$ 287.500,00).

Quadro 118 - Projeção da Receita Bruta Acumulada e Alíquota Efetiva em 2022

Competência	RBT 12m	Alíquota Nominal	Parcela a deduzir	Alíquota Efetiva
Jan/22	R$ 2.850.000,00	14,70%	R$ 85.500,00	11,70%
Fev/22	R$ 2.900.000,00	14,70%	R$ 85.500,00	11,75%
Mar/22	R$ 2.950.000,00	14,70%	R$ 85.500,00	11,80%
Abr/22	R$ 3.000.000,00	14,70%	R$ 85.500,00	11,85%
Mai/22	R$ 3.050.000,00	14,70%	R$ 85.500,00	11,90%
Jun/22	R$ 3.100.000,00	14,70%	R$ 85.500,00	11,94%
Jul/22	R$ 3.150.000,00	14,70%	R$ 85.500,00	11,99%
Ago/22	R$ 3.200.000,00	14,70%	R$ 85.500,00	12,03%
Set/22	R$ 3.250.000,00	14,70%	R$ 85.500,00	12,07%
Out/22	R$ 3.300.000,00	14,70%	R$ 85.500,00	12,11%
Nov/22	R$ 3.350.000,00	14,70%	R$ 85.500,00	12,15%
Dez/22	R$ 3.400.000,00	14,70%	R$ 85.500,00	12,19%

Fonte: Elaboração dos autores

Para o cálculo da alíquota da efetiva foram utilizadas as informações constantes do Anexo II da Lei Complementar 123/2006. De acordo com RBT 12m ao longo de 2022 a empresa será enquadrada na 5ª Faixa que abrange receita bruta de R$ 1.800.000,01 a R$ 3.600.000,00, com alíquota nominal de 14,70% e parcela a deduzir no valor de R$ 85.500,00.

A alíquota efetiva de cada mês será obtida por meio da seguinte equação:

[(RBT 12m x Alíquota nominal) – parcela a deduzir] ÷ RBT 12m

Exemplificando: A alíquota efetiva da competência jan/22 será apurada da seguinte maneira

[((R$ 2.850.000,00 x 14,7%) - R$ 85.500,00)] ÷ R$ 2.850.000,00 = 0,117 = **11,70%**

Apurada a alíquota efetiva de cada competência, conforme acima demonstrado, podemos apurar os valores que serão recolhidos, multiplicando a Receita bruta mensal pela Alíquota efetiva apurada.

Quadro 119 - Valores a recolher Simples Nacional Exercício 2022

Competência	Receita bruta Mensal	Alíquota Efetiva	Valor a Recolher
Jan/22	R$ 287.500,00	11,70%	R$ 33.637,50
Fev/22	R$ 287.500,00	11,75%	R$ 33.786,21
Mar/22	R$ 287.500,00	11,80%	R$ 33.929,87
Abr/22	R$ 287.500,00	11,85%	R$ 34.068,75
Mai/22	R$ 287.500,00	11,90%	R$ 34.203,07
Jun/22	R$ 287.500,00	11,94%	R$ 34.333,06
Jul/22	R$ 287.500,00	11,99%	R$ 34.458,93
Ago/22	R$ 287.500,00	12,03%	R$ 34.580,86
Set/22	R$ 287.500,00	12,07%	R$ 34.699,04
Out/22	R$ 287.500,00	12,11%	R$ 34.813,64
Nov/22	R$ 287.500,00	12,15%	R$ 34.924,81
Dez/22	R$ 287.500,00	12,19%	R$ 35.032,72
Total	**R$ 3.450.000,00**		**R$ 412.468,46**

Fonte: Elaboração dos autores

A opção pelo Simples Nacional importará no recolhimento unificado do IPI, ICMS, PIS, Cofins, IRPJ CSLL e CPP no valor de **R$ 412.468,46 durante o ano de 2022**.

Realizada a projeção do Simples Nacional vamos agora analisar a opção da empresa pelo Lucro Presumido. Nessa hipótese, assim como na opção pelo Lucro Real, haverá incidência sobre o faturamento do IPI e ICMS sendo aplicadas sobre as receitas as alíquotas de 10% e 18% respectivamente, podendo a empresa recuperar os valores do ICMS sobre as compras de materiais sobre 90% dos gastos com energia. Poderá ainda recuperar o IPI que incidiu sobre as aquisições de materiais.

Incidirá ainda sobre o faturamento as contribuições para o PIS e a Cofins na modalidade cumulativa com alíquotas de 0,65% e 3%.

A base de cálculo do IRPJ será de 8% e da CSLL 12% sobre a receita bruta de vendas, uma vez que o Plano orçamentário não informa a previsão de ganhos de capital a serem adicionados na base de cálculo do IRPJ e CSLL.

Iniciamos essa análise apurando os valores a recuperar de IPI, ICMS, PIS e Cofins:

Quadro 120 - Projeção dos Créditos Tributários em 2022

Gasto	Base de Cálculo	ICMS		IPI		PIS/Cofins	
		%	Valor	%	Valor	%	Valor
Materiais	R$ 690.000,00	18%	R$ 124.200,00	10%	R$ 69.000,00	9,25%	R$ 63.825,00
Aluguel	R$ 240.000,00					9,25%	R$ 22.200,00
Energia	R$ 144.000,00	18%	R$ 23.328,00			9,25%	R$ 13.320,00
Depreciações	R$ 72.000,00					9,25%	R$ 6.660,00
Total	R$ 1.146.000,00		**R$ 147.528,00**		**R$ 69.000,00**		**R$ 106.005,00**

Fonte: Elaboração dos autores

Convém destacar que o crédito de ICMS sobre a energia elétrica contempla apenas 90% dessa despesa, conforme informações do problema. O aproveitamento parcial deve-se ao fato de que a Lei Complementar 87/1996 restringiu o aproveitamento do crédito do ICMS destacado nas faturas de energia elétrica, apenas nas hipóteses quando for objeto de operação de saída de energia elétrica, quando consumida no processo de industrialização e quando seu consumo resultar em operação de saída ou prestação para o exterior, na proporção destas sobre as saídas ou prestações totais. Assim, as empresas industriais que queiram se creditar do ICMS devem possuir laudo técnico emitido por um perito para quantificar a energia elétrica consumida pela industrialização. O valor de R$ 23.328,00 foi obtido da seguinte forma: (R$ 144.000,00 x 90% X 18%).

Os créditos tributários devem ser deduzidos dos gastos para efeitos de reconhecimento das despesas, uma vez que esses valores constituem direito da empresa, logo serão reconhecidos como Ativo Circulante (tributos a recuperar).

Os valores que serão reconhecidos na projeção da Demonstração do Resultado do Exercício, deduzidos dos créditos tributários correspondentes serão:

Quadro 121 - Projeção das Despesas após a dedução dos Créditos Tributários

Gasto	Lucro Presumido		
	Valor Bruto	CT	Valor Líquido
Materiais	R$ 690.000,00	R$ 193.200,00	**R$ 496.800,00**
Aluguel	R$ 240.000,00		**R$ 240.000,00**
Energia	R$ 144.000,00	R$ 23.328,00	**R$ 120.672,00**
Depreciações	R$ 72.000,00		**R$ 72.000,00**
Total	**R$ 1.146.000,00**	**R$ 216.528,00**	**R$ 929.472,00**

Fonte: Elaboração dos autores

Caso a opção da empresa seja lucro real a empresa poderá recuperar créditos de PIS e Cofins sobre as aquisições de materiais, aluguéis pagos a pessoas jurídicas, depreciações e gastos totais com energia, com a alíquota de 1,65% para o PIS e 7,6% para a Cofins.

Quadro 122 - Projeção das Despesas após a dedução dos Créditos Tributários

Gasto	Lucro Real		
	Valor Bruto	CT	Valor Líquido
Materiais	R$ 690.000,00	R$ 257.025,00	**R$ 432.975,00**
Aluguel	R$ 240.000,00	R$ 22.200,00	**R$ 217.800,00**
Energia	R$ 144.000,00	R$ 36.648,00	**R$ 107.352,00**
Depreciações	R$ 72.000,00	R$ 6.660,00	**R$ 65.340,00**
Total	**R$ 1.146.000,00**	**R$ 322.533,00**	**R$ 823.467,00**

Fonte: Elaboração dos autores

Com relação à tributação sobre a folha de pagamentos de trabalhadores cabe destacar que a opção pelo Simples nacional contempla as contribuições previdenciárias e a opção pelo Lucro Presumido ou Real, possibilita a Contribuição Patronal Previdenciária com alíquota de 20% sobre a remuneração de empregados e contribuintes individuais a serviço da empresa, Risco ambiental do trabalho com alíquota de 1% e Terceiros com alíquota de 5,8%, esses últimos incidindo sobre a remuneração de empregados.

Como a empresa foi contemplada pela desoneração deve ser realizada uma comparação antes de definir a melhor forma de tributação. A desoneração da folha substitui a contribuição patronal previdenciária que incide sobre a folha de salários pela tributação sobre a receita.

Quadro 123 - Projeção dos Tributos sobre a Folha de Pagamento em 2022

Gasto	Base de Cálculo	CPP		RAT		Terceiros	
Mão de obra	R$ 517.500,00	20%	R$ 103.500,00	1%	R$ 5.175,00	5,8%	R$ 30.015,00
Salários	R$ 180.000,00	20%	R$ 36.000,00	1%	R$ 1.800,00	5,8%	R$ 10.440,00
Pró-labore	R$ 120.000,00	20%	R$ 24.000,00				
Total			**R$ 163.500,00**		**R$ 6.975,00**		**R$ 40.455,00**

Fonte: Elaboração dos autores

Conforme definido no problema a alíquota a ser aplicada da Contribuição Previdenciária sobre a Receita Bruta – CPRB é de 2,5% sobre o faturamento. O valor previsto será R$ 86.250,00 (2,5% x R$ 3.450.000,00), valor menor do que a CPP incidente sobre a folha de pagamento (R$ 163.500,00), sendo viável recolher a CPRB em substituição a CPP no caso de optar pelo Lucro Presumido ou Real, destacando a existência de vedação de opção pela desoneração da folha de pagamento no caso da opção pelo Simples Nacional das empresas enquadradas nos Anexos I, II, III e V da Lei Complementar 123/2006.

A Projeção da Demonstração do Resultado do Exercício adaptada para cada Regime de tributação permite que seja realizada as comparações necessárias para a tomada de decisão da melhor opção tributária.

Caso a opção da empresa seja Lucro Real esse será apurado tendo por base o Lucro Ajustado. Para isso será necessário apurar o LAIR e após ajustá-lo com as adições, no caso do problema R$ 15.600,00 provenientes de despesas não dedutíveis e Exclusões no valor de R$ 3.800,00 decorrentes de receitas não tributadas. Nesse caso não há valores a serem compensados, devido à inexistência de saldos de prejuízos fiscais.

Quadro 124 - Resultado do Exercício projetado por Regime de Tributação

	Simples Nacional		Lucro Presumido		Lucro Real	
Faturamento Bruto		**R$ 3.450.000,00**		**R$ 3.795.000,00**		**R$ 3.795.000,00**
(-) IPI			10%	R$ 345.000,00	10%	R$ 345.000,00
(=) Receita Bruta		**R$ 3.450.000,00**		**R$ 3.450.000,00**		**R$ 3.450.000,00**
(-) Deduções		**R$ 412.468,46**		**R$ 902.175,00**		**R$ 1.095.375,00**
ICMS			20%	R$ 690.000,00	20%	R$ 690.000,00
PIS			0,65%	R$ 22.425,00	1,65%	R$ 56.925,00
Cofins			3%	R$ 103.500,00	7,60%	R$ 262.200,00
Simples Nacional		R$ 412.468,46				
CPRB			2,50%	R$ 86.250,00	2,50%	R$ 86.250,00
(=) Receita Líquida		**R$ 3.037.531,54**		**R$ 2.547.825,00**		**R$ 2.354.625,00**
(-) Custos Operacionais		**R$ 1.207.500,00**		**R$ 1.014.300,00**		**R$ 950.475,00**
Mão de Obra		R$ 517.500,00		R$ 517.500,00		R$ 517.500,00
Matéria-prima		R$ 690.000,00		R$ 496.800,00		R$ 432.975,00
(=) Lucro Bruto		**R$ 1.830.031,54**		**R$ 1.533.525,00**		**R$ 1.404.150,00**
(-) **Despesas Operacionais**		**R$ 1.147.800,00**		**R$ 1.171.902,00**		**R$ 1.129.722,00**
Salários Administração		R$ 180.000,00		R$ 180.000,00		R$ 180.000,00
Pró-labore		R$ 120.000,00		R$ 120.000,00		R$ 120.000,00
Cont. Prev. Patronal			20%		20%	
RAT			1%	R$ 6.975,00	1%	R$ 6.975,00
Terceiros			5,80%	R$ 40.455,00	5,8%	R$ 40.455,00
FGTS	8%	R$ 55.800,00	8%	R$ 55.800,00	8%	R$ 55.800,00
Aluguel		R$ 240.000,00		R$ 240.000,00		R$ 217.800,00
Depreciações		R$ 72.000,00		R$ 72.000,00		R$ 65.340,00

Energia		R$ 144.000,00		R$ 120.672,00		R$ 107.352,00
Telefonia		R$ 60.000,00		R$ 60.000,00		R$ 60.000,00
Desp. Gerais		R$ 192.000,00		R$ 192.000,00		R$ 192.000,00
Desp. Adm.		R$ 84.000,00		R$ 84.000,00		R$ 84.000,00
(=) LAIR		**R$ 682.231,54**		**R$ 361.623,00**		**R$ 274.428,00**
(+) Adições						R$ 15.600,00
(-) Exclusões						R$ 3.800,00
(-) Compensações						
(=) Base de Cálculo IRPJ		**R$ 682.231,54**		**R$ 276.000,00**		**R$ 286.228,00**
(-) IRPJ			15%	R$ 41.400,00	15%	R$ 42.934,20
(-) Adicional IRPJ			10%	R$ 3.600,00	10%	R$ 4.622,80
(=) Base de Cálculo CSLL				**R$ 414.000,00**		**R$ 286.228,00**
(-) CSLL			9%	R$ 37.260,00	9%	R$ 25.760,52
(=) LAPIR		**R$ 682.231,54**		**R$ 279.363,00**		**R$ 201.110,48**

Fonte: Elaboração dos autores

De acordo com o resultado projetado a melhor hipótese de tributação para essa empresa será o Simples Nacional, o qual permitirá o maior resultado. Cabe ainda uma análise em relação ao Fluxo de Caixa tributário onde será evidenciado o valor que seria devido por cada tributo no período em análise, onde fica evidente a importância da elaboração do plano orçamentário e planejamento tributário, uma vez que uma escolha indevida impactará significativamente no fluxo de caixa da entidade.

Quadro 125 - Fluxo de Caixa Tributário

Tributo	Simples Nacional	Lucro Presumido	Lucro Real
IPI a Recolher		R$ 345.000,00	R$ 345.000,00
(-) IPI a Recuperar		-R$ 69.000,00	-R$ 69.000,00
ICMS a recolher		R$ 690.000,00	R$ 690.000,00
(-) ICMS a recuperar		-R$ 147.528,00	-R$ 147.528,00

Pis cofins a recolher		R$ 125.925,00	R$ 319.125,00
(-) Pis cofins a recuperar		R$ -	-R$ 106.005,00
Simples Nacional	R$ 412.468,46	R$ -	R$ -
CPRB	R$ -	R$ 86.250,00	R$ 86.250,00
RAT	R$ -	R$ 6.975,00	R$ 6.975,00
Terceiros	R$ -	R$ 40.455,00	R$ 40.455,00
FGTS	R$ 55.800,00	R$ 55.800,00	R$ 55.800,00
IRPJ	R$ -	R$ 45.000,00	R$ 47.557,00
CSLL	R$ -	R$ 37.260,00	R$ 25.760,52
Total	**R$ 468.268,46**	**R$ 1.216.137,00**	**R$ 1.294.389,52**

Fonte: Elaboração dos autores

QR Code Planejamento Tributário de Indústria

8.10.2 Empresa Comercial

A Comercial CDE Ltda. foi tributada pelo lucro presumido no ano de 2021, auferindo receitas totais de R$ 4.000.000,00. Ao realizar seu plano orçamentário para 2022 projetou receita bruta de vendas de R$ 4.300.000,00, custo de mercadorias vendidas de R$ 2.150.000,00, sendo este o valor das compras para efeitos do planejamento a ser elaborado.

A empresa é contemplada com tributação diferenciada do ICMS, tendo sido fixado por Lei estadual a alíquota de 4% sobre o faturamento, sendo vedado o aproveitamento de crédito tributário.

A empresa estima os seguintes gastos operacionais:

1) Salários	R$ 620.000,00 ao ano
2) Aluguel	R$ 20.000,00 ao mês
3) Depreciações	R$ 5.000,00 ao mês
4) Energia	R$ 9.000,00 ao mês
5) Telefonia	R$ 2.500,00 ao mês
6) Despesas Gerais	R$ 16.000,00 ao mês
7) Despesas Administrativas	R$ 8.000,00 ao mês
8) Pró-labore	R$ 10.000,00 ao mês

O valor dos gastos com salários já inclui o 13º salário e 1/3 sobre férias, não sendo computada a contribuição patronal previdenciária, a risco ambiental do trabalho (risco preponderante leve), Terceiros e FGTS.

Para efeitos de análise do lucro real foi constatado que empresa possui despesas não dedutíveis no valor de R$ 21.000,00 e receitas não tributadas no valor de R$ 5.000,00.

Iniciamos a análise projetando os valores que deverão ser pagos pela empresa, caso a opção seja o Simples Nacional. Para isso o primeiro passo é a projeção da receita bruta acumulada nos doze meses anteriores ao período de apuração – RBT 12m, apuração da alíquota efetiva e o valor a recolher.

Quadro 126 - Projeção da Receita Bruta Acumulada e Alíquota Efetiva em 2022

Competência	RBT 12 m	Alíquota Nominal	Parcela a deduzir	Alíquota Efetiva
Jan/22	R$ 4.000.000,00	19,00%	R$ 378.000,00	13,61%
Fev/22	R$ 4.025.000,00	19,00%	R$ 378.000,00	13,67%
Mar/22	R$ 4.050.000,00	19,00%	R$ 378.000,00	13,74%
Abr/22	R$ 4.075.000,00	19,00%	R$ 378.000,00	13,80%
Mai/22	R$ 4.100.000,00	19,00%	R$ 378.000,00	13,86%
Jun/22	R$ 4.125.000,00	19,00%	R$ 378.000,00	13,92%
Jul/22	R$ 4.150.000,00	19,00%	R$ 378.000,00	13,98%

Ago/22	R$ 4.175.000,00	19,00%	R$ 378.000,00	14,04%
Set/22	R$ 4.200.000,00	19,00%	R$ 378.000,00	14,09%
Out/22	R$ 4.225.000,00	19,00%	R$ 378.000,00	14,15%
Nov/22	R$ 4.250.000,00	19,00%	R$ 378.000,00	14,21%
Dez/22	R$ 4.275.000,00	19,00%	R$ 378.000,00	14,26%

Fonte: Elaboração dos autores

De acordo com as informações do problema a receita bruta de vendas em 2021 foi de R$ 4.000.000,00, valor que servirá de base para o cálculo da alíquota efetiva em Jan/2022.

Para o cálculo da alíquota da efetiva foram utilizadas as informações constantes do Anexo I da Lei Complementar 123/2006. Ao longo de 2022 a empresa será enquadrada na 6ª Faixa, a qual contempla receita bruta total entre R$ 3.600.000,01 a R$ 4.800.000,00, tendo em vista que os valores estimados de RBT 12m apresenta variação entre R$ 4.000.0000,00 em jan/2022 a R$ 4.275.000,00 em dez/2022. Assim para o cálculo da alíquota efetiva, aplica-se a alíquota nominal de 19% e parcela a deduzir no valor de R$ 378.000,00.

Como a receita bruta da empresa ultrapassou R$ 3.600.000,00 o ICMS não será contemplado pelo Simples Nacional e o cálculo da alíquota efetiva deverá ser apurado com o acréscimo da parcela do ICMS, apurado com base nas informações da 5ª Faixa, onde é aplicada a alíquota nominal de 14,3% e parcela a deduzir no valor de R$ 87.300,00.

A alíquota efetiva de cada mês será obtida por meio da seguinte equação:

{[(RBT 12m x 19%) - 378.000] ÷ RBT 12 m} + {[(RBT 12m x 14,3%) - 87.300] ÷ RBT 12m} x 33,5%

Exemplificando: A alíquota efetiva das competências jan/2022, fev/2022 e dez/2022 foram apuradas da seguinte forma

Jan/22

{[(4.000.000 x 19%) - 378.000] ÷ 4.000.000} + {[(4.000.000 x 14,3%) - 87.300] ÷ 4.000.000} x 33,5% = **13,61%**

Fev/22

{[(4.025.000 x 19%) - 378.000] ÷ 4.025.000} + {[(4.025.000 x 14,3%) -87.300] ÷ 4.025.000} x 33,5% = **13,67%**

Dez/22

{[(4.275.000 x 19%) - 378.000] ÷ 4.275.000} + {[(4.275.000 x 14,3%) - 87.300] ÷ 4.275.000} x 33,5% = **14,26%**

A opção pelo Simples Nacional importará no recolhimento unificado do PIS, Cofins, IRPJ CSLL e CPP no valor de R$ 599.567,18, além do ICMS que será recolhido diretamente ao Estado da localidade da empresa.

Quadro 127 - Valores a recolher Simples Nacional Exercício 2022

Competência	Receita bruta Mensal	Alíquota Efetiva	Valor a Recolher
Jan/22	R$ 358.333,33	13,61%	R$ 48.766,88
Fev/22	R$ 358.333,33	13,67%	R$ 48.993,48
Mar/22	R$ 358.333,33	13,74%	R$ 49.217,28
Abr/22	R$ 358.333,33	13,80%	R$ 49.438,34
Mai/22	R$ 358.333,33	13,86%	R$ 49.656,70
Jun/22	R$ 358.333,33	13,92%	R$ 49.872,41
Jul/22	R$ 358.333,33	13,98%	R$ 50.085,52
Ago/22	R$ 358.333,33	14,04%	R$ 50.296,09
Set/22	R$ 358.333,33	14,09%	R$ 50.504,14
Out/22	R$ 358.333,33	14,15%	R$ 50.709,73
Nov/22	R$ 358.333,33	14,21%	R$ 50.912,91
Dez/22	R$ 358.333,33	14,26%	R$ 51.113,70
Total	**R$ 4.300.000,00**	13,61%	**R$ 599.567,18**

Fonte: Elaboração dos autores

Em todas as hipóteses haverá incidência sobre o faturamento ICMS com alíquota de 4%, alíquota reduzida devido ao incentivo tributário, contudo a empresa não poderá se creditar de qualquer valor.

Na opção pelo Lucro presumido incidirá sobre o faturamento as contribuições PIS e Cofins apuradas de forma cumulativa, com alíquotas de 0,65% e 3% respectivamente. Para apuração da base de cálculo do IRPJ será utilizada a alíquota de 8% e no caso da CSLL 12% incidentes sobre o total das receitas de vendas, uma vez que se trata de atividade comercial. O plano orçamentário não informa a previsão de ganhos de capital a serem adicionados na base de cálculo do IRPJ e CSLL.

Com relação à tributação sobre a folha de pagamentos de trabalhadores incidirá, caso a opção da empresa seja Lucro Presumido ou Real, contribuição patronal previdenciária com alíquota de 20% sobre a remuneração de empregados e contribuintes individuais a serviço da empresa, risco ambiental do trabalho com alíquota de 1% tendo em vista que o risco preponderante é leve, e terceiros com alíquota de 5,8% incidindo sobre a remuneração de empregados.

Caso a opção da empresa seja Lucro Real será necessário apurar o lucro contábil e após ajustá-lo com as adições, no caso do problema R$ 21.000,00 provenientes de despesas não dedutíveis e exclusões no valor de R$ 6.000,00, decorrentes de receitas não tributadas. Nesse caso não há valores a serem compensados, devido à inexistência de saldos de prejuízos fiscais de exercícios anteriores. Cabe ainda destacar que a empresa terá de créditos de PIS e Cofins a compensar, os quais incidirão sobre as compras, aluguel, energia e depreciação totalizando R$ 236.615,00 assim apurados:

{[(R$ 20.000+ R$ 5.000+ R$ 9.000) x 12] + R$ 2.150.000}
x 9,25% = **236.615**

Na apuração do lucro real não podemos deixar de deduzir do custo de mercadorias vendidas e das despesas com aluguel, energia e depreciação os créditos tributários, não sendo computadas na apuração do resultado da empresa. Assim o valor do CMV será R$ 1.951.125,00 (R$ 2.150.000,00 x (100% - 9,25%), o valor do aluguel será R$ 217.800,00 (R$ 240.000,00 x (100% - 9,25%), o valor da energia será R$ 98.010,00 (R$ 108.000,00 x (100% - 9,25%) e o valor da depreciação será R$ 54.450,00 (R$ 60.000,00 x (100% - 9,25%).

De acordo com o resultado projetado a melhor hipótese de tributação para essa empresa será o Lucro Real o qual permitirá o maior resultado e menor pagamento de tributos.

Cabe ainda uma análise em relação ao Fluxo de Caixa tributário onde será evidenciado o valor que seria devido por cada tributo no período em análise, ficando evidente a importância da elaboração do plano orçamentário e planejamento tributário, uma vez que uma escolha indevida impactará significativamente no fluxo de caixa da entidade.

Quadro 128 - Resultado do Exercício projetado por Regime de Tributação

	Simples Nacional		Lucro Presumido		Lucro Real	
(=) Receita Bruta		**R$ 4.300.000,00**		**R$ 4.300.000,00**		**R$ 4.300.000,00**
(-) Deduções		**R$ 771.567,18**		**R$ 328.950,00**		**R$ 569.750,00**
ICMS	4%	R$ 172.000,00	4%	R$ 172.000,00	4%	R$ 172.000,00
PIS			0,65%	R$ 27.950,00	1,65%	R$ 70.950,00
Cofins			3%	R$ 129.000,00	7,60%	R$ 326.800,00
Simples Nacional		R$ 599.567,18				
(=) Receita Líquida		**R$ 3.528.432,82**		**R$ 3.971.050,00**		**R$ 3.730.250,00**
(-) C M V		**R$ 2.150.000,00**		**R$ 2.150.000,00**		**R$ 1.951.125,00**
(=) Lucro Bruto		**R$ 1.378.432,82**		**R$ 1.821.050,00**		**R$ 1.779.125,00**
(-) Despesas Operacionais		**R$ 1.515.600,00**		**R$ 1.705.760,00**		**R$ 1.668.020,00**
Salários		R$ 620.000,00		R$ 620.000,00		R$ 620.000,00
Pró-labore		R$ 120.000,00		R$ 120.000,00		R$ 120.000,00
Cont Prev. Patronal			20%	R$ 148.000,00	20%	R$ 148.000,00
RAT			1%	R$ 6.200,00	1%	R$ 6.200,00
Terceiros			5,80%	R$ 35.960,00	5,8%	R$ 35.960,00
FGTS	8%	R$ 49.600,00	8%	R$ 49.600,00	8%	R$ 49.600,00
Aluguel		R$ 240.000,00		R$ 240.000,00		R$ 217.800,00
Depreciações		R$ 60.000,00		R$ 60.000,00		R$ 54.450,00
Energia		R$ 108.000,00		R$ 108.000,00		R$ 98.010,00
Telefonia		R$ 30.000,00		R$ 30.000,00		R$ 30.000,00
Desp. Gerais		R$ 192.000,00		R$ 192.000,00		R$ 192.000,00
Desp. Adm.		R$ 96.000,00		R$ 96.000,00		R$ 96.000,00

(=) LAIR		-R$ 137.167,18		R$ 115.290,00		R$ 111.105,00
(+) Adições						R$ 21.000,00
(-) Exclusões						R$ 5.000,00
(-) Compensações						
(=) Base de Cálculo IRPJ		**-R$ 137.167,18**		**R$ 344.000,00**		**R$ 127.105,00**
(-) IRPJ			15%	R$ 51.600,00	15%	R$ 19.065,75
(-) Adiconal IRPJ			10%	R$ 10.400,00	10%	
(=) Base de Cálculo CSLL				**R$ 516.000,00**		**R$ 127.105,00**
(-) CSLL			9%	R$ 46.440,00	9%	R$ 11.439,45
(=) LAPIR		**-R$ 137.167,18**		**R$ 6.850,00**		**R$ 80.599,80**
Fluxo de Caixa Tributário						
ICMS a recolher		R$ 172.000,00		R$ 172.000,00		R$ 172.000,00
PIS e Cofins		R$ -		R$ 156.950,00		R$ 397.750,00
(-) PIS e Cofins a Recuperar						-R$ 236.615,00
Simples Nacional		R$ 599.567,18		R$ -		R$ -
CPP + RAT + Terceiros		R$ -		R$ 190.160,00		R$ 190.160,00
FGTS				R$ 49.600,00		R$ 49.600,00
IRPJ		R$ -		R$ 62.000,00		R$ 19.065,75
CSLL		R$ -		R$ 46.440,00		R$ 11.439,45
Total		**R$ 821.167,18**		**R$ 677.150,00**		**R$ 603.400,20**

Fonte: Elaboração dos autores

QR Code Planejamento Tributário de Comércio

8.10.3 Empresa Prestadora de Serviços

A empresa XPTO Informática Ltda., cujo objeto social é o desenvolvimento de softwares, pretende analisar a melhor forma de tributação para o exercício de 2022. As informações do plano orçamentário são:

1. Faturamento anual estimado em R$ 3.000.000,00;
2. Folha de Pagamento anual R$ 1.250.000,00 (Não inclui tributos e FGTS);
3. Pró-labore estimado em R$ 180.000,00 no ano;
4. Despesas com aluguel, energia elétrica, depreciação de equipamentos de R$ 240.000,00, as quais permitem crédito de PIS e Cofins no Regime não cumulativo; e
5. Outras Despesas operacionais R$ 650.000,00.

O faturamento em 2021 foi de R$ 2.800.000,00. Com relação aos aspectos tributários a empresa pode optar pelo simples nacional podendo ser enquadrada no Anexo III ou no anexo V de acordo com o Fato "R"'.

Com relação aos tributos sobre a folha de pagamento existe a possibilidade de a empresa optar pela contribuição previdenciária sobre a receita bruta Patronal de 4,5%.

A base de cálculo para apuração do lucro Presumido é de 32% para o IRPJ e CSLL. Para efeitos de apuração do IRPJ e CSLL seja realizada por meio do lucro real considere que R$ 12.500,00 referem-se às despesas não dedutíveis e R$ 8.500,00 receitas não tributáveis. Sobre o faturamento incide ainda ISS com alíquota de 5%.

Tomando como base o levantamento dos dados operacionais e possibilidades fiscais existentes, vamos desenvolver o estudo das questões que serão solucionadas com o planejamento. A melhor opção tributária deve considerar a possibilidade de desoneração da folha de pagamento, já que setor em que a empresa atua foi contemplado com essa possibilidade.

Em um primeiro momento vamos analisar a possibilidade de a empresa optar pelo simples nacional. Para isso será necessário apurar o Fator "R" o qual indicará o anexo a ser utilizado pela empresa, Anexo III ou Anexo V.

As atividades serão tributadas na forma do Anexo III quando a folha de salários for igual ou superior a 28% da receita bruta dos últimos 12 meses anteriores ao período de apuração.

Compõe a folha de salário o montante pago a título de remunerações a pessoas físicas decorrentes do trabalho, além do montante efetivamente recolhido a título de contribuição patronal previdenciária e FGTS, inclusive as retiradas de pró-labore, devendo ser considerados os valores correspondentes aos últimos doze meses anteriores.

No caso em estudo, os gastos com salário, FGTS e pró-labore representam mais de 54% {[R$ 1.250.000,00 + (R$ 1.250.000,00 x 8%) + R$ 180.000,00)] ÷ R$ 2.800.000,00}. Logo o fator "R" será maior que 28%, assim será aplicado o Anexo III da Lei Complementar 123/2006.

De acordo com as informações do problema a receita bruta de venda em 2021 foi de R$ 2.800.000,00, sendo esse o valor que servirá de base para o cálculo da alíquota efetiva em jan/2022, sendo a empresa enquadrada na 5ª Faixa, com alíquota nominal de 21% e parcela a deduzir no valor de R$ 125.640,00.

A alíquota efetiva de cada mês será obtida por meio da seguinte equação:

[(RBT 12m x 21%) - 125.640] ÷ RBT 12m

Quadro 129 - Projeção da Receita Bruta Acumulada e Alíquota Efetiva em 2022

Competência	RBT 12m	Alíquota Nominal	Parcela a deduzir	Alíquota Efetiva
Jan/22	R$ 2.800.000,00	21,00%	R$ 125.640,00	16,51%
Fev/22	R$ 2.816.666,67	21,00%	R$ 125.640,00	16,54%
Mar/22	R$ 2.833.333,33	21,00%	R$ 125.640,00	16,57%
Abr/22	R$ 2.850.000,00	21,00%	R$ 125.640,00	16,59%
Mai/22	R$ 2.866.666,67	21,00%	R$ 125.640,00	16,62%
Jun/22	R$ 2.883.333,33	21,00%	R$ 125.640,00	16,64%
Jul/22	R$ 2.900.000,00	21,00%	R$ 125.640,00	16,67%
Ago/22	R$ 2.916.666,67	21,00%	R$ 125.640,00	16,69%
Set/22	R$ 2.933.333,33	21,00%	R$ 125.640,00	16,72%
Out/22	R$ 2.950.000,00	21,00%	R$ 125.640,00	16,74%
Nov/22	R$ 2.966.666,67	21,00%	R$ 125.640,00	16,76%
Dez/22	R$ 2.983.333,33	21,00%	R$ 125.640,00	16,79%

Fonte: Elaboração dos autores

Quadro 130 - Valores a recolher Simples Nacional Exercício 2022

Competência	Receita bruta Mensal	Alíquota Efetiva	Valor a Recolher
Jan/22	R$ 250.000,00	16,51%	R$ 41.282,14
Fev/22	R$ 250.000,00	16,54%	R$ 41.348,52
Mar/22	R$ 250.000,00	16,57%	R$ 41.414,12
Abr/22	R$ 250.000,00	16,59%	R$ 41.478,95
Mai/22	R$ 250.000,00	16,62%	R$ 41.543,02
Jun/22	R$ 250.000,00	16,64%	R$ 41.606,36
Jul/22	R$ 250.000,00	16,67%	R$ 41.668,97
Ago/22	R$ 250.000,00	16,69%	R$ 41.730,86
Set/22	R$ 250.000,00	16,72%	R$ 41.792,05
Out/22	R$ 250.000,00	16,74%	R$ 41.852,54
Nov/22	R$ 250.000,00	16,76%	R$ 41.912,36
Dez/22	R$ 250.000,00	16,79%	R$ 41.971,51
Total	**R$ 3.000.000,00**		**R$ 499.601,39**

Fonte: Elaboração dos autores

Na opção da empresa pelo lucro presumido e pelo lucro real haverá incidência de ISS com alíquota de 5% sobre o faturamento. Incidirá ainda as contribuições para o PIS e a Cofins na modalidade cumulativa com alíquotas de 0,65% e 3% e não cumulativo com alíquotas de 1,65% e 7,6%, sendo que nessa última a empresa poderá se creditar da parcela dos tributos sobre os gastos com aluguel, energia além das depreciações.

Na apuração do lucro real não podemos deixar de deduzir das despesas com aluguel, energia e depreciação os créditos tributários, não sendo computados na apuração do resultado da empresa. Assim apuramos o valor de R$ 217.800,00 (R$ 240.000,00 x (100% - 9,25%).

Com relação à tributação sobre a folha de pagamentos incidirá, caso a opção da empresa seja lucro presumido ou real, contribuição patronal previdenciária (CPP) com alíquota de 20% sobre a remuneração de empregados e contribuintes individuais a serviço da empresa, risco ambiental do trabalho com alíquota de 1% e terceiros com alíquota de 5,8%, esses dois últimos incidindo somente sobre a remuneração de empregados. Contudo, é necessário realizar uma comparação em relação à contribuição previdenciária sobre a receita bruta (CPRB), a qual incidirá com alíquota de 4,5% sobre o faturamento.

Ao realizarmos a comparação identificamos que na tributação da CPP sobre a folha seria apurado o valor de R$ 286.000,00 [(R$

1.250.000,00 + R$ 180.000,00) x 20%], sendo mais vantajosa caso a empresa faça opção pelo Lucro Real ou Lucro Presumido, optar pela desoneração, recolhendo a CPRB no valor de R$ 135.000,00 (R$ 3.000.000,00 x 4,5%).

Caso a opção da empresa seja o lucro real esse será apurado tendo por base o lucro ajustado. Para isso será necessário apurar o lucro contábil e após ajustá-lo com as adições, no caso do problema R$ 12.500,00 provenientes de despesas não dedutíveis e exclusões no valor de R$ 8.500,00 decorrentes de receitas não tributadas. Nesse caso não há valores a serem compensados, devido à inexistência de saldos de prejuízos fiscais de exercícios anteriores.

De acordo com o resultado projetado a melhor hipótese de tributação para essa empresa será o simples nacional o qual permitirá o maior resultado e menor pagamento de tributos e maior resultado líquido.

Quadro 131 - Resultado do Exercício projetado por Regime de Tributação

	Simples Nacional		**Lucro Presumido**		**Lucro Real**	
(=) Receita Bruta		R$ 3.000.000,00		R$ 3.000.000,00		R$ 3.000.000,00
(-) Deduções		R$ 499.601,39		R$ 394.500,00		R$ 562.500,00
ISS	5%		5%	R$ 150.000,00	5%	R$ 150.000,00
PIS			0,65%	R$ 19.500,00	1,65%	R$ 49.500,00
Cofins			3%	R$ 90.000,00	7,60%	R$ 228.000,00
Simples Nacional		R$ 499.601,39				
CPRB			4,5%	R$ 135.000,00	4,5%	R$ 135.000,00
(=) Receita Líquida		R$ 2.500.398,61		R$ 2.605.500,00		R$ 2.437.500,00
(-) Despesas Operacionais		**R$ 1.920.000,00**		**R$ 2.005.000,00**		**R$ 1.982.800,00**
Salários		R$ 1.250.000,00		R$ 1.250.000,00		R$ 1.250.000,00
Pró-labore		R$ 180.000,00		R$ 180.000,00		R$ 180.000,00
Cont. Prev. Patronal			20%		20%	
RAT			1%	R$ 12.500,00	1%	R$ 12.500,00
Terceiros			5,80%	R$ 72.500,00	5,8%	R$ 72.500,00
FGTS	8%	R$ 100.000,00	8%	R$ 100.000,00	8%	R$ 100.000,00

Aluguel, Energia e Depreciações		R$ 240.000,00		R$ 240.000,00		R$ 217.800,00
Outras Despesas Operacionais		R$ 150.000,00		R$ 150.000,00		R$ 150.000,00
(=) LAIR		**R$ 580.398,61**		**R$ 600.500,00**		**R$ 454.700,00**
(+) Adições						R$ 12.500,00
(-) Exclusões						R$ 8.500,00
(-) Compensações						
(=) Base de Cálculo IRPJ		**R$ 580.398,61**		**R$ 960.000,00**		**R$ 458.700,00**
(-) IRPJ			15%	R$ 144.000,00	15%	R$ 68.805,00
(-) Adicional IRPJ			10%	R$ 72.000,00	10%	R$ 21.870,00
(=) Base de Cálculo CSLL				**R$ 960.000,00**		**R$ 458.700,00**
(-) CSLL			9%	R$ 86.400,00	9%	R$ 41.283,00
(=) LAPIR		R$ 580.398,61		R$ 298.100,00		R$ 322.742,00
			Fluxo de Caixa Tributário			
ISS		R$ -		R$ 150.000,00		R$ 150.000,00
PIS e Cofins		R$ -		R$ 109.500,00		R$ 277.500,00
(-) PIS e Cofins a Recuperar						-R$ 22.200,00
Simples Nacional		R$ 499.601,39		R$ -		R$ -
CPP + RAT + Terceiros		R$ -		R$ 220.000,00		R$ 220.000,00
FGTS		R$ 100.000,00		R$ 100.000,00		R$ 100.000,00
IRPJ		R$ -		R$ 216.000,00		R$ 90.675,00
CSLL		R$ -		R$ 86.400,00		R$ 41.283,00
Total		**R$ 599.601,39**		**R$ 881.900,00**		**R$ 857.258,00**

Fonte: Elaboração dos autores.

QR Code Planejamento Tributário de Serviço

9 MODELOS DE INSTRUMENTOS

Estes modelos foram elaborados com base na IN DREI 81/2020 e contam também com a experiência dos profissionais autores desta obra. Logo, trata-se de modelos sugestivos que servem como referência para elaboração de modelos personalizados e sua utilização de exclusiva responsabilidade do leitor.

9.1 ESTATUTOS

9.1.1 Estatuto Social Sociedade Anônima

9.1.2 Estatuto Social Cooperativa

9.1.3 Estatuto Social Associação

9.1.4 Estatuto Social Templo Religioso

9.2 CONTRATO SOCIAL

9.2.1 Contrato Social Sociedade Empresária Limitada

9.2.2 Contrato Social Sociedade Simples Limitada

9.2.3 Contrato Social Sociedade Unipessoal Limitada

9.3 ALTERAÇÃO

9.3.1 Alteração Contratual Sociedade Limitada

9.3.2 Alteração Contratual da Sociedade Limitada para Sociedade Unipessoal Limitada

9.3.3 Alteração de Empresário Individual para Sociedade Limitada

9.4 ATA

9.4.1 Ata de Constituição de Cooperativa

9.4.2 Ata de Constituição de Associação

9.4.3 Ata de Constituição de Templo Religioso

9.5 EDITAL DE CONVOCAÇÃO PARA CONSTITUIÇÃO DE TEMPLO RELIGIOSO

9.6 DISTRATO SOCIAL

9.7 REQUERIMENTO DE EMPRESÁRIO

10 REFERÊNCIAS

BALEEIRO, Aliomar. Limitações Constitucionais ao Poder de Tributar. Rio de Janeiro: Forense, 1991.

BERTOLDI, Marcelo M, RIBEIRO, Marcia Carla Pereira. ***Curso Avan-*** çado ***de Direito Comercial***. 9ª Edição, rev., atual. e ampliada, São Paulo: Editora Revista dos Tribunais, 2015.

BORBA, José Edwaldo Tavares. ***Direito Societário***. 11ª edição, São Paulo: Renovar, 2008.

BRASIL. Conselho da Justiça Federal. I Jornada de Direito Civil - Coordenador-Geral Ministro Ruy Rosado de Aguiar - Comissão de Trabalho Parte Geral - Coordenador da Comissão de Trabalho: Humberto Theodoro Jr. - Número 8º.

____. *Constituição da República Federativa do Brasil de 1988*.

____. Decreto-Lei nº 5.452, de 1 de maio de 1943. *Aprova a Consolidação das Leis do Trabalho.*

____. Decreto-Lei nº 406, de 31 de dezembro de 1968. *Estabelece normas gerais de direito financeiro, aplicáveis aos impostos sobre operações relativas à circulação de mercadorias e sobre serviços de qualquer natureza, e dá outras providências.*

____. Decreto nº 3.048, de 6 de maio de 1999. *Aprova o Regulamento da Previdência Social, e dá outras providências.* BRASILIA, DF.

____. Decreto-Lei nº 6.451/08. *Regulamenta o art. 56 da Lei Complementar nº 123, de 14 de dezembro de 2006, que dispõe sobre a constituição do Consórcio Simples por microempresas e empresas de pequeno porte optantes pelo Simples Nacional.*

____. Decreto nº 7.212, de 15 de junho de 2010. *Regulamenta a cobrança, fiscalização, arrecadação e administração do Imposto sobre Produtos Industrializados -* IPI. BRASILIA, DF.

____. Decreto nº 8.950, de 29 de dezembro de 2016. *Aprova a Tabela de Incidência do Imposto sobre Produtos Industrializados - TIPI.* BRASILIA, DF.

_____. Decreto nº 10.173, de 13 de dezembro de 2019. *Dispõe Sobre o Registro Público de Empresas Mercantis e Atividades Afins.* BRASILIA, DF.

_____. Instrução Normativa nº 400, 29 de dezembro de 2003. *Dispõe sobre as ofertas públicas de distribuição de valores mobiliários, nos mercados primário ou secundário, e revoga a Instrução nº 13/80 e a Instrução nº 88/88.*

_____. Instrução Normativa RFB nº 1.863, de 27 de dezembro de 2018. *Dispõe Sobre O Cadastro Nacional da Pessoa Jurídica (CNPJ).*

_____. Instrução Normativa RFB nº 1.436, 30 de dezembro de 2013. *Dispõe sobre a Contribuição Previdenciária sobre a Receita Bruta (CPRB), destinada ao Regime Geral de Previdência Social (RGPS), devida pelas empresas referidas nos arts. 7º* e 8º da Lei nº 12.546, de 14 de dezembro de 2011. BRASILIA, DF.

_____. Instrução Normativa nº 77, de 18 de março de 2020. *Dispõe sobre os pedidos de autorização para funcionamento de filial, agência, sucursal ou estabelecimento no País, por sociedade empresária estrangeira, bem como revoga as Instruções Normativas DREI nº 7, de 5 de dezembro de 2013; 25, de 10 de setembro de 2014; 49, de 2 de outubro de 2018; e 59, de 15 de abril de 2019.*

_____. Instrução Normativa nº 81, de 10 de junho de 2020. *Dispõe sobre as normas e diretrizes gerais do Registro Público de Empresas.*

_____. Lei nº 5.172, de 25 de outubro de 1966. *Dispõe sobre o Sistema Tributário Nacional e institui normas gerais de direito tributário aplicáveis* à *União, Estados e Municípios.*

_____. Lei nº 5.194/66, de 24 de dezembro de 1966. *Regula o exercício das profissões de Engenheiro, Arquiteto e Engenheiro-Agrônomo, e dá outras providências.*

_____. Lei nº 5.764/71, de 16 de dezembro de 1971. *Define a Política Nacional de Cooperativismo, institui o regime jurídico das sociedades cooperativas, e dá outras providências.*

_____. Lei nº 6.404, de 15 de dezembro de 1976. *Dispõe sobre as Sociedades por Ações.* BRASILIA, DF.

_____. Lei nº 6.385, de 7 de dezembro de 1976. *Dispõe sobre o mercado de valores mobiliários e cria a Comissão de Valores Mobiliários.*

_____. Lei nº 7.689, de 15 de dezembro de 1988. *Institui contribuição social sobre o lucro das pessoas jurídicas e dá outras providências.* BRASILIA, DF.

_____. Lei nº 7.713, de 22 de dezembro de 1988. *Altera a legislação do imposto de renda e dá outras providências.* BRASILIA, DF.

_____. Lei nº 8.112, de 11 de dezembro de 1990. *Dispõe sobre o regime jurídico dos servidores públicos civis da União, das autarquias e das fundações públicas federais.*

_____. Lei nº 8.212, 24 de julho de 1991. *Dispõe sobre a organização da Seguridade Social, institui Plano de Custeio, e dá outras providências.*

_____. Lei nº 8.906, de 4 de julho de 1994. *Dispõe sobre o Estatuto da Advocacia e a Ordem dos Advogados do Brasil (OAB).*

_____. Lei nº 8.934, de 18 de novembro de 1994. *Dispõe sobre o Registro Público de Empresas Mercantis e Atividades Afins e dá outras providências.*

_____. Lei nº 8.935, de 18 de novembro de 1994. *Regulamenta o art. 236 da Constituição Federal, dispondo sobre serviços notariais e de registro. (Lei do Cartórios).*

_____. Lei nº 9.250, de 26 de dezembro de 1995. *Altera a legislação do imposto de renda das pessoas físicas e dá outras providências.* BRASILIA, DF.

_____. Lei nº 9.715, de 25 de novembro de 1998. *Dispõe sobre as contribuições para os Programas de Integração Social e de Formação do Patrimônio do Servidor Público* – PIS/PASEP, e dá outras providências. BRASILIA, DF.

_____. Lei nº 9.718, de 27 de novembro de 1998. *Altera a Legislação Tributária Federal.* BRASILIA, DF.

_____. Lei nº 9.790, 23 de março de 1999. *Dispõe sobre a qualificação de pessoas jurídicas de direito privado, sem fins lucrativos, como Organizações da Sociedade Civil de Interesse Público, institui e disciplina o Termo de Parceria, e dá outras providências.*

_____. Lei nº 9782, de 26 de janeiro de 1999. *Define O Sistema Nacional de Vigilância Sanitária, Cria A Agência Nacional de Vigilância Sanitária, e Dá Outras Providências.*

_____. Lei nº 10.406, 10 de janeiro de 2002. Institui o Código Civil. BRASILIA, DF.

_____. Lei nº 10.637, de 30 de dezembro de 2002. *Dispõe sobre a não-cumulatividade na cobrança da contribuição para os Programas de Integração Social (PIS) e de Formação do Patrimônio do Servidor Público (Pasep), nos casos que especifica; sobre o pagamento e o parcelamento de débitos tributários federais, a compensação de créditos fiscais, a declaração de inaptidão de inscrição de pessoas jurídicas, a legislação aduaneira, e dá outras providências.* BRASILIA, DF.

____. Lei nº 10.833, de 29 de dezembro de 2003. ***Altera a Legislação Tributária Federal.*** BRASILIA, DF.

____. Lei nº 11.079, de 30 de dezembro de 2004. ***Institui normas gerais para licitação e contratação de parceria público-privada no*** âmbito ***da administração pública.***

____. Lei nº 11.101, 9 de fevereiro de 2005. ***Regula a recuperação judicial, a extrajudicial e a falência do empresário e da sociedade empresária.***

____. Lei nº 12.529, 30 de novembro de 2011. ***Estrutura o Sistema Brasileiro de Defesa da Concorrência; dispõe sobre a prevenção e repressão*** às infrações contra a ordem econômica; altera a Lei nº 8.137, de 27 de ***dezembro de 1990, o Decreto-Lei nº 3.689, de 3 de outubro de 1941 - Código de Processo Penal, e a Lei nº 7.347, de 24 de julho de 1985; revoga dispositivos da Lei nº 8.884, de 11 de junho de 1994, e a Lei nº 9.781, de 19 de janeiro de 1999; e dá outras providências.***

____. Lei nº 12.546 de 14 de dezembro de 2011. ***Institui o Regime Especial de Reintegração de Valores Tributários para as Empresas Exportadoras (Reintegra); dispõe sobre a redução do Imposto sobre Produtos Industrializados (IPI) à indústria automotiva; altera a incidência das contribuições previdenciárias devidas pelas empresas que menciona; altera as Leis nº 11.774, de 17 de setembro de 2008, nº 11.033, de 21 de dezembro de 2004, nº 11.196, de 21 de novembro de 2005, nº 10.865, de 30 de abril de 2004, nº 11.508, de 20 de julho de 2007, nº 7.291, de 19 de dezembro de 1984, nº 11.491, de 20 de junho de 2007, nº 9.782, de 26 de janeiro de 1999, e nº 9.294, de 15 de julho de 1996, e a Medida Provisória nº 2.199-14, de 24 de agosto de 2001; revoga o art. 1º da Lei nº 11.529, de 22 de outubro de 2007, e o art. 6º do Decreto-Lei nº 1.593, de 21 de dezembro de 1977, nos termos que especifica; e dá outras providências.*** BRASILIA, DF.

____. Lei nº 13.709, de 14 de agosto de 2018. ***Lei Geral de Proteção de Dados Pessoais (LGPD).***

____. Lei nº 13.874, 20 de setembro de 2019. ***Dispõe sobre a Declaração de Direitos de Liberdade Econômica, estabelece garantias de livre mercado e dá outras providências.*** BRASILIA, DF.

____. Lei Complementar nº 7, de 7 de setembro de 1970. ***Institui o Programa de Integração Social, e dá outras providências.*** BRASILIA, DF.

____. Lei Complementar nº 70, de 30 de dezembro de 1991. *Institui contribuição para financiamento da Seguridade Social, eleva a alíquota da contribuição social sobre o lucro das instituições financeiras e dá outras providências.*

____. Lei Complementar nº 87, de 13 de setembro de 1996. *Dispõe sobre o imposto dos Estados e do Distrito Federal sobre operações relativas à circulação de mercadorias e sobre prestações de serviços de transporte interestadual e intermunicipal e de comunicação, e dá outras providências. (LEI KANDIR).* BRASILIA, DF.

____. Lei Complementar nº 123, de 14 de dezembro de 2006. *Institui O Estatuto Nacional da Microempresa e da Empresa de Pequeno Porte.*

____. Lei Complementar nº 147, de 07 de agosto de 2014. *Altera A Lei Complementar no 123, de 14 de dezembro de 2006, e As Leis nos 5.889, de 8 de junho de 1973, 11.101, de 9 de fevereiro de 2005, 9.099, de 26 de setembro de 1995, 11.598, de 3 de dezembro de 2007, 8.934, de 18 de novembro de 1994, 10.406, de 10 de janeiro de 2002, e 8.666, de 21 de junho de 1993; e Dá Outras Providências.* BRASILIA, DF.

____. Lei Complementar nº 116, de 31 de julho de 2016. *Dispõe sobre o Imposto Sobre Serviços de Qualquer Natureza, de competência dos Municípios e do Distrito Federal, e dá outras providências.* BRASILIA, DF.

____. Lei Complementar nº 187, de 16 de dezembro de 2021. *Dispõe sobre a certificação das entidades beneficentes e regula os procedimentos referentes à imunidade de contribuições à seguridade social de que trata o § 7º do art. 195 da Constituição Federal; altera as Leis nº 5.172, de 25 de outubro de 1966 (Código Tributário Nacional), e 9.532, de 10 de dezembro de 1997; revoga a Lei nº 12.101, de 27 de novembro de 2009, e dispositivos das Leis nº 11.096, de 13 de janeiro de 2005, e 12.249, de 11 de junho de 2010; e dá outras providências*. BRASILIA, DF.

____. Proposta de Emenda Constitucional nº 200, de 28 de março de 2016. Acrescenta § 1º-A ao art. 156 da Constituição Federal para prever a não incidência sobre templos de qualquer culto do Imposto sobre a Propriedade Predial e Territorial Urbana (IPTU), ainda que as entidades abrangidas pela imunidade tributária sejam apenas locatárias do bem imóvel.

____. Resolução Concla nº 01, de 17 de julho de 2014. *Estrutura CNAE e da CNAE Subclasses.*

____. Resolução nº 01, de 19 de novembro de 2018. *Tabela de Natureza Jurídica 2018.*

____. Resolução CGSIM nº 61, de 12 de agosto de 2020. ***Dispõe Sobre Medidas de Simplificação e Prevê O Modelo Operacional de Registro e Legalização de Empresários e Pessoas Jurídicas.***

____. Resolução CGSN nº 140, de 22 de maio de 2018. ***Dispõe Sobre O Regime Especial Unificado de Arrecadação De tributos e Contribuições Devidos Pelas Microempresas e Empresas de Pequeno Porte (Simples Nacional).***

____. Resolução CGSN nº 150, de 03 de dezembro de 2019. ***Altera A Resolução CGSN nº 140, de 22 de maio de 2018, Que Dispõe Sobre O Regime Especial Unificado de Arrecadação de Tributos e Contribuições Devidos Pelas Microempresas e Empresas de Pequeno Porte (Simples Nacional).***

____. Resolução CGSN nº 155, de 15 de maio de 2020. ***Dispõe Sobre A Prorrogação Excepcional de Prazos De pagamento de Parcelas e de Formalização de Opção no Âmbito do Simples Nacional, em Razão da Pandemia da Covid-19.***

____. Secretaria-Executiva do Comitê Gestor do Simples Nacio- nal. Perguntas e Respostas Simples Nacional. 2020. Disponível em: http://www8.receita.fazenda.gov.br/SimplesNacional/Arquivos/manual/PerguntaoSN.pdf. Acesso em: 10. jun. 2020.

____. Supremo Tribunal Federal (1. Turma). Recurso Extraordinário 325822-2/SP. 2. Imunidade tributária de templos de qualquer culto. Vedação de instituição de impostos sobre o patrimônio, renda e serviços relacionados com as finalidades essenciais das entidades. Artigo 150, VI, "b" e § 4º, da Constituição. 3. Instituição religiosa. IPTU sobre imóveis de sua propriedade que se encontram alugados. 4. A imunidade prevista no art. 150, VI, "b", CF, deve abranger não somente os prédios destinados ao culto, mas, também, o patrimônio, a renda e os serviços "relacionados com as finalidades essenciais das entidades nelas mencionadas". 5. O § 4º do dispositivo constitucional serve de vetor interpretativo das alíneas "b" e "c" do inciso VI do art. 150 da Constituição Federal. Equiparação entre as hipóteses das alíneas referidas. 6. Recurso extraordinário provido. Recorrentes: Mitra Diocesana de Jales e outras. Recorrido: Prefeito Municipal de Jales. Relator: Min. Gilmar Mendes, 18 de dezembro de 2002. Disponível em: <https://redir.stf.jus.br/paginadorpub/paginador.jsp?docTP=AC&docID=260872>. Acesso em: 30 de maio de 2022.

____. Supremo Tribunal Federal (Plenário). Recurso Extraordinário 630.790/SP. Direito Tributário. Recurso extraordinário com repercussão geral. Impostos sobre a importação. Imunidade tributária. Entidades religiosas que prestam assistência social. Recorrente: Associação Torre de Vigia de Bíblias e Tratados. Recorrido: União. Relator: Min. Roberto Barroso, 21 de março de 2022. Disponível em: <https://portal.stf.jus.br/processos/downloadPeca.asp?id=15350368509&ext=.pdf>. Acesso em: 30 de maio de 2022.

____. *Tribunal de Justiça do Rio Grande do Sul. Apelação Cível, Nº 70027034164, Quinta Câmara Cível, Tribunal de Justiça do RS, Relator: Jorge Luiz Lopes do Canto, Julgado em: 21-01-2009.*

____. Solução de Consulta nº 120 - Cosit. ***Receita Federal do Brasil.***

____. Resolução nº 68, 13 de novembro de 1979. ***Procuradoria-Geral de Justiça do Estado do Rio de Janeiro.***

____. Resolução nº 803, de 10 de outubro de 1996. ***Conselho Federal de Contabilidade.***

CAMPINHO, Sérgio. ***O Direito de Empresa à Luz do Código Civil*** - 12ª edição revista e atualizada, Rio de Janeiro: Renovar, 2011.

____. ***O Direito de Empresa*** à ***Luz do Código Civil*** - 17ª edição revista e atualizada, São Paulo: Saraiva Educação, 2011.

____. ***Curso de Sociedade Anônima***. Rio de Janeiro: Renovar, 2015.

____. ***Curso de Direito Comercial. Sociedade Anônima*** - 3ª edição revista e atualizada, São Paulo: Saraiva Jur, 2018.

____. ***Curso de Direito Comercial. Sociedade Anônima*** - 15ª edição revista e atualizada, São Paulo: Saraiva Jur, 2018.

____. ***Curso de Direito Comercial: Direito de Empresa***. 15ª Ed. Saraiva, São Paulo, 2018.

____. ***O Direito de Empresa*** à ***Luz do Código Civil*** - 18ª edição. Revista e atualizada, São Paulo: Saraiva Educação, 2020.

CARVALHO, Cristiano. Planejamento Tributário. São Paulo: Quartier Latin, 2004.

COELHO, Fábio Ulhoa. ***Curso de Direito Comercial***, volume 2. direito de empresa - 20ª. Ed ver., atual. e ampl., São Paulo: Editora Revista dos Tribunais.

____. ***Curso de Direito Comercial***, volume 1. 28ª. Ed., São Paulo: Revista dos Tribunais, 2016.

EIZIRIK, Nelson; GAAL, Ariádna B.; PARENTE, Flávia; HENRIQUES, Marcus de Freitas. ***Mercado de Capitais - Regime Jurídico***. 2. Ed. Revisada e atualizada - Rio de Janeiro: Renovar. 2008.

GRECO, Marco Aurélio. Planejamento Tributário; São Paulo, Dialética. 2004.

IMBRAHIM, F. Z. Curso de Direito Previdenciário. 24 ed. Rio de Janeiro: Impetus, 2021. 939 p. 23 cm. ISBN 85-7626-382-1.

JUCESP. Secretaria de Desenvolvimento Econômico, Ciência, Tecnologia e Inovação. 2017. ***Manual de Preenchimento do Módulo de Registro do Via Rápido Empresa***. 2017. Disponível em: http://www.institucional. jucesp. sp.gov.br/downloads/manual-vre_preenchimento_de_registro. pdf. Acesso em 15 junho 2020.

MACHADO, Hugo de Brito. Curso de Direito Tributário. 27 ed. São Paulo: Malheiros, 2006.

MARTINS, Fran. ***Curso de Direito Comercial: empresa comercial, empresários individuais, microempresas, sociedades empresárias, fundo de comércio*** - 35ª ed. Ver. Atual. e ampl. - Rio de Janeiro: Forense, 2012.

PAES, Jose Eduardo Sabo. ***Fundações, Associações e Entidades de Interesse Social***: Aspectos jurídicos, administrativos, contábeis, trabalhistas e tributários. 10. ed. rev. Rio de Janeiro: Forense, 2020. 832 p. v. 1. ISBN 9788530987671.

PREFEITURA. Decreto nº 41.827, de 14 de junho de 2016. ***Simplifica e Consolida Os Procedimentos Relativos A Licenciamento de Estabelecimentos no Município do Rio de Janeiro.*** RIO DE JANEIRO, RJ.

RCPJ-RJ. ***Estatuto-Associações.*** Disponível em: <https://www.rcpjrj. com.br/info/instrucoes/1o-registro/estatuto-associacoes>. Acesso em: 25 nov. 2020.

RCPJ-RJ. ***Estatuto-Fundações.*** Disponível em: <https://www.rcpjrj.com. br/info/instrucoes/1o-registro/estatuto-fundacoes>. Acesso em: 25 nov. 2020.

RCPJ-RJ. ***Estatuto-Organizações Religiosas.*** Disponível em: <https://www.rcpjrj.com.br/info/instrucoes/1o-registro/estatutos-organizacoes-religiosas>. Acesso em: 25 nov. 2020.

REDESIM. Receita Federal. ***Orientações sobre CNAE***. 2020. Disponível em: http://www.redesim.gov.br/servicos/constitua-sua-pj/orientacoes/ cnae. Acesso em: 28 maio 2020.

_____. Receita Federal. ***Consulta Prévia***. 2020. Disponível em: http:// www.redesim.gov.br/servicos/constitua-sua-pj/passo-1-consulta-previa/o-que-e-consulta-previa-1. Acesso em: 30 maio 2020.

_____. Receita Federal. ***Conheça os Tipos de Pessoa Jurídica***. 2020. Disponível em: http://www.redesim.gov.br/servicos/constitua-sua-pj/conheca-os-tipos-de-pessoa-juridica. Acesso em: 05 junho 2020.

_____. Receita Federal. ***O que são Licenças?*** 2020. Disponível em: http://www.redesim.gov.br/servicos/constitua-sua-pj/passo-3-licencas/orientacoes8. Acesso em: 20 junho 2020.

_____. Receita Federal. ***Orientações sobre CNAE.*** 2020. Disponível em: http://www.redesim.gov.br/servicos/constitua-sua-pj/orientacoes/cnae. Acesso em: 28 maio 2020.

REQUIÃO, Rubens. ***Curso de Direito Comercial***. 1º Volume, 28ª Edição, rev. E atual., por Rubens Edmundo Requião, São Paulo: Saraiva, 2009.

RIO DE JANEIRO. ESTADO. Lei nº 2.877, de 22 de dezembro de 1997. Dispõe sobre o Imposto sobre a Propriedade de Veículos Automotores (IPVA).

_____. Lei nº 3.266, de 6 de outubro de 1999. Proíbe a cobrança de ICMS nas contas dos serviços públicos de fornecimento de água, luz, telefone e gás dos templos de qualquer culto e demais instituições que elenca, e dá outras providências.

_____. Lei nº 9.371, de 21 de julho de 2021. Altera a Lei nº 3.266, de 6 de outubro de 1999, na forma que menciona, e dá outras providências.

RIO DE JANEIRO. PREFEITURA. Alvará. Disponível em: https://www.rio.rj.gov.br/web/smf/exibeconteudo?id=6672333. Acesso em: 12 jul. 2020.

_____. Lei nº 2.687, 26 de novembro de 1998. Institui a taxa de coleta domiciliar do lixo, altera a Lei nº 691, de 24 de dezembro de 1984, a Lei nº 1.647, de 26 de dezembro de 1990, e dá outras providências.

SIQUEIRA, Carol. Câmara aprova isenção de IPTU para imóveis alugados por igrejas e templos. Agência Câmara de Notícias. 17 dez. 2021. Disponível em: <https://www.camara.leg.br/noticias/840254-camara-aprova-isencao-de-iptu-para-imoveis-alugados-por-igrejas-e-templos/>. Acesso em: 26 maio 2022.

TARTUCE, Flávio. Manual de Direito Civil, volume único. 9ª ed. - Rio de Janeiro: Forense; São Paulo: METODO, 2019.

TOMAZETTE, Marlon. Curso de Direito Empresarial - Teoria geral e Direito Societário, volume 1. 11ª Edição, São Paulo: Saraiva Educação, 2020.

TORRES, Ricardo Lobo. Tratado de Direito Constitucional Financeiro e Tributário. Rio de Janeiro: Renovar, 1999. v. III.

TORRES, Ricardo Lobo. Curso de Direito Financeiro e Tributário. 12 ed. Rio de Janeiro: Renovar. 2005.

VIEIRA, Thiago Rafael; REGINA, Jean Marques. Direito Religioso: Questões Práticas e Teóricas. 3. ed. São Paulo: Vida Nova, 2020.

WITTE, Natalie Carvalho. Direito das Startups. In: JÚDICE, Lucas Pi- menta (Coord.). Volume II. Curitiba: Juruá Editora, 2017.